本刊由"大成国学基金——湖南大学岳麓书院发展基金高等研究院项目"资助出版

CSSCI 来源集刊

原

道

第 48 辑

肖永明　　陈仁仁　**主编**

湖南大学出版社

·长 沙·

图书在版编目（CIP）数据

原道. 第 48 辑／肖永明，陈仁仁主编. -- 长沙：
湖南大学出版社，2025. 3. -- ISBN 978-7-5667-4049-6

Ⅰ. C53

中国国家版本馆 CIP 数据核字第 2025ML0452 号

原道·第 48 辑
YUANDAO·DI 48 JI

主　　编：肖永明　陈仁仁						
责任编辑：王桂贞						
印　　装：长沙创峰印务有限公司						
开　　本：710 mm×1000 mm　1/16		印　　张：20	字　　数：383 千字			
版　　次：2025 年 3 月第 1 版		印　　次：2025 年 3 月第 1 次印刷				
书　　号：ISBN 978-7-5667-4049-6						
定　　价：76.00 元						

出 版 人：李文邦
出版发行：湖南大学出版社
社　　址：湖南·长沙·岳麓山　　　邮　　编：410082
电　　话：0731-88822559（营销部），88821594（编辑室），88821006（出版部）
传　　真：0731-88822264（总编室）
网　　址：http://press.hnu.edu.cn
电子邮箱：wanguia@ 126. com

目　次

出土文献与经学

楚简《尊德义》"民伦"与"人道"辨析

——兼论其与早期儒家政治理念之关联

刘洋洋*

[内容提要]

　　"民伦""人道"是解读郭店楚简《尊德义》的关键词,其内涵是作为政治事务重要组成部分的民众所遵循的理则,包括民众的品性如何、遵循什么样的方式而行动,简书认为民众遵从德教、服膺于有德行的君子,离弃违背德行准则者。由此观念出发,《尊德义》要求为政者砥砺自身德行以治理教化民众。需要注意的是,简书中的"民伦""人道"是在君民关系论的政治语境之中铺陈和言说的,在根本上不同于以纲常伦理关系为内涵的"人伦"观念。就思想史定位而言,《尊德义》的君民关系理论属于孔子、孟子和《礼记·缁衣》一系的早期儒家思想序列,较为鲜明地体现了儒家政治理想主义的治道理念。

[关键词]

《尊德义》;民伦;人道;君民关系论;早期儒家

* 刘洋洋,西南财经大学人文与艺术学院讲师,哲学博士。本文系教育部人文社会科学研究青年基金项目"战国时期言心思潮的发生、内涵与哲学意蕴研究"(24YJC720009)阶段性成果。

郭店楚简《尊德义》的主题聚焦于君民关系，主张合格的为政者应当明晰民众的品格与行动方式，自身尊崇奉行德义，以施行政治教化，是一篇非常重要的体现早期儒家政治理念的作品。借由学者们锲而不舍的研究工作，我们对此篇文献的认识已经取得了很大进展。但遗憾的是，"民伦"与"人道"作为解读《尊德义》的关键概念，其内涵至目前为止尚未得到充分深入的探讨，导致此篇主旨暗而不彰。

一、现有研究之述评

郭店楚简《尊德义》开篇便提纲挈领地点出文章的主题："尊德义，明乎民伦，可以为君。"成为一名合格君主的前提条件是"尊德义"与"明乎民伦"两项。"尊德义"的内涵可以由篇中众多针对君主而提出的德行名目得到确认。[1]但是关于《尊德义》是否探讨了"明乎民伦"这一方面，"民伦"以及与此密切相关的"人道"概念的确切含义是什么，众说纷纭。目前所见主要有以下几种观点。

丁四新认为，此篇侧重于"尊德义"方面，即"德政"与"德教"上，至于"明乎民伦"则并非《尊德义》的阐释重点。"'尊德明伦'不是《尊德义》篇的准确主题，而是《尊德义》《成之闻之》《六德》三篇的共同主题。'尊德义'即尊崇德行、仁义的意思，'明乎民伦'即明察民伦之义。'民伦'，在竹简中主要指夫妇、父子、君臣的六位伦理关系。"[2]丁四新忽视了简书之中丰富而密集的关于"民"的论述，实际上"民伦""人道"在此篇中有着确切的内涵，不必借助楚简的其他篇目进行引申解释，脱离《尊德义》整体上君民关系论的政治语境，将"民伦"等同于《成之闻之》《六德》等篇以伦理分位为实质的"人伦"解读，并

---

〔1〕 丁四新指出，"'德义'是一种道德、政治和人格上的美德，在《尊德义》篇中它成为'为君'是否合格的主体性内涵和判断根据"。参见丁四新《德政与德教——论郭店竹简〈尊德义〉篇的政治哲学》，《社会科学战线》2020年第2期。

〔2〕 丁四新《德政与德教——论郭店竹简〈尊德义〉篇的政治哲学》，《社会科学战线》2020年第2期。

不符合《尊德义》自身的文本语境。

另一种典型思路是李加武的观点,他认为"民伦"与"人道"是所有人内心之中先天具有的仁、义、忠、信等美德,教化的目的是为政者顺应民心、民性,以礼乐等方式实现民众内心潜藏的仁德。[1] 这明显错置了《尊德义》之中德行主体的指向,"尊德义"是针对处于上位的统治者的行动准则,而非民众。李文认为,"民伦"与"人道"的内涵是所有人先天具备的德性,教化的目的是实现民众潜藏的美德。这一认知超出了《尊德义》文本所提供给我们的信息,属于过度诠释。

相较之下,宋立林给出的定义则较为宽泛和游移,他认为,"人道、民道,是指人类社会的规则,也就是在漫长历史进程中形成的礼乐民俗、人伦道德。它包含人性、人心、人情、人伦等多个层面,统合而言之,则'礼'正是这一人道秩序的体现"[2]。宋文指出,人道、民道与人类社会的规则或规律相关,这是正确的方向,但仍需要放置在《尊德义》文本的语境中进一步限定和明晰化。至于他以"礼"作为人道秩序之体现的观点并不准确,我们认为,"礼"在《尊德义》教化观中的地位不及"德"那么重要,而是有着局限性和片面性的教化方式,因此并不足以体现人道秩序(详见后文辨析)。

此外值得关注的是,顾史考指出,"《郭店楚简》诸篇儒书中,多处出现'民之道'、'由其道'、'人道'等说法,而其内涵都是指着一种根源于民性、民伦而造极于礼乐、德义的治民之道"[3]。以治民之道界定"民道""人道"无疑更接近简书本身的语境,但是顾文并未进一步探讨"民性""民伦"的确切内涵,而是着意于从思想史的角度追溯"民道""人道"的渊源及其进展。他认为,在春秋末期至战国时期的礼法之争中,儒家利用"民道""人道"概念以说明顺从民众之性情与心意的德政,根本上优于违逆民众性情的以刑罚庆赏为核心的法治,前者才是治

---

[1] 李加武《简析郭店竹简〈尊德义〉篇的教化观》,《长春大学学报》2018年第7期。针对《尊德义》"学非改伦也,学巽也"一句,李零提出"'学'也不是为了改变'伦',而是从自己的人性中来发掘它",似乎也有相近的考虑,但并未指明"人性"的具体内涵。李零《郭店楚简校读记》(增订本),中国人民大学出版社2007年版,第187页。

[2] 宋立林《楚简〈尊德义〉与孔门教化政治观》,《中山大学学报(社会科学版)》2017年第6期。

[3] 顾史考《从楚国竹简论战国"民道"思想》,收入氏著《郭店楚简先秦儒书宏微观》,上海古籍出版社2012年版,第37—38页。

理国家的根本策略。从《管子》《吕氏春秋》《淮南子》以至东汉时期的《盐铁论》，都能看到这种治民之道的延续。

我们认为，由于没有充分考虑《尊德义》整体上君民关系论的政治语境，以上几种解释皆有失恰切。本文将围绕以下几个方面展开论证：第一，楚简《尊德义》明确探讨了"明乎民伦"这一重要主题，"民伦"以及与之并称的"人道"在此篇中有着确切的内涵，无须借助《六德》《成之闻之》等篇目进行引申解释；第二，"民伦""人道"不等同于"人伦"观念所表达的道德伦常关系，亦并非指称所有人先天具备的美德，而是政治生活中作为被治理者的民众所遵从的理则，其确切内涵是民众遵从德教、服膺于有德行的君子，离弃违背德行准则者，其行为方式符合"施报平衡"的原则；第三，基于以上认知，《尊德义》要求君主必须"明乎民伦""人道之取先"，即洞察、认取和遵循这一普遍的政治法则；第四，就思想史定位而言，《尊德义》属于孔子、孟子、《礼记·缁衣》一系早期儒家的思想序列，他们关于民众之品性的认知与相应的政治理念，与道家和法家等学派形成明显的对比，集中体现了儒家政治理想主义的治道理念。

二、《尊德义》中"民伦"与"人道"的确切内涵辨析

楚简《尊德义》是否探讨了"民伦""人道"，其确切含义是什么，以及"明乎民伦""人道之取先"与"可以为君"之间的关联等问题，是我们首先需要辨析的。

《尊德义》中"民伦""民之道"各出现 1 次，"人道"出现了 4 次，"民"则频繁出现了 41 次。[1] 可见民众在简书的政治理论构造之中有着非常重要的地位。民、人、小人、下，指称的是政治生活中被治理的一方，是一个完全"依据政治地位划分社会等级的概念"[2]，民与人是可以互换的语词，皆指向民众。关于"伦"，《说文解字》载："辈也。从人仑声。一曰道也。"段玉裁注曰："伦，道

---

[1] 统计数据依据曹峰《郭店楚简〈尊德义〉分章考释》，收入氏著《楚地出土文献与先秦思想研究》，台湾书房出版有限公司 2010 年版，第 71—93 页。本文所引《尊德义》文句皆据此本。

[2] 刘泽华《王权思想论》，天津人民出版社 2006 年版，第 103 页。

也，理也。按粗言之曰道，精言之曰理。"就训释而言，"伦"与"道""理"等所表达的意思相近，指同类事物所蕴含的理则与规律，譬如《尊德义》"教非改道也，教之也。学非改伦也，学其也"，其中"伦"与"道"相对成文，已然显示出两者的密切关联。[1] 再者，《尊德义》简文中"民之道"与"水之道""地之道""马之道"并列，明确指向民众行为所遵循的理则，与"人道"的含义相同。结合简书整体的思想脉络，"民伦""民之道""人道"的内涵可以界定为：民众作为政治事务重要组成部分所遵从的理则。

细读楚简《尊德义》，全篇只有两种角色出场，一方是君、为人上者、圣人、君子、己、上、为政者、君民者，另一方是民、人、小人、下，分别是居于上位施行统治的君主与被治理的民众。比之《成之闻之》《六德》篇对以父子、夫妇、君臣为中心的纲常伦理的关注和申说，《尊德义》中君民关系论的主题非常明确。正如晁福林所说："在政治社会中，君与民的关系是对立的统一，既相互矛盾，又相互依存。对于君民关系的认识以及实际的政治操作是社会稳固与否的关键，所以历来思想家无不对君民关系问题进行探索。"[2] 这对于《尊德义》而言尤其显著，简书全然围绕君民关系展开理论建构，君、君民者、为人上者、为政者，这些在政治事务中能够主动作为并引起利害者是《尊德义》所预设的潜在的阅读对象。民众作为被治理者，指代的是一个被动的、面目模糊的群体，[3] 但依旧有其自身独特的品格和清晰的行为逻辑，"民伦""民之道"与"人道"概念就是对这一群体的品格与行为逻辑的抽象概括。

在君民关系论的政治视野下，对于被治理者或曰民众之品格与特性的明确认知，是测验君主是否合格的依据，构成统治者据以施行治道的基础。这也是为何《尊德义》开篇就提出"明乎民伦，可以为君""莫不有道焉，人道为近，是以君

---

[1] 王博《人伦与人道》，收入氏著《简帛思想文献论集》，台湾古籍出版有限公司 2001 年版，第 152 页。

[2] 晁福林《"君民同构"：孔子政治哲学的一个重要命题——上博简和郭店简〈缁衣〉篇的启示》，《哲学研究》2012 年第 10 期。

[3] 美国学者郝大维、安乐哲的相关研究也指出《论语》和其他古代典籍中"民"常常是无定形的、受摆布的、被动的群体，但同时在孔子看来，蒙昧的、缺少文化的"民"可以通过学习转变成为有教养的"人"或君子。参见 [美] 郝大为、安乐哲《孔子哲学思微》，蒋弋为、李志林译，江苏人民出版社 2012 年版，第 100-105 页。

子人道之取先"的缘由。注释者往往以"人伦"来注解"民伦",而同为郭店儒家简的《六德》《成之闻之》两篇明确论述了以父子、夫妇、君臣为内涵的"人伦"观念,据此研究者很轻易地将"人伦"等同于《尊德义》篇所说的"民伦"。[1]但是这种在两者之间直接画上等号的做法并不恰当,原因就在于没有充分考虑简书文本中君臣关系论的整体语境。

《尊德义》所谓的"明乎民伦"并非虚言,它的确非常关注政治事务中民众的品格与行为逻辑,并指出在上位者必须自觉地去认识这些要素,而并非像丁四新所认为的那样没有给予重点关注。从《尊德义》对于"民""民伦"与"人道"的密集论述中,足以发掘其确切内涵,没有十分充足的理由必须借鉴郭店楚简的其他篇目如《六德》《成之闻之》进行引申解释,况且两者只是语词相近,内涵上却大不相同。"民伦"与"人道"关乎政治世界中民众的品格和行为方式,具体而言,在《尊德义》之中则是通过君民之间的关联和互动而体现出来的:

> 仁为可亲也,义为可尊也,忠为可信也,学为可益也,教为可类也。(简3—4)

> 民爱则子也,弗爱则雠也。民五之方格,十之方争,百之而后服。(简26—27)

> 公则往者复依,惠则民财足。不时则亡劝也,不爱则不亲,不德则弗怀,不理则亡威,不忠则不信,弗用则亡复。咎则民轻,正则民不吝,恭则民不怨。均不足以平政,埒不足以安民,勇不足以沫众,博不足以知善,快不足以知伦,杀不足以胜民。(简32—36)

> 民可使道之,而不可使知之。民可道也,而不可强也。(简21—22)

君主采取仁、义、忠等方式对待民众,就会收获民众的亲附、尊崇和信任,借助于学和教,可以使民众取得进益、合于公共伦理。如果在上位者不仁爱民众、不使民以时、不公正处事、不施行恩德、不修饰言行、不尽心做事,就会失去民众的亲附、归向与信任,甚至会与民众处于敌对的状态,如此只会导致最坏的结局。君

---

[1] 如陈伟注释"伦,原作仑,指义理、伦常。民伦,犹人伦"。参见陈伟《郭店简书〈尊德义〉校释》,《中国哲学史》2001年第3期。后一种观点则见于丁四新《德政与德教——论郭店竹简〈尊德义〉篇的政治哲学》,《社会科学战线》2020年第2期。

主无法以身作则地施行道德教化，只是孤立地采取某些政治举措，如均平、耕稼、勇力、博闻、敏锐、杀伐等，皆不足以治理民众和实现善政，君主必须顺应民众的意愿，施行德教以引导民众，而不能采取强制性的手段。[1]

由上述例证可见，民众的行动所遵循的理则是遵从德教、服膺于有德行的君子，[2] 离弃违背德行准则者，其行为方式符合"施报平衡原则"。[3] 这是《尊德义》所力图揭示的政治世界中恒常不易的法则，也是"民伦""人道"的恰当内涵。《尊德义》篇还以历史事实为依据举出了正反两方面的例证："禹以人道治其民，桀以人道乱其民。桀不易禹民而后乱之，汤不易桀民而后治之。"只有顺从"人道"，自身具备德行，对民众施予恩德的人，如夏禹、商汤，才能获得民众的支持和认可，而违逆"人道"，不遵循德行准则的统治者，如桀、纣等则会为民众所遗弃。这并非因为他们所统治的民众在实质层面有什么不同，而只是因为统治者自身遵循或违逆"人道"的缘故。可见，人道"这种因素不因时代而变化，却因统治者的能否把握而有'治'、'乱'之不同"。[4] 换言之，"民伦"与"人道"是客观存在的社会政治治理之道，作为君主只能明察体认并遵行之。李零主张《尊德义》所说的"人道"指向《性自命出》的"心术"，[5] 无疑忽视了"人道"概念所具有的规律义或确定性的一面。

民众遵从德教、服膺于有德行的君子，离弃违背德行准则者，这是楚简《尊德义》所揭示的政治世界中恒常不易的理则。正是基于对这种意义上的"人道"与"民伦"的认识，《尊德义》开篇即提出君主的首要事务是"明乎民伦""人道

---

[1] 关于"使由使知"及其所关涉问题的研究已经有很多，李景林认为"民可使由之"的"之"指的是王教、礼乐或道，这只有依靠"德教"才能实现。参见李景林《"民可使由之"说所见儒家人道精神》，《人文杂志》2013年第10期。

[2] 曹建墩在其研究中亦指出，"所谓'民之道'，其中即包括百姓对道德行为和有德之人有一种发自人性的喜悦，并乐意效法有德者的行为，并遵从其教令"。他还进一步举出上博竹简《孔子诗论》之中"民性"悦善，以及简帛《五行》之中人心慕悦德义的相关表述，论证儒家治民之道具有心性论的基础和依据。参见曹建墩《战国竹书与先秦礼学研究》，人民出版社2018年版，第258—269页。不过就《尊德义》而言，似乎没有深入心性之学的层次来论证民性之善。

[3] "施报平衡原则"是指施与者的行为与被施与者的回应之间达成一种平衡的原理，在君民关系论的政治语境中，作为施与者的君主如何行为决定着他会收到民众的何种回应，因此会更强调在上位者的自觉反省并增进自身的德行，这种思维方式广泛见于先秦时期的儒家典籍。

[4] 曹峰《楚地出土文献与先秦思想研究》，第75—76页。

[5] 李零《郭店楚简校读记》（增订本），第187—188页。

之取先"，明察和认取民众所遵循的理则，重视道德教化在政治事务中的作用。诸种德行并不直接关乎民众，而是首先针对在上位的统治者即君主，合格的君主需要反求诸己，修习德行，时刻省察自身的作为是否符合"德义"的原则，在公共事务中顺应民心，施行德政以教化引导民众。这种要求统治阶层通过提升自身品德来引导、教化民众，以获得正面反馈的论述，体现出儒家式的"内圣外王"较为早期的展开方式，只不过还未深入到心性的层次。值得注意的是，《尊德义》严格区分君民、上下与人己，诸种道德修养的要求直接针对的是上层统治者自身而非广大的民众，[1] 没有提及担负着道德人伦与政治责任的"士"，[2] 说明此时士人还未登上历史舞台或者尚无此自觉，至于民众虽间接为圣人、君子的风教所及，但并不在德行准则所直接规范的对象之列。就此而言，《尊德义》的德行观念与政治伦理思维，颇具春秋时期贵族政治的遗风。

三、"民伦""人道"不同于以纲常伦理为实质的"人伦"

辨析了《尊德义》中的"民伦""人道"的确切内涵，对于其是否等同于《成之闻之》《六德》中的"人伦"，以及"礼"是否能代表"人道"秩序等问题，是我们接下来要辨析的。

郭店楚简之中《尊德义》与《性自命出》《成之闻之》《六德》是一组关联较为密切的文献，主题集中于探讨儒家式的"内圣外王"，但各篇主旨略有分殊。《性自命出》从心术、情性的角度论述士君子的修身工夫，偏重于内圣。《六德》以"人伦"观念为核心，论述了父子、夫妇、君臣的分位伦理关系以及各自对应的职事和德行；《成之闻之》指出，君主反求诸己以修习德行是治理、教化民众的前提，同时也兼及人伦关系；《尊德义》的话题则聚焦于君民关系，主张合格的为

---

〔1〕 陈来指出，"早期儒家对道德和修身的要求，主要是针对各级治民者所提出来的，而不是对民人提出来的。其基本观点认为，领导者要顺利履行公共职责，并得到民人的信任，必须率先在道德上作出表率，加强修身"。陈来《竹帛〈五行〉与简帛研究》，生活·读书·新知三联书店 2009 年版，第 45 页。

〔2〕 《尊德义》多次提到"君子"，但似乎并非后世那种基于"士"阶层而衍生的具有道德操守和一定知识技能的群体，而是"君""为人上者"等具备现实统治权力之人的另一种代称。

政者应明晰民众的品格与行动方式，自身尊崇奉行德义，以施行政治教化：以上三篇基本上可归为外王篇什。[1] 可见，《尊德义》在思想内容方面与其他几篇并不完全一致，应当承认此篇简书具有相对独立性。正是由于这几篇儒家简在思想主旨上相互关联但又有分殊，因此在概念语词的使用上有相近重合而容易引起误解之处，例如将理解《尊德义》的关键词"民伦"训释为"人伦"，进而以《六德》《成之闻之》中父子、夫妇、君臣的纲常伦理分位说限定其内涵，然而这种观点并不恰当。以下从概念语词与思想内容两个角度尝试辨析。

从概念语词而言，"民伦""人道"在先秦文献中的含义，远超出以伦理纲常关系为内涵的"人伦"观念所能限定的范围。通过检索可知，除楚简《尊德义》之外，"民伦"一词在先秦两汉文献中再无用例。但这并不表示《尊德义》探讨"民伦"是思想史上的孤例，因为先秦文献中关于民则、民情与民性的言说，皆表现出与"民伦"概念同类型的思考模式。"民则"较为多见，如《国语·周语下》太子晋劝谏周灵王云："度之天神，则非祥也。比之地物，则非义也。类之民则，则非仁也。""上非天刑，下非地德，中非民则。"《晋语》赵宣子曰："今宋人弑其君，是反天地而逆民则也。"《楚语上》楚灵王云："是知天咫，安知民则？"《吕氏春秋·重言》："将以览民则也。"《韩非子·喻老》："将以观民则。""民情"与"民性"之例证，如《大戴礼记·子张问入官》："故君子莅民，不可以不知民之性，达诸民之情；既知其以生有习，然后民特从命也。"[2]《荀子·大略》："不富无以养民情，不教无以理民性。"以上皆是在社会政治治理的语境中着重描摹"民"的品性和理则，我们可以将其看作是围绕对于"民"的认知而产生的观念簇。

"人道"在先秦古籍中的用法和含义，亦比单纯以伦理纲常为限的"人伦"丰富得多。如：《左传·昭公十八年》"天道远，人道迩"；《周易·系辞》"天道亏盈而益谦，地道变盈而流谦，鬼神害盈而福谦，人道恶盈而好谦"；《礼记·中庸》"人道敏政，地道敏树"。可见，人道常与天道、地道等对举，泛指人类社会所遵

---

[1]　陈丽桂《郭店儒简的外王思想》，《台大文史哲学报》2001 年第 55 期。

[2]　相近的表述见于《孔子家语·入官》："君子莅民，不可以不知民之性而达诸民之情。既知其性，又习其情，然后民乃从命矣。"

循和效法的理则。此外，有学者研究表明，关于"人道"的探讨在战国中期以前已经比较多见，诸子文本中出现的频次更高，"人道"观念具有两面性，分别是关联于内圣的立人之道与体现外王一面的政治理想。[1] 应该明晰的是，"人道"在不同文本语境中可以容受具有相当差异性的含义。《尊德义》中的"人道"与水之道、马之道和地之道等并列，在内涵上则指称人间秩序之道，主要是以君民相与之道为内容的政治原理。[2] 简要言之，《尊德义》之"民伦""人道"处于君民关系论的政治语境，其内涵远超出以纲常伦理为内涵的"人伦"观念所能限定的范围，不能简单地在两者之间画等号。

从思想内容而言，《成之闻之》《六德》中"人伦"观念的文本语境及内涵与《尊德义》中"民伦""人道"大不相同。现列举两篇中相关的段落如下：

天登大常，以理人伦，制为君臣之义，作为父子之亲，分为夫妇之辨。是故小人乱天常以逆大道，君子治人伦以顺天德。（《成之闻之》简31—33）

生民斯必有夫妇、父子、君臣，此六位也。（《六德》简7—8）

父圣子仁，夫智妇信，君义臣忠。[3]（《六德》简34—35）

《成之闻之》所说的"人伦"内涵是明确的，即君臣、父子、夫妇的分位伦理关系。《六德》篇与此类似，但是顺序略有不同，以父子、夫妇的家庭伦理为先的提法很可能蕴含着别样的思考，可以稍加印证的是，《六德》篇以孝悌作为教化民众的根本。这或许可以理解为，由于重视源自家庭的道德教育对于个人品德养成的优先性和重要性，因此将夫妇与父子置于君臣关系之前。《六德》篇还针对不同的伦理角色，提出各自适配的相应德行准则，如以仁为子之德行，信为妇之德行，忠为臣之德行等。

《尊德义》与《成之闻之》《六德》的不同之处大约有以下三点。第一，《尊德义》十分明确的君民关系论与其他两篇的文本语境差异明显。如前所述，简书

---

[1] 林素英《"人道"思想探析——以〈性自命出〉与〈礼记〉相关文献为讨论中心》，郭齐勇主编《儒家文化研究》第10辑，岳麓书社2019年版，第46—86页。

[2] 方朝晖考证了古代文献中"人道"一词的含义，对其基本含义、内涵与外延有所分析。方朝晖《"人道"一词考》，曾振宇主编《曾子学刊》第2辑，上海三联书店2020年版，第33—45页。

[3] 所引《成之闻之》《六德》原文，依据李零《郭店楚简校读记》（增订本），第158、170、172页。

之中有非常细致的关于民众之品质与行动方式的论述，从中可以得见"民伦"与"人道"的确切内涵，《成之闻之》《六德》的"人伦"观念并不是理解《尊德义》"民伦"与"人道"的最佳选择。第二，《尊德义》中的诸种德行，譬如仁、义、忠、德、惠、爱等都是君主或为政者应具备的德行，与民众并不相干，更没有像《六德》那样将德行准则匹配到不同的伦理角色身上。至于前述李加武所认为的"民伦"与"人道"是所有人先天具备的美德，距离《尊德义》文本所提供的信息更加遥远。第三，《尊德义》没有像《成之闻之》那样的形上预设，以天、天常与天德等作为人世间伦理道德的依据，也没有将君主与天关联起来，而只是在君民关系论的现实政治语境中探讨民众的行为逻辑。

综上所述，《尊德义》的"民伦""人道"与《成之闻之》和《六德》篇的"人伦"观念具有明显的差异，忽视其中的差别而在两者之间画上等号，无疑是一种不恰当的解释。

此外，值得关注的是《尊德义》之中关于礼乐的论述，宋立林认为"礼"在其中是人道秩序的体现，但礼乐在《尊德义》中是否可以代表"人道"秩序是值得怀疑的。此篇涉及礼乐之处主要如下：

德者，且莫大乎礼乐焉。（简29）

教以礼，则民果以轻。教以乐，则民弗德清猷。教以辩说，则民褻陵长贵以忘。教以势，则民野以争。教以技，则民小以吝。教以言，则民吁以寡信。教以事，则民力嗇以衍利。教以权谋，则民淫悗远礼亡亲仁。先之以德，则民进善安化矣。（简13—16）

为邦而不以礼，犹御之亡策也。非礼而民悦戴，此小人矣。（简24—25）

由礼知乐，由乐知哀……有知礼而不知乐者，亡知乐而不知礼者。（简9—11）

乍看起来，简29似乎是在论述礼乐对于德教来说是最重要的因素，但这并不妨碍我们将之理解为"礼乐"是达致和谐政治秩序的必要条件，而非充分条件。事实上，简13—16表明礼与乐作为教化民众的手段和方式，和与其并列的"辩说""势""技""言""事""权谋"等同样具有片面性和局限性，并非一般观念中所预想的那么灵妙圆满。如陈来就已然指出"就整个文章'教以……教以……'

的叙述，似乎教民以礼、教民以乐，并不是作者所肯定的，至少不是优先肯定的。"[1] 考虑简 13—16 的上下文语境，礼、乐与其他的教化方式一样，单独采用它们会在社会政治层面产生不良的影响，没有特别充分的理由将礼、乐与其他教化方式区分开来，认为采用礼、乐教化将产生最好的效果。相反，在此段的末尾，《尊德义》指出"德"之教化的优先性和完满性。在德教的基础上，以上各种教化方式可能都是有益的。简 24—25 表明"礼"是治理邦国的必要方式，是从道德本根上区分君子之治和小人之治的依据。简 9—11 讨论礼乐关系，提出知"乐"是比知"礼"更高层次的状态，似乎与君主的政治素养、知识水准与道德境界有关，但这也仅意味着礼乐对于君主治理国家具有比较重要的地位。

　　与礼乐相比，"民伦"与"人道"所直接要求的德教是更为根本的教化方式。在表明了各种教化方式的片面性和局限性之后，《尊德义》顺势引出最为根本的"教道"即德教，"先之以德，则民进善安化"，"率民向方者，唯德可。德之流，速乎置邮而传命"。可见，德教具有其他教化方式所不具备的优先性和完满性。至于德教的施行方式，是在上位者亲身修德与行德所产生的模范作用。具体而言，体现为君主修行仁义忠信的优良品德，临事恭敬庄重，使民以时，亲爱民众并施予恩德等。在上位者只有亲身为之，民众才会信服并遵从，这是因为"下之事上也，不从其所命，而从其所行"。与德教相比，礼乐所代表的教化方式无疑更为固化，因而只能作为教化方式之一端。

　　如果采取礼乐在《尊德义》的治道理念中是必要条件但并非充分条件的思路，就能化解简 13 与其他各节关于礼乐的论述表面上的矛盾。简书中礼乐与德教的关系确实密切，但这并不能说明礼乐，尤其是"礼"足以代表人道秩序。实际上，"德"与德教是基于"民伦""人道"而提出的根本要求，礼乐则只是由此衍生出来的基于特定习俗与文化传统的规范，《尊德义》的政治理念从根本上来说属于儒

----

[1]　陈来《竹帛〈五行〉与简帛研究》，第 57 页。《尊德义》"教以礼""教以乐"句字词的厘定、礼、乐作为教化方式的评价是正面或负面的探讨，参见曹峰《楚地出土文献与先秦思想研究》，第 80-81 页；单育辰《郭店〈尊德义〉〈成之闻之〉〈六德〉三篇整理与研究》，科学出版社 2015 年版，第 53-56 页。

家"德化的治道"[1] 的范畴。

四、《尊德义》"民伦""人道" 与早期儒家政治理念之关联

楚简《尊德义》所论述的"民伦""人道"的思想史定位及其与早期儒家政治理念的关联问题，是我们最后需要辨析的。

简书围绕着"民伦"与"人道"进行论述，其最终目的在于塑造一种新的符合儒家政治理念的君民关系理论。这种新型的君民关系理论，极大地提升了民众在政治世界中的地位，它要求君主自身尊崇奉行德义，在处理国家公共事务中顺应民心，施行德政以引导、教化民众，目的在于达成君民之间和谐一体的政治秩序。回溯先秦时期的君民关系理论，《尊德义》所提供的思路也是非常独特的。

就民众方面而言，《尊德义》继承西周以来的民本思想，并且有所推进。鉴于殷之灭亡，周王朝统治者认识到民众是维持政权稳定的重要因素，并据此提出敬慎修德与爱利民众的主张。春秋以降，由于经济发展与政治格局的变化，民众在国家政治事务中的地位进一步提升，一定程度上具备了制约君权的可能。由此，在君民关系领域也出现了一些新的认识，如君民利益具有一致性，民众的富足是君主富足的前提，君主作为民之父母，君主应顺应民心民意。[2]《尊德义》继承西周以来的民本思想，进一步明确民众在国家政治事务中的重要地位，提出为政者应遵守的诸种德行准则，并综括之以更加抽象的"民伦"与"人道"观念，是先秦时期的民本思想最新进展在理论层面上的体现。

《尊德义》还破除了君主与天命之间的神秘关联，在君民关系的理论视域之中进一步凸显民众在社会政治事务中的重要性。梁涛说："周人的天命信仰，所关注的仍主要是政权的授予与得失，是一种政治神学……周人的民本的价值理念与君本的实际追求混杂在一起，共同构成'民主'说的基本内容。"[3] 春秋战国时期，

---

[1] 牟宗三将儒家之治道概括为"德化的治道"，此语亦适用于《尊德义》篇的政治思想。牟宗三《政道与治道》，广西师范大学出版社 2006 年版，第 26 页。

[2] 杜洪义《春秋时期君民关系理论探析》，《辽宁师范大学学报（社会科学版）》1990 年第 6 期。

[3] 梁涛《清华简〈厚父〉与中国古代"民主"说》，《哲学研究》2018 年第 11 期。

君权本于天命的思维虽然有所弱化，但并没有完全消除，随着天下逐渐走向统一与君主专制制度的不断强化，这种思维至秦汉之际又重新回归中国古代政治理论的中心位置，《春秋繁露·深察名号》云："受命之君，天意之所予也。"《尊德义》没有将君主的权威和天命联系起来，而是始终锚定在君与民的关系上，特别关注政治事务中民众的品格与行动方式，从"民伦""人道"的普遍要求出发界定合格君主所应具备的德行与素养，体现出一种现世的、理性的思维。

就君民关系论而言，《尊德义》注重君主与民众作为互动与联通的整体，强调君民之间和谐一体的秩序，并非仅以民众为君主实现某种目的的工具。如该简书指出："善者民必富，富未必和，不和不安，不安不乐。善者民必众，众未必治，不治不顺，不顺不平。是以为政者教道之取先。"君主施行善政使人民得以生育繁盛和富有财货之后，还应通过教化使国家达致安乐和谐的境地。[1] 教化的核心内容为"君德"，也就是君主以身作则修习德行，感化、引导民众向善，并以此凝结和紧密君民之间的联系。可见简书指示的政治理念，实际上是以民众的利益为本，具有非常鲜明的非功利性和政治理想主义的特征。

相较之下，西周及春秋时期虽然也有爱民、惠民、利民之类的言论，但散见于少数贤人的仁心仁言，且大体上仍出于维持政权、国家安定的考量，并非真正从民众的立场出发。进入战国时代，民众更是沦为君主私人的属物，成为以耕战为业、可以随意驱使的工具。纵使如儒家宗师荀子，也不能避免这种功利性的思维。如《荀子·君道》云："君者，民之原也；原清则流清，原浊则流浊。故有社稷者而不能爱民，不能利民，而求民之亲爱己，不可得也。民不亲不爱，而求为己用，为己死，不可得也。民不为己用，不为己死，而求兵之劲，城之固，不可得也。兵不劲，城不固，而求敌之不至，不可得也。敌至而求无危削，不灭亡，不可得也。"爱民、利民的最终目的是驱使民众守城拒敌，为己所用甚至甘心赴死。更不必论如法家之流，以好生恶死、趋利避害的动物本能限定民众的性情，从根本上反对道德

---

[1] 此种表述与《论语·子路》所记非常近似："子适卫，冉有仆。子曰：'庶矣哉。'冉有曰：'既庶矣。又何加焉？'曰：'富之。'曰：'既富矣，又何加焉？'曰：'教之。'"差异在于《论语》有具体的对话场景，《尊德义》脱去了对话场景而转化为直接的陈述，针对"教道"话题有更深入的展开。这种富民、教民思路在孟子"制民之产""谨庠序之教"（《孟子·梁惠王上》）的思想中同样有非常清晰的体现。祈望以这种次第实现政治理想，可以看作早期儒家的共同理路。

教化，将民众看作可以通过赏罚之类的强制性手段随意形塑的工具性的存在。[1] 不过，这种"民本"思想依然有局限，如刘泽华指出中国古代的民本思想具有明显的二重性："一方面批判暴政，倡行仁政，承认君权是相对的有条件的，提出了一批君主应当遵循的行为规范，甚至从道义上肯定推翻暴君的行为……另一方面又鼓吹君为政本，贬低庶民的参与能力，要民众充当君主的教化对象。"[2] 楚简《尊德义》所表达的民本理念自然也不例外。

结合传世文献综括而论，《尊德义》的思想史定位应该是比较清晰的。从民本论、君民关系论与教化观等方面而言，与简书的思想意旨最接近的，无疑属于孔子、孟子与《礼记·缁衣》所代表的早期儒家思想序列。[3]

儒宗孔子推尊德政，他同样指出德教是政治治理的最佳方式，《论语·为政》云："为政以德，譬如北辰，居其所而众星拱之。"《论语》中涉及"民"的段落，大体都强调在上位的君子，其言行对于民众具有示范性、引导性，与《尊德义》的论述方式如出一辙。如《论语·泰伯》云："君子笃于亲，则民兴于仁；故旧不遗，则民不偷。"孔子进而以风与草譬喻君子之教化所具备的功效，《颜渊》篇说："子欲善，而民善矣。君子之德风，小人之德草。草上之风，必偃。"君子道德风教所及，民众像草木一样为之倾伏。

身处战国时代的孟子猛烈批判君主失德导致的民众流离失所与横死沟壑，斥之为"率兽食人"，《孟子·尽心下》发出了"民为贵，社稷次之，君为轻"的呼声，是为中国古典民本思想的光辉典范。世道衰微之际，孟子主张君主应推行仁政以解救民众的苦难，《公孙丑上》云："当今之时，万乘之国行仁政，民之悦之，犹解倒悬也。"其中最紧要的是使民众置备恒常的产业可以自给自足，在此基础上推行道德教化。道德教化同样有赖于君主作为民众之仪表，《离娄上》说"君仁莫不仁，君义莫不义，君正莫不正"。君主自身修习德行对于民众具有超常的感化力，

---

〔1〕 牟宗三基于此将法家的政治理念概括为"物化的治道"，参见牟宗三《政道与治道》，第 33 页。
〔2〕 刘泽华《王权思想论》，第 114 页。
〔3〕 关于楚简《尊德义》的作者问题，目前学界依旧有较大争议，相关述评可以参考丁四新《郭店简〈尊德义〉篇是孔子本人著作》，《孔子研究》2020 年第 5 期。本文暂且不讨论这个问题，仅将之划归为早期儒家思想序列。

孟子的思路极有可能受到《尊德义》类似理念的影响。

《礼记·缁衣》中的君民关系理念与《尊德义》非常相近，可以有力地佐证简书中关于"民伦"和"人道"的相关论述。《缁衣》云："君民者，子以爱之，则民亲之；信以结之，则民不倍；恭以莅之，则民有孙心。"君主对民众采取慈爱、忠信与恭敬的姿态，民众就会报之以亲附、信任与逊服，这不仅与简书在思想上相通，甚至在表述方式上也极为接近。《缁衣》以身心譬喻君民之间一体相关的密切联系："民以君为心，君以民为体。心庄则体舒，心肃则容敬。心好之，身必安之。君好之，民必欲之。心以体全，亦以体伤。君以民存，亦以民亡。"[1] 心灵对于身体，就如君主对于民众具有主导性，同时君主又依存于民众，就像心灵依存于身体。《尊德义》虽然未从身心关联的角度推论君民关系，但同样基于德政与教化的理念展示了君民之间和谐一体、相互依存的关系，与《缁衣》所论意旨可谓殊途同归。

余 论

《尊德义》的潜在阅读者无疑是在上位施行教化的君子，但它由探讨"民伦"与"人道"而展现出对于政治世界中被治理的一方即民众之品格与行动方式的极大关注，指出民众尊崇德行、服膺于有德行的君子，并基于此而提出相应的德教之道，体现出一种非常独特的思路。这可以被看作早期儒家继承周文而推出的新的政治理论构想。

确如曹建墩所说，"战国时期，面对当时的乱局，诸子各家均积极探讨治民之道，并从民性的角度来探讨教化的内在依据与可能性"[2]。以楚简《尊德义》为代表的早期儒家对民众之品格与相应的治道理念的认知，同晚周诸子如老庄道家、黄老道家与法家的观点皆大不相同。《庄子·马蹄》认为，"彼民有常性，织而衣，耕而食，是谓同德。一而不党，是谓天放"。民众的性情及其生活方式本身天然就

---

[1] 郭店楚简本《缁衣》作"民以君为心，君以民为体，心好则体安之，君好则民欲之。故心以体废，君以民亡"。参见李零《郭店楚简校读记》（增订本），第78页。
[2] 曹建墩《战国竹书与先秦礼学研究》，第259页。

具有自主性、自足性，无须多余的干涉，"无为"正是基于此而对统治者提出的要求。黄老道家和法家皆以趋利避害的自为之性限定民众的情性，主张利用刑名法术的手段将之导向特定的政治秩序。黄老道家以因循为准则、以刑名为策略，目的在于实现人尽其才、物尽其用的政治秩序。法家则以法术为要领、以刑罚庆赏为手段，将民众作为君主实现盲目扩张之野心的工具，缺乏作为终极目的与引领的至高至善之德。法家与黄老路线能够快速取得效用，无疑更符合那一时代的政治潮流。相较之下，《尊德义》以尊崇德行、服膺有德行的君子作为民众的品格，基于此要求为政者顺应民心，通过砥砺自身德行以治理、教化民众，实现善政的理念，鲜明地体现了早期儒家政治理想主义的理论品格。此种理念，虽从未在历史之中实现，然千古之下亦不掩其思想的光辉。

孔子"百占而七十当"或解

林长发[*]

[内容提要]

孔子玩《易》之方包括观象玩辞和观变玩占，玩辞是静观、是学《易》，玩占是动观、是用《易》。他通过倡导拟德而占、以德配占和深入挖掘卜筮中敬天重德的思想等方式而将卜筮玩占与观德义融会贯通。孔子卜筮的目的既然不在于占验预测而在于"观其德义"，则其"百占而七十当"之"当"亦不应指预测的准确性，而应当指其自身境遇与卜筮所得之象的遇合感通。从这个意义上来理解孔子的卜筮行为及其"吾百占而七十当"之言，能够更好地疏通和解释在孔子那里卜筮与观德义之间何以并行不悖。

[关键词]

观其德义；观象玩辞；观变玩占；以德配占；当

---

* 林长发，中国人民大学国学院博士研究生。

　　1973 年，马王堆汉墓出土的帛书《易传》记载了大量孔子关于《周易》的论述，这对于重新认识孔子与《周易》的关系和探究孔子的易学观极为重要。几十年间，学界从不同角度对马王堆帛书《周易》展开了深入研究，取得了丰厚成果。而对于帛书《易传》中所记载的孔子卜筮思想的探讨则略有缺憾，论者或者以"予非安其用也，予乐其辞也""卜筮而稀也"为论据，认为"孔子喜欢的是卦爻辞，而不安于卜筮之用"；[1] 或者以"百占而七十当"[2] 为论据，主张孔子亦信从卜筮[3]（也有学者认为孔子此言是在说卜筮并不可信，因为他占筮只有百分之七十的准确率[4]），亦有学者以卜筮预测的荒诞性为前提假设，而主张将此句释读为"百占而才当""百占而罕当"[5]。我们综合各家之说可以看到，无论是主张孔子信卜筮或者孔子不信卜筮，其基本逻辑并无二致，即都将此句理解为卜筮预测的准确率问题。综观春秋时代的思潮和帛书《易传》、今本《易传》、《论语》等与孔子相关的文献记载，此类观点或有可商榷之处。本文拟探讨在孔子的视域中卜筮活动和观德义之间可能存在的关联，并为孔子"百占而七十当"之言提供一种新的理解角度。

---

[1]　李学勤《从帛书〈易传〉看孔子与〈易〉》，《中原文物》1989 年第 2 期；邓球柏《帛书周易校释》，湖南出版社 1996 年版，第 482 页；郭沂《帛书〈要〉篇考释》，《周易研究》2004 年第 4 期；刘彬《帛书〈易传〉新释暨孔子易学思想研究》，中国社会科学出版社 2016 年版，第 246 页。

[2]　张政烺释读为"百占而当"，池田知久释读为"百占而干当"，廖名春释读为"百占而七十当"。本文取廖名春的释读。参看张政烺著，李零等整理《张政烺论易丛稿》，中华书局 2011 年版，第 242 页；[日]池田知久《马王堆汉墓帛书〈周易〉之〈要〉篇释文（下）》，牛建科译，《周易研究》1997 年第 3 期；廖名春《帛书〈周易〉论集》，上海古籍出版社 2008 年版，第 389 页。

[3]　刘大钧《孔子与〈周易〉及〈易〉占》，《社会科学战线》2010 年第 12 期；廖名春《帛书〈周易〉论集》，第 102 页。郭沂《郭店竹简与先秦学术思想》，上海教育出版社 2001 年版，第 277 页。

[4]　邓球柏《帛书周易校释》，第 482 页。朱冠华《孔子眼中的卜筮》，刘大钧主编《大易集奥》，上海古籍出版社 2004 年版，第 956 页。

[5]　王博《〈要〉篇略论》，刘大钧总主编《出土易学文献》第 4 册，上海科学技术文献出版社 2010 年版，第 1560 页。

一、卜筮与观德义之相悖

1973 年，长沙马王堆汉墓出土了帛书《易传》，其中《要》篇记载道：

夫子老而好《易》，居则在席，行则在橐。子赣曰："夫子它日教此弟子曰：'德行亡者，神灵之趋；知谋远者，卜筮之蘩。'赐以此为然矣。以此言取之，赐缮行之为也。夫子何以老而好之乎？"夫子曰："君子言以矩方也。前羊而至者，弗羊而巧也。察其要者，不诡其辞。《尚书》多於矣，《周易》未失也，且又古之遗言焉。予非安其用也，予乐其辞也。汝何尤于此乎？"子赣曰："如是，则君子已重过矣。赐闻诸夫子曰：'孙正而行义，则人不惑矣。'夫子今不安其用而乐其辞，则是用倚于人也，而可乎？"……子赣曰："夫子亦信其筮乎？"子曰："吾百占而七十当。唯周梁山之占也，亦必从其多者而已矣。"子曰："《易》，我后亓祝卜矣！我观亓德义耳也。幽赞而达乎数，明数而达乎德，又仁（守）者而义行之耳。赞而不达于数，则亓为之巫；数而不达于德，则亓为之史。史巫之筮，乡（向）之而未也，好之而非也。后世之士疑丘者，或以《易》乎？吾求亓德而已，吾与史巫同涂而殊归者也。君子德行焉求福，故祭祀而寡也；仁义焉求吉，故卜筮而希（稀）也。祝巫卜筮亓后乎？"[1]

这段材料记载的是孔子和子贡关于卜筮与德义之间的关系的一段对话。众所周知，中华文明历来有重德的传统，早在西周初期便出现了"以德配天""皇天无亲，惟德是辅"等道德理念，彰显出浓郁的人文色彩。孔子出生在礼乐之邦鲁国，自幼深受周文化的濡染，曾发出"周监于二代，郁郁乎文哉，吾从周"的赞叹，毕生以传示斯文为己任，致力于弘扬人文精神。在帛书《易·要》篇中，孔子明确提出其好《易》的宗旨在于"观其德义""求其德"，此与其人文精神相一贯。然而对于孔子卜筮的行为，近年来学界则争议较大。根据《周礼》《左传》《国语》等史料文献记载可知，春秋时期《周易》主要应用于卜筮。彼时人们整体上

---

〔1〕 廖名春《帛书〈周易〉论集》，第388-389 页。本文所引帛书《易传》释文以廖名春《帛书〈周易〉论集》为底本，并兼参考其他释文。

理性思维能力不足，经常祈求于天帝鬼神等神秘力量乃至于将自身的命运交付给神灵，并因此产生了各种迷信愚昧的现象。卜筮作为与神秘力量沟通的重要媒介，往往被打上荒诞蒙昧的烙印，而"德义"思想则是要高扬人的道德与理性，彰显人自身的主体性并对天命鬼神等进行祛魅和解咒，因此卜筮与德义之间难免扞格抵牾。据帛书《要》篇记载，孔子曾说过"德行亡者，神灵之趋；知谋远者，卜筮之繁"，意谓无德之人才会趋近于神灵，智浅之人才会频繁地卜筮，迷信卜筮和神灵之事乃人德行、智谋不足的表现。在孔子看来，君子"德行焉求福""仁义焉求吉"，应当凭借自身的德行来获致福瑞吉祥，而非依赖于神灵之庇佑。可见，孔子也曾经认为卜筮与德义相悖，并表现出对卜筮的轻视。

在帛书《易·要》篇中，孔子还对此作了详细的区分和解释。孔子说："《易》，我后亓祝卜矣！我观亓德义耳也。幽赞而达乎数，明数而达乎德，又仁（守）者而义行之耳。赞而不达于数，则亓为之巫；数而不达于德，则亓为之史。史巫之筮，乡（向）之而未也，好之而非也。"他认为巫之卜筮仅止于幽赞，史之卜筮仅止于明数，"史巫之筮"是"向之而未，好之而非"，二者皆未认识到《易》之真义，皆未能达于德义之境。也就是说，在孔子看来，仅仅将《易》用于幽赞和明数，局限了德义，即是卜筮与德义的矛盾之处。孔子所说的"幽赞"应与今本《说卦传》中"幽赞于神明而生蓍"相同，孔颖达《周易正义》中说"赞者，佐而助成"[1]，"幽赞"即暗中受到神明佐助的意思。孔子说巫之筮"赞而不达于数"，意思是说巫师卜筮是依靠某种神秘的直感来获得神灵的启示，其根据乃是神秘性和偶然性，对于卜筮中所包含的"数"尚且认识不足。关于孔子所说的"明数"，廖名春先生认为"数"为天文时历，"明数"是指史官懂得利用《易》数去推步天象历法；[2] 池田知久先生认为史官所明之"数"指的是"《易》所包含的数理系统"；[3] 陈来先生认为"数"指"天道变化的度数"；[4] 刘彬先生认为史

〔1〕 于天宝点校《宋本周易注疏》，中华书局 2018 年版，第 473 页。
〔2〕 廖名春《帛书〈周易〉论集》，第 104 页。
〔3〕 ［日］池田知久《马王堆汉墓帛书〈周易〉之〈要〉篇释文（下）》，《周易研究》1997 年第 3 期。
〔4〕 陈来《古代思想文化的世界——春秋时代的宗教、伦理与社会思想》，生活·读书·新知三联书店 2002 年版，第 75 页。

官卜筮的"明数",一方面指通过揲蓍来以数定卦,另一方面指以数推求结果。[1] 以上诸家之"数"论大同小异,概而言之,"数"指的是卜筮背后蕴含着的数理规律。孔子说史之筮"数而不达于德",意思是说史官之卜筮虽然超越了巫师,懂得了卜筮背后的数理规律,但是却被客观的数理规律束缚住了,仍未能达于道德之境。据《左传·昭公三十二年》记载,史墨曾有言:"物生有两,有三,有五,有陪贰。故天有三辰,地有五行,体有左右,各有妃耦。王有公,诸侯有卿,皆有贰也。天生季氏,以贰鲁侯,为日久矣。民之服焉,不亦宜乎!鲁君世从其失,季氏世修其勤,民忘君矣。虽死于外,其谁矜之?社稷无常奉,君臣无常位,自古以然……在《易》卦,雷乘《乾》曰《大壮》,天之道也。"[2] 在这段话中,史墨将"物生有两,有三,有五……"之天数规律作为基本法则推导出"社稷无常奉,君臣无常位"之人事变迁亦有其定数,而仅仅将人自身的修为作为次要条件。史墨说这段话时,孔子已年过四十,从史墨之言恰可管窥孔子谓史官"明数而不达于德"之一斑。

总之,无论是巫之筮"赞而不达于数"而匍匐于神鬼之下,还是史之筮"数而不达于德",拘囿于客观数理规律的束缚,巫、史之筮本质上皆是外在的、被动的决定论,皆是将人的选择权和决定权交付给了外在力量而湮没了人自身的主体性。从某种意义上来说,孔子早年不重视《周易》和卜筮,认为其非君子之道,正是将《易》之用等同于巫史之用《易》,看到了"赞"与"数"对人之主体性的遮蔽及其与德义之道的背离。

二、卜筮与观德义之相通

通过前文的分析可以看到,卜筮与德义之间确有相悖之处。不少学者以孔子"予非安其用也,予乐其辞也"之说为根据,认为孔子好《易》仅仅是喜好《周易》的卦爻辞,而轻视卜筮活动,并认为此即孔子与巫、史之《易》的不同之

----

[1] 刘彬《帛书〈要〉篇校释》,光明日报出版社2009年版,第210页。
[2] 《春秋左传正义》卷53,《十三经注疏》阮元校刻本,中华书局2009年版,第4621页。

处——孔子"乐其辞"且目的在于观辞中德义，而巫、史则安于卜筮之用。然而，结合子贡"'德行亡者，神灵之趋；知谋远者，卜筮之繁。'……夫子何以老而好之乎？""夫子亦信其筮乎？"之问与孔子"吾百占而七十当"之答来看，孔子晚年喜好卜筮又是确然无疑的事实。今本《系辞传》中亦说到，"易有圣人之道四焉。以言者尚其辞，以动者尚其变，以制器者尚其象，以卜筮者尚其占"，"是故君子居则观其象而玩其辞，动则观其变而玩其占"，也可见孔子未曾废弃卜筮，而且在某种意义上来说还很重视卜筮，甚至将其视为圣人之道。并且，"易"字本有占卜之义。尚秉和先生曾说道："《史记·礼书》云：'能虑勿易'，亦以易为占。简易、不易、变易，皆易之用，非易字本诂。本诂固占卜也。"[1] 在卜筮活动与卦爻辞之间强行划界线而将孔子好易之行为割裂开来，大概是比较牵强的。结合孔子时代的思潮及孔子的生平言行来分析，在孔子那里，卜筮与观德义之间至少存在以下几种可能相通之处。

（一）对卦爻辞作动观

我们知道，卜筮首先是通过一定的程式和步骤来确定某卦某爻，然后才是对卦爻辞的分析和对吉凶结果的推断。无论是研读《易》的文本还是用《易》卜筮，首先直面的都是卦爻辞。而从卦爻辞来推断吉凶结果，其间存在着广阔的诠释空间，这正是易流于穿凿附会之处。也就是说，对卦爻辞所作出的诠释路径和方向，才是决定易学性质的真正分野和关键所在，而并非卜筮与德义之间天然对立。结合孔子卜筮的行为事实与子贡"今不安其用而乐其辞，则是用倚于人也"之言来看，孔子所说的"予非安其用也，予乐其辞也"的"用"当非指用《易》来卜筮，而应指人们对卜筮习以为常的普遍印象，如巫、史之用。这句话讲述的乃是通过卜筮来确定卦、爻，并进而对卦爻辞加以体会观玩的过程，是一套完整的玩《易》程序。综观今本《系辞传》和帛书《易传》，如果说"居则在席"描述的是孔子"居则观其象而玩其辞"，"百占而七十当"描述的是孔子"动则观其变而玩其占"，那么孔子"予非安其用也，予乐其辞也"的辩解则表明孔子既未废弃卜筮，同时也规范了卜筮的应用方向——借由卜筮来对卦爻辞作动观。也就是说，孔子玩

---

[1] 尚秉和《周易尚氏学》，中华书局 1980 年版，第 1 页。

《易》乃是在动静、出处之际，在不同的情境和心境之下对《周易》的卦爻辞进行体会观玩。相较于平居时的静观而言，"观变玩占"之动观更能够将自身的真实处境镶嵌到卦爻辞中去，并借此检验自身学《易》、用《易》的效果。南宋蔡渊曾说过，"观象玩辞，学《易》也；观变玩占，用《易》也"[1]。人在生活中和社会实践中可能会遇到各种错综复杂的情境，在行动时借由卜筮确定某一卦某一爻，在身临其境的实感中对《周易》的卦爻辞做更加切己的观玩和交流互动，自是有别于占验预测之用，也较平居时的玩味更为深刻。这样，以卜筮来观变玩占，实际上是将流动的、鲜活的生命体验投射在《周易》上，正如直接研读《周易》文本观象玩辞一样，皆可以为其"观德义"的宗旨服务。

（二）拟德而占、以德配占

在帛书《要》篇中，孔子明确地宣称史巫之筮是"向之而未也，好之而非也"，认为史、巫之筮皆偏离了卜筮的正确导向而走入了误区，皆未能领会卜筮的真精神，而他则超越了巫之赞和史之数，达到了"观其德义"的境界。在《衷》篇和《要》篇中，孔子多次提到卜筮玩占与观德义之宗旨的妙合之处——拟德而占，以德配占。事实上，将占与德关联起来，在孔子之前已有先例。据《左传·襄公九年》记载：

穆姜薨于东宫。始往而筮之，遇《艮》之八。史曰："是谓《艮》之《随》。《随》，其出也。君必速出！"姜曰："亡！是于《周易》曰：'随：元、亨、利、贞，无咎。'元，体之长也；亨，嘉之会也；利，义之和也；贞，事之干也。体仁足以长人，嘉德足以合礼，利物足以和义，贞固足以干事。然，故不可诬也。是以虽《随》无咎。今我妇人，而与于乱。固在下位，而有不仁，不可谓元。不靖国家，不可谓亨。作而害身，不可谓利。弃位而姣，不可谓贞。有四德者，《随》而无咎。我皆无之，岂随也哉？我则取恶，能无咎乎？必死于此，弗得出矣！"[2]

穆姜基于自身德行，自知其德与所占之《随》卦不能相配，"《随》而无咎"与己无关，遂认罪伏诛。可见，穆姜已经明确地将卜筮结果与自身的道德修养关联

---

〔1〕 李光地编纂，刘大钧整理《周易折中》，巴蜀书社2008年版，第410页。
〔2〕 《春秋左传正义》卷30，《十三经注疏》阮元校刻本，第4215-4216页。

了起来。在帛书《易传》中孔子曾反复提到"无德而占，则《易》亦不当"[1]、"拟德占之，则《易》可用矣"[2]、"赞以德而占以义"[3]、"无德，则不能知《易》"[4] 等等，亦是自觉地在卜筮活动中引入主体的条件和资格，强调要以德配占。在卜筮的实际运用中，虽然占得一卦一爻之后卦时爻位便是确定的了，但是这并非意味着人是完全的被决定者，人作为主体同样可以依靠自身的德行和智慧来选择或改变现实处境。例如乾卦九三爻辞："君子终日乾乾，夕惕若厉，无咎。"就是说，当占得此卦此爻之时，虽然卜筮者面临的客观环境是危险的，然其若能保持终日乾乾，夕惕若厉的状态，仍可以免遭咎害。可见吉凶结果并非完全取决于客观外在，人自身也是吉凶转化的决定性因素。孔子所谓"拟德占之，则《易》可用矣"、"赞以德而占以义"即是要人因卦象所示而反躬自省，砥身砺行，这样卜筮便可以起到对人的诫警和矫正作用。似此之用，春秋时代同样实有其事。如《左传·襄公十三年》记载："石奥言于子囊曰：'先王卜征五年，而岁习其祥，祥习则行。不习，则增修德而改卜'。"[5]，可见卜筮对卜筮者的德行起到了迁改和促进的作用。宋儒朱熹曾说："《易》中都是'贞吉'，不曾有'不贞吉'；都是'利贞'，不曾说利不贞。如占得《乾》卦，固是大亨，下则云'利贞'，盖正则利，不正则不利。至理之权舆，圣人之至教，寓其间矣。"[6] 这样来看，虽然同样是卜筮，君子玩占与巫史之筮二者之间显然颇有距离，这或许正是孔子卜筮玩占的深义所在。正如皮锡瑞所说："孔子见当时之人，惑于吉凶祸福，而卜筮之史加以穿凿附会，故演《易》系辞，明义理，切人事，借卜筮以教后人，所谓以神道设教。"[7] 从这个意义上而言，孔子以卜筮作为玩《易》之方当非故弄玄虚和多此一举。

（三）敬天而占

春秋时期是古代思想的重要转型期，人的主体意识的觉醒在相当程度上冲破了

---

〔1〕 廖名春《帛书〈周易〉论集》，386 页。
〔2〕 廖名春《帛书〈周易〉论集》，386 页。
〔3〕 廖名春《帛书〈周易〉论集》，385 页。
〔4〕 廖名春《帛书〈周易〉论集》，388 页。
〔5〕 《春秋左传正义》卷 32，《十三经注疏》阮元校刻本，第 4244 页。
〔6〕 李光地编纂，刘大钧整理《周易折中》，第 9 页。
〔7〕 皮锡瑞《经学通论》，中华书局 1954 年版，第 42-43 页。

神学的迷雾笼罩，散发出人文的光芒。雅斯贝尔斯将在中、西方同时发生思想大突破的这一历史时期称为"轴心时代"。而与此同时，主体理性思维的爆发亦暴露出狂妄之弊。不少诸侯君主因无所敬畏而肆意妄为，致使礼坏乐崩，战争频仍，民不聊生。在理性和天命鬼神的搏斗中，天人关系呈现出重天而轻人、人自负而欺天、敬天而重德等等交织并存的状态。卜筮作为天人沟通的一种媒介，如何对待卜筮，实际上反映的是如何对待天命鬼神的问题。让我们略举几例来看看春秋时期人们对待卜筮的复杂态度。《论语·公冶长》中记载："子曰：'臧文仲居蔡，山节藻棁，何如其知也？'"朱熹曾对此疏解道："如臧文仲，人皆以为知，圣人便说道它既惑于鬼神，安得为知？盖卜筮之事，圣人固欲使民信之。然藏蓍龟之地，须自有个合当底去处。今文仲乃为山节藻棁以藏之，须是它心一向倒在卜筮上了，如何得为知！"[1] 臧文仲在当时以富于理性的智者闻名，却又以超出礼法的规格对待乌龟，匍匐于天命鬼神之下，可谓佞媚于占者。《左传·昭公十三年》记载："初，灵王卜，曰：'余尚得天下。'不吉，投龟，诟天而呼曰：'是区区者而不余畀，余必自取之。'民患王之无厌也，故从乱如归。"[2] 楚灵王一意孤行，完全凭借个人意志而肆意妄为，其投龟、诟天等行为表现出对天命鬼神的鄙弃和亵渎，可谓弃占欺天者。《左传·昭公十七年》记载："吴伐楚。阳匄为令尹，卜战，不吉。司马子鱼曰：'我得上流，何故不吉。且楚故，司马令龟，我请改卜。'"[3] 司马子鱼虽不如楚灵王那般狂妄欺天，然其因占卜不吉而要求重新改占之行为亦是以己意蔽天，正如《蒙卦》所说"初筮告，再三渎，渎则不告"，可谓改占渎天者。从臧文仲、楚灵王、司马子鱼等人对待卜筮的态度，可以看出春秋时期天人关系的失衡和混乱失序。如何重塑天人关系，明确天、人各自的职分并以之为主体的行为确立规范，乃是孔子所面临的社会文化问题。

就孔子个人而言，对待卜筮的前后不同也反映着他的天命观的变化。孔子晚年曾说"加我数年，五十以学《易》，可以无大过矣"（《论语·述而》），又说"五十而知天命"（《论语·为政》），隐约透露出其好《易》之行为同天命思想之间

---

〔1〕 黎靖德编，王星贤点校《朱子语类》，中华书局1986年版，第731页。
〔2〕《春秋左传正义》卷46，《十三经注疏》阮元校刻本，第4496页。
〔3〕《春秋左传正义》卷48，《十三经注疏》阮元校刻本，第4527页。

可能存在着某些关联。众所周知，孔子是敬重天命和鬼神的。他曾说过"畏天命，畏大人，畏圣人之言"（《论语·季氏》），"祭如在，祭神如神在"（《论语·八佾》），"不知命，无以为君子也"（《论语·尧曰》），但是另一方面，孔子又绝非屈身折腰于天命鬼神。他主张君子"德行焉求福""仁义焉求吉"，认为"士不可以不弘毅，任重而道远，仁以为己任"（《论语·泰伯》），致力于弘扬人文精神和道德理性的尊严。可以看出，孔子处理天人关系的方式和态度乃是天、人兼顾，敬天而重德。而卜筮作为沟通天人的媒介和载体，恰可作为敬畏天命的仪式化表达，因此孔子亦对卜筮郑重其事。帛书《易·要》篇中载孔子言："君子德行焉求福，故祭祀而寡也；仁义焉求吉，故卜筮而希（稀）也。""祭祀而寡""卜筮而希（稀）"不是不祭祀、不卜筮而是少祭祀、少卜筮，正如"敬鬼神而远之"一样，出于敬畏才会较少卜筮、慎重地对待卜筮。《论语·子路》篇记载："子曰：'南人有言曰："人而无恒，不可以作巫医。"善夫！''不恒其德，或承之羞。'子曰：'不占而已矣。'"孔子认为，人自身若无恒德则不必去卜筮，孔子同样强调以敬慎的态度对待卜筮。今本《系辞传》和《说卦传》都讲到了三才之道，所谓"三才之道"即是给天、地、人各自保留合适的位置，其中既包含着人道自立的天人相分思想，亦含有敬畏天命、顺天而行的天人合一思想，其主旨正是强调三者之间相互协调，共同发挥作用。可以看出，孔子通过卜筮来体现其敬天思想，在处理天人关系中将卜筮与德义融会贯通。正如《礼记》中所说，"昔者圣人建阴阳天地之情，立以为《易》。易抱龟南面，天子卷冕北面，虽有明知之心，必进断其志焉。示不敢专，以尊天也"[1]。虽然已有明知之心仍要履行卜筮的仪式，可见卜筮并非必然意味着将决定权拱手让给神灵，它还可以用来表示敬天和谦卑之意。

三、"占"与"当"之间

子贡问夫子亦信其筮乎，孔子没有正面作答，只回答说"吾百占而七十当。唯周梁山之占也，亦必从其多者而已矣"。目前学界对于孔子所言"吾百占而七十

〔1〕《礼记正义》卷48，《十三经注疏》阮元校刻本，中华书局2009年版，第3474页。

当"的理解，多是训"当"为"中"，而将其译为"我占卜一百次有七十次能算准"，认为孔子此言是在自述其卜筮的准确率。[1] 而问题在于，如果将"当"字训为"中"而将其理解为卜筮占验的准确率的话，则孔子亦是"安于其用"，其与巫、史之易又如何区别呢？既然孔子卜筮玩占之目的是观其德义而非占验预测，则其所谓"当"不应指向预测的准确率。

关于"当"字，《说文解字》中说："当（當），田相值也。从田、尚声。"段玉裁注曰："田相值也。值者，持也。田与田相持也。引申之，凡相持、相抵皆曰当。"[2] "当"字的本义是"田相值"，而在先秦文献中，"当"字的引申含义已然十分丰富。"当"有"遇"的含义，《康熙字典》释《左传·昭公七年》"圣人有明德者，若不当世，其后必有达人"之句中"当"为"遇也"[3]；"当"有"值"的含义，孙诒让疏解《九歌》"固人命分有当，孰离合兮可为"之句云："'当'犹'值'也。言人之命各有所当值。"[4] "当"字的"值""遇"等义与其"中"的含义看似相近而实有不同。若将孔子所说"吾百占而七十当"之"当"训为"中"而将其理解为预测的准确率的话，则预设了一种前定论或命定论，认为凡事之吉凶结果皆为前定，人只是借由卜筮来预知天意，人如同提线木偶被操弄着实现既定的轨迹，匍匐于天命鬼神的支配之下。而如果训"当"为"值""遇"等义而将"当"理解为占者自身境遇和卦爻辞中的天地万物、人事境遇等万象的相值、相遇和感通，则人的主动性、能动性和创造性空间广阔通明起来。"当"既可以是与天地万象之相值，如占得乾卦，君子亦当效法天体运行之不殆，做到自强不息；也可以是与古圣先贤之事象的遇合感通。如王阳明曾在进退维谷之际占得明夷卦，[5] 明夷卦离下坤上，其象为明入地中，其卦辞曰"利艰贞"，其《彖》曰"明入地中，明夷。内文明而外柔顺，以蒙大难，文王以之。利艰贞，晦其明也。内难而能正其志，箕子以之"。当时朝廷奸宦刘瑾只手遮天，王阳明因直

---

〔1〕 参看李学勤《周易溯源》，巴蜀书社 2006 年版，第 375 页；刘彬《帛书〈易传〉新释暨孔子易学思想研究》，第 249 页。

〔2〕 许慎撰，段玉裁注《说文解字注》，上海书店 1992 年版，第 697 页。

〔3〕 张玉书等编纂《康熙字典》，汉语大词典出版社 2002 年版，第 717 页。

〔4〕 孙诒让《札迻》，中华书局 1989 年版，第 393 页。

〔5〕 吴光等编校《王阳明全集》，上海古籍出版社 2011 年版，第 1353-1354 页。

言进谏而遭迫害，正合"明夷"之象。在明夷卦的启发之下，王阳明决定去龙场上任，虽然他后来又经历无数艰难困苦却矢志不移，终于悟道。在写作《玩易窝记》时，他还在玩味明夷卦所载的文王之遭际为他带来的鼓舞和激励："此古之君子所以甘囚奴，忘拘幽，而不知其老之将至也夫？吾知所以终吾身矣。"[1] 可见此次"观变玩占"在王阳明心中所激荡的回声余响之悠长。虽然明夷卦并没有明确告知其具体的行动策略，然而卦象之情境、卦名卦爻辞记述的文王、箕子遇此困境时的典范式样却带给他莫大的启迪和鼓励。王阳明此占可谓"当"矣。

此外，结合帛书《衷》篇"无德而占，则《易》亦不当"之言来看，亦可见孔子所谓"当"不应指向预测的准确率。因为若是将"当"理解成预测得准的话，则"无德而占，则《易》亦不当"便意味着没有德行的人去卜筮也预测不准，这显然与常识理性不符。而如果训"当"为"值""遇"等义，则较能理顺个中隐含的逻辑脉络。在现实生活中，无德者行事往往一意孤行，以一己之私意侵夺和遮蔽天意、圣意，卜筮所得之卦象往往不足以作为其行为决策之参考。如前引楚灵王之例，虽然楚灵王也履行了卜筮的程序，但他对卜筮结果弃如敝屣，则卜筮所得之象自是与其无应、无关而不"当"。以此来反推，则"拟德占之，则《易》可用矣"亦可疏解通畅。今本《易·系辞下》中说："夫《易》彰往而察来，而微显阐幽。开而当名辨物，正言断辞则备矣。""彰往而察来"意味着"彰往"是"察来"的前提条件。伏羲、文王、周公等古圣将宏阔的宇宙万象纳入《周易》，孔子谓其"有古之遗言"，《周易》中蕴含着的天、地、人、物、事等万象以及卦爻结构本身，皆可以作为占者模拟、仿效和借鉴的对象，从而类推和预知来事。若占者有德，则会对八卦所告之象严慎以待，虚心纳谏，深心体察，不断地调整自身，日益明智而厚德，即是与八卦所告之象相遇合相感通之"当"，可谓是有德而占，则易往往有"当"矣。从这个意义上来理解孔子的卜筮行为及其所说的"吾百占而七十当"，"予非安其用也，予乐其辞也"，或许能够更好地理解孔子观德义之道，以及在孔子那里卜筮与观德义之间何以并行而不悖。

---

[1] 吴光等编校《王阳明全集》，第 989 页。

《尚书》"违卜"问题分析

——兼论"违卜"的污名与正名问题

李亚信*

[内容提要]

"违卜"一词，在先秦典籍中出现次数较少，但它作为对以卜筮为代表的神圣性话语的否定，具有一定的思想史与哲学史研究价值，同时它也在很大程度上揭示了传统信仰领域的话语内部矛盾变化过程。在中国古代思想史发展中，"违卜"与"权变"理念相比，出现更早，同时也是"权变"思想的出现提供了思想基础。《盘庚》中出现的"违卜"，体现的是王权对以卜筮为主要标志的传统宗教话语权的压制；《大诰》中出现的"违卜"，体现的则是世俗权力对以卜筮为主要标志的旧形态宗教话语的无视，以及王权对以卜筮为代表的宗教话语权的重建。与"权变"相比，"违卜"的污名化使得其对于思想、文化、历史、哲学等领域的理论研究价值被忽略。清楚地认识到"违卜"的实质是行为主体的话语权缺失，是为"违卜"正名并正视其理论研究价值的前提。

[关键词]

《尚书》；违卜；卜筮话语；话语权；决策权

---

* 李亚信，湖南大学岳麓书院博士研究生。

"卜筮",作为先秦时期最为常见的宗教性质的行为活动,在"五经"乃至各种出土文献中,都有着丰富的记载。然而在这种以"卜筮"为代表的宗教文化和巫术神权深刻渗透并干预社会政治生活和世俗生活的情况下,必然不可避免地出现卜筮结果不能满足实际需要的情况;更难以避免世俗权力掌握者主动且有意识地去违背卜筮结果,对世俗生活和政治生活进行规范与约束。然而无论是出土文献,还是"五经"等先秦典籍中,对"违卜"的后一种现象的记载都比较少见。一方面是由于记载商代甚至更早的以"占卜"等为核心的神权社会和核心神圣性话语的历史时期的出土文献中,对"违卜"类事实记载极少;另一方面则是在周代乃至之后的历史时期,"卜筮"作为神圣性话语,其对社会活动和政治决策的影响力逐渐减弱,"违卜"不再作为一种必要的激烈对抗社会神权和其他强权的手段,转而由"权变""行权"等思想和理念所代替。这两个历史时期,一者是缺乏必要的文献记载,一者是有了更好的话语和理念来为行为主体提供话语支撑,因此这在很大程度上,客观上导致了一条思想史发展的隐性脉络被隐藏。然而幸运的是,在"记言"兼"记事"的最古老经典《尚书》中,便保存有这种主动且有意识地去违背卜筮结果的情况——"违卜"——既包含"违卜"事实,也包含相应的话语理论和理念支撑,同时又非孤证。

然而遗憾的是,无论是对"主动且有意识地去违背卜筮结果"的现象,还是对"违卜"的理论与话语相关问题,学术界尚未有专门的研究,这就导致以"违卜"切入的一条思想史发展的脉络被忽略。虽然都是作为行为主体以实用理性(或功用理性),来积极主动对抗不能满足实际需要的主流神圣性话语,与后来的"行权""权变""任自然""革命"等含积极意义的话语相比,"违卜"则完全凸显出其负面和贬义色彩,其背后蕴含的行为和思想的正当性与崇高性则被遮蔽;与之相反,后世发展出的如周秦时期对抗落后而不合时宜的社会制度与思想的"行权""权变",魏晋时期对抗"名教"的"狂狷"与"任自然",乃至对抗腐朽和封建的"革命"等积极且为人们称道的社会历史话语,其正当性和崇高性则得到了明确的彰显。因此,为正确地认识和把握"违卜"的思想史和哲学史价值,必要的工作便是为"违卜"正名和去蔽,而非简单而粗疏地以后世才形成的"权变"思想,来概括《尚书》中记载的商代中期和西周早期出现的两例"违卜"内容,从而忽略"六经"记载的较早的中国古代思想发展过程中的隐蔽的思想史脉络。

"违卜",在先秦文献中出现的次数极少,目前仅发现其在《尚书》和《左传》中各出现两次,在《礼记》中出现一次。但是就这仅有的五次记录,却包含了从商代中期,到西周早期,再到春秋战国时期的千余年历史跨度;从商代中期到战国时期,中华文明和社会文化、信仰等已然发生了极大的变化,这也导致"违卜"的内涵、外延、话语作用、社会权力归属、社会和历史价值发生了显著的变化。"违卜"从最初的做出违背贞卜机构的卜筮结论的政治决策,到最后的做出违背符合已然崩溃的以"卜筮"为核心的神圣性信仰,以及由其引发的价值标准和社会秩序的日常行为,这种显著变化背后,呈现出的是中华文化信仰从早期的模糊自然崇拜,到前轴心时代信仰的功用理性化过程。

一、《尚书·盘庚》的"违卜"解析

"违卜",在先秦文献中出现五次,分别是:《尚书·盘庚下》一次,《尚书·大诰》一次;《左传·僖公十五年》一次,《左传·昭公三年》一次;《礼记·表记》一次。其中,《尚书》中关于"违卜"之事件、原因、内容以及双方对立的充足理由,都有完备的交代;相比之下,《左传》则呈现出事详而言略的特点;《礼记》中的记载却不涉及"事",属于纯粹的结论表述。三者对比,显然《尚书》中的"违卜"现象,无论是其对"言"与"事"的详细记载,还是所从属的相对更早的历史时代,甚至于《尚书》中对"卜筮"等神圣性话语的详细而深刻的记录等,都让这两处记载更值得详细分析。其具备着不可替代和不可忽视的思想史研究价值,值得我们对其进行深入的分析和研究。

为清晰而全面地呈现出"违卜"的发生过程,以及所牵涉的社会群体及其活动,涉及的其他社会话语、思想意识变化等等,对《尚书》中出现的两次"违卜"记录的分析,都必须做到"事"与"言"并重,详"事"以释"言"。

（一）《尚书》中的"违卜"事实

《尚书·盘庚下》,是关于"违卜"的最早记载,也是唯一一次真正意义上发生的"违卜"事件:

"古我先王将多于前功，适于山。用降我凶，德嘉绩于朕邦。今我民用荡析离居，罔有定极，尔谓朕曷震动万民以迁？肆上帝将复我高祖之德，乱越我家。朕及笃敬，恭承民命，用永地于新邑。肆予冲人，非废厥谋，吊由灵各；非敢违卜，用宏兹贲。"[1]

从盘庚对臣民表达的"非敢违卜"相关内容看，他本意并不是在恶意挑战以卜筮为代表的巫术神权和社会的神圣性价值秩序。然而《盘庚下》对"违卜"的记载中，并没有交代"违卜"的前因后果，以及整个"违卜"发生过程中，所有相关群体的立场、诉求等问题。事实上"违卜"真正的发生，其"事"与"言"都在《盘庚上》的记载里。

"我王来，既爰宅于兹，重我民，无尽刘。不能胥匡以生，卜稽，曰其如台？先王有服，恪谨天命，兹犹不常宁；不常厥邑，于今五邦。今不承于古，罔知天之断命，矧曰其克从先王之烈？若颠木之有由蘖，天其永我命于兹新邑，绍复先王之大业，底绥四方。"[2]

整个"违卜"事件始末大体为：刚即位的盘庚，面临着国家历经九世乱局、贵族腐败、水旱天灾频发、巫史群体严重干政等等危局。然而当时大多数的贵族、巫史群体（巫史等机构，如贞卜机构的职官），经历南庚迁奄后的一百多年的安定，已然习惯了此地的"安逸"，并没有意识到即将面临的亡国灭族危机。商王、各贵族、巫史等神职、普通民众、各方国、异族等多方势力互相争斗，形成复杂的政治斗争局面。

初即位的盘庚，深刻认识到即将到来的生存危机，为应对可能亡国灭族的危机，提出迁都的计划。然而这遭到了各方势力的反对，最为突出的是商贵族，尤其是商王室的宗亲势力。由于商代的神权政治中，比较重视"卜筮"，即在进行大的决策之前，必须通过"卜筮"来判断吉凶，作为迁都的大事，自然也不能避

---

[1] 周秉钧《尚书易解》卷 2《盘庚下》，岳麓书社 1984 年版，第 107—108 页。
[2] 周秉钧《尚书易解》卷 2《盘庚上》，第 89—90 页。

免。[1] 然而，在盘庚的主持下，"卜筮"的结果居然一致为凶，不支持迁都。面临巫史群体与贵族势力的联手，盘庚坚定迁都意愿，利用最高统治权，强行做出迁都的决策。《盘庚上》便是对他说服各方势力的完整记录。

"不能胥匡以生，卜稽，曰其如台？先王有服，恪谨天命，兹犹不常宁；不常厥邑，于今五邦。"

从盘庚这里提及"卜"的语境和态度，便可知因迁都一事进行的贞卜结果一定是不能让其满意的。他在这里着重强调各贵族和方国邦国要携手互助，共同度过危机，不要再执着于问卜的结果如何，便足以说明贞卜的结果是不利于其自身主张的，反而恰恰是符合各贵族与邦国首领的利益的。紧接着他谈及祖先们五次迁都的历史，强调先王的制度以及天命，其一方面指商受命立国必须守住"天命"，另一方面指各种灾害频发，也是上天在提醒他们应当迁都。这就说明，盘庚迁都的决心不可更改，同时也不会再次问卜。

（二）"违卜"的发生："王权"与"卜筮"神权不可调和的矛盾

在盘庚迁殷问题上，"违卜"的发生有其必然性。首先，作为商王的盘庚，有魄力有抱负且意志坚定，掌握最为强势的王权。其次，是之前经历的九世乱局，王权与宗族权争斗不休，王权继承相对混乱；王权与贞卜机构的"卜筮权"争夺，也就是王权强势干预"卜筮"，巫史群体也在竭力维护自身权力和利益，相对来说是王权压制"卜筮"神权。再次，长期的乱局，导致商王、贵族、大臣、巫史、方国、异族、民众之间，建立起错综复杂的合作又斗争的关系，"卜筮"神权的神圣性被极大削弱。最后，频繁的社会动荡、迁都、灾害、权力斗争等，逐渐培养出实用性智慧，无论是宗教信仰还是自然崇拜，抑或是规则和制度，首先都得具备解决各种事务的功用。

因此，盘庚在面对贵族势力和各方国势力的强烈反对，以及巫史群体与其他势力联合左右"卜筮"结果的情况下，果断且强势地使用王权压制各方，并利用政

---

[1] 商代在举行重大决策的"卜筮"时，一般由王主持，贞人与卜人分工合作，商王拥有对卜筮的决策权；同时重大卜筮一般为二人或三人同占。具体内容可参考陈智勇《试析商代巫、史以及贞卜机构的政治意向》，《史学月刊》1999 年第 2 期；张荣明《殷周政治与宗教关系研究》，南开大学 1995 年博士学位论文，第 48 页。

治生活和社会生活中的实用理性，分析利弊，同时利用王在"卜筮"活动中的决策权，以及天命、祖业等方面的解释权，来说服各方接受迁都。

之所以说在这次"违卜"事件中，巫史群体联合贵族和各方势力是因为：首先，商代的"贞卜"，不仅仅由王主持，其最终决策权还被王掌握，虽然无论是"卜筮"活动还是贞卜机构，都有自己的相对独立性，但是其最终由王权主导和掌握的制度是不变的，甚至在特定且极端情况下，卜筮可以被"王权"独断掌握——后世的历史发展则是王权统治垄断了卜筮神权。其次，在卜筮"的过程中，具体执行卜筮的"贞人""卜人"是可以灵活掌握甚至决定卜筮所得之"兆"，以及对"兆"的灵活解释的，即"卜筮"这种神圣性话语乃至相关的事物，实质上是可以由特定社会群体或统治集团出于其特定诉求而主观能动地掌握和改变的。[1] 一事多卜的示例，在出土的甲骨文材料中，并不少见。例如：

"甲午卜口宾贞：丁无贝。一二三四五六七八九十贞：丁其有贝。一二三四五六七八九十"

"己亥卜口争贞：王勿立中。"一（《欧美亚》200）

"己亥卜口争贞：王勿立中。"二（7367）

"己亥卜口争贞：王勿立中。"三（7638）

前一则，是同一件事，在同一块甲骨上问卜了十次，虽然结果都一样；后者则是同一个人，对同一件事三次问卜，且是同样的结果。这就意味着，作为王的盘庚，如果真的掌握巫史群体，或者使贞卜机构保持中立，他都可以改变此不满意的卜筮结果。然而，从盘庚不再提及"问卜"的演讲内容，便可知他在迁都一事上，已然不再对卜筮活动乃至贞卜机构甚至是巫史群体抱有幻想。

"非予自荒兹德，惟汝含德，不惕予一人。予若观火，予亦拙谋作，乃逸。"[2] 盘庚强势表明，其力排众议的迁都决定，遵循了先祖制度和德行，他告诫群臣及贵族宗亲，不可在背后胡作非为。自此，从行为事实上讲，盘庚"违卜"的事实已经完全成立。然而，盘庚在讲话中不能出现"违卜"这个词，毕竟出现

---

〔1〕 巫称喜《甲骨占卜制度与商代信息传播》，《华南师范大学学报（社会科学版）》2008 年第 5 期，第 73 页。

〔2〕 周秉钧《尚书易解》卷 2《盘庚上》，第 93 页。

则无异于承认自己蓄意"违规"的事实，也无异于提醒群臣，最终使自己说服群臣的话语目标落空。

他在行为事实上从不遵从卜筮结果，且力排众议地做出相反的政治决策，到坚定地实施和完成该政治目标；同时，在社会文化意识方面，对卜筮进行政治文化、宗教信仰、宗族关系等多领域的辩驳，甚至最终还给出了一个高于卜筮神权话语的政治文化与宗教信仰标准，竭力为自己的"违卜"正名。

（三）盘庚的"违卜"话语及其为"污名"辩护理想

"违卜"正式出现在《尚书·盘庚下》所记录的盘庚训诫群臣的话语中。值得注意的是，《尚书·盘庚下》中出现的"违卜"，是关于"违卜"的最早记载，也是唯一一次真正意义上的"违卜"——既有事实发生，也有话语辩解，且出现了"违卜"一词：

"古我先王将多于前功，适于山。用降我凶，德嘉绩于朕邦。今我民用荡析离居，罔有定极，尔谓朕曷震动万民以迁？肆上帝将复我高祖之德，乱越我家。朕及笃敬，恭承民命，用永地于新邑。肆予冲人，非废厥谋，吊由灵各；非敢违卜，用宏兹贲。"[1]

对于群臣来说，到了盘庚否认自己"违卜"的时候，即"违卜"一词正式出现的时候，迁都已成既定事实，"违卜"这一事实所能引发的后续不良反应，也基本上得到了控制和治理，其他反对活动也基本不会再发生。

对于商王盘庚而言，在"违卜"成为既定事实，且各种不利影响得到有效控制和处理的情况下，间接承认自己"违卜"的事实，并在此情况下对"违卜"进行有效辩护以安抚各方，显然是最优选择。

"肆予冲人，非废厥谋，吊由灵各；非敢违卜，用宏兹贲"，定居新都已经是不可更改的定局，"吊由灵各""用宏兹贲"这个说得过去且能被普遍接受的理由便足以为自己的"违卜"行为辩护了。无论是上天的"天命"或者意志还是为了祖先遗留下来的商王朝的生存和发展，在此种情境下其话语说服力，都足以强过逐渐工具化的"卜筮"制度和巫史群体。

---

[1] 周秉钧《尚书易解》卷2《盘庚下》，第107-108页。

在盘庚这里，能够为"违卜"正名的话语内容，便是作为共同信仰的"天"的权威和作为共同血缘关系基础的先祖情感与制度，以及作为共同事业生存发展需要的实用或功用理性。满足此三者，有记载的、人类历史上的第一次"违卜"也就变得可以接受了。

（四）"违卜"的社会基础衰落与"权变"理念萌芽

从《尚书》对商代大巫和贤能的记载中可以看出，从《盘庚》三篇后的内容中，这一群体的领袖名称从原本的"巫"演变为"祖"，如"祖己"等，这表明了商王室将巫术神权从贞卜机构、巫史群体手中收归到商王室宗族、贵族手中。王权对巫术神权的收拢与监管，意味着商代早期的巫史集团与王权统治的协助合作模式，演变为由王权垄断神权的权力集中模式。这决定了作为实际最高权力掌握者的商王，其政治决策在极大程度上不再受到卜筮活动和贞卜机构乃至巫史群体的干预和管控，其"心"与实际的社会需要成为决定其决策的最关键因素，这在政治权力、信仰神权、社会价值等方面都破坏了"违卜"赖以出现和存在的社会与政治基础。

与此同时，根据《尚书》的记载，商代以"卜筮"和祭祀为核心的神圣性信仰体系逐渐走向衰败。神权的逐步衰落和混乱导致了"违卜"从最早统治者的不得已的激烈抗争，逐渐沦落为一种在统治集团——包含王、群臣、贵族等群体的常见的政治决策中的事实上的行为选择。"违卜"从原本的消极且"污名"的话语词，逐渐演变为社会常见现象和政治、社会行为的策略，这在《尚书》记载周公做出东征决策并说服群臣的《大诰》篇中得到印证。

在箕子所陈的《洪范》篇中，我们也能看到"卜筮"所代表的信仰神权在政治决策中地位的衰落。

"择建立卜筮人，乃命卜筮。曰雨，曰霁，曰蒙，曰驿，曰克，曰贞，曰悔，凡七。卜五，占用二，衍忒。立时人作卜筮，三人占，则从二人之言。汝则有大疑，谋及乃心，谋及卿士，谋及庶人，谋及卜筮。"[1]

在箕子看来，对最高统治者的王而言，遭遇犹豫不决的重大决策时，"谋及卜

---

[1]　周秉钧《尚书易解》卷3《洪范》，第141–142页。

筮"对解决疑惑的决策影响力远低于卿士、贵族、大臣的意见和庶人所代表的民意，其中最为重要的决策影响因素是"谋及乃心"，即决策者的个人意志、意愿和利益诉求等。这一方面体现了"卜筮"所代表的信仰神权在重大政治和社会问题决策上的影响力极大地减弱，另一方面体现了决策者的个人意志、意愿、权力等对重大决策影响力的提升。"违卜"意味着后世"权变""行权"理念的萌芽。

"权变"在《尚书》中并未直接出现，但是根据《尚书》的记载，"权变"理念和社会话语的形成，不会早于周公摄政时期，甚至是在周穆王统治时期。

在《尚书·无逸》中最早出现了带有改变制度、社会风俗习惯等含义的"变"，即殷商遗民变乱殷商先王的制度和训诫、"正刑"：

"呜呼！我闻曰：'古之人犹胥训告，胥保惠，胥教诲，民无或胥诪张为幻。'此厥不听，人乃训之，乃变乱先王之正刑，至于小大。民否则厥心违怨，否则厥口诅祝。"[1]

值得注意的是，此时对制度、训诫、风俗等作出的"变"，是带有明显贬义色彩的，并不带有后世"权变"那种积极与褒义色彩。

然而最早出现的"权"带有"权变""行权"的含义。在《尚书·吕刑》中出现的"权"，强调执法者在行刑、量刑等执法过程中，要酌情掌握惩戒的灵活性和适宜性。

"上下比罪，无僭乱辞，勿用不行，惟察惟法，其审克之！上刑适轻，下服；下刑适重，上服。轻重诸罚有权。"[2]

周穆王所强调的，执法者在实际执法过程中应当以爱民为主，酌情、适当、灵活地执法，已然具备了后世"权变""行权"的理论雏形。"权变"既有良好的出发点和动机，又着重强调行为结果的良、善，还包含对既定的制度、观念、风俗、礼、刑等具体规定在行为上的否定，其中最重要的是有充分、可靠的社会理念做支撑，且具有积极含义和褒义色彩。

周穆王在《吕刑》中，对"权"的论述和弘扬，显然与周公话语《大诰》中的诸侯所强调的"违卜"和盘庚对自己"违卜"的辩护，具有一定的相似性。然

------

[1] 周秉钧《尚书易解》卷4《无逸》，第239页。
[2] 周秉钧《尚书易解》卷5《吕刑》，第298页。

而，《大诰》所记载的诸侯表达的"违卜"意愿显然体现了"违卜"话语和理念在政治决策中逆向运用的积极意义，也是对箕子所述的"稽疑"原则的直接否定。

二、《尚书·大诰》的"违卜"解析

与盘庚迫不得已而"违卜"的行为事实不同，《大诰》中的"违卜"则仅仅是反对者的建议，既没有实施的权力，也没有形成既定事实的机会，更没有充足理由以及强有力的为"违卜"正名的话语词和内容。因此，《大诰》的"违卜"，其"事"并不复杂，其"言"也比较简略，但是其"事"与"言"的关系，以及该关系透露出来的关于"卜筮"等神圣性的信仰变化情况，则极为复杂，其研究和解析难度也更大。

"敷贲敷前人受命，兹不忘大功。予不敢闭于天降威用，宁王遗我大宝龟，绍天明。即命曰：'有大艰于西土，西土人亦不静，越兹蠢。殷小腆诞敢纪其叙。天降威，知我国有疵，民不康，曰：予复！反鄙我周邦，今蠢今翼。曰，民献有十夫予翼，以于敉宁、武图功。我有大事，休？'朕卜并吉。肆予告我友邦君越尹氏、庶士、御事，曰：'予得吉卜，予惟以尔庶邦于伐殷逋播臣。'尔庶邦君越庶士、御事罔不反曰：'艰大，民不静，亦惟在王宫邦君室。越予小子考，翼不可征，王害不违卜？'肆予冲人永思艰，曰：呜呼！允蠢，鳏寡哀哉！予造天役，遗大投艰于朕身，越予冲人，不卬自恤。义尔邦君越尔多士、尹氏、御事绥予曰：'无毖于恤，不可不成乃宁考图功！'已！予惟小子，不敢替上帝命。天休于宁王，兴我小邦周，宁王惟卜用，克绥受兹命。今天其相民，矧亦惟卜用。呜呼！天明畏，弼我丕丕基！"[1]

根据《大诰》的记载，并参考《史记·周本纪》的记载，可以大致梳理出此处"违卜"事件的始末与因果：周武王伐纣灭商后，分封周王室宗亲于各地。武王去世后，时年 13 岁的周成王即位，周公旦辅政，政局不稳。周王室的管叔、蔡叔、霍叔趁机联合纣王之子武庚以及殷商旧贵族及东夷部落发动叛乱。此时的周公

---

[1] 周秉钧《尚书易解》卷 3《大诰》，第 155-157 页。

面临亡国的危机，他有着明确的政治目标——东征平叛。与初即位的盘庚不同，他不具备直接利用王权强势压制各方的身份优势和权力。

他首先要解决的问题，是周王室对其身份和话语权的认同。对外，三监叛乱的一个主要原因，便是周王室内部人对周公的不信任，担心其篡位；对内，周王室宗亲、大臣等也对其身份难以认同，体现在是否要平叛问题的立场选择上，他们便自然成为平叛的反对派。在东征平叛一事上，周公首先要解决的是对内取得反对派支持和对其身份的认同。其次，要选择正当且恰当的方式，以获得社会舆论的支持。最后，便是由政治理性出发，寻求东征的正当性与必要性以及自身与反对派的共同利益。很明显，周公采取的是以"卜筮"的形式，诉诸宗教信仰权威，以此弥补自身在政治权力合法性与权威性方面的劣势，同时也彰显他获得巫史群体的支持。因此，在《大诰》中，周公一直以自卑的自我称谓，如"予惟小子""予小子""予冲人"，来消除自身的威权嫌疑，强调自身在王权上是不得已而代政。

在涉及卜筮活动时，他又强调并夸大文武"大功"、文王遗龟、贤夫归心、天降威等可被广泛认可的外部因素的作用，尽力消除自身干预卜筮的嫌疑，以及王权对卜筮结果的影响。对于"卜筮"结果，他着重强调"朕卜并吉"，也就是多次问卜均为吉兆，以此突显其客观性和可信性。以上种种，皆是周公试图重建"卜筮"的神圣性和规范约束话语的作用。

即使在此种情况下，反对派仍以困难较大、内部局面不稳、同为王室宗亲等理由反对东征，并要求其"违卜"。反对派并不质疑周公这种特殊性的"卜筮"过程，而是直接以政治生活的实际需要来否定以"卜筮"为代表的神圣性话语的指导和规范作用。他们对"卜筮"的理解，依然还是商后期那种混乱且没落的"卜筮"。

通过对比《尚书》中的两次"违卜"，可以发现"违卜"的正当理由，由《盘庚》时的先王惯例、天命示警、存亡需要等神圣且崇高的要素，到《大诰》时的"艰大""民不静""惟在王宫邦君室"等现实且具体的政治考量；"违卜"的诉求者，也从有担当、有远见、有抱负的"王"，变为精于政治考量的政治反对派。"违卜"，从《盘庚》时政治理性超越神权崇拜不得已的艰难选择，演变为《大诰》时的常态化政治手段。

通过反对派给出的"违卜"理由，不难发现此时代表神圣性的"卜筮"，已经基本丧失了其对社会活动的指导和约束作用及其作为信仰对象的神圣性和崇高性。此种发展结果，从商代"卜筮"以国家权力的方式，参与政治生活和社会生活便已注定，现实的政治与社会生活需要总是复杂多变的，而"卜筮"作为神圣性和崇高性的事务，只能将自身演变为复杂多变且随意的形态来适应这种需要。同时，卜筮过程的主观可操作性以及王权高于甚至干预卜筮的权力设计，也使得其权威性和客观性、可信性极大地降低。在《大诰》中，周公试图通过种种努力来重建"卜筮"的神圣性、权威性和可信性，但是在短时间内也失败了。

《尚书》中的两次"违卜"，其违背的"卜"是一致的，都是商代这种以原始自然崇拜为核心观念的神权制度设计。《大诰》中"违卜"的出现，透露出了一种旧"卜筮"制度的崩溃。而《大诰》中，周公种种试图重建"卜筮"的努力，也表明社会生活和政治生活，需要新的制度化的神圣性话语系统。《盘庚》的"违卜"，表明制度化的神圣性话语系统，在参与政治生活和社会生活方面的不足，盘庚给出的"违卜"理由，表明制度化的神圣性话语系统也需要实用理性的补充。无论是"卜筮"还是"违卜"，两者背后所代表的神圣性和崇高性，与实用理性都有其理论和话语优劣，都离不开话语主体的具体选择。

三、《左传》《礼记》的"违卜"与功用理性

《尚书》中的两次"违卜"，违背的是同一种"卜"。记录内容稍微晚于《尚书》的《左传》，其中"违卜"的"卜"是否与《尚书》中"违卜"的"卜"相同，则是一个值得思考和研究的问题。《左传》所记载的两次"违卜"，一个有具体的"违卜"事件，另一个没有，且二者都没有对"违卜"行为的辩护内容，都是在指责他人的"违卜"行为。

（一）《左传》"违卜"与春秋时期的功用式"卜筮"行为

《左传》中第一次出现"违卜"，是《左传·僖公十五年》秦穆公与晋惠公的秦晋之战：

"壬戌，战于韩原，晋戎马还泞而止。公号庆郑。庆郑曰：'愎谏违卜，固败

是求，又何逃焉？'遂去之。梁由靡御韩简，虢射为右，辂秦伯，将止之。郑以救公误之，遂失秦伯。秦获晋侯以归。"〔1〕

作为臣的庆郑，指责其君晋惠公"违卜"，而晋惠公"违卜"的事，就是刚刚发生的直接针对庆郑的事件。

"三败及韩。晋侯谓庆郑曰：'寇深矣，若之何？'对曰：'君实深之，可若何？'公曰：'不孙。'卜右，庆郑吉，弗使。步扬御戎，家仆徒为右，乘小驷，郑入也。"〔2〕

僖公十五年，秦晋之战中，晋惠公接连打败仗，退至韩地，秦军深入晋国腹地，直逼国都。无措的晋惠公向有才能的耿直大夫庆郑问计。庆郑不齿于晋惠公的种种背信弃义行为，直接出言顶撞晋惠公，指责他咎由自取，因此惹怒了晋惠公。之后晋惠公卜问何人适合做自己的车右护卫，得到的结果却是庆郑。晋惠公记恨于庆郑的无礼顶撞和指责，故意改用家仆徒为车右护卫，且故意不听庆郑的劝告，最终导致自己兵败被俘。

庆郑指责晋惠公"违卜"的情境是，战场上的晋惠公的战车陷入泥泞中不能移动，晋惠公向庆郑呼救，庆郑却又一次指责其刚愎自用、违背问卜结果，因此拒绝营救。

晋惠公"违卜"，并非为了明确的政治目的，也没有给出令人信服的理由，仅仅是意气之争下国君的权力任性。首先，晋惠公问卜遴选车右护卫的行为，表明以"卜筮"为形式的信仰系统在当时是广泛参与政治、军事等各生活领域的。其次，《左传》中频繁出现"卜筮"条目，仅《僖公十五年》就出现了三次之多，且最后一则虽然没有直接出现"违卜"一词，却真实发生了"违卜"事件。最后，这里"违卜"的"卜"，虽然省略了所用的是哪种"卜"，但是结合上下文"其卦遇《蛊》""遇《归妹》三之《睽》三"，也可推断出，这里的"卜"，不再是《尚书》中的龟卜，而是"卦卜"，即以"易"为基础所形成的一套卜问系统。

将此处"违卜"所违背的"卦卜"，与《大诰》中"违卜"未遂所违背的"龟卜"对比可知，两者所违的"卜"不是同一种"卜"。从周初依然沿用的、被

---

〔1〕 杨伯峻《春秋左传注》，中华书局1981年版，第356页。
〔2〕 杨伯峻《春秋左传注》，第354页。

普遍质疑的以"龟卜"为代表的卜筮系统，到春秋时普遍使用的以"易"为代表的"卜筮"理论体系，两种"卜筮"话语体系的转换，其中必然有一个漫长的过程，也就是重建公众的神圣性信仰，以及重新塑造一套有效且实用的神圣性信仰话语体系的过程。结合《大诰》中，周公东征时沿用商代的"龟卜"及其为重建神圣性信仰体系所作的种种努力，以及之后周公制礼作乐、绝地天通等宗教和社会文化改革，不难推断出西周时期重建神圣性话语系统的漫长过程。

总之，此次"违卜"谈不上崇高和神圣，更是没有必要的理由，甚至连令人信服的理由都没有，只能算是意气之争下不理智的权力任性。这意味着"违卜"的发生，其限制性越来越小，"违卜"的成本越来越低。与之矛盾的是，这一时期问卜却深入政治、军事、社会事务等各个领域，且事无巨细，这又说明社会对问卜的接受和认同性相对较高。一方面是"违卜"的低限制和低成本，另一方面是问卜的普遍认同和信仰，这种矛盾现象蕴含着一种必然性，即社会的变化和发展在呼唤一种新的信仰体系和价值体系。

《左传》另一条"违卜"的记载，是《昭公三年》的晏子卜邻：

"及晏子如晋，公更其宅，反，则成矣。既拜，乃毁之，而为里室，皆如其旧。则使宅人反之，曰："谚曰：'非宅是卜，唯邻是卜。'二三子先卜邻矣，违卜不祥。君子不犯非礼，小人不犯不祥，古之制也。吾敢违诸乎？"卒复其旧宅。"[1]

在这里，"违卜"的"卜"是已经摆脱了具体形式的"卜"，具有了理性选择的内涵，"唯邻是卜"的"卜"，已与后来的"卜邻"意义基本一致了。晏子所说的"违卜不祥"，没有指明具体的"违卜"之人，倒是说出了之前"违卜"记载中都没有直接提及而大众比较认同的"违卜"后果——不祥。

晏子所指责的"违卜"，指的是在选择安宅的前后有序的基础上，他人为其扩建住宅的行为，客观上造成了无辜者"违卜"的事实，以及这种客观无意可能带来的不良后果。"违卜不祥"，作为文化常识被广泛认同，一方面透露出社会或历史上已经出现较多的"违卜"事例，另一方面也说明民众对"卜"的敬畏与认同。

[1] 杨伯峻《春秋左传注》，第1238页。

就《左传》的"违卜"而言，前一个"卜"指的是以"易"为基础的问卜体系，后一个则是指慎重而理性思考后所做的选择。"卜"，从有形式、有内容和有仪式的行为，到无形式和无仪式的思虑，体现出了神圣性话语的时代性转变。

与《左传》中晏子卜邻相比，《礼记·表记》中对"违卜"的记载与其有很大的相似性，即都是作为社会认同的价值标准或结论，不同的是，《礼记·表记》的记载，更为简略，并未涉及任何人或任何事，因而难以展开论述，故对其分析也从略。

"子言之：'昔三代明王，皆事天地之神明，无非卜筮之用，不敢以其私亵事上帝。是故不犯日月，不违卜筮。'"[1]

在这里，孔子陈述了一个事实，也就是尧、舜、禹三代圣王，在与天地神明沟通时，"卜筮"是唯一途径，因此他们从来不敢"违卜（筮）"。这里的"违卜"，从指称对象上看，显然是早于《尚书》和《左传》的，然而就其文本成书年代，以及"事"与"言"的关系看，这种无事之言显然是晚于《左传》的，因而不予讨论。

根据三处"违卜"所处时代背景可知，在礼崩乐坏的春秋时期，原本生活化的神圣宗教信仰，由于以礼乐为基础的社会秩序崩坏，导致上到诸侯士大夫，下到普通平民奴隶，都期待一种超越威权的神圣性信仰，此时人格神意义上的"天"、鬼神、自然神等，重新回到公众视野。一方面，虽然人们也很怀疑此类超越而神秘不可知对象的存在，另一方面却又只能将希望、信任、威权、救济等现实不可得的事物寄托在此。"违卜"的矛盾一方面在于其限制性越来越小，且"违卜"的成本越来越低，另一方面社会对问卜的接受和认同度相对较高。这种接受和认同，并非完全基于信仰，更多的是出于种种需要的功用性考虑。

（二）春秋时期的"违卜"：功用理性与实用理性的差异

功用，区别于实用，前者强调具体事务中相应结果的有效性，对手段、过程、可重复性、解释体系的严谨性等依赖相对较小；实用更强调手段的合理性、过程的连续性、操作的可重复性、解释体系的严谨性和逻辑自洽。以晏子卜邻为例，晏子

---

[1]《礼记正义》卷 54，《十三经注疏》标点本，北京大学出版社 1999 年版，第 1495 页。

还宅于邻，其本意未必是基于问卜角度考虑，更多的应该是出于自身道德意识和其他考量。其次，晏子劝告邻居重返旧宅居住，也未必是考虑到邻居移居他处，真就会因为"违卜"而遭遇"不祥"，更多的还是尽可能地给出一个令邻人信服理由的语言艺术处理。晏子是否真的信仰"卜筮"？答案是否定的，因为"公更其宅"事先也会问卜，必须在得吉卜之后，才能毁邻宅而扩建晏宅。如果说晏子真担心"违卜不祥"，则岂能不担心为其问卜建宅的齐景公是否会"违卜不祥"？自己拒绝新宅，是不是会"违卜不祥"？因此，可以得出结论：此时的"卜"，更多的是作为话语资源，基于其社会各领域的功用性而被信仰和使用。

而能证明这种神圣性话语的作用是"功用"而非实用的例证，还有《尚书·大诰》的周公用卜。周公在明知商代传承下来的"卜筮"并非真正可信的情况下，为获得社会舆论的支持和认同，依然以最严肃的态度进行龟卜。在近乎所有反对派都主张"违卜"的情况下，依旧以"我得吉卜"作为最有力的证据来获得舆论上的优势。在周公和诸多反对派那里，虽然并不认为"吉卜"就是天命规定的必然性，却依旧需要承认"吉卜"在社会舆论和政治生活中的神圣性和权威性。周公利用其话语价值获得舆论优势，最终达成了在话语上压制反对派的目的。

神圣性话语的功用性，在春秋战国时期的诸侯盟誓中，体现得尤为明显。诸侯之间盟誓，在盟誓中规定了彼此的权利和义务以及战略关系，虽然借助"天""神"作为见证和监督人，来体现双方的诚意和盟誓的神圣性与权威性，另一边却又互相以"质子"相威胁，来保证对方的合作关系。这种现象表明，盟誓预期的（双方的战略合作关系）之所以能得到实现，真正起作用的并非"卜筮""盟誓"等神圣性话语及其形式和内容能够直接而有效地实现对话语受众的规范和指导；实际上起作用的是双方互相以"质子"相威胁的恐吓手段。

从形式上看，从双方参与盟誓这一现象的"因"到最终达成双方长期的战略合作关系的"果"，如果在不考虑互相以"质子"相威胁，以及其他现象等中间过程和附加内容的情况下，盟誓发生与维持长期战略合作关系这一预期结果的实现，从表面上看是存在所谓"因果"关系的，即盟誓具备直接而有效的实现对话语受众行为的规范和指导功用。

功用理性的实质，是话语主体和行为主体向生活现实中掌握话语权的话语群体或信仰某种话语的掌权者群体在话语表达形式和内容上的妥协。这种在话语领域的功用理性运用，尤其在涉及神圣性信仰的领域尤为突出，例如墨家十事中的"天志""明鬼"、孔子"祭如在，祭神如神在"。功用理性的大量运用，往往出现在新旧两种话语体系的更替或新旧两种文明冲突融合的历史时期。某一个话语主体或群体，在借用一种实质上自身并不认同的、掌握着社会主流话语权的、特定话语体系的话语表达方式来达成自身的目的和目标，便是功用理性的表现形式。

功用理性，与真正意义上的"违卜"，其最大的差异便是对待话语权威的态度：一个选择妥协，一个选择事实上的正面对抗。虽然盘庚和周公两者都宣称"非敢违卜"，但是从两者对待"反对派"的态度以及事实上是否"违卜"的差别便能分辨出来。盘庚选择正面对抗"卜筮"结果，以及"反对派"联合巫史群体的联合压制，以现实的政治理性和世俗王权，实现对宗教神权导致政治决策失误的纠偏。周公在周王朝早期，无论是《金縢》还是《大诰》，都在大量使用"龟卜"，这么做有如下两个原因：一方面，由于周王朝初建，属于自身的文化话语体系和宗教信仰话语体系尚未形成，社会各方势力对商代遗留的旧文化和信仰体系依旧能认同和接受，因此周王朝只能在沿用它的基础上进行细微调整；另一方面，周公摄政面临政治"压力"，需要借助宗教信仰话语来稳定和巩固其政治地位和周王室的统治。伴随周王朝统治稳定，周公"制礼作乐"，创造出一套根植于现实生活的宗教信仰体系，开始逐渐摆脱商代遗留下来的"卜筮"干涉政治和社会生活的信仰体系。周公对旧信仰体系的功用化使用，也是出于政治理性的考量，而这种功用理性又影响了后来的"反经行权"思想。

值得注意的是，"功用理性"乃至最后的"反经行权"都没能实现对掌握社会话语权的落后话语体系的突破；而"违卜"这种正面对抗并突破掌握社会话语权的落后话语体系的做法，更能揭露和突破话语威权。然而"违卜"，从其出现最初，直到后来《左传》所记载的鲁昭公三年的晏子卜邻，都一直是负面词语，其崇高性和神圣性并未得到正视。因此，想要实现对"违卜"历史、文化、思想的价值挖掘，首先要完成的工作，便是对"违卜"这一污名化称谓的正名工作。

四、"违卜"的污名与正名

《尚书》和《左传》中出现的"违卜"，无论是出于崇高且神圣目的的盘庚迁都，还是基于政治利己考量的阻挠东征，或者是意气之争下权力任性的打击庆郑，以及仁爱机敏话语功用的晏子卜邻，其中任何一处使用的"违卜"，其感情色彩都是贬义的。后三者都不属于真正意义上的"违卜"，真正意义上的"违卜"指的是主动反抗而"违卜"，且强调后果自负。

（一）"违卜"：污名与正名

真正意义上的"违卜"，与真正意义上的"卜"一样，其动机和目的都是崇高而神圣的。相对而言，主动"违卜"的政治、社会、文化成本更高，且风险很大。因而，同样出于神圣而崇高的动机和目的，且承担更大压力和风险的"圣王"行为，实在不宜用带有贬义社会影响和感情色彩的语词予以概括。然而事实却是，这种违背某种代表着神圣信仰的仪式结果指导的行为，只能以此种语词来概括，显然这是对"违卜"的污名。

同样是出于违背和反抗现有神圣性规定的行为，"行权"则一直被当作更具智慧的、值得敬畏的"圣人"行为。

> 古人之有权者，祭仲之权是也。权者何？权者反于经，然后有善者也。权之所设，舍死亡无所设。行权有道，自贬损以行权，不害人以行权。[1]

"行权"，显然是极具褒义的语词，以"行权"的标准来评价盘庚迁都的决策，则其也是完全符合要求的。

首先，"反于经，然后有善"。神圣性的"经"，对比商代神圣的"卜筮"，其作用和地位是一致的；"反"，盘庚独自对抗各方势力的联合反对，并最终力排众议，完成迁都；然后有善，盘庚迁都，拯救了商王朝的存亡危机，结束了商代九世乱局。其次，"舍死亡无所设"。当时商代频发的水旱灾害、贵族腐败、战争动乱、巫史堕落、资源匮乏等等，确实使商王朝到了"死亡"边缘。最后，"自损以行权

---

[1]《春秋公羊传注疏》卷5《恒公十一年》，上海古籍出版社2014年版，第98页。

且不害人"。盘庚确实没有以害人手段强行推动迁都，《盘庚》三篇中，一再强调其独自承担迁都引发的一切不良后果："邦之不臧，惟予一人有佚罚。"

从公羊一派对祭仲的评价看，"行权"显然是美名。同样是符合以上要求的行为，却有美名和污名的差异，这固然是由时代的局限性造成的，然而，就目前的学术研究来看，关于"行权""权"，在思想、文化、哲学、政治、军事等领域的理论价值研究，可谓汗牛充栋；而"违卜"在各领域的理论价值研究，却极为少见。

与"行权"不同的是，"违卜"由于其污名的特质，其出现往往意味着，在该事件中，有着某些必须被打破的局限性因素。这些神圣而崇高因素的局限性，很难被直观地发现，其结果便是这种局限性被长期忽略。相比"行权"的褒义赞美，"违卜"的贬义污名，更容易彰显那些无意识且理所当然地被接受的种种局限性因素。

因此，被种种局限性污名的"违卜"，其在各领域的理论研究价值被正视的前提便是被"正名"，即抛开感情色彩和话语局限，客观而理性地看待其在具体事务上发挥的作用以及带来的价值。

（二）话语权缺失的"违卜"

"违卜"的污名化，源自行为主体在特定话语体系内话语权的缺失。以盘庚为例，他作为商王，掌握着国家最高行政权力，以及名义上拥有"卜筮"活动的最终决策权，整个"卜筮"群体应当是为其统治服务的。然而，虽然其拥有正当理由、崇高目标、权力威慑、必要手段等等合理诉求，但其强势"违卜"的做法，无疑暴露了其在"卜筮"这一神圣性信仰领域的话语权缺失。话语权缺失，也就意味着在表达正当诉求和意愿时，行为主体必然的失语结果。

失语的出现，往往伴随的是忽略或无视的正当诉求和意愿，甚至是扭曲的行为。以生活在魏晋名教社会之下的思想家而言，"孝悌""廉耻""忠勇""仁义"等，都不再是行为主体的自由选择，而是早已被官方话语规定且被世俗话语不断上升的义务与责任。以猖狂、疯癫、放浪、麻木为标志的种种扭曲行为，无疑在表明他们在当时社会话语领域中的失语事实。然而，失语背后，是对自由、真诚、崇高、神圣、尊重、认可等的渴望和不懈追求。

"违卜"，无论是崇高如盘庚还是卑鄙如晋惠公，都是在以"卜筮"为代表的神圣性话语领域内丧失话语权的表现。当在某种形态的神圣性信仰领域内，无论是"龟卜""蓍筮"，还是"卦爻""阴阳""灾异谴告"等，行为主体在表达正当诉求和意愿时，出现了失语现象，则意味着该"卜筮"形式本身的局限性和缺点开始暴露。

而这种"失语"的实质，就是掌握神圣性信仰话语的群体与承担着社会责任和义务的行为主体的矛盾分割，体现在盘庚这里，就是他与巫史群体的分割。随后在周公所建立的以礼乐为代表的神圣性话语体系中，"礼乐"话语不再被特定群体所垄断，而是切实归属于每一个行为主体。礼乐体系的崩溃，不在于行为主体本身的失语，而是作为神圣性和规范性礼乐体系自身的话语权缺失，即礼乐本身不再能对各个行为主体发挥约束力和规范指导作用。

阐明"违卜"的实质是行为主体的话语权缺失，就可以对思想和文化的变化发展过程进行反观。反思那些在以"卜筮"为代表的漫长文明发展过程中，缺失"卜筮"话语权的各个行为群体，其种种扭曲的话语、行为乃至悲剧的结果，无疑能拓展出一些新的话语研究对象、内容，以及思想文化变化发展的隐性脉络。

《易纬》用历考论

曾新桂*

[内容提要]

纬书中所涉及的历法向来颇有争议，或以为殷历，或以为兼采殷历与三统历，或以为杂用诸历。本文以《易纬·乾凿度》为主要研究对象，通过对史料中"甲寅元"的分析以及对《易纬》相关算法的推步，得出《易纬》所据的历法为殷历，进而考察出《易纬·乾凿度》中向来有争议的日法"八十一"之文乃后人增入，抑或是衍文，并非杂用诸历。而《易纬》中其他算法，诸如八卦用事、六十四卦主岁、六日七分与十二消息卦等，与历算相通，但皆自成逻辑。简言之，《易纬》一方面援引殷历的参数与算法，一方面将历数融于易数的推步之中，旨在表现易道的圆通与精微，由此形成了《易纬》独特的数理解释系统。

[关键词]

《易纬》；甲寅元；殷历；日法八十一；卦爻主岁

---

* 曾新桂，湖南大学岳麓书院博士研究生。本文系岳麓书院《周易》经学研究博士学位论文资助项目（YLZYBS202420）阶段性成果。

一、汉代纬书的地位及历法背景

纬对经而立名，"纬"字，《说文》释为"织横丝也"[1]，其意与"经"字织纵丝相对，取织布过程中经线和纬线相交错，以成布匹之意。纬书在文化地位上向来有许多争议，或以为纬书是孔氏及其门徒的遗言，所以配经，以补经之未发；[2] 或以为纬与谶同类，多怪力乱神之言，且为后人伪造，牵合于经义，不可信传，故历代屡禁之。[3] 然就客观而言，纬书记载和保存了许多先秦两汉的思想异说，涵括天文历算、五行阴阳、风雨寒温等冷门绝学，颇有可观者。

西汉时期的纬书尚未流行广布，篇目亦无定数，自东汉光武帝以图谶立国，又颁布图谶于天下，[4] 于是谶纬大兴，研习传授者蔚然成风，学者或以谶解经、以谶决疑，故《隋书·经籍志》描述东汉谶纬盛况曰："正五经章句，皆命从谶。俗儒趋时，益为其学，篇卷第目，转加增广。言五经者，皆凭谶为说。"[5] 更有经学大家郑玄遍注群纬，这对谶纬文献的整理和流传起到举足轻重的作用。若言西汉

---

[1] 许慎撰，徐铉校订《说文解字》，影印清陈昌治刻本，中华书局1963年版，第271页。

[2] 如，王鸣盛曰："纬书者，经之纬也。"（王鸣盛《蛾术编》卷2《谶纬》，上海书店出版社2012年版，第43页。）又钱大昕曰："纬候多孔氏七十子之遗言，后来方士采取，又以诞妄之说附益之。光武应符谶以兴，故其书大行于东汉。"（钱大昕《潜研堂文集》卷9《答问六》，《续修四库全书》第1438册，上海古籍出版社2002年版，第525页。）

[3] 《宋书·律历志》引祖冲之之言曰："周汉之际，畴人丧业，曲技竞设，图纬实繁，或借号帝王以崇其大，或假名圣贤以神其说，是以谶记多虚，桓谭知其矫妄，古历舛杂，杜预疑其非直。"（《宋书》卷13《律历下》，中华书局1974年版，第307页。）又洪迈曰："图谶星纬之学，岂不或中，然要为误人，圣贤所不道也。"（洪迈《容斋随笔》卷16《谶纬之学》，中华书局2005年版，第216页。）又徐养原《纬候不起于哀平辨》曰："图谶乃术士之言，与经义初不相涉，至后人造作纬书，则因图谶而牵合于经义。"（徐养原《纬候不起于哀平辨》，《清经解 清经解续编》第8册严杰补编《经义丛钞》卷20《诂经精舍文集》，凤凰出版社2005年版，第10834页。）

[4] 据《后汉书·光武帝纪》载，光武帝中元元年"宣布图谶于天下"。《张衡传》曰："《河》《洛》《六艺》篇录已定。"李贤注云："《河》《洛》五九，《六艺》四九，谓八十一篇也。"此即当时官定的纬书篇目。（以上分见于《后汉书》卷1下《光武帝纪下》、卷59《张衡传》，第84、1912、1913页。）

[5] 《隋书》卷32《经籍志》，中华书局1973年版，第941页。

是儒家典籍经典化的时期，各经皆有多家立于学官，[1] 那么东汉则是谶纬正名的时期，[2] 纬书的地位达到历史的最高峰。纬书的涉及面十分广博，包含天文、历法、五行、阴阳、灾异、占筮、礼乐、伦理、政治等，其中，历法是纬书中的重要组成部分。因纬书在后汉的地位比较显赫，故纬书中的历法对汉代的历法产生了一定的影响。为了便于行文的论述，以下对汉代的历法背景略做介绍。

历法从早期的观象授时发展到系统的推步编排，几经变更。春秋战国至秦代，主要流行的是四分法，即以周天 365 1/4 日、19 年 7 闰等为基本参数的历法。汉朝建立初期，沿袭秦朝旧法，历用颛顼。[3] 至西汉武帝元封六年，大中大夫公孙卿、壶遂、太史令司马迁等进言，"历纪坏废，宜改正朔"，[4] 又御史大夫兒宽等人提议，"帝王必改正朔，易服色，所以明受命于天也"，[5] 于是武帝始召集公孙卿、壶遂、司马迁等人议造汉历，最终选用邓平的八十一分律历，[6] 此即《太初历》。西汉末年，刘歆又制《三统历》，因其推法密要，故班固作《汉书》时将其收入《律历志》中，成为中国现存最早的完整历法。西汉的《太初历》和刘歆的《三统历》属于同一历法体系，而与之前的《四分历》分属两种体系。西汉的历法行用一段时间后，至东汉章帝时期又改为《四分历》，[7] 汉代改历就此告一段落，但对历法的分歧论议未曾止休，其中有部分原因是受纬书中甲寅元的影响，具体如下节所论。

---

〔1〕 关于汉代经学立博士的情况，《汉书·儒林传》赞曰："自武帝立《五经》博士，开弟子员，设科射策，劝以官禄，讫于元始，百有余年，传业者寖盛，支叶蕃滋，一经说至百余万言，大师众至千余人，盖禄利之路然也。初《书》唯有欧阳，《礼》后，《易》杨，《春秋》公羊而已。至孝宣世，复立大小夏侯《尚书》，大小戴《礼》，施、孟、梁丘《易》，穀梁《春秋》。至元帝世复立京氏《易》，平帝时又立《左氏春秋》、《毛诗》、《逸礼》、《古文尚书》，所以周罗遗失，兼而存之，是在其中矣。"（《汉书》卷88《儒林传》，中华书局1962年版，第3620-3621页。）

〔2〕 纬书的具体篇目，可参看《后汉书·樊英传》李贤注，以及《隋书·经籍志》，二者篇目有别。

〔3〕 汉初所用历法，《汉书·律历志》曰："汉兴，方纲大基，庶事草创，袭秦正朔。以北平侯张苍言，用《颛顼历》，比于六历，疏阔中最为微近。"是汉初用颛顼历的。（《汉书》卷21上《律历志上》，第974页。）但根据现代出土文献的历日资料，似乎又与颛顼历多有不合之处，本文暂据史料为说。

〔4〕 《汉书》卷21上《律历志上》，第974-975页。

〔5〕 《汉书》卷21上《律历志上》，第975页。

〔6〕 八十一分律历，取一月二十九日八十一分日之四十三，因日法八十一分，故名。

〔7〕 晋司马彪《续汉书》载蔡邕之言曰："汉兴以承秦，历用《颛顼》，元用乙卯。百有二岁，孝武皇帝始改正朔，历用《太初》，元用丁丑，行之百八十九岁。孝章皇帝改从《四分》，元用庚申。"（《后汉书志》第2《律历中》，《后汉书》第11册，第3038页。）

二、纬书用殷历甲寅元说的史料依据

《新唐书·历志》中气议有言："纬所据者《殷历》也。"[1] 纬书与殷历似乎关系匪浅，这可从史料中得知一二。晋司马彪《续汉书·律历志》熹平论历曰：

灵帝熹平四年，五官郎中冯光、沛相上计掾陈晃言："历元不正，故妖民叛寇益州，盗贼相续为害，历当用甲寅为元而用庚申，图纬无以庚申为元者。"[2]

议郎蔡邕议，以为：历数精微，去圣久远，得失更迭，术术无常是。汉兴以承秦，历用《颛顼》，元用乙卯。百有二岁，孝武皇帝始改正朔，历用《太初》，元用丁丑，行之百八十九岁。孝章皇帝改从《四分》，元用庚申。今光、晃各以庚申为非，甲寅为是。案历法，黄帝、颛顼、夏、殷、周、鲁，凡六家，各自有元。光、晃所据则殷历元也。他元虽不明于图谶，各自一家之术，皆当有效于其当时。[3]

以上两段文字记载了汉灵帝熹平四年，冯光、陈晃提出的历元不正说，以及蔡邕辩驳光、晃之说的论述。所谓历元，亦称上元，即历法计算的时间起点，如宋代李心传《建炎以来朝野杂记》曰："盖唐三百年，历凡八变。自汉以降，虽沿革不同，然其法大抵皆布算积分，上求诸千万岁之前，必得甲子朔旦半夜冬至，而日月五星皆会于子，谓之上元，以为历始。"[4] 是时，日月如合璧，五星如连珠。历的作用，古人以为"历所以拟天行而序七耀，纪万国而授人时"[5]。大而言之，合历则天下太平，失历则动荡不安，故熹平论历冯光、陈晃有"历元不正，故妖民叛寇益州，盗贼相续为害"之说。

据上熹平论历冯光、陈晃的说法可知：图纬以甲寅为元。据蔡邕的辩驳之文又可知两点：其一，古六历有黄帝、颛顼、夏、殷、周、鲁六家，且各自有元，光、

〔1〕《新唐书》卷27上《历志三上》，中华书局1975年版，第592页。
〔2〕《后汉书志》第2《律历中》，《后汉书》第11册，第3037页。
〔3〕《后汉书志》第2《律历中》，《后汉书》第11册，第3037—3038页。
〔4〕李心传《建炎以来朝野杂记》乙集卷5，中华书局2000年版，第585页。
〔5〕《宋书》卷12《律历志》，第227页。

晃所据的甲寅元为殷历元；其二，古六历中，除了甲寅元明于图谶，其他历元皆不明于图谶。

又《续汉书·律历志》永元论历载曰："中兴以来，图谶漏泄，而《考灵曜》《命历序》皆有甲寅元。"[1] 又《续汉书·律历志》延光论历载安帝延光二年，太尉恺等上侍中施延等议："甲寅元与天相应，合图谶，可施行。"[2]

按，以上史料皆提到了甲寅元，蔡邕以为此即殷历元，所以然者，因古六历的历元干支各自有别，历元是区别各种历的重要依据。关于古六历的历元干支，《续汉书·律历志》载曰："黄帝造历，元起辛卯，而颛顼用乙卯，虞用戊午，夏用丙寅，殷用甲寅，周用丁巳，鲁用庚子。"[3] 又唐瞿昙悉达《开元占经》卷一百五《古今历积年及章率》中亦载有古六历历元。[4] 虽《开元占经》夏历的上元为乙丑，与《续汉书·律历志》的"夏用丙寅"有别，然并不影响殷历历元为甲寅的结论。再结合前《续汉书·律历志》光、晃、蔡邕的论历之文可知，纬书所据者为甲寅元的殷历。

三、甲寅元辩证

虽然蔡邕以为纬书中的甲寅元即殷历元，然从其他史料中可知，颛顼历亦有以甲寅为历元者，如《淮南子·天文训》曰：

天一元始，正月建寅，日月俱入营室五度。天一以始建七十六岁，日月复以正月入营室五度，无余分，名曰一纪。凡二十纪一千五百二十岁大终，（三终）日月

---

〔1〕《后汉书志》第2《律历中》，《后汉书》第11册，第3033页。

〔2〕《后汉书志》第2《律历中》，《后汉书》第11册，第3034页。

〔3〕《后汉书志》第3《律历下》，《后汉书》第11册，第3082页。

〔4〕《开元占经》记载了"《黄帝历》上元辛卯"，"《颛顼历》上元乙卯"，"《夏历》上元乙丑"，"《殷历》上元甲寅"，"《周历》上元丁巳"，"《鲁历》上元庚子"。（瞿昙悉达《开元占经》卷105《古今历积年及章率》，中州古籍出版社1994年版，第735页。）

星辰复始甲寅元。[1]

据上文可知，《淮南子》所论之历为颛顼，何以然者？按《后汉书》注引蔡邕之言曰："《颛顼历术》曰：天元正月己巳朔旦立春，俱以日月起于天庙营室五度。"[2] 又《新唐书·历志》日度议引《洪范传》曰："历记始于颛顼上元太始阏蒙摄提格之岁，毕陬之月，朔日己巳立春，七曜俱在营室五度。"[3] 是颛顼历上元日月五星起于营室五度。《淮南子·天文训》曰"天一元始，正月建寅，日月俱入营室五度"，正与颛顼历相合。

至于颛顼历之上元，《淮南子·天文训》言曰"日月星辰复始甲寅元"，是颛顼历元甲寅之一证。梁朝沈约《宋书·历志》引《命历序》云："此术设元，岁在甲寅。"[4] 《新唐书·历志》引《洪范传》曰"颛顼上元太始阏蒙摄提格之岁"[5]，又曰"颛顼历上元甲寅"[6]，可知颛顼历上元甲寅之说确然存焉。

然《续汉书·律历志》引蔡邕之言"汉兴以承秦，历用颛顼，元用乙卯"[7]，《宋书·历志》亦曰"《颛顼历》元，岁在乙卯"[8]，是乙卯为颛顼历元，而非甲寅。对此，唐代一行《日度议》曰：

《颛顼历》上元甲寅岁正月甲寅晨初合朔立春，七曜皆直艮维之首……其后吕不韦得之，以为秦法，更考中星，断取近距，以乙卯岁正月己巳合朔立春为上元[9]。

是颛顼历乙卯元为吕不韦后来考订，此前确为甲寅元。若然，前所论的甲寅元

[1] 按王引之曰："'大终'下当有'三终'二字。下文曰：'一终而建甲戌，二终而建甲午，三终而复得甲寅之元。'盖一终而建甲戌，积千五百二十岁；二终而建甲午，积三千四十岁；三终而复得甲寅之元，积四千五百六十岁。"今从王氏之说，故于"大终"下补"三终"二字。（引文参见刘文典撰，冯逸、乔华点校《淮南鸿烈集解》卷3《天文训》，中华书局1997年版，第95页。）
[2] 《后汉书志》第2《律历中》，《后汉书》第11册，第3039页。
[3] 《新唐书》卷27上《历志三上》，602—603页。
[4] 《宋书》卷13《律历志》，第308页。
[5] 《新唐书》卷27上《历志三上》，602—603页。按《尔雅·释天》曰："太岁在甲曰阏逢。"又曰："太岁在寅曰摄提格。"是阏逢摄提格即干支之甲寅。"阏逢"与"阏蒙"音近相通，故"阏蒙摄提格之岁"即甲寅之岁。
[6] 《新唐书》卷27上《历志三上》，第602页。
[7] 《后汉书志》第2《律历中》，《后汉书》第11册，第3038页。
[8] 《宋书》卷13《律历志》，第307—308页。
[9] 《新唐书》卷27上《历志三上》，第602页。

为颛顼历还是殷历？还需通过其他内容来判断。按，古六历与四分历类同，[1] 此古今学者之共识，清人陈厚耀《春秋长历·古历法》即曰："古法十九年为一章，至朔分齐。四章为一蔀，复得朔旦冬至。二十蔀为一纪，则日之干支复其初。三纪为一元，则年月日之干支皆复其初，是为历元。"[2] 言之甚明。除上元和历元气朔各自有别外，古六历的基本参数与算法皆相似，故当通过历元气朔来判断史料所言的甲寅元为何历。此外，古六历中的颛顼历二十蔀首与其余古历相异，亦可作为判断依据。

关于殷历和颛顼历的历元气朔与二十蔀首，《续汉书·律历志》载曰：

夫甲寅元天正正月甲子朔旦冬至，七曜之起，始于牛初。乙卯之元人正己巳旦立春，三光聚天庙五度。[3]

据此，殷历的历元气朔为朔旦冬至，颛顼历的历元气朔为朔旦立春。又据《新唐书·历志》日度议引《洪范传》曰：

历记始于颛顼上元太始阏蒙摄提格之岁，毕陬之月，朔日己巳立春，七曜俱在营室五度。[4]

吕不韦改历之前，颛顼历元气朔即是朔日立春。此外，古六历的二十蔀名即该蔀首日的干支日名，故由"天正正月甲子"可知，殷历的蔀首为甲子；由"人正己巳朔旦立春"可知，颛顼历的蔀首为己巳。

关于殷历的二十蔀首，刘歆《世经》中对殷历多有记载，据之可推得殷历二十蔀首，今摘录于下：

《殷历》曰，当成汤方即世用事十三年，十一月甲子朔旦冬至，终六府首；

周公摄政五年，正月丁巳朔旦冬至，《殷历》以为六年戊午；

炀公二十四年正月丙申朔旦冬至，《殷历》以为丁酉；

微公二十六年正月乙亥朔旦冬至，《殷历》以为丙子；

懿公九年正月癸巳朔旦冬至，《殷历》以为甲午；

---

[1]　如《宋书》曰："古之六术，并同四分。"（参见《宋书》卷 13《律历志》，第 308 页。）

[2]　陈厚耀《春秋长历》，《景印文渊阁四库全书》第 178 册，台湾商务印书馆 1986 年版，第 410 页。

[3]　《后汉书志》第 2《律历中》，《后汉书》第 11 册，第 3043 页。

[4]　《新唐书》卷 27 上《历志三上》，第 602—603 页。

惠公三十八年正月壬申朔旦冬至，《殷历》以为癸酉；

釐公五年正月辛亥朔旦冬至，《殷历》以为壬子；

成公十二年正月庚寅朔旦冬至，《殷历》以为辛卯；

定公七年，正月己巳朔旦冬至，《殷历》以为庚午；

元公四年正月戊申朔旦冬至，《殷历》以为己酉；

康公四年正月丁亥朔旦冬至，《殷历》以为戊子；

缗公二十二年正月丙寅朔旦冬至，《殷历》以为丁卯；

八年十一月乙巳朔旦冬至，楚元三年也。故《殷历》以为丙午；

元朔六年十一月甲申朔旦冬至，《殷历》以为乙酉；

元帝初元二年十一月癸亥朔旦冬至，《殷历》以为甲子，以为纪首。[1]

按，殷历的历元气朔为朔旦冬至，经过 76 年后，朔旦与冬至再次重合，历元蔀首为甲子，因二十蔀蔀名即该蔀首日的干支日名，则 76 年×365 1/4 日＝27759 日，以六十甲子除之，得 27759÷60＝462……39，经 462 个甲子，余 39，知第二蔀首为癸卯。[2] 依此可类推其余诸蔀首如下，与上《世经》所载诸蔀首正相合：

第一蔀 甲子	第二蔀 癸卯	第三蔀 壬午	第四蔀 辛酉	第五蔀 庚子
第六蔀 己卯	第七蔀 戊午	第八蔀 丁酉	第九蔀 丙子	第十蔀 乙卯
第十一蔀 甲午	第十二蔀 癸酉	第十三蔀 壬子	第十四蔀 辛卯	第十五蔀 庚午
第十六蔀 己酉	第十七蔀 戊子	第十八蔀 丁卯	第十九蔀 丙午	第二十蔀 乙酉

颛顼历的蔀首与殷历不同，推算原理则无差别，故仅需将殷历的第一蔀甲子改为己巳，即可推得颛顼历二十蔀首，如下：

第一蔀 己巳	第二蔀 戊申	第三蔀 丁亥	第四蔀 丙寅	第五蔀 乙巳
第六蔀 甲申	第七蔀 癸亥	第八蔀 壬寅	第九蔀 辛巳	第十蔀 庚申
第十一蔀 己亥	第十二蔀 戊寅	第十三蔀 丁巳	第十四蔀 丙申	第十五蔀 乙亥
第十六蔀 甲寅	第十七蔀 癸巳	第十八蔀 壬申	第十九蔀 辛亥	第二十蔀 庚寅

[1] 《汉书》卷 21 下《律历志》，第 1014-1024 页。
[2] 根据六十甲子表的排列顺序，从甲子数 39 至癸卯。

此二十蔀首名，即可作为判断甲寅元为殷历还是颛顼历的依据之一。

四、《易纬·乾凿度》殷历论与日法"八十一分"辨伪

《易纬·乾凿度》中记载的诸多历算信息，可进一步讨论甲寅元问题，也可考辨《易纬》的用历情况，以下就此展开相关论述。

就历元而言，《乾凿度》曰："元历无名，推先纪曰甲寅。"郑玄注曰："推先，为历始名，言无前也。"[1] 此甲寅元之说，与殷历、颛顼皆相合，具体属于哪种历，还需进一步考证。《乾凿度》曰：

历以三百六十五日四分度之一为一岁，易以三百六十坼当期之日，此律历数也，五岁再闰，故再扐而后卦，以应律历之数。[2]

求卦主岁术曰：常以太岁纪岁，七十六为一纪，二十纪为一部首。[3]

积日法，二十九日与八十一分日四十二[4]，除之，得一命日月。得积月十二与十九分月之七一岁，以七十六乘之，得积月九百四十，积日二万七千七百五十九，此一纪也。以二十乘之，得积岁千五百二十，积月万八千八百，积日五十五万五千一百八十，此一部首。[5]

据上《乾凿度》的相关引文，依次可得以下历算信息：

1. 岁实：三百六十五日四分度之一（一岁＝365 1/4 日）

2. 纪法：七十六（七十六年为一纪，一纪＝76 岁）

3. 蔀法：一千五百二十（二十纪为一部，20×76＝1520）

4. 日法：八十一（一日 81 分）

5. 岁月：十二与十九分月之七（一岁＝12 7/19 月）

6. 纪月：九百四十（岁月×纪法＝12 7/19×76＝940）

----

[1] 《易纬·乾凿度》，赵在翰辑《七纬》，中华书局2012年版，第48页。
[2] 《易纬·乾凿度》，赵在翰辑《七纬》，第48页。
[3] 《易纬·乾凿度》，赵在翰辑《七纬》，第48页。
[4] 原句读为"二十九日与八十一分日，四十二除之"，据文意，当误也，今改之。
[5] 《易纬·乾凿度》，赵在翰辑《七纬》，第48-49页。

7. 纪日：二万七千七百五十九（76×365 1/4＝27759）

8. 蔀月：万八千八百（蔀法×岁月＝1520×12 7/19＝18800）

9. 蔀日：五十五万五千一百八十（蔀法×岁实＝1520×365 1/4＝555180）

按，以上信息中，纪、蔀的称名与颛顼历相同外，历算数据与推步过程与殷历大致吻合，唯第 4 条日法"八十一"的争论最大。众皆以为纬所据者殷历，然《乾凿度》所载"二十九日与八十一分日四十二"中的"八十一"，乃《三统历》中的日法。而殷历朔实 29 499/940，日法为九百四十，与此"八十一"之文截然不同。

对此，南北朝时期的祖冲之批驳曰："《殷历》日法九百四十，而《乾凿度》云《殷历》以八十一为日法。若《易纬》非差，《殷历》必妄。"[1] 今人林金泉在《〈易纬·乾凿度〉的历法与积年》一文中指出，《乾凿度》的历法为《三统历》与《四分历》杂糅而成的历法，特适用于象数推步。[2] 张齐明在《〈易纬·乾凿度〉与"甲寅元"之争》中认为："八十一分日法实属于《太初历》《三统历》，可见其历法属性至少并不单纯地属于《殷历》体系。"[3]

按，对于《易纬》中的日法"八十一"之文，祖冲之以为《易纬》《殷历》必有一误；林金泉与张齐明则以为是《易纬》用历不纯的缘故。诸家所论皆有道理，然细审之未必合理，何者？前引《乾凿度》文所列的九条历算参数中，除日法八十一外，其余参数诸如蔀法、纪月、纪日、蔀月、蔀日的推算环环相扣，条条相关，皆属于四分历体系，唯有"八十一"与前后数值无关。据此可推断"二十九日与八十一分日四十二"之文乃后人所加，最迟在南北朝祖冲之的前面。今还原《三统历》日法八十一历算过程如下，以便与上文的历算数据做比较。《三统历》日法八十一推算参数与公式：

岁实＝1 年＝365 385/1539 日

章岁＝19 年（19 年×365 385/1539 日＝562120/81 日）

章月＝235 月（19 年共有 7 个闰月，故章月＝19 年×12 月＋7 闰＝235 月）

----

[1] 《宋书》卷 13《律历志》，第 307 页。

[2] 林金泉《〈易纬·乾凿度〉的历法与积年》，《成大中文学报》2016 年第 54 期。

[3] 张齐明《〈易纬·乾凿度〉与"甲寅元"之争》，《国学学刊》2016 年第 1 期。

朔实＝1个朔望月＝29 43/81（1章之日÷章月＝562120/81日÷235月＝29 43/81，分母81即为日法。）

按，以上日法八十一的推算过程中，所涉及的历算参数，除章岁、章月为古六历共用外，岁实、朔实，以及1539、562120等数据，与前所引《乾凿度》历算参数无任何关联，故可推断《乾凿度》的"二十九日与八十一分日四十二"之文有误，或为他处阑入，或为传抄失误，或为后人有意增入。至于《殷历》的纪、蔀之名，与《乾凿度》的称法相反，或殷历当时纪、蔀即如此亦无不可。《乾凿度》他处的历算数据暂且不论，上所引的历算数据与殷历确实关联最密，非杂糅各种历法而成。

除此之外，《乾凿度》尚有一些积年与历算的文字，今摘录如下，并做推步，以验证《乾凿度》与殷历的关系：

今入天元二百七十五万九千二百八十五岁，[1]昌以西伯受命，入戊午部二十九年。伐崇侯，作灵台，改正朔，布王号于天下，受录应《河图》。[2]

按，据前所列的颛顼历二十蔀的部名中，并无戊午之称，故据"戊午部二十九年"之文，即可推断《乾凿度》中的甲寅元与颛顼历无关。以下再根据《乾凿度》的引文进行历法推算，以见《易纬》与殷历的关系。

此先假设《乾凿度》历法为古六历中的殷历，并依据其基本参数推算西伯受命之年，再将所得结论与《乾凿度》原文相验证，过程如下：

殷历基本参数：章岁19，蔀法76，纪法1520，元法4560。据《乾凿度》西伯

〔1〕 此处《乾凿度》原文作"今入天元二百七十五万九千二百八十岁"，今据唐孔颖达、清人李锐之意，"岁"前当脱"五"字。孔颖达在《毛诗·大雅·文王之什》的疏文中引《乾凿度》文曰："'今入天元二百七十五万九千二百八十岁，昌以西伯受命'，注云'受洛书之命为天子'，以历法，其年则入戊午蔀二十四年矣，岁在癸丑，是前校五岁，与上不相当者。其实当云'二百八十五岁'，以其篇已有入戊午蔀二十九年受篆之言，足以可明，故略其残数，整言二百八十，而不言五也。"（《毛诗正义》卷16，阮元校刻《十三经注疏》第1册，影印清嘉庆刊本，中华书局2009年版，第1082页。）李锐曰："案《乾凿度》是年入天元二百七十五万九千二百八十五岁。"（李锐《召告日名考》，《续修四库全书》第55册，第693页。）又《易纬·乾元序制记》有"文王比隆兴，始霸，伐崇作灵台，受赤雀丹书，称王制命，示王意"之文，郑康成注曰："入戊午蔀二十九年，时有赤雀，衔丹书而授之。"可与《乾凿度》之文互应。（《易纬·乾元序制记》，赵在翰辑《七纬》，第119页。）
〔2〕 《易纬·乾凿度》，赵在翰辑《七纬》，第49-50页。

受命距殷历甲寅上元积 2759285 岁，可推得

入纪年：2759285÷4560＝605……485，不满者 485，即入天纪 485 年算外。

推入蔀年：485÷76＝6……29，入第七蔀戊午第 29 年算外。

按，此历算所得 29 年，与《乾凿度》所载"昌以西伯受命，入戊午蔀二十九年"正相合。若颛顼历，第七蔀为癸亥，则不合矣。由以上甲寅历元与历算结论可知，《乾凿度》此所据者与殷历相合。

五、《六经天文编》引《乾凿度》历法积算

宋人王应麟《六经天文编》也有两处论及《乾凿度》的历法，今分别摘录于下，并以殷历之法推步验算之。

《六经天文编·历法所起》曰：

古法以纪蔀为宗，从伏羲先天甲寅积周一千八百一十四纪，再入十五纪人元一十有二蔀当癸酉蔀，岁在己丑而生帝尧，至甲辰岁十有六即位，越二十有一岁得甲子而演纪作历，是年天正冬至日在虚一度。按《乾凿度》《皇极经世》及汉皇甫谧所载并然。[1]

《六经天文编·推历代所入蔀例》曰：

《乾凿度》入天元一千八百一十四纪，再入十五纪而尧生于人元之癸酉蔀己丑岁，至甲辰岁十有六以唐侯升为天子。至文王受洛书再入十六纪，当天元戊午蔀二十四，岁在癸丑，又五年戊午受丹书，明年己未改元，越十有二年，辛未正月戊午，武王伐商。[2]

此《六经天文编》所引两段文字大致相合。以下依次推算《六经天文编》所引《乾凿度》所载的帝尧生年、尧由唐侯升为天子年、文王受洛书及丹书年、武王伐商年。推步的基本参数如下：

章法：19

---

[1] 王应麟《六经天文编》，《景印文渊阁四库全书》第 786 册，第 148 页。
[2] 王应麟《六经天文编》，《景印文渊阁四库全书》第 786 册，第 148 页。

蔀法：19×4＝76

纪法：76×20＝1520

元法：3×1520＝4560（天纪1520；地纪1520；人纪1520）

（一）帝尧生年及升为天子年

据上所引《六经天文编》"入天元一千八百一十四纪，再入十五纪而尧生于人元之癸酉蔀己丑岁"之文，及"从伏羲先天甲寅积周一千八百一十四纪，再入十五纪人元一十有二蔀当癸酉蔀，岁在己丑而生帝尧"之文，可知帝尧生年入第1815纪，当人元癸酉蔀己丑岁，参照上文所列殷历二十蔀，知癸酉蔀为殷历二十蔀中的第十二蔀，由是可得以下算式：

1814 纪积年：1814（纪）× 1520（纪法）＝ 2757280（年）

推入纪：2757280（年）÷ 4560（元法）＝ 605……3040。3040 合两纪，故入人纪。

前 11 蔀积年：11（蔀）× 76（蔀法）＝ 836（年）

癸酉蔀首年干支：

1520 × 2 +（836+1）＝ 3877

3877 ÷ 60 ＝ 64……37。是为庚寅年。[1]

己丑岁入癸酉蔀年岁：60 年（从庚寅数至己丑）

综上，可推算帝尧生年距上元积年：1814×1520＋11×76＋60＝2758176（年）。据《开元占经·古今历积年及章率》，知殷历上元甲寅至唐开元二年（714 年）积二百七十六万一千八十（2761080）算外，则殷历帝尧生年为：

2761080 －（2758176 + 714 － 1）＝ 2191（年），即帝尧生年为公元前 2191 年。

前已知帝尧生年至上元积年为 2758176，入癸酉蔀己丑岁，至癸酉蔀甲辰岁十有六即位升为天子，则尧以唐侯升为天子距上元积年：2758176+16－1＝2758191。帝尧升为天子的殷历年为：2191 －（16 － 1）＝ 2176（年），即公元前 2176 年。

（二）文王受洛书、丹书及武王伐商年

据上"至文王受洛书再入十六纪，当天元戊午蔀二十四，岁在癸丑，又五年

---

[1] 根据六十干支表，从甲寅数 37 至庚寅，故癸酉蔀首年干支为庚寅年。

戊午受丹书，明年己未改元，越十有二年，辛未正月戊午，武王伐商"之文，可知文王受洛书入第 1816 纪，当天元戊午蔀第二十四年癸丑岁，戊午蔀为殷历二十蔀中的第七蔀，由是可得以下算式：

1815 纪积年：1815（纪）× 1520（纪法）= 2758800（年）

推入纪：2758800（年）÷ 4560（元法）= 605（纪）；605<1520，故入天纪。

前 6 蔀积年：6（蔀）× 76（蔀法）= 456（年）

入戊午蔀年岁：24 年（当天元戊午蔀第二十四年癸丑岁）

综上，可推得文王受洛书积年：

1815 × 1520 + 6 × 76 + 24 = 2759280（年）

据《开元占经·古今历积年及章率》，知殷历上元甲寅至唐开元二年（714 年）积二百七十六万一千八十（2761080）算外，则殷历文王受洛书年为：

2761080 −（2759280 + 714 − 1）= 1087（年），即文王受洛书殷历年为公元前 1087 年。

文王受洛书年如上，又五年戊午受丹书，则文王受丹书积年为：

2759280 + 5 = 2759285（年）

文王受丹书殷历年为：1087 − 5 = 1082（年），即公元前 1082 年。

文王受丹书第二年己未改元，"越十有二年，辛未正月戊午，武王伐商"，则武王伐商积年为：2759285 + 1 + 12 = 2759298（年）

武王伐商殷历年为：1082 − 1 − 12 = 1069（年），即公元前 1069 年。

六、论《易纬》的历算特点

以上皆据殷历之法推算，可以明确的是，《易纬·乾凿度》中部分内容的历算采用了殷历的参数与推步方式，并无杂糅其他历法之嫌。然，文中还有许多其他的历算数据与殷历迥别，恰可说明《易纬·乾凿度》在历算推步上有其独特的系统逻辑，以下从卦爻主岁上略做说明。

其一：八卦用事

《易纬·乾凿度》曰：易始于太极，太极分而为二，故生天地。天地有春秋冬夏之节，故生四时。四时各有阴阳刚柔之分，故生八卦。八卦成列，天地之道立，雷风水火山泽之象定矣。其布散用事也，震生物于东方，位在二月；巽散之于东南，位在四月；离长之于南方，位在五月；坤养之于西南方，位在六月；兑收之于西方，位在八月；乾剥之于西北方，位在十月；坎藏之于北方，位在十一月；艮终始之于东北方，位在十二月。八卦之气终，则四正四维之分明，生长收藏之道备，阴阳之体定，神明之德通，而万物各以其类成矣。[1]

《易纬》此文可视为对《周易·系辞上传》"是故易有太极，是生两仪，两仪生四象，四象生八卦"之句的拓展与阐释，其将八卦与春夏秋冬四时相关联，又与十二月相配，而得四正四维之象。四正即正东震卦、正南离卦、正西兑卦、正北坎卦；四维即东南巽卦、西南坤卦、西北乾卦、东北艮卦。四正四维合而为八，与八卦阴阳之位正相呼应，以成万物之道。《易纬·乾凿度》又曰：

岁三百六十日而天气周，八卦用事，各四十五日方备岁焉。[2]

是八卦用事，每卦各值 $360 \div 8 = 45$ 日，虽然郑玄注曰"其中犹自有斗分，此重举大数而已"。但此文数据显然与殷历迥别，全为引八卦入岁而立文。

其二：六十四卦主岁

《易纬·乾凿度》曰：阳爻九，阴爻六，阴阳之爻各百九十二，以四时乘之，八而周。三十二而大周。三百八十四爻，万一千五百二十坼也。故卦当岁，爻当月，坼当日……二卦十二爻而期一岁。[3]

按，64 卦，每卦 6 爻，凡 384 爻，阴阳爻各居其半，则阳爻 192，阴爻 192，阳坼 9，阴坼 6，"以四时成之"，故乘以 4，得 $(192 \times 9 + 192 \times 6) \times 4 = 11520$，即文中所言的"万一千五百二十坼"。又"卦当岁，爻当月，坼当日"，即二卦值一年；二卦十二爻当十二月；阴爻 6，阳爻 6，阳坼 9，阴坼 6，以四时成之，得 $(6 \times 9 + 6 \times 6) \times 4 = 360$，成一岁之期，即坼当日。故曰"二卦十二爻而期一岁"。此逻辑据六十四卦主岁言之。

---

[1] 《易纬·乾凿度》，赵在翰辑《七纬》，第31-32页。
[2] 《易纬·乾凿度》，赵在翰辑《七纬》，第32页。
[3] 《易纬·乾凿度》，赵在翰辑《七纬》，第46页。

其三：六日七分与十二消息卦

《易纬·稽览图》曰：每岁十二月，每月五月，按"月"字当作"卦"。卦六日七分，每期三百六十六日每四分。按"六日"当作"五日"，"四分"当作"四分日之一"。[1]

按，每岁 12 月，每月 5 卦，则一年合 60 卦（12 × 5 = 60）。六日七分即六日八十分之七，《易纬》此处取一岁三百六十五日四分日之一（365 1/4），均分至六十卦[2]，每卦值六日八十分之七（365 1/4 ÷ 60 = 6 7/80），是即六日七分。

《易纬·乾元序制记》曰：一岁十二月，三百六十五日四分度之一，余二十，四分一日，以为八十分二十为之。消息十二月，月居六日七分，十二月居七十三日一百八十分居四分。[3]

《乾元序制记》的十二消息卦与《稽览图》的六日七分相似，皆取一岁十二月，期三百六十五日四分日之一（365 1/4），每卦六日八十分之七。十二消息卦则是从六十卦中取十二卦，与十二月相对应，通过每卦阴阳爻的变化，以表达自然阴阳之气的消退与息长。十二消息卦的每一卦亦值六日七分，则十二卦居七十三日八十分之四（6 7/80 × 12 = 73 4/80）。

以上所举诸例都有各自圆恰的数理规律，皆合律历之数，故《易纬·乾凿度》曰："历以三百六十五日四分度之一为一岁，易以三百六十坼当期之日，此律历数也。"[4] 正因历与易二者的数理相通，故《易纬·乾凿度》常引历数以明易数。除了上所引的八卦用事与六十四卦主岁之外，《易纬》中尚有与历数相关的内容，诸如推天元甲子之术、推易天地人之元术、推之术等等，皆各有逻辑。故学人或以为《易纬》庞杂无章，在数理的推演上前后不一。其实不然，以上各种算法皆是融历数于易数之中，形成各自的数理体系，恰恰体现了易道的变易之妙。通过不同的数理逻辑，皆可圆通无碍地阐释天地自然的变化以及人伦吉凶之道，最终的目的

---

[1]《易纬·稽览图》，赵在翰辑《七纬》，第 90 页。

[2] 六十四卦中，坎、离、震、兑为四时方伯之卦，即四正卦，主四时之气。

[3]《易纬·乾元序制记》，赵在翰辑《七纬》，第 120 页。按，此段文字讹、衍颇多，据公式 6 7/80 × 12 = 73 4/80，则正文"消息十二月，月居六日七分，十二月居七十三日一百八十分居四分"一句中的"月"皆当为"卦"字，"一百"当为衍文，故当改作"消息十二卦，卦居六日七分，十二卦居七十三日八十分居四分"，其意乃顺。

[4]《易纬·乾凿度》，赵在翰辑《七纬》，第 48 页。

就是表达易道的精微与通达，正如《周易·系辞上传》所言，"广大配天地，变通配四时"。

结　语

《易纬》中的历算，其中有部分推步之法引用了古六历中的殷历，如推文王受命年即是；还有许多推算方式是融合了历数的内容而又独立展开的数理逻辑，诸如八卦用事、六十四卦主岁、六日七分等皆然。简言之，《易纬》借鉴和运用了许多殷历的推算模式，而又别出心裁，援引历数以阐释易道，由此形成了《易纬》独特的数理解释系统。

尊王：萧楚对《春秋》"归、入"书法新诠释

——以《书归辨》《书入辨》《归入后辨》为考察中心

赖明珠*

[内容提要]

宋人萧楚在其所著《春秋辨疑》中重新探讨了《春秋》"归、入"书法的意涵，认为"春秋三传"的阐释"俱未尽得其当也"。萧楚认为，圣人以"出奔"记载诸侯、大夫出离国家之事，即是"专罪其奔也"。既然"出奔"即为"恶"，那么在探讨"归、入"书法意涵时，其重点是考察诸侯、大夫归国是否为"善"，即"国逆之"。若是，经书"归、复归"；若否，经书"入、复入"。同时，需通过考察诸侯、大夫归国之行与职权授命是否源于天子来判定其是否为"失其国"及"失其位"，以理解经书"复"之用意。萧楚通过与"春秋三传"对话的方式，构筑了其以"尊王"为核心的经学思想。

[关键词]

萧楚；《春秋辨疑》；尊王；《春秋》；归入书法

* 赖明珠，湖南大学岳麓书院博士研究生。

孔子据鲁史修作而成《春秋》，共记十二公，二百四十二年事。其后解经中流传最广的三传《春秋左传》《春秋公羊传》《春秋榖梁传》最终取得经典地位。从春秋学整个发展史来看，宋代经学家研究春秋的著作数量众多，同时，学界对于宋代春秋学的研究成果也十分丰富。[1] 总的来看，在北宋中后期"疑古惑经"的思潮下，北宋学人不再满足于仅仅拾汉唐注疏之遗，而是根据时代需求与自身学术旨趣重新解读《春秋》。

北宋晚期学人萧楚所作《春秋辨疑》一书，[2] 即是在疑古惑经背景下产生的。据《宋元学案》载："萧楚，字子荆，庐陵人。绍圣中游太学，贡礼部不第。于时蔡京方专国，先生愤嫉其奸，谓京且将为宋王莽，誓不复仕，遂退而著书，明春秋之学。建炎四年卒。"[3] 萧楚辞官归乡后，隐居于泰和县三顾山，研学授徒，时为庐陵地区之名儒，颇负盛名。其教授弟子百余人，赵旸、胡铨、罗良弼、冯獬等皆从其学。胡铨曾言其"从乡人萧楚学《春秋》，明易象、博极春秋，历考前代治乱，多识前言往行，十余年间，所蓄颇富"[4]。

在隐退的岁月里，萧楚著书立说，著成《春秋辨疑》，以专题论文的形式解经，重新发挥春秋学。萧楚对于《春秋》及三传的解读、阐释带有强烈的个人旨趣以及现实关怀，发人深省。其时宰相张浚，参知政事张守、陈与义听闻萧楚之名，"皆愿见其书"[5]。张浚得萧楚"所著战辩喟然而叹，谓铨，可谓切中时病

---

〔1〕 参见侯步云《萧楚〈春秋〉学考略》，《兰台世界》2014年第S2期。李建军《宋代〈春秋〉学与宋型文化》，四川大学2007年博士学位论文；侯步云《北宋〈春秋〉学研究》，西北大学2009年博士学位论文；张尚英《宋代〈春秋〉学专题研究》，吉林出版社2010年版；张尚英《宋代〈春秋〉学的形成、发展与演变》，《宋代文化研究》2020年第1期；葛焕礼《尊经重义：唐代中叶至北宋末年的新〈春秋〉学》，山东大学出版社2011年版。

〔2〕 本文所用《春秋辨疑》为日本静嘉堂文库所藏元末明初刊本，此本分两册，共十卷。其版式为左右双边，有界。版心线黑口，双黑鱼尾。每半页14行，每行23字，注文双行23字。此外，《四库全书荟要》中亦有收录《春秋辨疑》一书。1936年，商务印书馆曾以《四库全书荟要》所收录《春秋辨疑》本为底本，对比元本与武英殿聚珍本，发行《春秋辨疑 附校勘记》。有关《春秋辨疑》的版本信息，可参照闫春新、杜泓延《〈春秋辨疑〉版本源流考》，《济宁学院学报》2024年第2期。杜泓延《萧楚〈春秋辨疑〉研究》，曲阜师范大学2024年硕士学位论文，第30-39页。

〔3〕 黄宗羲著，全祖望补《宋元学案》，中华书局1986年版，第1446页。

〔4〕 胡铨《春秋辨疑序》，萧楚《春秋辨疑》卷首，静嘉堂文库藏元末明初刊本，第2A页。

〔5〕 胡铨《春秋辨疑序》，萧楚《春秋辨疑》卷首，第2A页。

矣"[1]。由此可见，萧楚在当时的名气与影响力。至有清一代，《四库全书》评萧楚此著"持论正大，实有合尼山笔削之义"[2]。可以说，萧楚算得上是一位有影响力的经学家，然而，现今学术界对其人其著及其经学思想的研究较少。[3]

本文将以宋人萧楚《春秋辨疑》卷二《书归辨》《书入辨》《归入后辨》（为行文方便，后文称"归入三辨"）为中心，与"春秋三传"对"归、入"书法的解释作比，考察萧楚对《春秋》"归、入"书法义例不同于三传的新阐释，以及探讨萧楚的经学思想。同时，本文亦希冀借萧楚此例，能进一步观察出受"疑古惑经"思潮影响的宋代学人在研治《春秋》时，如何将个人学术旨趣与时政关怀结合起来。

一、"春秋三传"对"归、入"书法的阐释

萧楚在《归入后辨》言，春秋之时，诸侯、大夫出奔的情况时有发生。诸侯或因"庸懦自失柄者，迫于强臣而去"，而大夫或因"谗构、倾轧、惧祸而去"，《春秋》皆以"自奔为文"。[4]假若诸侯、大夫出奔后又返回其国，经或书"归"与"复归"，或书"入"与"复入"，以记载其事，"春秋三传"中对此书法义例各有解释。本文将萧楚《春秋辨疑》"归入三辨"文本中所记事例列于下，[5]以便阅览。

---

[1] 胡铨《春秋辨疑序》，萧楚《春秋辨疑》卷首，第 2A-2B 页。
[2] 纪昀等纂《四库全书总目》卷 26，清乾隆五十四年武英殿刻本，第 65A 页。
[3] 学界有关萧楚及其《春秋辨疑》的专门研究较少，闫春新、杜泓延《〈春秋辨疑〉版本源流考》一文中考察了该书的成书背景、版本流传与版本内容。（闫春新、杜泓延《〈春秋辨疑〉版本源流考》，《济宁学院学报》2024 年第 2 期。）杜泓延在其硕士论文《萧楚〈春秋辨疑〉研究》中，考察了萧楚生平与交游，《春秋辨疑》一书的内容和版本流传、引书情况以及萧楚的解经特点及思想。（杜泓延《萧楚〈春秋辨疑〉研究》，曲阜师范大学 2024 年硕士学位论文，第 30-78 页。）
[4] 萧楚《春秋辨疑》卷 2《归入后辨》，第 6B 页。
[5] 此表未囊括所有《春秋》所记"归、入"事件，未收入之因有二：一是本文主要探讨萧楚在"归入三辨"文本中对《春秋》"归、入"书法义例不同于《春秋》三传及前代经师的新观念，故主要列入其文中所记；二是未收入事件的类型基本未出其右，《春秋》三传对其阐释亦如是。

表 1　"归入三辨"所记《春秋》"归、入"书法事例

鲁国国君	"归"	鲁国国君	"入"
桓公十一年（前701）	突归于郑	隐公八年（前715）	庚寅，我入祊
桓公十五年（前697）	郑世子忽复归于郑	桓公十五年（前697）	许叔入于许
桓公十七年（前695）	秋，八月，蔡季自陈归于蔡	庄公三年（前691）	秋，纪季以酅入于齐
庄公二十四年（前670）	赤归于曹郭公	庄公九年（前685）	齐小白入于齐
僖公二十八年（前632）	六月，卫侯郑自楚复归于卫	庄公二十四年（前670）	八月，丁丑，夫人姜氏入
僖公二十八年（前632）	晋人执卫侯，归之于京师	成公十八年（前573）	宋鱼石复入于彭城
僖公二十八年（前632）	曹伯襄复归于曹	襄公三十年（前543）	郑良霄出奔许，自许入于郑
僖公二十八年（前632）	卫元咺自晋复归于卫	昭公元年（前541）	秋，莒去疾自齐入于莒。莒展舆出奔吴
成公十六年（前575）	曹伯归自京师	昭公二十二年（前520）	秋，刘子、单子以王猛入于王城
昭公十三年（前529）	蔡侯庐归于蔡。陈侯吴归于陈	昭公二十六年（前516）	冬十月，天王入于成周
昭公十三年（前529）	楚公子比自晋归于楚，弑其君虔于乾溪	哀公六年（前489）	齐阳生入于齐
哀公二年（前493）	晋赵鞅帅师纳卫世子蒯聩于戚		

　　从上表可见，萧楚在"归入三辨"中共采用了《春秋》经所载 23 件有关"归、入"书法的事件进行讨论，以此发挥其个人学术见解。然萧楚之个人见解的阐发不仅来自对圣人之意的重新审视，也来自与"春秋三传"、前代经学家所作阐释的对话。因此，要想进一步了解萧楚本人的学术主张，就需要先了解"春秋三

传"以及前代经师的观点。众所周知，"春秋三传"中对于经书记载事件以及春秋笔法的解释各有不同，对于经书"归、入"书法的诠释也并不一致，有些甚至截然不同。下文将以《左传》《公羊传》《穀梁传》为序，依次展开其对"归、入"书法的论述。

（一）《左传》对"归、入"书法的阐释

《左传》对于经书"归、入"书法有一处较为完整的解释。成公十八年（前573），为将逃往楚国避难的宋国五位大夫送回宋国，楚共王联合郑成公伐宋。《左传》记载："夏，六月，郑伯侵宋，及曹门外。遂会楚子伐宋，取朝郏。楚子辛、郑皇辰侵城郏，取幽丘，同伐彭城，纳宋鱼石、向为人、鳞朱、向带、鱼府焉，以三百乘戍之而还。书曰'复入'。凡去其国，国逆而立之，曰'入'；复其位，曰'复归'；诸侯纳之，曰'归'；以恶曰'复入'。"《左传》认为，凡是离开自己的国家，国人欢迎他归国且拥立他，则书"入"，杜预注"本无位，绍继而立"；书"复归"，则表明国人欢迎其归国且恢复他原来的职位，杜注"亦国逆"；而书"归"，是指诸侯为其请归并送他回国，杜注"诸侯以言语告请而纳之，有位无位皆曰归"；用不正当的手段回国且行害国害民之事则书"复入"，杜注举例曰"谓身为戎首，称兵入伐，害国殄民者也"[1]。

《左传》中对于其他有关"归、入"书法事件的记载与解释也基本按上文所述。如桓公十七年（前695）"秋，八月，蔡季自陈归于蔡"[2]，蔡季是蔡桓侯之弟，其时由陈国送他回国即位，为陈所纳，是以《左传》记为"归"；又桓公十五年（前697）"郑世子忽复归于郑"[3]，世子忽本应在郑庄公死后即位，却因宋国的干预和祭仲操纵而出奔卫国，现返回郑国即位，是以记为"复归"；又成公十八年（前573）宋鱼石等复入于彭城事件，[4] 宋鱼石因其依附楚郑势力，借由兵威归国，害国殄民，是以记为"复入"。以上是《左传》对《春秋》"归、入"书法所作的诠释，杜预注云："此四条所以明外内之援，辨逆顺之辞，通君臣取国有家

---

[1]《春秋左传正义》卷28，《十三经注疏》标点本，北京大学出版社1999年版，第807页。
[2]《春秋左传正义》卷7，《十三经注疏》标点本，第209页。
[3]《春秋左传正义》卷7，《十三经注疏》标点本，第204页。
[4]《春秋左传正义》卷28，《十三经注疏》标点本，第807页。

之大例"〔1〕。

（二）《公羊传》对"归、入"书法的阐释

同《左传》一样，《公羊传》对《春秋》"归、入"书法也有一处完整的解释。桓公十五年（前697），郑国世子忽复归于郑即位。传云："其称世子何？复正也。曷为或言归，或言复归？复归者，出恶，归无恶；复入者，出无恶，入有恶。入者，出入恶；归者，出入无恶。"〔2〕此文表明，经书"复归"者，表明其出奔时有恶，回国时无恶；经书"复入"者，表明其出奔时无恶，归国时有恶；经书"入"者，则表明其出奔与归国都有恶；经书"归"，则表明其出奔与归国皆无恶。记载世子忽回国即位为"复归"，乃是因世子忽本应在郑庄公死后即位，却因祭仲操纵立世子突而出奔卫国。此乃为臣所逐，是以其"出有恶"，何休注云："忽未成君出奔，不应绝。出恶者，不如死之荣也。"世子忽归国即位乃是"复正"，何休注："入无恶者，出不应绝，则还入不应盗国。"〔3〕

《公羊传》对经书其他"归、入"书法的理解也贯彻于对如下事例的阐释。如哀公六年（前489）"齐阳生入于齐"〔4〕。阳生是齐景公的儿子，按照礼制应当被立为嗣，齐景公却立公子舍为嗣。阳生先使诈，致诸大夫后弑舍，乃出入皆有恶，故经书称其归国为"入"。

此外，另有两处更为复杂的事例更能体现《公羊传》对《春秋》"归、入"书法的阐释理念。一为昭公十三年（前529），"夏，四月，楚公子比自晋归于楚，弑其君虔于乾溪"〔5〕。从上文得知，《公羊传》认为，"归者，出入无恶"〔6〕。然既言公子比"弑其君虔"，又为何书"归"？其曰："归无恶于弑立也。归无恶于弑立者何？灵王为无道，作乾溪之台，三年不成，楚公子弃疾胁比而立之。然后令于乾溪之役曰：'比已立矣，后归者不得复其田里。'众罢而去之，灵王经而死。"〔7〕

----

〔1〕《春秋左传正义》卷28，《十三经注疏》标点本，第807页。
〔2〕《春秋公羊传注疏》卷5，《十三经注疏》标点本，北京大学出版社1999年版，第105页。
〔3〕《春秋公羊传注疏》卷5，《十三经注疏》标点本，第105页。
〔4〕《春秋公羊传注疏》卷27，《十三经注疏》标点本，第601页。
〔5〕《春秋公羊传注疏》卷23，《十三经注疏》标点本，第497页。
〔6〕《春秋公羊传注疏》卷5，《十三经注疏》标点本，第105页。
〔7〕《春秋公羊传注疏》卷23，《十三经注疏》标点本，第497页。

公子比于昭公元年（前541）为避内难而出奔，故出无恶，何休注："时弃疾诈告比得晋力可以归，至而胁立之。比之义，宜效死不立；而立，君因自经，故加弑也。"[1] 公子比被公子弃疾胁迫立为国君，可见公子比本无弑杀灵王之心，故"归无恶于弑立也"。然，公子比在被胁迫时未能"效死不立"，最终导致楚子虔被杀，故"言归者，明其本无弑君而立之意，加弑，责之尔"[2]。为杜绝后世乱臣贼子坐享他人弑君之利，故将弑文加之公子比。所以，公子比出奔乃是为避难，且其未真正弑杀灵王，故《公羊传》认为其回国书"归"。

二为昭公十三年（前529）"蔡侯庐归于蔡。陈侯吴归于陈"事件。[3]"归"字乃是有国者之辞，然此时陈、蔡二国已被楚灭，言"归"则给人以陈、蔡二国仍然存在的错觉。那为何经书称其"归"？实为"不与楚专封。"[4] 何休云："诸侯之义，不得专封。"因"诸侯之封，宜受于天子"，受国于楚，则不合礼法。[5]从以上二例，可见《公羊传》对于《春秋》"归、入"书法意涵的阐释，相比《左传》更为复杂，对"归、入"书法的解释有了更多延展性的理解。

（三）《榖梁传》对"归、入"书法的阐释

《榖梁传》对于《春秋》"归、入"书法的解释见于以下事例：一是庄公九年（前685）"齐小白入于齐"，传记："大夫出奔反，以好曰归，以恶曰入。齐公孙无知弑襄公，公子纠、公子小白不能存，出亡。齐人杀无知，而迎公子纠于鲁。公子小白不让公子纠，先入，又杀之于鲁，故曰'齐小白入于齐'，恶之也。"[6] 从此条可知，若大夫出逃后返回自己的国家，如果其回归是好的合乎礼法的，经书"归"；如果其为了回归而采取不正当的手段，经则书"入"。为避难，公子纠出奔鲁、公子小白出奔莒。齐人在鲁国迎接公子纠回国，公子小白则不愿意让其先回国，所以在鲁国杀了公子纠，故经文书"入"以表明其恶。

《榖梁传》中第二处对"归、入"书法的解释在成公十六年（前575）"曹伯

---

〔1〕《春秋公羊传注疏》卷23，《十三经注疏》标点本，第497页。
〔2〕《春秋公羊传注疏》卷23，《十三经注疏》标点本，第497页。
〔3〕《春秋公羊传注疏》卷23，《十三经注疏》标点本，第500页。
〔4〕《春秋公羊传注疏》卷23，《十三经注疏》标点本，第501页。
〔5〕《春秋公羊传注疏》卷23，《十三经注疏》标点本，第501页。
〔6〕《春秋榖梁传注疏》卷5，《十三经注疏》标点本，北京大学出版社1999年版，第74页。

归自京师"条，传云："不言所归，归之善者也。出入不名，以为不失其国也。归为善，自某归次之。"〔1〕《穀梁传》认为，经书"归"表明其人出入其国均无恶，是"归"书法中意涵最好的。范宁注："直言归而不言其国，即曹伯归自京师，不言于曹是。"〔2〕若经书"自某归"的意思就要差一些。如桓公十七年（前695）"秋，八月，蔡季自陈归于蔡"条，传记："蔡季，蔡之贵者也。自陈，陈有奉焉尔。"〔3〕蔡季从陈国返回蔡国，陈国在其中出了不少力，"陈以力助"〔4〕。

《穀梁传》中第三处"归、入"书法的解释在哀公六年（前489）"齐阳生入于齐"条，传云："阳生入而弑其君，以陈乞主之，何也？不以阳生君荼也。其不以阳生君荼，何也？阳生正，荼不正。不正则其曰君，何也？荼虽不正，已受命矣。入者，内弗受也。荼不正，何用弗受？以其受命，可以言弗受也。阳生其以国氏，何也？取国于荼也。"〔5〕在此文中，《穀梁传》对阳生入齐之"入"作了解释，"入，内弗受也"。意思是齐人不欢迎、不接受阳生入齐，因荼已受君命，阳生使诈夺位。所以，经书"入"，是为恶辞。

从上可知，《穀梁传》对《春秋》"归、入"书法作此解释：凡去其国后返，"以好曰归，以恶曰入"。与《左传》《公羊传》相比，《穀梁传》对于经书"归"作了更详细的解释，认为经书"归"的意思是最好的，书"自某归"的意思就相对差一些。《穀梁传》认为，"归"为善辞，"入"为恶辞。但与前两传相比，《穀梁传》并未对经书"复归"与"复入"进行更加详细的阐释。

（四）"春秋三传"对"归、入"书法阐释的异同

"春秋三传"中对于《春秋》"归、入"书法义例的阐释不尽相同，下表将三传对《春秋》"归、入"书法阐释列出以便浏览、比对。

---

〔1〕《春秋穀梁传注疏》卷14，《十三经注疏》标点本，第236页。
〔2〕《春秋穀梁传注疏》卷14，《十三经注疏》标点本，第236页。
〔3〕《春秋穀梁传注疏》卷4，《十三经注疏》标点本，第57页。
〔4〕《春秋穀梁传注疏》卷4，《十三经注疏》标点本，第57页。
〔5〕《春秋穀梁传注疏》卷20，《十三经注疏》标点本，第342、343页。

表 2   "春秋三传"对"归、入"书法的解释

书法	《左传》	《公羊传》	《穀梁传》
"归"	诸侯纳之	出奔归国都无恶	归国方式是好的且合乎礼法
"入"	去其国，国逆而立之	出奔归国都有恶	归国以恶
"复归"	复其位	出奔有恶，归国无恶	
"复入"	以恶	出奔无恶，归国有恶	

　　据表 2 可见，《左传》对于《春秋》"归、入"书法的解释与《公羊传》《穀梁传》的解释相差较多。《左传》认为《春秋》书"归"，是指诸侯送其返国；《公羊传》《穀梁传》认为其乃善辞；《左传》认为经书"入"表明国人欢迎且拥立他，而《公羊传》《穀梁传》认为"入"是恶辞；《左传》认为经书"复归"是指回国后恢复其职位，《公羊传》则更详细指出，"复归"乃表明其出奔有恶，归国无恶；《左传》《公羊传》对于经书"复入"二传解释也不相同，《左传》认为"复入"是指其以不正当的手段归国，《公羊传》则认为是指其人出奔无恶，归国有恶。

　　三传对《春秋》"归、入"书法的解释各不相同，因此对《春秋》经所记载的同一事件的理解也会出现差异。三传解释的不同，使得后世经学家对其反复注解并形成各家注疏。宋人萧楚亦是在前人解经的基础上，在"归入三辨"文本中通过与三传阐释进行对话，或借鉴，或驳斥，从而构建起其对《春秋》"归、入"书法的新诠释。

二、萧楚"归入三辨"文本中对春秋"归、入"书法的新阐释

　　萧楚在《春秋辨疑》卷二《书归辨》《书入辨》《归入后辨》这三篇专题性文章中分别论述了其对《春秋》"归、入"书法的观点。他在《书归辨》《书入辨》中分别论述了其对经书"归、入"书法的理解，《归入后辨》一文则是对前两篇的继续发挥与总结。在这三个文本中，萧楚继承了三传对于经书"归、入"书法的

部分解释，亦指出并驳斥了"春秋三传"论述中"未尽得其当"之处，重申己说。

（一）《书归辨》所见《春秋》"归、复归"书法的诠释

《书归辨》一文中，萧楚具体论述了其对《春秋》"归、复归"书法的理解。在行文中，萧楚首先对"归、复归"书法作了概念界定，其次，通过举《春秋》记诸侯、大夫归国之例，分论《春秋》书"归"与"复归"的具体含义及其区别。

萧楚在《书归辨》第一段即开篇明义："凡书归、复归者，皆国逆而受之之辞也。"[1] 凡是在《春秋》经中书"归"或"复归"，均指诸侯、大夫归国时受到了国人的欢迎和拥立。"直云归者，若始出今归耳，未失国之词也。"[2] 书"归"表明其未失去国土以及治理自己国家的能力。

萧楚认为，在《春秋》经中诸侯归国书"归"，表明其归国受到了国人的欢迎和拥护，另一方面则体现《春秋》之微旨。如经书"蔡侯庐归于蔡。陈侯吴归于陈"一条，此时陈、蔡二国已灭，无国可归。"归"是"未失国"之辞，显然与陈、蔡二国已灭的现实不符，那何以《春秋》书"归"？萧楚认为，经书"归"乃为"抑强夷而存中国"及"抑强臣"，故不书"自楚归"，是"不与楚灭二国故"。[3] 除此之外，萧楚认为，诸侯的权力来源于天子，只有天子才有对诸侯的废置之权，而诸侯没有此权。因此，即使陈、蔡二国已灭，《春秋》仍书"归"，是为警醒天下后世以防"有挟天子令诸侯者"[4]，"曹伯归自京师"亦是同理。春秋之时周天子式微，"威福之柄"下移，诸侯出奔而返国之事，少有出于天子之令。而曹伯归国乃是天子令其归，"天子命之归则不失国矣"[5]，故书"归"以表明天子之权柄。

《公羊传》认为《春秋》以"归"字记"蔡侯庐归于蔡。陈侯吴归于陈"一事，乃是"不与楚专封"[6]。何休认为，经书之意，实则是为了维护天子权威，因为诸侯只能受封于天子，此权力为天子所有。可见，萧楚在这一条中的解释继承

---

[1] 萧楚《春秋辨疑》卷 2《书归辨》，第 3B 页。
[2] 萧楚《春秋辨疑》卷 2《书归辨》，第 3B 页。
[3] 萧楚《春秋辨疑》卷 2《书归辨》，第 3B 页。
[4] 萧楚《春秋辨疑》卷 2《书归辨》，第 4A 页。
[5] 萧楚《春秋辨疑》卷 2《书归辨》，第 3B 页。
[6] 《春秋公羊传注疏》卷 23，《十三经注疏》标点本，第 501 页。

了前人解经的理念。随后，萧楚解释经书"归"与"自某（归）"的详细含义以及区别。萧楚言，假若大夫、公子返国而直书"归"，则表明其归国受到了国人欢迎，且君主允许其返回。比如经书孙林父、华元、曹赤等，其归国受到了国人的欢迎；若书"自某（归）"则表明其归国受到了"所自之国"的帮助，即"所自之国，为之请也"[1]。比如《春秋》经记载"蔡季自陈归于蔡"，则表明蔡季归国受到了陈国的帮助；又记"楚公子比自晋归于楚"，则表明公子比归国时受到了晋国的帮助。

其后，萧楚继续论述其对"复归"书法的理解，"其云复归者，有所复也。谓初既去矣，今始来复，已失国之辞也"[2]。萧楚认同《左传》对"复归"的理解。

萧楚认为，经书"复归"的"复"是指恢复其职位。其人出奔时已失位或失国，归国后才得以恢复。因此，"复归"乃是"失国之辞"。如经书"郑世子忽复归于郑"条，世子忽本应在郑庄公死后即位，却因宋国的干预和祭仲操纵而出奔卫国。后来回到郑国即位，乃是复其位，故经书"复归"。《春秋》经记载"卫侯郑自楚复归于卫"也是一样的情况。卫侯郑被晋文公所逐，晋文公立叔武，叔武在践土之会上请归卫侯郑，卫侯郑归国后复位，故以"复归"记其归国即位之事。萧楚对于经书"复归"的解释与《左传》言"复其位，曰'复归'"的书法，基本一致。然与《左传》略有不同的是，萧楚认为经书"复归"者，亦有其微旨。如《春秋》记载"曹伯襄复归于曹"条。曹伯襄有罪，于僖公二十八年（前632）被晋侯所执，后虽返国，然非天子之命其归国，则与"失国者同矣"，[3]故经书"复归"记之。又"卫元咺自晋复归于卫"一事，卫侯郑归国后杀了叔武，元咺出奔晋国为叔武诉，后晋文公逮捕了卫侯。元咺返回卫国并非听卫侯郑的命令，而是"卫侯惧（晋文公）而听命"[4]，记其"自晋复归"，则表明元咺之位已夺，且回国受到了晋国的帮助。

据《书归辨》一文可知，萧楚认为凡经书"归、复归"都是指其归国受到了

---

〔1〕 萧楚《春秋辨疑》卷2《书归辨》，第4A页。
〔2〕 萧楚《春秋辨疑》卷2《书归辨》，第4A页。
〔3〕 萧楚《春秋辨疑》卷2《书归辨》，第4A页。
〔4〕 萧楚《春秋辨疑》卷2《书归辨》，第4A页。

国人的欢迎和拥立，二者的区别在于"复归"乃是"失国之辞"，"归"不是。且
"复归"之重点在于"复"字，"复"字表明其出奔之时已失国或已失位，而归国
后其位得到重新恢复，因此就含义而言不如书"归"者好。与《左传》对经书
"归、复归"的解释相比，萧楚对于经书"归""复归""自某（归）"的解释更
加详细。且从以上几条事例可见，萧楚对《春秋》书法的解释，更加侧重于"王
权"与"尊王"的思想，着重论述诸侯是否听从天子之命。

萧楚虽继承了三传以及先儒对于经书"归"的阐释，但也提出了不同的看法，
其言："谷梁子曰反以好曰归；先儒曰归，善辞也，复归次之。案郑突归而篡位，
楚比归而弑君，卫侯郑则杀元咺公子瑕而后归，岂可谓之善辞，且以好也？大抵三
传说俱未尽其旨，不知所谓归与复归皆曰逆而受之也。"〔1〕萧楚认为，经书"归"
不一定全是"善辞"，其事也未必能称"好"，国人"逆而受之"才是经书"归"
之关键所在。萧楚认为三传对于经书"归"的阐释没有注意到此，故其解读"未
尽其旨"。

（二）《书入辨》所见《春秋》"入、复入"书法的诠释

《书入辨》一文中，萧楚在开篇即通过与书"归"对比，论述其对经书"入"
的解释，"春秋书入与归其文正相反"〔2〕。其后分别对经书"入""复入"的意义
展开论述。

萧楚认为，"凡云归者，国逆之，善辞也；凡云入者，非国逆之，恶辞也。
归，善辞也，有非善亦曰归者，以国逆之也。入，恶辞也，有非恶焉亦曰入者，亦
其非国逆也"〔3〕。与书"归"的含义相反，书"入"是恶辞。萧楚特别提到一种
情况，即若有人归国非善，但《春秋》经仍书"归"记之；有人归国非恶，但
《春秋》经却书"入"，是因为判定这二者的关键在于，其人归国是否为"国逆"。
萧楚列举以下四种情形，经书"入"以记之。

第一种是其人归国"非恶"，但因其归国并非"国逆"，经书记为"入"。如经

----

〔1〕 萧楚《春秋辨疑》卷 2《书入辨》，第 5A 页。
〔2〕 萧楚《春秋辨疑》卷 2《书入辨》，第 5A 页。
〔3〕 萧楚《春秋辨疑》卷 2《书入辨》，第 5A 页。

书记载"许叔入于许"[1]。鲁、齐、郑三国击败许国后，许国国君庄公出逃。郑国以庄公之弟许叔居于许国东，不许其祭祀祖庙，而当郑昭公执政后又允许许叔返回许国，许叔才得以返回许国。"许叔入于许"显然与"齐之小白、阳生、莒展舆之入"之事不同，[2] 后三者或内结奸臣，或外倚强援而篡位，其归皆是"恶"，故经书"入"以罪之。然许叔归国并非受天子之命，且"非国逆之也"[3]，故经亦书"入"。

第二种是"心皆叛逆，为国贼臣"[4] 者，"凡此之类，所谓恶辞也"[5]，经皆书"入"以罪之，表明其有叛逆之祸心，但未得手。如经书记载"郑良霄出奔许，自许入于郑。郑人杀良霄"[6]。良霄为郑国大夫，因其嗜酒常常误事。某次醉酒后欲派公子皙使楚，公子皙闻之派人攻打他并烧了他的屋舍。良霄酒醒后逃到许国，后又从许国回到郑国，最后被公子驷带领国人所杀。《春秋》经书记载良霄出奔、归国均直书其名，"不言大夫，恶之也"[7]。萧楚认为这是因为郑之良霄，为国贼臣，经"于复归而名之者，有大恶也"[8]。

第三种为经书"入"的特例，为"八月，丁丑，夫人姜氏入"之事。[9] 庄公二十四年（前670），娶夫人姜氏（哀姜）。"鲁不逆之，盖以其取仇人之女"（鲁桓公被文姜与齐襄公所杀），庄公娶姜氏乃"取仇人之女"。[10] 因此经书"入"，"以责庄公忘父雠而教天下以孝也"[11]。

经书"入"的第四种情形，因其行"无王而行"之事，经书"入"罪之。萧楚举经书记载"三月，郑伯使宛来归祊。庚寅，我入祊"[12] 之事说明。祊地为周

---

〔1〕 萧楚《春秋辨疑》卷2《书入辨》，第5A页。
〔2〕 萧楚《春秋辨疑》卷2《书入辨》，第5A页。
〔3〕 萧楚《春秋辨疑》卷2《书入辨》，第5B页。
〔4〕 萧楚《春秋辨疑》卷2《书入辨》，第5B页。
〔5〕 萧楚《春秋辨疑》卷2《书入辨》，第5B页。
〔6〕《春秋左传正义》卷40，《十三经注疏》标点本，第1111页。
〔7〕《春秋穀梁传注疏》卷16，《十三经注疏》标点本，第274页。
〔8〕 萧楚《春秋辨疑》卷2《书入辨》，第5B页。
〔9〕《春秋左传正义》卷10，《十三经注疏》标点本，第277页。
〔10〕 萧楚《春秋辨疑》卷2《书入辨》，第5B页。
〔11〕 萧楚《春秋辨疑》卷2《书入辨》，第5B页。
〔12〕《春秋左传正义》卷4，《十三经注疏》标点本，第108页。

天子赐给郑国的汤沐邑，其在泰山下，离郑国远而离鲁国近；许田为周天子赐给鲁国的朝宿邑，离鲁国远而离郑国近。故二国想以祊易许田。然而汤沐邑与朝宿邑均是天子赐予诸侯的土地，仅供诸侯使用，并无交换之权，"诸侯土地天子所封，非诸侯可得专也，苟惟擅以与人，是无王而行也"[1]，乃大恶。鲁隐公进入原属郑国的祊地，不被祊人所欢迎、接受，故经书"入"，恶之。在萧楚看来，"无王而行"乃诸侯不尊王命而行，乃夺天子之权，是大恶。

萧楚指出，经书"复入"之意与"复归"相反，"复归"是先失其国后复其位，"其反或国逆而受之也"。而书"复入"，则是"既绝于国而反为国恶，谓谋复而入也"[2]。其人为谋其复位而返国，且其国人不欢迎其返，则经书"复入"。经书"复入"的罪过比之单书"入"的罪过更大，书"复入"恶于"入"。比如《春秋》记"宋鱼石复入于彭城"之事。[3] 宋鱼石依附楚、郑势力，借由楚、郑两国兵威（伐宋）而归国。楚使鱼石居彭城，"鱼石实楚取宋彭城封之"[4]。萧楚认为此乃害国殄民之举，故经书"复入"以罪之。且诸侯无专置之权，故经书"复入"亦为"抑强蛮而存中国也"[5]。

在《书入辨》文末，萧楚对《春秋》经"归、入"书法作了简要概括。萧楚认为《春秋》之书以一字判别善恶，然善恶有轻重之别，因此"一字之措抑又有旨焉"[6]。其人出奔而返国者，经书"归"与"复归"，为善辞；若经书"入"与"复入"，则为恶辞。然经书亦存在其人并非返国而书"入"的情况，乃是为罪其恶。这表明，在理解"归、入"书法时，不应拘泥于其人其事是否属于返国之例，简单地理解圣人《春秋》笔法之大义，而要仔细斟酌分析。

（三）《归入后辨》中对三传"归、入"书法诠释的看法

萧楚在"归入三辨"文本中阐述自己对《春秋》"归、入"书法诠释的看法的同时，也与三传的解释形成对话，或赞同或批驳，从而强调己说，这在《归入

---

〔1〕 萧楚《春秋辨疑》卷2《书入辨》，第6A页。
〔2〕 萧楚《春秋辨疑》卷2《书入辨》，第6A页。
〔3〕 《春秋左传正义》卷28，《十三经注疏》标点本，第799页。
〔4〕 萧楚《春秋辨疑》卷2《书入辨》，第6A页。
〔5〕 萧楚《春秋辨疑》卷2《书入辨》，第6A页。
〔6〕 萧楚《春秋辨疑》卷2《书入辨》，第6A页。

后辨》一文中体现得最为明显。此篇就如何反驳三传"归、入"书法解释的论述比之前两篇更为详细，且包含了前两篇的立意，提出了不同于三传与前人的观点。因此下文主要论述《归入后辨》对"春秋三传"关于"归、入"书法诠释的看法。

萧楚认为《春秋》经中对诸侯、大夫出奔的情况均记为自奔，是为"专奔其罪"。"圣笔皆以自奔为文，何也？曰：专罪其奔也。"[1] 因诸侯是一国之君，乃治人者而非治于人者，因此被强臣驱逐的情况不该发生；大夫是一国内贤德有声望之人，若因此祸事颠沛逃窜则有失大夫之职。故《春秋》书其"自奔"，即认为诸侯与大夫不论是以何种情形出奔均是其过失。《春秋》经皆书"自奔"是为了警醒天下后世为君、为臣者。如此正体现圣人作《春秋》本意，即拨乱反正，"盖春秋拨乱而作，欲君子之反其本也"[2]。

做出如此与三传不同的论断后，萧楚随即在文中分别就三传对"归、入"书法的解释做出批驳。首先，针对《公羊传》阐释国君先出奔后归国，经书"归、入"的情况，"复归者，出恶，归无恶；复入者，出无恶，入有恶；入者，出入恶；归者，出入无恶"[3]。萧楚认为，《公羊传》不知"圣人书出奔者，固以罪之矣"[4]。《春秋》既书"出奔"即是"罪之"，出奔即恶，即不存在讨论出奔无恶的情况。

其次，萧楚批驳了《左传》关于《春秋》"归、入"书法的解释。《左传》在讨论"夏，楚子、郑伯伐宋"一事中，对经书"入""复归""归""复入"作了相应解释，"凡去其国，国逆而立之，曰'入'；复其位，曰'复归'；诸侯纳之，曰'归'，以恶曰'复入'"[5]。作者不完全赞同此说，并举"（郑良霄）自许入于郑"与"阳生入于齐"为例论证，良霄、阳生归国自然都不应当算作"国逆之"。又比如："赵鞅、曹赤之类皆不言所自，又岂诸侯纳之？"[6] 经书"晋赵鞅帅师纳卫世子蒯聩于戚"（前493），与"赤归于曹郭公"（前670）均算不上为

〔1〕 萧楚《春秋辨疑》卷 2《归入后辨》，第 6B 页。
〔2〕 萧楚《春秋辨疑》卷 2《归入后辨》，第 6B 页。
〔3〕 萧楚《春秋辨疑》卷 2《归入后辨》，第 6B 页。
〔4〕 萧楚《春秋辨疑》卷 2《归入后辨》，第 6B 页。
〔5〕 《春秋左传正义》卷 28，《十三经注疏》标点本，第 807 页。
〔6〕 萧楚《春秋辨疑》卷 2《归入后辨》，第 7A 页。

"诸侯纳之"，因此其说也无法成立。[1] 但他认为《左传》对"蔡季自陈归于蔡"一事的解释得《春秋》之实。因此，萧楚认为从这些例子可得知，经书"归"者，是"国逆之"而非诸侯纳之，"凡书归者，国逆之而已"[2]。

最后，萧楚认为《穀梁传》对于经书"归、入"书法的解释亦有不得当的地方。《穀梁传》在"曹伯归自京师"条云，"归为善，自某归次之"[3]。若只写"归"是对其返回表示赞同，是好的意思；写"从什么地方归"，所表示的意思就要差一点。对此，萧楚认为，"曰归，易辞也。盖国逆曰归"[4]。经书"归"是平和的词语，表明其人归国时国人都欢迎、迎接他，因为"国逆则无仇党争斗之祸，亦可谓易矣。比于书入者，亦可谓善矣"[5]。相比于经书"入"者，"归"即是善辞，国人欢迎其归国则意味着没有祸乱，是和平的。"自某归者，外亦为之请焉，非直国人之愿，亦可谓次也。"[6] 书"归"比书"入"好，书"自某归"还意味着有外力帮助他回来，不是完全出于国内人民对其返回的欢迎，意思要更差一点。

表 3　萧楚对"归、入"书法的阐释

书法	阐释
"归"	国逆；善辞、未失国之辞
"复归"	重点在"复"，失国之辞
"入"	恶辞；非国逆、为国贼臣、义不可受、无王而行
"复入"	恶辞；为国恶，非国逆

综合来看，萧楚认为三传对《春秋》"归入"书法的解释并非完全正确，"三家之说俱未尽得其当也"[7]。萧楚认为圣人以"出奔"记其事，即是"专罪其奔

---

[1] 若是赵鞅纳成卫世子的话，经书应为"纳卫世子蒯聩于卫"，即已送世子蒯聩回到卫国。"赤归于曹郭公"，因戎侵曹，曹羁出奔，赤才得以归曹。

[2] 萧楚《春秋辨疑》卷2《书入辨》，第7A页。

[3] 《春秋穀梁传注疏》卷14，《十三经注疏》标点本，第236页。

[4] 萧楚《春秋辨疑》卷2《归入后辨》，第7A页。

[5] 萧楚《春秋辨疑》卷2《归入后辨》，第7A页。

[6] 萧楚《春秋辨疑》卷2《归入后辨》，第7A页。

[7] 萧楚《春秋辨疑》卷2《归入后辨》，第7A页。

也"，无所谓其以何种情形"出奔"。因此，经书"归、入"也无所谓其人出奔是否善恶的问题。经书"归"的关键在于其人归国是否为"国逆之"，是否受到了国人的欢迎与拥护；经书"复归"的重点在于"复其位"，恢复其人在本国应有的职位；经书"入"则有不同的情形需要考虑，有为"恶辞"者，有为其人无恶，圣人因事而"罪之"者，亦有因"义不可受"而"责之"的特殊记法。"归、入"书法在"出奔"层面上，其本意并无善恶之分，因为圣人书"出奔"即"罪之"。但是在归国层面上，与书"入"相比，书"归"即为善辞，因书"归"则表明其人归国无争斗之祸，符合礼法。

小　结

萧楚认为，凡诸侯、大夫出奔，《春秋》经皆书其"自奔"，是为"罪"之，因此其出奔便是"恶"，意即探讨经书"归、入"含义之时就不需要判定其"出"是否有"恶"。故此，对于《春秋》"归、入"书法的解释重点就在于考察其归国之情形，即诸侯、大夫归国是否为"国逆"，若是，则经书"归"与"复归"；若否，则书"入"；若其"以恶归"，则书"复入"。

而萧楚判定诸侯、大夫是否"失其国"与"失其位"的重要标准则是考察其职权是否授命于天子。他认为诸侯之位予夺在天子，天子（一国之君）之所以能控制天下，是因为"以其擅天下威福之柄也"[1]。若天子与国君失去此权柄，则无法为政。因此，如果是天子允许其出奔而返国，或诸侯从京师返回，则《春秋》直书"归"，表明诸侯"未失国"；同理可得，大夫之位予夺在诸侯，若诸侯允许其归，亦直书"归"，表明大夫"未失位"。萧楚此论充分体现了其"尊王"的思想，强调君权的至高无上。可以说，"尊王"思想不仅贯穿了萧楚《春秋辨疑》全书，亦是理解他治经思想的重要线索。这与他当时所处的政治环境有密切关系，其时蔡京专权，天子职权旁落，"威福之柄"下移，萧楚"谓京且将为宋王莽"[2]。

[1]　萧楚《春秋辨疑》卷 2《书归辨》，第 4B 页。
[2]　黄宗羲著，全祖望补《宋元学案》，第 1446 页。

且北宋几次政治改革都以失败告终，进而引发学人深思，因此萧楚拥护"尊王"思想可以说既是他对天子职权旁落的不满与反抗，亦是他思考该如何强宋强君的结果。

从萧楚对《春秋》"归、入"书法所作不同于三传的重新解释，我们可以看到，在"疑古惑经"的思潮下，北宋学人并未只拾汉唐注疏之牙慧，或仅满足于考据校注，各按家传、师传治学。他们注重融合时代需求与自身学术旨趣来重新发挥圣人之意，这点在萧楚身上体现得尤为明显。萧楚师承理学大师程颐，其对《春秋》圣人之意的探讨并未拘泥于理学方法。他不以程颐之说为圭臬，而是出于师法之外，打破三传诠释的壁垒，另成己说。也正因为当时许多北宋学人敢于突破家法、师法，评判三传得失，宋代春秋学才得到快速发展，大放异彩，体现出特点鲜明的宋学气象。

春秋公羊行权说及其微言大义

王　侃*

[内容提要]

　　即便《公羊传》《春秋繁露》及何注中明确认为是行权的只有四事，但在董仲舒"今纪季受命乎君而经书专"一句及郤缺弗克纳、子反华元专平两条同构传文的指引下，可以将"实与而文不与"六事，《春秋繁露》中有关常、变问题的三事，与明确说到行权的四事统合起来。上述十三事中，除了公子目夷让国一事不见于经、隐公让桓一事遵守"内无贬公之道"的条例以外，其余都满足既书褒辞（贤辞）又书贬辞（专辞）的经文结构。将十三事分配到三世中，发现所传闻世者八、所闻世者四、所见世者一，符合诸侯、大夫只能在乱世行权而在太平世无从行权的预期。唯一位于太平世的定元年"晋人执宋仲几于京师"，是定、哀之际的微辞，表达对鲁国内无王者的讥讽。从对《春秋繁露》关于文、质篇章的解读来看，董仲舒"承周文反之质"的义理实质是寄托在行权中的"救礼以仁"。因此，行权是"拨乱世反诸正"这一救世理想的具体实践手段，是公羊学的核心义理之一。

[关键词]

公羊；行权；三世；救文以质

---

* 王侃，复旦大学哲学学院博士研究生。

学界普遍认同，行权是公羊学的重要义理之一。桓十一年"九月，宋人执郑祭仲"，《公羊传》云"权者何？权者反于经，然后有善者也。权之所设，舍死亡无所设。行权有道，自贬损以行权，不害人以行权。杀人以自生，亡人以自存，君子不为也"[1]，是传文中明确界定行权的地方。《说文解字》中"权"有两个义项，一是"黄华木"，二是"一曰反常也"，传文说"反于经"，与《说文》"反常也"的训诂是相通的。这就是说，权是对常道的反动，是公羊学所谓的"非常异义可怪"之事。当然，行权有其界限，即必须满足"然后有善""舍死亡无所设""自贬损以行权，不害人以行权。杀人以自生，亡人以自存，君子不为也"三个条件，否则将不许之为行权。

《后汉书·贾逵列传》云："左氏义深于君父，公羊多任于权变。"[2] 指出公羊学与左氏学相异的一大特点就在于行权。然而，贾逵的这一说法有着复杂的经学史、思想史背景，其效力如何，即究竟只是毁谤公羊的含沙射影之说，还是与左氏学比较视域下公羊的突出特征，还是公羊学自身的核心义理，仍是一个不容忽视的问题。换言之，即是行权在公羊学中的地位问题。笔者认为，判断一种说法是公羊学的重要义理还是核心义理，就在于其是否与公羊学的三科九旨有密切联系。当然，在定位公羊行权义之前，首先要厘清许多细节，至少需要划定行权之事的具体范围。

一、疑似属于行权的经传

《公羊传》中明确说到"权"的，只有桓十一年祭仲行权一事，传云"古人之有权者，祭仲之权是也"。何休明确认为是"权"的，也只有桓十一年祭仲行权、庄三年纪季入齐（何注云："称字贤之者，以存先祖之功，则除出奔之罪，明其知权"）二事。[3] 董仲舒《春秋繁露》中谈及"权"的内容较多，其明确者，至少有以下两组：一是《竹林》"故凡人之有为也，前枉而后义者，谓之中权，虽不

---

[1]《春秋公羊传注疏》卷5，上海古籍出版社2014年版，第175页。
[2]《后汉书》卷36《郑范陈贾张列传》，中华书局1965年版，第1236页。
[3]《春秋公羊传注疏》卷6，第216页。

能成,《春秋》善之,鲁隐公、郑祭仲是也"〔1〕,则隐公让桓、祭仲行权者是;二是《玉英》"夫权虽反经,亦必在可以然之域。不在可以然之域,故虽死亡,终弗为也,公子目夷是也",则公子目夷让国者是。〔2〕综上,隐公让桓、祭仲行权、纪季入齐、公子目夷让国等四事确定属于行权。胪列其经、传于下:

(一)元年,春王正月。【传】……公何以不言即位?成公意也。何成乎公之意?公将平国而反之桓。曷为反之桓?桓幼而贵,隐长而卑,其为尊卑也微,国人莫知。隐长又贤,诸大夫扳隐而立之。隐于是焉而辞立,则未知桓之将必得立也;且如桓立,则恐诸大夫之不能相幼君也。故凡隐之立,为桓立也。……(隐元年)〔3〕

(二)九月,宋人执郑祭仲。【传】祭仲者何?郑相也。何以不名?贤也。何贤乎祭仲?以为知权也。其为知权奈何?……古人之有权者,祭仲之权是也。权者何?权者反于经,然后有善者也。权之所设,舍死亡无所设。行权有道,自贬损以行权,不害人以行权。杀人以自生,亡人以自存,君子不为也。(桓十一年)〔4〕

(三)秋,纪季以酅入于齐。【传】纪季者何?纪侯之弟也。何以不名?贤也。何贤乎纪季?服罪也。其服罪奈何?鲁子曰:"请后五庙以存姑姊妹。"(庄三年)〔5〕

(四)楚人使宜申来献捷。【传】此楚子也,其称人何?贬。曷为贬?为执宋公贬。曷为为执宋公贬?宋公与楚子期以乘车之会,公子目夷谏曰:"楚,夷国

〔1〕 苏舆《春秋繁露义证》卷2,中华书局2015年版,第57—58页。
〔2〕 苏舆《春秋繁露义证》卷3,第76页。《玉英》又云:"公子目夷复其君,终不与国,祭仲已与,后改之,晋荀息死而不听,卫曼姑拒而弗内,此四臣事异而同心,其义一也。"(苏舆《春秋繁露义证》卷3,第78页。)《王道》云:"鲁隐之代桓立,祭仲之出忽立突,仇牧、孔父、荀息之死节,公子目夷不与楚国,此皆执权存国,行正世之义,守悁悁之心,《春秋》嘉气义焉,故皆见之,复正之谓也。"(苏舆《春秋繁露义证》卷4,第114页。)鲁隐、祭仲、公子目夷皆能与《竹林》《玉英》等篇相应,仇牧、孔父、荀息、卫曼姑之属则多少令人费解。仇牧、孔父、荀息卫君而死,卫曼姑以王父命辞父命,一般认为与权变无关,或许只是照应"行正世之义,守悁悁之心"而已,未必即是行权之事。参见段熙仲《春秋公羊学讲疏》,南京师范大学出版社2002年版,第566页。
〔3〕 《春秋公羊传注疏》卷1,第13—17页。
〔4〕 《春秋公羊传注疏》卷5,第172—175页。
〔5〕 《春秋公羊传注疏》卷6,第216页。

也，强而无义，请君以兵车之会往。"宋公曰："不可。吾与之约以乘车之会，自我为之，自我堕之，曰不可。"终以乘车之会往。楚人果伏兵车，执宋公以伐宋。宋公谓公子目夷曰："子归守国矣！国，子之国也。吾不从子之言，以至乎此。"公子目夷复曰："君虽不言国，国固臣之国也。"于是归，设守械而守国。楚人谓宋人曰："子不与我国，吾将杀子君矣。"宋人应之曰："吾赖社稷之神灵，吾国已有君矣。"楚人知虽杀宋公，犹不得宋国，于是释宋公。宋公释乎执，走之卫。公子目夷复曰："国为君守之，君曷为不入？"然后逆襄公归。恶乎捷？捷乎宋。曷为不言捷乎宋？为襄公讳也。此围辞也，曷为不言其围？为公子目夷讳也。（僖二十一年）〔1〕

其中公子目夷一事较为特殊。目夷名不见于经，传于楚子使人献捷下发公子目夷让国之事，与经文干系不大。以上四事，姑名之为（甲）组。

学界研究公羊学中的行权义，并不满足于（甲）组明确属于行权的四事。除此之外，常被纳入讨论范围的还有两组：（乙）组，即《公羊传》中发"实与而文不与"的六事；（丙）组，即《春秋繁露》中有关常、变问题的三事。依次胪列经、传于下：

（五）齐师、宋师、曹师次于聂北，救邢。【传】救不言次，此其言次何？不及事也。不及事者何？邢已亡矣。孰亡之？盖狄灭之。曷为不言狄灭之？为桓公讳也。曷为为桓公讳？上无天子，下无方伯，天下诸侯有相灭亡者，桓公不能救，则桓公耻之。曷为先言次而后言救？君也。君则其称师何？不与诸侯专封也。曷为不与？实与而文不与。文曷为不与？诸侯之义不得专封也。诸侯之义不得专封，则其曰实与之何？上无天子，下无方伯，天下诸侯有相灭亡者，力能救之，则救之可也。（僖元年）〔2〕

（六）二年，春王正月，城楚丘。【传】孰城？城卫也。曷为不言城卫？灭也。孰灭之？盖狄灭之。曷为不言狄灭之？为桓公讳也。曷为为桓公讳？上无天子，下无方伯，天下诸侯有相灭亡者，桓公不能救，则桓公耻之也。然则孰城之？桓公城之。曷为不言桓公城之？不与诸侯专封也。曷为不与？实与而文不与。文曷为不

---

〔1〕《春秋公羊传注疏》卷11，第451–454页。
〔2〕《春秋公羊传注疏》卷10，第367–370页。

与？诸侯之义，不得专封。诸侯之义不得专封，则其曰实与之何？上无天子，下无方伯，天下诸侯有相灭亡者，力能救之，则救之可也。（僖二年）[1]

（七）十有四年，春，诸侯城缘陵。【传】孰城之？城杞也。曷为城杞？灭也。孰灭之？盖徐、莒胁之。曷为不言徐、莒胁之？为桓公讳也。曷为为桓公讳？上无天子，下无方伯，天下诸侯有相灭亡者，桓公不能救，则桓公耻之也。然则孰城之？桓公城之。曷为不言桓公城之？不与诸侯专封也。曷为不与？实与而文不与。文曷为不与？诸侯之义，不得专封也。诸侯之义不得专封，则其曰实与之何？上无天子，下无方伯，天下诸侯有相灭亡者，力能救之，则救之可也。（僖十四年）[2]

（八）晋人纳接菑于邾娄，弗克纳。【传】纳者何？入辞也。其言弗克纳何？大其弗克纳也。何大乎其弗克纳？……引师而去之。故君子大其弗克纳也。此晋郤缺也，其称人何？贬。曷为贬？不与大夫专废置君也。曷为不与？实与而文不与。文曷为不与？大夫之义不得专废置君也。（文十四年）[3]

（九）冬，十月，楚人杀陈夏征舒。【传】此楚子也，其称人何？贬。曷为贬？不与外讨也。不与外讨者，因其讨乎外而不与也，虽内讨亦不与也。曷为不与？实与而文不与。文曷为不与？诸侯之义，不得专讨也。诸侯之义不得专讨，则其曰实与之何？上无天子，下无方伯，天下诸侯有为无道者，臣弑君，子弑父，力能讨之，则讨之可也。（宣十一年）[4]

（十）三月，晋人执宋仲几于京师。【传】仲几之罪何？不蓑城也。其言于京师何？伯讨也。伯讨则其称人何？贬。曷为贬？不与大夫专执也。曷为不与？实与而文不与。文曷为不与？大夫之义，不得专执也。（定元年）[5]

（乙）组六事，传文大同小异，唯郤缺弗克纳、晋人执宋仲几二事，是大夫行

---

[1] 《春秋公羊传注疏》卷 10，第 378—379 页。
[2] 《春秋公羊传注疏》卷 11，第 426—427 页。
[3] 《春秋公羊传注疏》卷 14，第 577—579 页。
[4] 《春秋公羊传注疏》卷 16，第 661—662 页。
[5] 《春秋公羊传注疏》卷 25，第 1059—1061 页。

权，与其余诸侯行权不同，故无"诸侯之义不得专封，则其曰实与之何"以下。〔1〕所谓"实与而文不与"，就是文辞上不赞许、实际上却赞许。以（五）条为例，不称"齐侯"而贬称"齐师"，是"文不与"；不言"狄灭邢"，为桓公讳，是"实与"。讳辞（褒辞）、贬辞同时出现在一条经文内，是"实与而文不与"特有的书法结构。从"力能救之，则救之可也"来看，公羊"实与而文不与"的用心还是偏向于"实与"一边，即鼓励在"上无天子，下无方伯"的乱世之中行权。

（十一）夏，五月，宋人及楚人平。【传】外平不书，此何以书？大其平乎己也。何大乎其平乎己？庄王围宋，军有七日之粮尔，尽此不胜，将去而归尔。于是使司马子反乘堙而窥宋城，宋华元亦乘堙而出见之。……引师而去之。故君子大其平乎己也。此皆大夫也，其称人何？贬。曷为贬？平者在下也。（宣十五年）〔2〕

（十二）秋，公子结媵陈人之妇于鄄，遂及齐侯、宋公盟。【传】……媵不书，此何以书？为其有遂事书。大夫无遂事，此其言遂何？聘礼，大夫受命不受辞，出竟有可以安社稷利国家者，则专之可也。（庄十九年）〔3〕

（十三）晋士匄帅师侵齐，至穀，闻齐侯卒，乃还。【传】还者何？善辞也。何善尔？大其不伐丧也。此受命乎君而伐齐，则何大乎其不伐丧？大夫以君命出，进退在大夫也。（襄十九年）〔4〕

（丙）组三事见于董仲舒《春秋繁露》。《竹林》云："《春秋》之道，固有常有变，变用于变，常用于常，各止其科，非相妨也。今诸子所称，皆天下之常，雷同之义也。子反之行，一曲之变，独修之意也。"〔5〕是说子反华元专平之事。《精华》云："《春秋》固有常义，又有应变。无遂事者，谓平生安宁也。专之可也者，

〔1〕 文十四年何注云："不复发'上无天子，下无方伯'传者，诸侯本有锡命征伐忧天下之道故，明有乱义，大夫不得专也。"徐疏云："欲道僖元年'救邢'、'城楚丘'之经，悉是实与而文不与，文与此同。其传皆云'上无天子，下无方伯，天下诸侯有相灭亡者，力能救之，则救之可也'，今此不复言之，故云尔。言'诸侯本有锡命征伐忧天下之道故'者，正谓保、伍、连、帅本有共相存恤之义，是以上无天子，下无方伯之时，容有存恤之道，是故异于大夫耳。"见于《春秋公羊传注疏》卷14，第579-580页。

〔2〕 《春秋公羊传注疏》卷16，第675-678页。

〔3〕 《春秋公羊传注疏》卷8，第291-293页。

〔4〕 《春秋公羊传注疏》卷20，第853页。

〔5〕 苏舆《春秋繁露义证》卷2，第51-52页。

谓救危除患也。进退在大夫者，谓将率用兵也。徐行不反者，谓不以亲害尊，不以私妨公也。此之谓将得其私，知其指。"〔1〕专之可也，是说公子结遂事；进退在大夫，是说士匄不伐齐丧。

综上，疑似属于行权的共有三组：（甲）《公羊传》、《春秋繁露》、何注明确认为属于行权的四事；（乙）《公羊传》发"实与而文不与"的六事；（丙）《春秋繁露》中有关常、变问题的三事。然而，以上三组能否相互连通，尤其是（乙）组、（丙）组是否属于行权，学界尚未系统论证过。

二、三组经传之统合

先从（乙）组之于（甲）组的联系入手。纵观（乙）组六条传文，不难发现"文不与"所针对的都是诸侯、大夫的专事，即"专封""专讨""专废置君""专执"四种。故宣十五年何注云："凡为文实贬者，皆以取专事为罪。"〔2〕专事指的并不是诸侯、大夫擅自行事，而是擅自做决断。如郤缺弗克纳（八），传云："不与大夫专废置君也。"可是郤缺（贬称"晋人"）并没有成功拥立邾娄国君，因此，传文指责郤缺，重点并不在于大夫没有废置国君的权力，而更在于郤缺不奉行晋侯之命、自行决定废置与否。《繁露·王道》云："观乎晋郤缺之伐邾娄，知臣下作福之诛。"即是此义。〔3〕质言之，"专废置君"的重点不在于"废置君"，而在于"专"。其余五事，亦当以此为准。

反过来看（甲）组。《繁露·玉英》云："今纪季受命乎君而经书专，无一善名而文见贤，此皆诡辞，不可不察。""经书专"三字是重要的突破口。"纪季以酅入于齐"（三），书字是"文见贤"，然传文、何注均不提及专辞，苏舆云，"书曰

---

〔1〕 苏舆《春秋繁露义证》卷3，第86—87页。
〔2〕 《春秋公羊传注疏》卷16，第678页。
〔3〕 苏舆《春秋繁露义证》卷4，第126页。《保位权》云："所好多则作福，所恶多则作威。作威则君亡权，天下相怨。作福则君亡德，天下相贼。"（苏舆《春秋繁露义证》卷6，第170页。）《汉书·五行志》云："行善不请于上，兹谓作福。"（《汉书》卷27《五行志下之上》，中华书局1962年版，第1460页。）作福即臣子擅自行善以博取美名，重点在于"不请于上"，关注的是君臣关系。因此，从郤缺弗克纳一事来看，"文不与"所僭越的对象不仅可以是天子、方伯，也可以是本国国君。

‘以鄗’，若专辞然”，或是。[1] 按：昭二十二年“刘子、单子以王猛居于皇”，何注云，“以者，行二子意辞也”，故苏舆将“以鄗”视作专辞，不为无据。因此，纪季入齐有贤辞、有专辞，结构与“实与而文不与”相近，即“实与”故书字，“文不与”故书专辞。如此便可将纪季入齐与“实与而文不与”连通起来。

复次，以纪季入齐（三）所启发的专辞来研读祭仲行权（二）一条。桓十一年“九月，郑人执宋祭仲”，称字者贤辞。下又云：“突归于郑。”传云：“突何以名？挈乎祭仲也。”何注云：“挈，犹提挈也。突当国，本当言郑突，欲明祭仲从宋人命，提挈而纳之，故上系于祭仲。”[2] 系公子突于祭仲，可谓是某种程度上的专辞。[3] 有贤辞、有专辞，经文之结构亦与“实与而文不与”接近，只不过（乙）组“文不与”是由专事故书贬辞，（甲）组纪季入齐、祭仲行权则是直书专辞，很难明确地说对此加以贬损。直书专辞、由专辞而书贬辞之间犹有不小差距，故不能将（甲）、（乙）两组的经文结构视为一例。至于（甲）组其余二事，隐公让桓，经文只有“元年，春王正月”，不书即位以成公意，公子目夷更是不见于经，二者都没有书写专辞的空间。

接下来看（丙）组。（丙）组中居于中心地位的是司马子反、华元专平（十一）。传云：“平者在下也。”不发“实与而文不与”。何注云：

言“在下”者，讥二子在君侧，不先以便宜反报，归美于君，而生事专平，故贬称人。等不勿贬，不言“遂”者，在君侧无遂道也。以主坐在君侧遂为罪也，知经不以文实贬也。凡为文实贬者，皆以取专事为罪。[4]

“文实贬”，即“实与而文不与”也。于此，何休共有两层含义：一是子反、

---

〔1〕 苏舆《春秋繁露义证》卷3，第80页。

〔2〕《春秋公羊传注疏》卷5，第176页。

〔3〕 祭仲行权前后经文复杂，如“郑忽出奔卫”一条，传云：“忽何以名？《春秋》伯子男一也，辞无所贬。”何注云：“忽称子，则与《春秋》改伯从子辞同，于成君无所贬损，故名也。”（《春秋公羊传注疏》卷5，第177页。）依何意，未逾年君当称子，郑国伯爵故与子男无异，称子无以显其贬损，故书名。换言之，凡郑伯未逾年皆当称名，与祭仲之事并无干系。然《繁露·竹林》云：“《春秋》以薄恩，且施失其子心，故不复得称子，谓之郑伯，以辱之也。”（苏舆《春秋繁露义证》卷2，第62–63页。）成四年“郑伯伐许”，不复称子，称爵以辱之。据董意，郑未逾年君仍应称子，故郑忽应是特例，则“辞无所贬”之“贬”并非贬损未逾年君，而由他事致贬。至于祭仲行权是否招致郑忽之贬，则无明文。姑识于此。

〔4〕《春秋公羊传注疏》卷16，第678页。

华元在君侧而不反报国君，故经不书"遂"；二是此事不属于"实与而文不与"的范畴。据徐疏，何注是将此条与公子结遂事（十二）一条比较。"遂"是专事之辞。不勿贬，贬也。"等不勿贬"以下，意谓公子结、子反华元二事均以专事致贬，何以一书遂、一不书遂？何休认为，这是"在君侧无遂道"之故，即公子结出竟在外，而子反、华元在君侧所致。因此，从"宋人及楚人平"不书"遂"来看，"在君侧遂为罪"的情况不应适用"文实贬"。

亟待厘清的是，何休所说的"知经不以文实贬也"，指的并不是传文不发"实与而文不与"，而是经文并非如"文实贬"一般以"实与"大于"文不与"，即其总体倾向是贬，而不是"文实贬"的褒。质言之，"知经不以文实贬"不是从辞上说，而是从义上说。[1] 徐疏云："今此以主坐为在君侧专事为罪，更无起文，则知经称人者，实为专贬之称人，非是实与而文不与矣。"[2] 故知其重点在于经称"宋人""楚人"是专贬之称人，贬过于褒。若是主辞，则很难解释被当作比较对象的公子结遂事何以不发"实与而文不与"的传文。因此，何注的言下之意是，书"遂"的公子结遂事（十二）符合"文实贬"之义理，否则无法通过书"遂"与否来判定子反、华元专平（十一）并非"文实贬"。

复次，"宋人及楚人平"不书"遂"，未必如何休所说，缘于"经不以文实贬"的义理倾向。桓八年"祭公来，遂逆王后于纪"，传云："遂者何？生事也。"[3] 孔广森云："生事者，因事起意，其意相缘，事则更端。"[4] 细究其义，"遂事"意谓大夫衔君命出，意同而事变，横生枝节，故要求前后二事指向不同，即"事则更端"之谓。纵观《春秋》书"遂"之事，首先需要达成君命，方可后生枝节。楚庄王使司马子反窥宋城，其意在于"取此然后归"，子反私与华元平，《繁露·

---

〔1〕 何注中还有两处"不为文实者"，如庄四年"纪侯大去其国"，何注云："不为文实者，方讳，不得贬。"（《春秋公羊传注疏》卷6，第222页。）僖十八年"宋师及齐师战于齁，齐师败绩"，何注云："不为文实者，保伍连率，本有用兵征伐不义之道。"（《春秋公羊传注疏》卷11，第442页。）由此可见，"不为文实者"与"经不以文实贬"不同，前者是说传文何以不发"实与而文不与"，后者是说经文不持褒大于贬的态度。

〔2〕 《春秋公羊传注疏》卷16，第678页。

〔3〕 《春秋公羊传注疏》卷5，第166页。

〔4〕 孔广森《春秋公羊经传通义》卷2，上海古籍出版社2014年版，第311-312页。

竹林》说是"废君命，与敌情"[1]，盖不能归于"遂"例。即便从事上说是
"遂"，辞上也难以安放。徐彦假设书"遂"，云"若当言'楚围宋，宋华元、楚子
反遂平于宋'矣"，不妥，这是因为"楚子围宋"是前年九月的经文，久围未解，
不应复书于此。司马子反奉命窥宋，事小，例不书于经，"如宋""会宋华元于宋"
等辞皆不谛当，若直书"楚子反窥宋，遂及宋华元平"（若庄十九年为有遂事而书
媵），则"窥宋""外平"皆例所不书，难免造成混乱。虽欲书"遂"，亦无从
下手。

　　若将子反、华元专平（十一）的传文与郤缺弗克纳（八）比较，可见二者的
同构性，即依次具备以下结构：（1）由例所不书之事入手，言大其事；（2）讲一
历史故事，并以"故君子大其某"结尾；（3）"其称人何？贬。曷为贬？"。唯一的
区别在于，（十一）对"曷为贬"的回答是"平者在下也"，（八）的回答却是
"不与大夫专废置君也"，这就导致弟子能够接着问："曷为不与？"从而引出"实
与而文不与"的话头。若以"平者在下也"终结此问，则无从追问，故无"曷为
不与？实与而文不与"以下。之所以答以"平者在下也"，是因为在任何情况下大
夫都无废置君之道，但若不在君侧，大夫是能与敌国平的；[2]子反、华元在君侧
而不宜专平，故发"平者在下也"传，以示有"上"，表明唯在君侧之时方取专事
为罪。若发"不与大夫专平也"传，则嫌任何情况下大夫都无平道。从这一角度
来看，（十一）之所以不发"实与而文不与"传，未必是不合于义，更可能是不合
于辞，毕竟两条传文的解经思路完全相同（君子大其某、贬称人），其义理取向应
当一致。何休认为（十一）不符合"文实贬"的义理，不乏留待商榷的余地。

　　至于（丙）组其余二事，公子结媵而遂盟（十二），何休因其书"遂"而归之
于"文文贬"，说见于前。"晋士匄帅师侵齐，至榖，闻齐侯卒，乃还"（十三），
"还"是善辞，何注又云，"据公子买戍不卒戍，言'戍卫'遂公意"[3]，将其与
僖二十八年"公子买戍卫，不卒戍，刺之"比较。彼注云："使臣子不可使，耻

〔1〕　苏舆《春秋繁露义证》卷2，第49页。
〔2〕　隐六年"春，郑人来输平"，何注云："肇伐郑后，已相与平，但外平不书，故云尔。"（《春秋公
　　　羊传注疏》卷3，第91页。）未有讥公子肇专平之意是也。
〔3〕　《春秋公羊传注疏》卷20，第853页。

深，故讳使若往不卒竟事者，明臣不得壅塞君命。"[1] 此书"侵齐"，亦是通君命也，据此经文有指责士匄壅塞君命之意，是专辞。以上可证（丙）组、（乙）组之连通。《玉英》云："明乎经变之事，然后知轻重之分，可与适权矣。"[2] 由此可见，（丙）组有关常、变问题，也能与明确属于行权的（甲）组连通。

总之，（甲）、（乙）、（丙）三组之间具备极其密切的联系。更关键的是，以上将三组打通的尝试表明，十二事（公子目夷让国不见于经，故无法分析）共享一种相近的经文结构，即既书褒辞（贤辞）又书贬辞（专辞）。隐公让桓无贬辞，或许是"内无贬公之道"所致（详见表 1）。

表 1　《公羊》行权之十二事

系年	经文	褒辞（贤辞）	贬辞（专辞）	义理
隐元年	元年，春王正月	不书公即位，成公意也	内无贬公之道	隐贤而桓贱
桓十一年	九月，宋人执郑祭仲。突归于郑	不名，贤也	突何以名？挈乎祭仲也	古人之有权者，祭仲之权是也
庄三年	秋，纪季以酅入于齐	不名，贤也	书曰以酅，若专辞然	托贤于纪季
庄十九年	秋，公子结媵陈人之妇于鄄，遂及齐侯、宋公盟	善而详录媵事	大夫无遂事	出竟有可以安社稷利国家者，则专之可也
僖元年	齐师、宋师、曹师次于聂北，救邢	不言狄灭邢，为桓公讳	贬齐侯称师	实与而文不与
僖二年	春王正月，城楚丘	不言狄灭卫，为桓公讳	不言桓公城之	实与而文不与
僖十四年	春，诸侯城缘陵	不言徐、莒胁杞，为桓公讳	不言桓公城之	实与而文不与
文十四年	晋人纳接菑于邾娄，弗克纳	大其弗克纳	贬晋郤缺称人	实与而文不与

[1]　《春秋公羊传注疏》卷 12，第 479 页。
[2]　苏舆《春秋繁露义证》卷 3，第 73 页。

续表

系年	经文	褒辞（贤辞）	贬辞（专辞）	义理
宣十一年	冬十月，楚人杀陈夏征舒	不言执，与讨贼同文	贬楚子称人	实与而文不与
宣十五年	夏五月，宋人及楚人平	书外平，大其平乎己	贬楚子反、宋华元称人	当仁不让，此之谓也
襄十九年	晋士匄帅师侵齐，至穀，闻齐侯卒，乃还	还者何？善辞也	书帅师侵齐，以明臣子不得壅塞君命	大夫以君命出，进退在大夫也
定元年	三月，晋人执宋仲几于京师	言于京师，伯讨也	伯讨则称人	实与而文不与

三、"大平制"与乱世行权之必要

确定（甲）、（乙）、（丙）三组都属于行权，将会方便我们归纳《春秋经》中行权之事的特征。僖元年传云："诸侯之义不得专封也。"何注云："此道大平制。"[1] 大平，即太平也。这就使我们联想到三世说中的太平世。又，何休《解诂序》云："传《春秋》者非一，本据乱而作，其中多非常异义可怪之论。"徐疏云：

> 由乱世之史，故有非常异义可怪之事也。非常异义者，即庄四年，齐襄复九世之仇而灭纪；僖二年，实与齐桓专封是也。此即是非常之异义，言异于文、武时。何者？若其常义，则诸侯不得擅灭，诸侯不得专封，故曰非常异义也。[2]

"异于文、武时"是徐疏本节的题眼。由于处在乱世，故有种种"非常异义可怪"之事，如齐襄复仇、齐桓专封等。特别值得注意的是，齐桓专封这一行权之事"异于文、武时"，这与何休将"诸侯不得专封"之义视作"大平制"是一致的。若以为行权所违背的是"大平制"，即意谓诸侯、大夫只能在"上无天子、下

----

[1]《春秋公羊传注疏》卷10，第370页。
[2]《春秋公羊传注疏》序，第4页。

无方伯"的乱世行权，而在"王者治定"的太平世是无从行权的。

若将上述属于行权的十三事分配到三世，则所传闻世（衰乱世，隐、桓、庄、闵、僖）内有隐元年隐公让桓、桓十一年祭仲行权、庄三年纪季入齐、庄十九年公子结遂事、僖元年齐桓救邢、僖二年齐桓城卫、僖十四年齐桓城杞、僖二十一年公子目夷让国（传系于此，事或在前）等八事，所闻世（升平世，文、宣、成、襄）内有文十四年郤缺弗克纳、宣十一年楚庄杀夏征舒、宣十五年子反华元专平、襄十九年士匄不伐齐丧等四事，所见世（太平世，昭、定、哀）内只有晋人执宋仲几一事。这一情况大致符合太平世无从行权的判断。

即便是太平世的这一条孤例，背后也有深刻的微辞。定元年"三月，晋人执宋仲几于京师"，发"实与而文不与"的传辞。若僖元年"诸侯之义，不得专封也"是"大平制"，此时已入太平，为何仍然实与大夫之专执？审查前后经文，晋人执宋仲几一事介于"元年，春王"与"夏，六月，癸亥，公之丧至自乾侯。戊辰，公即位"之间，极其独特。"元年，春王"下不书"正月"，是因为昭公薨于国外，灵柩未至于鲁。传云："定无正月者，即位后也。"又云："定哀多微辞。主人习其读而问其传，则未知己之有罪焉尔"[1]，其下即是晋人执宋仲几，使人联想到此条或许也是定、哀之际的微辞。众所周知，公羊学由乱及治的历史进程是假托鲁国为新王而成立的，定元年正月至六月之间，鲁昭丧在外、定未即位，内无王者，故虽在太平世而不可谓著治太平。质言之，晋人执宋仲几时亦面临"上无天子、下无方伯"的困境，只不过"天子"从衰乱世、升平世的时王转换成了新王。故太平世本不应实与行权之事，书"晋人执宋仲几于京师"以与之者，讥昭丧在外而时无王者也。

若联想到公羊学"拨乱世反诸正"的救世理想，则知在太平世之所以无从行权，并不只是太平世下王法森严，没有行权之空间，更是因为已无行权之必要。这

---

[1]《春秋公羊传注疏》卷25，第1056-1058页。

是因为行权就是"拨乱世反诸正"的具体实践手段之一,[1] 公羊学假托昭、定、哀之世以呈现王者之治,救世理想既已实现,自然没有继续行使其实践手段的必要。从太平世中行权之无必要,正可显出乱世中行权之必要。世道并不会自动变好,公羊学由乱及治的历史进程,不止要在"文致太平"中假托地呈现,更要在实在的生活世界中实践地呈现。在"上无天子,下无方伯"的乱世之中,若怀抱救世理想的诸侯、大夫不能主动挺身而出,承担拨乱反正的历史使命,又要由谁来承担呢?即便壅塞君命、自做决断,亦无害于君子之大其所为。

我们知道,《春秋》开篇"元年,春王正月",公羊学据此建立了王政合法性的结构,即元、天、王、诸侯、竟内之治逐级下贯的次序。传云:"王者孰谓?谓文王也。"用文王来统领《春秋》之政。然而,重审徐彦"异于文、武时"之说,启发我们质疑"文王"以及"五始"这一整饬的结构,能否有效地覆盖《春秋》二百四十二年中的"非常异义可怪"之事。质言之,"文王"所代表的王政在乱世中的失效,应该是公羊学者所关注的核心问题之一。[2] 在面临"上无天子,下无方伯"的历史困境之时,诸侯、大夫若要自觉地承担责任,只能绕过王政、直达天心。因此,在行权之事面前,文王所统领的"五始"结构只能是悬设的,公羊学以《春秋》当新王,其所适用的模式应如图1所示。

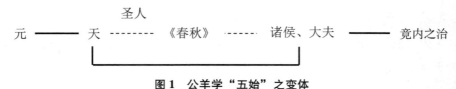

图1 公羊学"五始"之变体

---

[1] 另一个重要的实践手段是让国。段熙仲云:"《春秋》直书其事,以示大戒,拨乱反正,莫急于兴让。一家仁一国兴仁,一家让一国兴让。子曰:'能以礼让,为国乎何有?'《春秋》之贤隐而贱桓,《传》未明言其故,盖意在斯欤!意在斯欤!"见于段熙仲《春秋公羊学讲疏》,第552页。须注意到,行权与让国有一定的重合,如隐公让桓、公子目夷让国等。更重要的是,行权、让国是公羊学体系中仅有的王法所不许、却每致意焉的义理(其余王法所不许者,如复仇等,不如二者频繁),尤其值得注目。

[2] 《公羊传》开篇是"王者孰谓?谓文王也"(《春秋公羊传注疏》卷1,第9-10页),结尾"春,西狩获麟",传文却说"其诸君子乐道尧、舜之道与?末不亦乐乎尧、舜之知君子也?制《春秋》之义以俟后圣,以君子之为,亦有乐乎此也"(《春秋公羊传注疏》卷28,第1210-1211页),与君子心灵感通的是尧、舜,而不是文王。公羊学中尧舜形象与文王形象是否有所不同,值得人深思。

图1中，实线表示是实在的，虚线表示是假托的。它与元、天、王、诸侯、竟内之治的"五始"结构之区别在于：（1）由圣人所书写的《春秋》代替文王作为天与政治之间的中介；（2）增添了"大夫"这一政治主体；（3）诸侯、大夫能够绕过王政、直达天心。正是意识到王政在乱世中的失效，公羊学方有"承周文而反之质"的必要。

四、"救礼以仁"的实践手段

"承周文而反之质"是董仲舒《春秋繁露》的中心问题之一。《玉杯》"然则《春秋》之序道也，先质而后文，右志而左物"[1]，《王道》"齐顷公吊死视疾，孔父正色而立于朝，人莫过而致难乎其君，齐国佐不辱君命而尊齐侯，此《春秋》之救文以质也"[2]，都是董仲舒重视"承周文而反之质"的表现。《竹林》在讨论子反、华元专平（十一）时说：

今使人相食，大失其仁，安著其礼？方救其质，奚恤其文？故曰"当仁不让"，此之谓也。[3]

足以证实行权与"救文以质"之间的密切联系。须注意，董仲舒于此结成了仁礼、质文两个对子，至少在子反、华元专平一事中，仁是应当压过礼、质是应当胜过文的。于是我们就要追问：仁礼、文质之间是否存在对应关系？在公羊行权义的启发下，能否对董仲舒的"承周文而反之质"作出更加深刻的解读？

《王道》在举出齐顷公、孔父、齐国佐等"救文以质"的正面范例后，还列举了因不能"救文以质"而失国的负面案例：

救文以质，见天下诸侯所以失其国者亦有焉。潞子欲合中国之礼义，离乎夷狄，未合乎中国，所以亡也。吴王夫差行强于越，臣人之主，妾人之妻，卒以自亡，宗庙夷，社稷灭。其可痛也。长王投死，於戏，岂不哀哉！晋灵行无礼，处台上弹群臣，枝解宰人而弃之，漏阳处父之谋，使阳处父死。及患赵盾之谏，欲杀

---

〔1〕 苏舆《春秋繁露义证》卷1，第26页。
〔2〕 苏舆《春秋繁露义证》卷4，第118–119页。
〔3〕 苏舆《春秋繁露义证》卷2，第53页。

之，卒为赵盾所弑。晋献公行逆理，杀世子申生，以骊姬立奚齐、卓子，皆杀死，国大乱，四世乃定，几为秦所灭，从骊姬起也。楚平王行无度，杀伍子胥父兄。蔡昭公朝之，因请其裘，昭公不与。吴王非之，举兵加楚，大败之。君舍乎君室，大夫舍乎大夫室，妻楚王之母，贪暴之所致也。晋厉公行暴道，杀无罪人，一朝而杀大臣三人。明年，臣下畏恐，晋国杀之。……[1]

"见天下诸侯所以失其国者亦有焉"下，苏舆云"以下言不从质之失"[2]，则知所列之潞子、吴王夫差、晋灵公、晋献公、楚平王、晋厉公云云，皆是不从质以亡国者。其中，晋灵公、潞子复见于《仁义法》：

人不被其爱，虽厚自爱，不予为仁。昔者晋灵公杀膳宰以淑饮食，弹大夫以娱其意，非不厚自爱也，然而不得为淑人者，不爱人也。质于爱民，以下至于鸟兽昆虫莫不爱。不爱，奚足谓仁？仁者，爱人之名也。[3]

又云：

潞子之于诸侯，无所能正，《春秋》予之有义，其身正也，趋而利也。故曰义在正我，不在正人，此其法也。[4]

观《王道》所谓不从质而失国者，几乎都是贪戾滥杀之徒。唯独潞子不同。宣十五年"六月，癸卯，晋师灭赤狄潞氏，以潞子婴儿归"，传云："潞何以称子？潞子之为善也，躬足以亡尔。虽然，君子不可不记也。"[5] 即董仲舒所谓"予之有义"也。晋灵公之弹群臣、枝解宰人之类，《仁义法》"不予为仁"；潞子慕中国而见杀，《仁义法》"予之有义"。然而一不予仁、一予义，却同是不从质而失国，是何缘故？这是因为仁者中心发动、由近及远，潞子"离乎夷狄，未合乎中国"，虽有远慕中国之义心，然离于近端之夷狄，故不能许以仁。这就证明，《王道》所说的不从质而失国者，都是不符合仁德的，即便潞子合于义道，亦不免于文弊之讥。结合《竹林》对举仁礼、质文来看，董仲舒所说的"救文以质"，其义理实质应是救礼（义）以仁。行权所文不与的，是诸侯、大夫绕过王政、自主决断的专

〔1〕　苏舆《春秋繁露义证》卷4，第119-120页。
〔2〕　苏舆《春秋繁露义证》卷4，第119页。
〔3〕　苏舆《春秋繁露义证》卷8，第245页。
〔4〕　苏舆《春秋繁露义证》卷8，第247页。
〔5〕　《春秋公羊传注疏》卷16，第678页。

行，违背的是礼（义）的原则；所实与的，是下位者出于仁心而采取的政治行动，实现的是仁的原则。[1] 孔广森叙述三世说云"近者微辞，远者目言，以义始之，以仁终之"[2]，是敏锐的洞见，公羊学所假托的从衰乱世到太平世的历史进程，同时也是仁以胜礼（义）的救世实践。

除上述关于文、质问题的论述以外，董仲舒还在《三代改制质文》中详细阐发了他的"文质再而复"的理论。[3] 此外，《三代改制质文》还有"一商一夏，一质一文"的"四而复"之说，素号难解。《说苑·修文》云："商者，常也，常者质，质主天。夏者，大也，大者文也，文主地。是故王者一商一夏，再而复者也。"[4] 如刘向所说，商即质、夏即文，"四而复"即是"再而复"。那么，董仲舒又何必穿凿成说？段熙仲云"其目则四，其实则二"[5]，从刘向之说，窃以为不能通。又有一说以为，"四而复"之中蕴含着历史渐进的思想，"质"较"文"为质，然较之"商""夏"犹文。这种说法来源于《礼记·表记》"虞夏之质，殷周之文，至矣。虞夏之文不胜其质，殷周之质不胜其文"，故康有为云："天下之道，文质尽之。然人智日开，日趋于文。"[6] 然而，董仲舒明确说"四法如四时然，终而复始，穷则反本"，是一种历史循环论，而不是历史进化论，康有为的说法也只能是一家之言。《表记》之文，不必强行与之附会。

《竹林》仁义、质文对举，能够启发我们解读"一商一夏，一质一文"之说。"四而复"的具体制度安排，详见表2。

----

[1] 僖二年"春王正月，城楚丘"，《穀梁传》云："楚丘者何？卫邑也。国而曰城，此邑也，其曰城何也？封卫。则其不言城卫何也？卫未迁也。其不言卫之迁焉何也？不与齐侯专封也。其言城之者，专辞也。故非天子不得专封诸侯，诸侯不得专封诸侯。虽通其仁，以义而不与也。故曰，仁不胜道。"（《春秋穀梁传注疏》，艺文出版社，第80页下。）穀梁学反对公羊"实与而文不与"的态度，其理由是"虽通其仁，以义而不与也"，反过来证实公羊学是从仁、义的角度来思考问题，并且承认仁是能胜过义的。

[2] 孔广森《春秋公羊经传通义》卷11，第720页。

[3] 参见苏舆《春秋繁露义证》卷7，第180-208页。

[4] 刘向撰，向宗鲁校证《说苑校证》卷19《修文》，中华书局1987年版，第476-477页。

[5] 段熙仲《春秋公羊学讲疏》，第458页。

[6] 康有为《春秋董氏学》卷5《春秋改制》，中华书局1990年版，第121页。

表 2 《三代改制质文》所见商、夏、质、文之制度

名目	主天法商	主地法夏	主天法质	主地法文
道	其道佚阳，亲亲而多仁朴	其道进阴，尊尊而多义节	其道佚阳，亲亲而多质爱	其道进阴，尊尊而多礼文
立嗣	立嗣予子，笃母弟，妾以子贵	立嗣与孙，笃世子，妾不以子称贵号	立嗣予子，笃母弟，妾以子贵	立嗣予孙，笃世子，妾不以子称贵号
昏冠丧礼	昏冠之礼，字子以父。别眇夫妇，对坐而食，丧礼别葬	昏冠之礼，字子以母。别眇夫妇，同坐而食，丧礼合葬	昏冠之礼，字子以父。别眇夫妇，对坐而食，丧礼别葬	昏冠之礼，字子以母。别眇夫妇，同坐而食，丧礼合葬
祭礼	祭礼先臊，夫妻昭穆别位	祭礼先亨，妇从夫为昭穆	祭礼先嘉疏，夫妇昭穆别位	祭礼先秬鬯，妇从夫为昭穆
爵禄	制爵三等，禄士二品	制爵五等，禄士三品	制爵三等，禄士二品	制爵五等，禄士三品
明堂祭服	制郊宫明堂员，其屋高严侈员，惟祭器员。玉厚九分，白藻五丝，衣制大上，首服严员	制郊宫明堂方，其屋卑污方，祭器方。玉厚八分，白藻四丝，衣制大下，首服卑退	制郊宫明堂内员外椭，其屋如倚靡员椭，祭器椭。玉厚七分，白藻三丝，衣长前衽，首服员转	制郊宫明堂内方外衡，其屋习而衡，祭器衡同，作秩机。玉厚六分，白藻二[1]丝，衣长后衽，首服习而垂流
舆盖	鸾舆尊盖，法天列象，垂四鸾	鸾舆卑，法地周象载，垂二鸾	鸾舆尊盖，备天列象，垂四鸾	鸾舆卑，备地周象载，垂二鸾
乐舞	乐载鼓，用锡儛，儛溢员	乐设鼓，用纤施儛，儛溢方	乐桯鼓，用羽籥儛，儛溢椭	乐县鼓，用万舞，儛溢衡
献、声	先毛血而后用声	先亨而后用声	先用玉声而后烹	先烹而后用乐
刑法	正刑多隐，亲戚多讳	正刑天法	正刑多隐，亲戚多赦	正刑天法
封禅	封禅于尚位	封坛于下位	封坛于左位	封坛于右[2]位

----

〔1〕 二，原作"三"。法地阴道，应为双数，据改。

〔2〕 原作"左"。苏舆云："左，当作右。"据改。见于苏舆《春秋繁露义证》卷 7，第 207 页。

续表

名目	主天法商	主地法夏	主天法质	主地法文
先帝	舜。性长于天文，纯于孝慈	禹。性长于行，习地明水	汤。性长于天光，质易纯仁	文王。性长于地文势

据表2可知，商、质从阳道，夏、文从阴道。"立嗣""昏冠丧礼""爵禄""舆盖""刑法"等五条名目，为阴、阳所决定，故商与质、夏与文之间几乎全同。比如"爵禄"一条，三等爵法三光，据天，五等爵法五行，据地，《白虎通·爵》"爵有五等，以法五行也。或三等者，法三光也。或法三光，或法五行何？质家者据天，故法三光。文家者据地，故法五行"是也。[1] 其余数事，则兼带厚、薄之影响，如"明堂祭服"一条，商用员（圆）、质用椭，椭是圆的变形而又不同于圆；更明显的是商用"玉厚九分，白藻五丝"，质用"玉厚七分，白藻三丝"，都是法天阳道所用的奇数，但质所用的数量要少于商。这就说明，"一商一夏，一质一文"应该用阴阳、厚薄参差成文，阴阳是从质上说，厚薄是从量上说。所谓阴阳、厚薄，即是《竹林》所启发的仁礼、质文。仁义、文质对举，故有"仁文""义质""仁质""义文"等四种组合，分别与商、夏、质、文对应。从董仲舒所列举的"四帝"中，也可以隐约看出这一分布：舜主天法商而王，"性长于天文，纯于孝慈"，即从仁、从文者；禹主地法夏而王，"性长于行，习地明水"，即从礼、从质者；汤主天法质而王，"性长于天光，质易纯仁"，即从仁、从质者，义最显豁；文王主地法文而王，"性长于地文势"，文疑有夺误，然当属于从礼、从文者。为方便计，制表如下（表3）。

表3 商、夏、质、文之对应关系

制度名	商	夏	质	文
朝代名	虞	夏	商	周
特质	仁文	义质	仁质	义文

[1] 陈立《白虎通疏证》卷1《爵》，中华书局1994年版，第6页。

按照董仲舒"终而复始，穷则反本"的看法，周代"礼文"之后，下一朝代应当返回到虞舜的"仁文"。《春秋》继周，商制"笃母弟，妾以子贵"，"制爵三等，禄士二品"，"正刑多隐，亲戚多讳"，都可以在公羊学中见到：何注云"质家亲亲，先立弟；文家尊尊，先立孙"[1]，"笃母弟，妾以子贵"是也；"《春秋》伯、子、男一也"[2]，"古者上卿、下卿，上士、下士"[3]，"制爵三等，禄士二品"是也；为季友讳杀叔牙，"正刑多隐，亲戚多讳"是也。董仲舒之所以不满足于"再而复"，而要造作"四而复"之说，或许是为了调和《论语》"郁郁乎文哉，吾从周"和公羊学"变周之文，从殷之质"之间的矛盾，将虞舜时代的制度命名为"商"，即是照应"从殷之质"而来。从周代"礼文"到《春秋》"仁文"的变革来看，"吾从周"所从的"文"是从气质上说的文，"变周之文"所变的"文"是从德性上说的礼，通过这一分判，就将"从周之文"与"变周之文"调和起来。故公羊学"以《春秋》当新王"并不完全否定周礼，而是引仁入礼，用人文精神重新浸润已经失效的规范意识。因此，《春秋》"救文以质"是德性上的变革，而不是气质上的变革，其实质是寄托在行权中的"救礼以仁"。

总之，从《王道》《仁义法》《三代改制质文》等篇的对读来看，"救礼以仁"至少是董仲舒"承周文而反之质"的具体内容之一。这一德性上的变革被寄托在公羊学屡次致意的行权之中。

小　结

本文将公羊学有关行权的条目分成三组，即明确属于行权的四事、"实与而文不与"的六事、《春秋繁露》中有关常变问题的三事，并证实了三组之间的连通。其连通建立在相似的经文结构，即既书褒辞（贤辞）又书贬辞（专辞）上。其所文不与者，是诸侯、大夫绕过王政、自行决断的专行；其所实与者，是下位者自觉承担历史责任的仁心。从太平世无从行权以及董仲舒对"承周文而反之质"的若

〔1〕《春秋公羊传注疏》卷 1，第 18 页。
〔2〕《春秋公羊传注疏》卷 5，第 177 页。
〔3〕《春秋公羊传注疏》卷 19，第 821 页。

干论述来看，行权与张三世、存三统等公羊学的微言大义联系密切。公羊学"以《春秋》当新王"的根本义，其义理实质即包含寄托在行权之中的"救礼以仁"。因此，行权不仅是乱世下诸侯、大夫的不得已之举，更重要的是，它是"拨乱世反诸正"这一救世理想的具体实践手段，是公羊学的核心义理之一。

谛德称天：刘逢禄"禘"祭之辨

石林林[*]

[内容提要]

刘逢禄礼学造诣颇深，所著《禘议》一篇专门讨论"禘"祭，其理解不同于郑玄、何休、韦昭。刘氏通过对禘、郊、祫三祭的论证说明，呈现其对"禘"祭的基本认识。总的来说，刘氏认为，"禘"祭是一种在明堂中通过分别祭祀王者家族的远祖、圣王来审谛先祖、诸王之政教功德的盛大礼制，并且强调德以称天、尊而不亲的原则。因而，其否定以祖先配祭感生帝的神秘化旧说和审谛昭穆尊卑的功能性误解。具体来看，关于"禘"与"郊"，刘氏认为"禘"祭在礼制规格上与"郊"祭等同，并主张"禘"专属于明堂之祭，不可与南郊祀祈谷之帝的祭祀混同。故而，其不认同郑玄以神秘的配祭感生说来统合"郊""禘"为"禘"祭的广义诠释。在刘氏看来，"禘"不同于"祫"的特征在于：一是有功臣配祭，二是独属于具有圣人资质的王者。因此，无论是主祫大于禘的郑玄，还是主禘大于祫的何休，均未如刘氏一般突出"禘"之王者专属的特性。刘氏解"禘"，更注重王事的政教实践作用，而非王者的神秘起源谱系。

[关键词]

禘；王者；政教功德；郊；祫

---

* 石林林，同济大学人文学院博士研究生。本文系国家社会科学基金重大项目"中国经典诠释学基本文献整理与基本问题研究"（21&ZD055）阶段性成果。

作为清代公羊学大宗的刘逢禄，[1] 同样有着深厚的礼学造诣和丰富的礼学实践。关于刘氏的礼学背景，其早年（时年二十七岁）于京师结识张惠言，与之讨论三礼、易学，[2] 感慨在礼学方面喜得良师，谈论《礼经》最为快乐。[3] 在交好的一众先正、同志、师弟中，其又与胡培翚探讨《仪礼》，[4] 后者认为"禘"是宗庙之事，与祭天无关。[5] 对于家庭中的礼制践行，刘氏曾（时年四十一岁）按照《士昏礼》为其长子纳妇，即便在家贫清苦之时，亦不忘四时家祭、乐道守节。[6] 刘氏在礼部任职期间（四十二岁至五十四岁），更是根据礼学来裁定其时的社会伦理，依照经学的义理处理现实问题，例如嫡孙如何为继祖母服丧、对强迫贞女的恶姑判罪、讨论大臣可否从祀太庙、回复越南贡使不改"外藩"等。[7] 上至国家典制，下到百姓伦常，其皆援经以决实事。即便到了晚年病重之时，刘氏仍于中秋时整肃衣冠，进行祭祀先祖的礼仪。[8] 可见，刘氏亦为以礼学经世致用且亲身践行的"志士君子"。[9]

然而，对于"禘"之为禘的问题，刘氏有着不同于郑玄的理解，[10] 与何休、韦昭的理解也有差异。刘氏有关"禘"祭的经学阐释，主要收录于《刘礼部集》的《禘议》中。该篇的由来，与其在担任礼部祠祭司兼仪制司事期间，恰逢嘉庆皇帝于热河驾崩有关。刘氏不仅留京负责大丧档案的管理，通过数月讨论、整理有

［1］ 曾亦、郭晓东《春秋公羊学史》，华东师范大学出版社 2017 年版，第 959 页。

［2］ 刘承宽《先府君行述》，收入刘逢禄《刘礼部集》卷 11，《儒藏精华编》第 278 册，北京大学出版社 2016 年版，第 371-372 页。

［3］ 刘逢禄《刘礼部集》卷 11《岁暮怀人杂诗十六章》，第 359 页。故而，其长子刘承宽认为，刘氏之礼学大多出自张氏。参见刘承宽《先府君行述》，收入刘逢禄《刘礼部集》卷 11，第 374 页。

［4］ 刘承宽《先府君行述》，收入刘逢禄《刘礼部集》卷 11，第 377 页。

［5］ 胡培翚《胡培翚集》附录 2《禘祫问答》，台湾"中央研究院"中国文哲研究所 2005 年版，第 379 页。

［6］ 刘承宽《先府君行述》，收入刘逢禄《刘礼部集》卷 11，第 378 页。

［7］ 刘承宽《先府君行述》，收入刘逢禄《刘礼部集》卷 11，第 372-374 页。

［8］ 刘承宽《先府君行述》，收入刘逢禄《刘礼部集》卷 11，第 378 页。

［9］ 魏源称刘逢禄为"潜心大业之士""明允笃志君子"。参见魏源《刘礼部集叙》，收入刘逢禄《刘礼部集》，第 12 页。

［10］ 魏源认为刘氏不同于郑玄者，在于其以六艺为文本依据，而不采纳《周官》《月令》之说。参见刘逢禄《刘礼部集》卷 3《禘议》，第 99 页。

关皇帝丧仪全过程的实时礼仪政策文件而成《庚辰大礼记注长编》十二卷，[1] 更是在第二年就圜丘升配问题，奉旨上书提倡从复古代禘祀礼制。然而，相关稿件在其长子整理时便已遗失，只另存《禘议》一篇在家。[2] 按照魏源的说法，现有的《禘议》则是通过拣选、统编分列在原稿各处经说的相关内容而组成的。[3] 经过整合后的《禘议》，主要包括一段关于"禘"的概括性论述和七段分论"禘"之相关特征的问答。七段问答的具体内容包括：禘与郊、袷、时禘、吉禘的区别，吉禘是否包括郊宗石室，否定《国语》圜丘之禘的界定，以及依据《尚书》《诗》《孝经》等文本论证宗祀文、武于明堂为禘。又，整篇内容可分为"禘"与"郊""袷"等不同祭祀的对比和"禘"与各类"禘"祭的区别两部分，即"禘"祭之辨和诸"禘"之别。此外，《春秋公羊经何氏释例》之《郊禘例》、《论语述何》、《春秋〈公羊〉议礼》之《郊禘袷第十一》等文本中，亦有部分涉及禘祭的相关内容。鉴于当前学界并无刘逢禄论禘的充分研究，[4] 本文试图对刘氏《禘议》作一初步的讨论，即结合一段有关禘祭的总括性论述和两段分别辨析禘与郊、袷差异的问答，通过"禘""郊""袷"三祭的对比，把握刘氏对"禘"祭的基本理解。[5]

一、解"禘"混乱

关于何为"禘"祭的问题，自汉代以来，在后世并未得到澄清，反而众说纷

---

[1] 刘逢禄《刘礼部集》卷9《庚辰大礼记注长编恭跋》，第316页。又，在其看来，丧纪是礼之极，大丧则又是国家万事的根本所在。

[2] 刘承宽《先府君行述》，收入刘逢禄《刘礼部集》卷11，第372页。

[3] 参见《禘议》文末魏氏按语。刘逢禄《刘礼部集》卷3《禘议》，第99页。

[4] 当前，仅见王光辉简要论述了刘氏《禘议》中禘与郊祭、袷祭、时禘、吉禘等四方面的区别，以及对比了五代之禘，从而得出"禘于明堂"的主要结论，并指出刘氏这一理解实为承继庄述祖《夏时》之说。参见王光辉《三代可复：常州学派公羊学思想研究》，人民出版社2018年版，第229-232页。

[5] 关于其他五项问答所涉及的诸"禘"之别，参见石林林《"王者之大禘"：刘逢禄诸"禘"之别》，《传统中国研究集刊》第29辑，上海社会科学院出版社2023年版，第18页。

纭、没有确论。[1] 对此，刘氏认为有三方面原因。

首先，春秋时期，鲁国僖公便开始以诸侯的身份僭越进行天子专属的郊祭、禘祭，如僖公八年"秋，七月，禘于太庙，用致夫人"[2]。孔子对这类僭越天子的行为以隐讳的书法和说法进行表达。具体来说，在《公羊》中，夫子有僭越天子不言始和内大恶讳的义例；[3] 在《论语》中，其又不谈论郊祭，并称不知禘祭，但又以"天下"的微言显示其意。[4] 在这一意义上，有关禘祭的具体施行和礼制解读，多少有些混乱、不清晰。

其次，在东汉政教功德衰落的背景下，儒生经师们因相关文献不足而固守一些有关禘祭的残缺错漏之说。例如，关于审谛的含义，东汉张纯便以昭穆尊卑而非功德大小作为礼制考察的对象。[5] 杜预在对闵公二年"夏，五月，乙酉，吉禘于庄公"的注解中也认为，"禘"祭是指在三年丧毕后新主致庙、远主入祧时所展开的昭穆审谛之大祭。[6] 对此，刘氏认为，昭穆的尊卑次序在礼制规定中已然明确，不需要在禘祭中通过专门的审谛来体现。[7] 又，其指出郑玄对《礼记·礼器》"大飨，其王事与"作祫祭来解释是有错误的，并引陈祥道的观点来佐证大飨是专属于王者的大禘。[8]

最后，刘氏提出关于无法恰当解读"禘"祭的第三点原因即天运。其化用《礼记·礼器》"大旅具矣，不足以飨帝"一句，认为若是对礼制的理解不足，则不可轻易论礼。在这一意义上，在刘氏看来，除了文献的保存完好程度之外，解读

[1] 皮锡瑞《鲁礼禘祫义疏证》，吴仰湘编《皮锡瑞全集》第4册，中华书局2015年版，第519页。
[2] 关于这条，《公羊》传注就禘不当用致夫人和讥以妾为妻展开对僖公非礼的批评。参见《春秋公羊传注疏》卷11，北京大学出版社2000年版，第257-259页。
[3] 具体内容可分别参见隐公五年"初献六羽"和隐公十年"辛未，取邿。辛巳，取防"的传注疏。《春秋公羊传注疏》卷3，第58-61页、第74-75页。
[4] 刘逢禄《刘礼部集》卷2《论语述何》，第82页。
[5] 《后汉书》卷35《张曹郑列传》，中华书局1965年版，第1194页。
[6] 《春秋左传正义》卷11，北京大学出版社2000年版，第350页。
[7] 刘逢禄《刘礼部集》卷3《禘议》，第93页。
[8] 其论据有二，一则大飨是禘不是祫，二则祫祭包括诸侯并非王者专属。参见刘逢禄《刘礼部集》卷3《禘议》，第93页。

者亦需为"聪明圣知达天德者"[1]，即圣王贤者，方可把握"禘"祭的真正含义，并付诸实践。[2]

因此，刘氏主张通过依据《周易》《诗》《书》《礼》《春秋》《孝经》《论语》的文本内容，对《国语》《周官》以及汉代儒生传记中有关"禘"祭的谬解误说，在核心礼制和义理层面进行辨析驳难。

二、"禘"之内涵

何为"禘"？从字体的结构、音韵、含义等三方面，许慎解释"禘"字为从示部、发"帝"声，意为谛祭，而段玉裁又认为"谛"是审谛宗庙昭穆之次序，并有时禘、殷禘、大禘三种。[3] 对此，刘氏亦指出，"禘"字从示、从帝。然而，其认为禘并非有三种，而是专指"配帝之祭"[4]，也即类似郑玄所谓在明堂中宗祀文王以进行泛配太微五帝的宗庙之祭。[5] 同时，刘氏化用刘向《说苑·修文》的说法，[6] 认为"禘"祭的核心原则在"审谛其德而差优劣"。[7] 因而，他不认同东汉张纯关于禘祭因在夏四月进行、可通过阳上阴下正宗庙昭穆尊卑的解释。[8] 在刘氏看来，"禘"作为一种以王者远祖、圣王配祭称天的祭礼，主要通

----

[1] 此语出自《礼记·中庸》，郑玄注解认为唯有圣人方可理解圣人，一般人难以懂得圣人之道。参见《礼记正义》卷 53，北京大学出版社 2000 年版，第 1705 页。

[2] 刘逢禄《刘礼部集》卷 3《禘议》，第 93 页。

[3] 许慎撰，段玉裁注《说文解字注》，上海古籍出版社 1981 年版，第 5-6 页。段氏将禘划分为三类的理解，当是主郑玄之说。

[4] 刘逢禄《刘礼部集》卷 3《禘议》，第 93 页。

[5] 《礼记正义》卷 34，第 1162 页。五帝，即灵威仰、赤熛怒、含枢纽、白招拒、汁光纪。然而，刘氏对禘祭的解释，不同于郑玄有关感生帝或太微五帝的神秘诠释，详见后说。

[6] 刘向曰："三岁一祫，五年一禘。祫者，合也。禘者，谛也。祫者，大合祭于祖庙也。禘者，谛其德而差优劣也。"参见刘向撰，向宗鲁校证《说苑校证》卷 19《修文》，中华书局 1987 年版，第 496 页。

[7] 刘逢禄《刘礼部集》卷 3《禘议》，第 93 页。

[8] 《后汉书》卷 35《张曹郑列传》，第 1194 页。

过考察王者谱系中历代传承者的政教功劳来展开相应的仪式。[1]

具体来说，周朝通过祭祀其远祖帝喾以配称天道，[2] 对文王以前的先祖进行政教功德考察；通过祭祀周朝"圣王"文王（初代王者）并称之"文祖"，审核其后代王者子孙的功德。因而，刘氏所认为的"配帝之祭"，更看重的是"称天"，即通过契合天道、承载政教使命的远祖、圣王来审查先祖、诸王的政教功德，故而并非以其祖先去配太微五帝、审禘昭穆尊卑。正如刘氏在《论语述何·上篇》中对"或问禘之说"章的解释，王者因其受命于天，则其相应的政教功德必然通过天来进行审视，而且其德行需如同文王一般，方有资格加入祭祀中以配称上帝。[3] 同时，这种由具有天道政教背景的某位远祖、圣王所展开的功德审核，主要遵循的是"尊而不亲"的原则，[4] 即并非所有的先祖都可因血缘之亲而得到同等规格的祭祀礼仪。换言之，具有卓越功劳的先祖，如公亶父（太王）、季历（王季）可以在四亲庙中享祧，而没有突出功德的先祖如高圉、亚圉等，则只能罗列在报德之祭中。[5]

此外，周公所展开的宗祀，亦注重优待上古圣王及其传承谱系，如虞舜。而且，政教功德考察的原则亦包含在内，即若是像舜之父亲瞽叟一样的非贤者、无功德者，是不能参与祭祀的。又，在周朝之前的朝代祭祀中，如夏禹之父亲鲧，虽无实际德、位，同瞽叟一样，但其有相应的功劳，故可郊祭配天。[6] 在这意义上进

---

[1] 刘氏此处为化用《尚书·洛诰》"今王即命曰：'记功，宗以功，作元祀。'惟命曰：'汝受命笃弼，丕视功载，乃汝其悉自教工。'"的意思。又，原文注疏是指周公奉命记录考察群臣的功劳，并非针对王者家族。《尚书正义》卷15，北京大学出版社2000年版，第480-481页。

[2] 关于"称天"之说，《礼记·曾子问》："唯天子称天以诔之。"参见《礼记正义》卷19，第701页。又，《穀梁传·桓公十八年》"冬，十有二月，己丑，葬我君桓公"，范宁注曰："谥者行之迹，所以表德。人之终卒，事毕于葬，故于葬定称号也。昔武王崩，周公制谥法，大行受大名，小行受小名，所以劝善而惩恶。礼：天子崩，称天命以谥之。诸侯薨，天子谥之。卿大夫卒，受谥于其君。"参见《春秋穀梁传注疏》卷4，北京大学出版社2000年，第70页。也即是说，唯有天子可称天为谥，以见其功德行迹。刘氏对禘祭之审谛功德的理解，即以远祖、圣王考察先祖、诸王，以天子考察大臣，或从《穀梁》之说而延伸开来。

[3] 刘逢禄《刘礼部集》卷2《论语述何》，第82页。

[4] 刘逢禄《刘礼部集》卷3《禘议》，第93页。

[5] 《国语·鲁语上》："高圉、大王，能帅稷者也，周人报焉。"参见徐元诰集解《国语集解》卷4，中华书局2019年版，第171页。

[6] 刘逢禄《刘礼部集》卷3《禘议》，第96页。

一步推论，无论是周代，还是前代，以及周代兼祭先代的禘祭中，都遵循着一种在各自血缘谱系内强调政教功德的原则。

因而，在刘氏看来，这种"称天"以审谛王者祖先、后世诸王政教功德的"配帝之祭"，其礼制规格同郊祀天地一样隆重，其含义与南郊谥天子相通。[1] 进而，其感慨周代禘祭之盛大，"礼创夏商""郁乎焕哉"[2]，即不仅创造新的礼制超越了前代，而且其丰富程度达到鼎盛。

三、"禘"与"郊"

在《禘议》所包含的七项涉及"禘"之具体礼制特征的问答中，刘氏在第一项问答里，便讨论"禘"祭与"郊"祭的异同。

首先，关于禘与郊的相同之处，刘氏在对禘祭的概述中便提到，禘祭在礼制规格层面，是与祭祀天地的郊祭相类似的。而在第一项问答中，则充分结合《国语》的内容来进行细致论证。具体来说，刘氏先引《周语》"全烝"之说，[3] 指出禘与郊一样，在祭祀中都用完整的牲畜作为祭品。他又以《楚语》"茧栗"之大小[4]来说明两祭所用祭品皆为牛角初生的小牛，同时，他进一步指出，在南郊进行的郊祭中，用来祭祀谷神"稷"的"稷牛"属于特牲，而在明堂进行的禘祭中，对上帝、文王、武王所用的祭品也是特牲之牛。[5] 并且，刘氏以《洛诰》中祭文

---

[1] 《白虎通·谥·论天子谥南郊》："天子崩，大臣至南郊谥之者何？以为人臣之义，莫不欲褒称其君，掩恶扬善者也。故之南郊，明不得欺天也。"参见陈立撰，吴则虞点校《白虎通疏证》卷2，中华书局1994年版，第72页。又，《论语述何·上篇》中"或问禘之说"章，刘氏有曰："称上帝，则子孙不敢私其祖宗，臣下不敢私其所事。故南郊定谥，乃措之庙，立之主。大行受大名，则与于禘；细行受细名，则不与于禘。"参见刘逢禄《刘礼部集》卷2《论语述何》，第82页。

[2] 刘逢禄《刘礼部集》卷3《禘议》，第93页。

[3] 《国语·周语中》："子弗闻乎，禘郊之事，则有全烝。"参见徐元诰集解《国语集解》卷2，第62页。

[4] 《国语·楚语下》："郊禘不过茧栗，烝尝不过把握。"参见徐元诰集解《国语集解》卷18，第546页。

[5] 刘逢禄《刘礼部集》卷3《禘议》，第94页。

王、武王各用一骍牛作为相应例证。[1] 又，其以《楚语》有关在郊、禘祭祀中天子、王后分别亲自进行相应的仪式行为，如射牛、舂粢等内容，[2] 证明禘祭与郊祭在礼制规格层面是并重的、类似的。需要说明的是，刘氏并非采纳《国语》之说，而是化用其相关内容以作论证。如前所述，其本意是要指出《国语》《周官》中的错漏。换言之，韦昭在为《国语》所作的注中，将"郊禘"与"祭天"混同，[3] 刘氏则在禘祭和郊祭各为一祭的基础上，比较二者的相同点。

其次，关于禘和郊的差异，刘氏以郑玄的郊禘之说作为讨论对象来呈现其个人的理解。在他看来，郊禘之别在《孝经·圣治章》中有直接体现：

昔者周公郊祀后稷，以配天；宗祀文王于明堂，以配上帝。[4]

对此，刘氏引郑玄在《礼记·大传》中与此相关的注来呈现郑氏的说法，即配天指的是配感生帝灵威仰，配上帝指的是泛配太微五帝。[5] 顺着郑氏的理解，刘氏引《穀梁》万物"三合"形神生成之理，[6]《公羊》内出需匹、外至有止之说，[7] 来解释郑氏之郊是作为一种专门祭祀感生帝并以始祖配祭的仪式。关于郑氏之明堂宗祀，刘氏以《公羊》中有关《孝经》之太微五帝迭生更王的何注解释所泛配之五帝。[8] 他又以《礼记·曲礼》"大飨不问卜"郑注的说法，[9] 指出明

---

[1] 《尚书正义》卷 15，第 494 页。又，刘氏以《尚书》为文本依据，证明文王、武王的祭品，而不涉及"上帝"，可见其对禘祭的理解是主审政教功德而不从感生帝之说的。

[2] 《国语·楚语下》："天子禘郊之事，必自射其牲，王后必自舂其粢。……天子亲舂禘郊之盛，王后亲缲其服。"参见徐元诰集解《国语集解》卷 18，第 549 页。

[3] 参见徐元诰集解《国语集解》卷 18，第 546 页。

[4] 在郑玄看来，此处"郊祀"是祭天，因周属于木德，故而以周公始祖后稷配东方青帝灵威仰；"宗祀"则是在天子布政之宫进行，以周公之父文王配上帝，从而与后稷相区别。皮锡瑞则指出郊是南郊祭天，上帝则是太微五帝，与作为北极大帝的皇天，共同构成六天。参见皮锡瑞撰，吴仰湘点校《孝经郑注疏》卷 2，中华书局 2016 年版，第 65-70 页。

[5] 《礼记正义》卷 34，第 1162 页。

[6] 详见《穀梁传·庄公三年》"五月，葬桓王"的传文。又，范宁注引徐邈的说法，认为万物由阴阳二气在冲和的天道运作中，形神具备然后生成。参见《春秋穀梁传注疏》卷 5，第 78 页。

[7] 详见宣公三年"三年，春，王正月，郊牛之口伤，改卜牛。牛死，乃不郊，犹三望"的传文。关于王者为何在郊祭中以其先祖后稷配，何休认为外至之天道需要以人道相接，而以后稷配而非文王则又体现重始之义。参见《春秋公羊传注疏》卷 15，第 376-378 页。

[8] 《春秋公羊传注疏》卷 15，第 378 页。

[9] 郑玄指出，大飨在明堂总祭五帝，不就某一感生帝问卜。参见《礼记正义》卷 5，第 190 页。

堂象征着天上太微之庭，其"禘"祭的对象，是五帝而并非某一感生帝。[1]

然而，对于郑氏的郊禘之说，刘氏从三方面进行驳难。

第一，关于郊祭，若是按照《鲁语》中有虞氏"郊尧而宗舜"的例子，[2] 尧并非有虞氏的始祖，不符合以始祖配感生帝的祭祀之义。即便是依据《礼记·祭法》中有虞氏"郊喾"的说法，[3] 喾也非其始祖。[4]

第二，若是郊祭一感生帝、明堂总祭五帝，结合《祭法》"殷人禘喾而郊冥，祖契而宗汤。周人禘喾而郊稷，祖文王而宗武王"的说法，[5] 刘氏认为反倒显示出冥和后稷功德小配得少，契和文王功劳大配得多。而且，在其看来，郊所祭祀之帝应当是祈谷之帝，并非感生帝。[6] 从而，在前两点的表述中，刘氏一定程度上在消解带有神秘性的郑氏感生说。

第三，刘氏对郑氏关于禘的定义也不认同。根据如下相关内容：

【传】诸侯及其大祖，天子及其始祖之所自出，尊者尊统上，卑者尊统下。大宗者，尊之统也。【注】及始祖之所由出，谓祭天也。（《仪礼·丧服》）[7]

【经】礼，不王不禘。王者禘其祖之所自出，以其祖配之。【注】凡大祭曰禘。自，由也。大祭其先祖所由生，谓郊祀天也。（《礼记·大传》）[8]

刘氏认为郑玄将以始祖配祭的禘祭都看作祭天的郊祭，从而将禘与郊的定义相混淆，即郊属禘祭、禘亦配天。在刘氏看来，禘祭应当只在明堂中进行，且并非泛配

---

[1] 刘逢禄《刘礼部集》卷3《禘议》，第94页。又，孔颖达疏有引讲学大夫淳于登类似的说法"明堂，盛貌。周公祀文王于明堂，以配上帝五精之神，太微之庭，中有五帝坐位"。参见《礼记正义》卷31，第1084页。

[2] 又，韦昭认为圜丘祀昊天是禘，明堂祭五帝则是祖和宗，郊则是南郊祭上帝。针对《礼记·祭法》"宗尧"的说法，其认为舜在宗尧，舜崩则宗舜郊尧。参见徐元诰集解《国语集解》卷4，第168-169页。

[3] 《礼记正义》卷46，第1506页。

[4] 其实，郑玄注有解释有虞氏以前配以有德者，夏以后则兼配其血缘先祖。《礼记正义》卷46，第1506页。

[5] 又，孔颖达指出郊因特尊之异而在祖、宗之上。参见《礼记正义》卷46，第1506、1509页。

[6] 然而，郑玄虽认为祈谷之祭是郊祀祭天，但所祈之上帝仍是太微五帝之一的感生帝。参见《礼记正义》卷14，第539页。又，在郊禘对比中，刘氏将郊祭之帝看作祈谷之帝而非感生帝的解释，则似有连带否定禘祭亦非配太微五帝的意思。

[7] 《仪礼注疏》卷30，北京大学出版社2000年版，第668页。

[8] 《礼记正义》卷34，第1162页。

太微五帝考察昭穆尊卑，而是以文王称文祖来审谛子孙的功德。故而，其不仅指出在南郊所祭者，为祈谷之帝而非某感生帝，而且这一祭天仪式，更不能被称作"禘"。郑玄则在一种较为广义的层面上去理解"禘"，即凡是大祭都属于禘祭。因此，郑氏又在《毛诗·商颂·长发》的序中，将"大禘"解释为南郊祭天之祭，[1] 并且在对赵商的回应中，将南郊之"禘"看作"天人共云"，[2] 体现其以始祖祭天的性质。但是，刘氏根据诗中"实维阿衡，实左右商王"一句，[3] 认为这一禘祭涉及功臣伊尹，明显不是郊天之祭，而应当是宗庙之禘。关于功臣配祭与宗庙之禘的联系，根据《尚书·盘庚》"兹予大享于先王，尔祖其从与享之"的传注，古代的天子常录功臣以配食宗庙祭祀。[4] 又，何休在文公二年"八月，丁卯，大事于大庙，跻僖公"的注释中明确指出，功臣参与祭祀是禘祭不同于袷祭的特征。[5] 因此，在刘氏看来，所谓不王不禘，指的是明堂宗祀之"禘"为王者专属礼制，而并非如郑玄所理解的，郊天之"禘"唯王者可实行。从而，刘氏否定了郑氏将南郊祭天混作"禘"祭的理解。

而且，刘氏在《郊禘例》中，亦就禘、郊进行的时间进行区分。其认为：

> 正月，初岁祭，郊也；二月，祭鲔言祭，禘也。禘以春夏，袷以秋冬，皆用仲月。郊雩用孟月，迎气以朔，气之始，天子制也。[6]

也即是说，禘、郊虽同为天子之礼制，但是郊祭是年初正月即春之孟月，而禘祭分别在春、夏之仲月，即春二月、夏五月。然而，郑玄认为郊祭在夏正之正月，禘祭在夏正之孟夏，即夏四月。[7] 故而，刘氏与郑氏在禘祭的次数和时间方面有差异。

此外，郑玄在《周礼·大司乐》中认为，三种分别在圜丘、方丘、宗庙进行

---

[1] 《毛诗正义》卷20，北京大学出版社2000年版，第1707页。
[2] 《毛诗正义》卷20，第1708页。
[3] 郑玄注指出，阿衡是佐助商王成汤得到天下的有功之臣伊尹，《毛诗正义》卷20，第1719页。
[4] 《尚书正义》卷9，第275页。又，刘氏原文此处的论述虽未提及《尚书·盘庚》，但结合《尚书》文本来理解相关内容，当符合刘氏解禘的路径。
[5] 《春秋公羊传注疏》卷13，第326页。
[6] 刘逢禄撰，曾亦点校《春秋公羊经何氏释例》卷9《郊禘例》，上海古籍出版社2013年版，第260页。
[7] 分别参见《礼记正义》卷34，第1162页；皮锡瑞《鲁礼禘袷义疏证》，《皮锡瑞全集》第4册，第525页。

的大型祭祀即"天神""地祇""人鬼"都属于禘祭。[1] 可以看到,在郑氏的配天之祭中,更有圜丘和南郊之分。[2] 具体来说,以王者始祖配祀太微五帝中其所感生自出者的祭礼,为南郊祭感生帝之禘,如周代以其始祖后稷配苍帝灵威仰;[3] 以王者远祖配祀昊天上帝的祭礼,为圜丘祭昊天之禘,如周以远祖帝喾配昊天上帝。[4] 同时,圜丘之禘大于南郊之禘。[5] 对此,如前所述,刘氏认为禘是宗庙明堂之祭的专称,不可与郊天之祭混同,故而其对郑玄仍将祭天之祭再细分为南郊与圜丘的界定不认同。[6]

相关内容可参看表1。

表1 刘逢禄与郑玄"禘""郊"对比

	刘逢禄	郑玄
性质	禘专指明堂宗祀,郊为祭天仪式	禘、郊同属广义的禘祭
对象	禘祭王者祖先,郊祭祈穀之帝	禘祭五感生帝,郊祭某感生帝
功能	禘考察诸王功德,南郊定谥立主	禘、郊以祖配天证明神圣来源
规格	禘、郊等同	郊大于宗庙之禘
时间	禘在春二月、夏五月,郊在岁初正月	禘在夏四月,郊在岁初正月
地点	禘在明堂,郊在南郊	禘在明堂,祭天有南郊、圜丘之别

四、"禘"与"祫"

关于禘祭与祫祭的区别,刘氏从文公二年"八月,丁卯,大事于大庙,跻僖

---

[1] 《周礼注疏》卷22,北京大学出版社2000年版,第689-690页。

[2] 在对郑注引"《大传》曰,王者必禘其祖之所自出"的解释中,贾公彦指出"引之者,证郊与圜丘俱是祭天之禘",参见《周礼注疏》卷22,第692页。

[3] 《礼记正义》卷34,第1162页。

[4] 《礼记正义》卷46,第1506页。关于昊天上帝与五帝,郑玄在《周礼》中亦有区分。参见《周礼注疏》卷6,第176-178页。

[5] 孔颖达疏曰:"禘喾在郊稷之上,稷卑于喾,以明禘大于郊。……大祭莫过于圜丘,故以圜丘为禘也。圜丘比郊,则圜丘为大。"参见《礼记正义》卷25,第893页。

[6] 刘逢禄《刘礼部集》卷3,第94页。

公"的传注开始，展开相关讨论。

【传】五年而再殷祭。【注】殷，盛也。谓三年祫五年禘。禘所以异于祫者，功臣皆祭也。祫，犹合也。禘，犹谛也，审谛无所遗失。[1]

对于何休的解释，刘氏从两方面进行肯定：一方面，其指出何氏并未将禘的"审谛"之意解释为有关昭穆尊卑次序的审查，而只是强调审谛没有任何遗失；另一方面，其十分认可何氏将功臣配祭作为禘祭之有别于祫祭的专属特征。[2] 尤其关于何氏提出的第二点——功臣配祭，如前所述，《毛诗·商颂·长发》"实维阿衡，实左右商王"提到功臣参与禘祭中，《尚书·盘庚》"兹予大享于先王，尔祖其从与享之"亦说明功臣能在宗庙中配祭。而《周礼·司勋》"凡有功者，铭书于王之大常，祭于大烝，司勋诏之"也有提到功臣从先王之祭，但问题在于，这一仪式是在作为时祭的"烝"而非大祭之"禘"中展开。[3] 因而，刘氏认为何氏是依据《诗》《书》而不是《周礼》才得出禘祭有功臣配之的结论，并对何说表示肯定。此外，郑注认为《盘庚》中的内容与《司勋》相应。[4] 同时，孔安国也认为《盘庚》"大享"是指烝、尝，孔颖达更是引《司勋》来证明《盘庚》所包含的在烝、尝等时祭中有功臣配祭宗庙的礼制。[5]

进而，在刘氏看来，禘祭之不同于祫祭的地方，关键在于：

然禘乃审谛功德，上及天神，王者所独，且必圣人为天子，而以圣人为祖父。苟非周公、成王其人，则道不虚行焉。[6]

也就是说，除了前述已经论及的称天、称文祖以分别审谛祖先、子孙的政教功德和功臣配祭两项特征外，[7] 刘氏于此着重强调，禘祭是王者所专属的祭祀。而且，王者在禘祭中配祭的先祖，必须具有"圣人"这一契合天道的神圣资质。也

---

〔1〕《春秋公羊传注疏》卷13，第326页。
〔2〕刘逢禄《刘礼部集》卷3，第95页。
〔3〕《周礼注疏》卷30，第926页。
〔4〕《周礼注疏》卷30，第926页。
〔5〕《尚书正义》卷9，第275-276页。又，孔颖达通过烝、尝有功臣配祭，推知禘祭与祫祭更是如此。而秦蕙田则根据《周礼》"祭于大享"，认为功臣配享在时祭仅涉及烝，大祭则兼及禘祫。参见秦蕙田《五礼通考》卷122《吉礼一百二十二 功臣配享》，方向东、王锷点校《五礼通考》第9册，中华书局2020年版，第5673-5674页。
〔6〕刘逢禄《刘礼部集》卷3《禘议》，第95页。
〔7〕刘逢禄《刘礼部集》卷3《禘议》，第93页。

正因为先祖是作为圣人的天子，时王才能称其为文祖。同时，也以这一神圣王者血脉的远祖称天，即在天的见证下，审谛距时王血缘关系较远的祖先们。也就是说，唯有作为圣人的天子方可被称文祖，其远祖被称天，并以之来共同审谛其有功于天下的王者后代们。从而，这一理解将"禘"之作为王者独祭的真正内涵体现出来。

与此相应的是，祫祭只是将不具备圣人资质、仅属于人鬼层面的祖先们，其中包括毁庙之主和未毁庙之主，统合起来，排列昭穆，进行集体祭祀。因而，在刘氏看来，这样一种既缺乏源自天道的神圣政教使命，又不强调对有功于天下者进行审谛的祫祭，自然可在更广泛的贵族群体中展开。简言之，王者专属之禘大于贵族集体之祫。

但是，郑玄却依据文公二年"八月，丁卯，大事于大庙，跻僖公"的传文"大事者何？大祫也。大祫者何？合祭也。其合祭奈何？毁庙之主，陈于大祖。未毁庙之主，皆升，合食于大祖"[1]，认为祫祭为大事而大于禘祭。在《鲁礼禘祫义》中，郑氏更是通过酒之种类是五齐、四齐和乐包括六代还是四代等具体礼制规格的区别，来证明祫大禘小。[2] 又，根据孔颖达的解读，郑氏以始祖庙为核心，根据合祭还是分祭以及其规模和数量，判断出祫祭大于禘祭，而禘祭又大于四时祭。[3] 因此，在郑氏的理解中，小于祫的宗庙之禘并非王者专属的祭祀，诸侯亦可实行。对此，刘氏认为，这恰是郑氏拘泥于《公羊》传文所导致的误解。他进一步指出，诸侯的祭祀最大不超过祫祭，而且《礼记·大传》中也明确指出，禘是王者之祭，非诸侯所能僭越，如《礼运》篇记载孔子批评鲁国进行郊祭和禘祭的非礼性质。[4] 同时，在刘氏看来，《国语》中《周语》《楚语》等篇多次将禘祭与王者祭天的郊祭并列表述，郑玄不可能不知晓宗庙之禘的王者专属性质。[5]

故而，刘氏认为禘是专属于王者的祀祖大祭，祫则是王者、诸侯、卿大夫、士

---

[1] 《春秋公羊传注疏》卷13，第325-326页。
[2] 皮锡瑞《鲁礼禘祫义疏证》，《皮锡瑞全集》第4册，第530-533页。
[3] 《礼记正义》卷12，第457-458页。又，郑玄亦明确提到"禘，大祭也。大于四时，而小于祫"。参见《毛诗正义》卷19，第1566页。
[4] 《礼记注疏》卷21，第791页。
[5] 刘逢禄《刘礼部集》卷3，第95页。

们均可进行的祖先合祭。而其这一基于"王者之大禘"的禘祫之别，除了与主张祫大于禘、诸侯可进行宗庙之禘的郑氏不同外，与何氏主要以功臣皆祭为依据判断禘大于祫的理解，[1] 同样未明确不王不禘的原则，也有差异。相关内容可参考表 2。

表 2　刘、何、郑"禘""祫"对比

	刘逢禄	何休	郑玄
禘、祫之别	禘为王者专属，具有功臣配祭、审谛功德的特征，祫则在贵族群体广泛实行	禘因功臣配祭而大于祫，且禘之审谛与昭穆尊卑无关，但未明确禘之王者专属特征	祫作为祖先合祭之大事，故而大于禘。禘除天子外，诸侯亦可实行

五、结　语

关于何谓"禘"祭的问题，刘逢禄通过《禘议》的前三段论述，呈现出一种基本理解。

首先，由于"禘"祭在春秋时期已被僭越实行、后世诸儒固守错漏文本解释"禘"祭、缺少圣王贤者对"禘"祭的权威解读和具体实践等三个方面的原因，导致历代有关"禘"祭的讨论出现复杂、混乱的诠释困境。对此，刘氏主张基于《周易》《诗》《书》《礼》《春秋》《孝经》《论语》等文本内容，对《国语》《周官》和汉代儒生传记中有关"禘"祭的理解，进行具体辨析驳难。在此背景下，他认为，"禘"祭是一项在明堂中进行，通过分别祭祀契合天道政教使命的王者远祖（称"天"）、圣王（初代王者，称"文祖"）来具体审谛历代祖先、王位继承者们各自政教功德的专属礼制。因而，其不认同将"禘"祭看作审谛昭穆尊卑、以祖先配感生帝的神秘化诠释。

其次，通过"禘"祭与"郊"祭的对比，刘氏一方面指出"禘"祭在具体的礼制规格上与"郊"祭相似；另一方面更强调南郊以后稷配祭祈谷之帝的"郊"

---

[1] 《春秋公羊传注疏》卷12，第310页。

祭并非明堂祭祖审谛政教功德的"禘"祭。故而，刘氏反对郑玄将祭祀感生帝、以始祖配祭的神秘化"郊"祭当作广义的"禘"祭（韦昭亦将两祭混同）。

再次，刘氏认为"禘"祭作为一种具有审谛神圣政教功德的盛大礼制，不仅具有功臣配祭的特征，更是王者的专属。相比之下，用于祖先合祭的"祫"祭，既缺少神圣的功德审查，又可广泛实行于自上而下的贵族阶层。在这一意义上，刘氏之说一方面不同于郑玄有关祫大于禘、故诸侯可进行"禘"祭的解读，另一方面与何休以功臣配祭为据判断禘大于祫却仍未明确不王不禘的诠释也有差异。

概言之，在刘逢禄看来，"禘"祭作为一种王者专属的明堂祭祀，旨在通过祭祀具有天道政教使命的王者远祖及初代王者来审谛王者历代先祖及其诸继承者的政教功德。从而，刘氏所理解的"禘"祭，既有等同"郊"祭的礼制规格，又不似"祫"祭的广泛实行，而且更加注重祭祀的政教实践作用，而非王者谱系的神秘起源。在这个意义上，刘氏《禘议》正好构成了其对《春秋》"辨是非，明治乱，非礼无以正人也"[1]这一王道礼治内涵的具体诠释，同时也说明了《春秋》作为"五经之管钥"[2]的经典属性。

---

〔1〕 刘逢禄《刘礼部集》卷5《春秋公羊议礼叙》，第147页。
〔2〕 刘逢禄《春秋公羊经何氏释例》卷首《叙》，第4页。

"不纯臣"与德性政治

郭　潇[*]

[内容提要]

　　今文经学"不纯臣"之义是理解作为一种德性政治的封建制的关键，理解和阐明其精义对于重新理解中国古典政治哲学的君臣关系具有重要意义。"不纯臣"意味着王者与诸侯并非纯粹的君臣关系，这不单单指向拥有不同身份的主体之间的礼仪性关系，而且涉及封建制的政制理想。这种政制理想的关键在于双重公共性的彰显：横向治理空间的公共性与纵向超越维度的公共性，二者构成了"不纯臣"及其所彰显的德性政治的要义。

[关键词]

不纯臣；今文经学；德性政治；君臣关系

＊　郭潇，清华大学人文学院哲学系博士研究生。

现代性的政治理念以自由平等为纲领，视伦理纲纪为束缚，而在所谓的"三纲六纪"中，"君为臣纲"在近代的政治变革中更是首先要破除的对象。晚清以来的近代中国对传统中国的"专制主义"批判也建立在对"君为臣纲"的反思之上。然而，在这些激烈的批判声中，也有一些是对古代君臣一伦不同且独特的理解。这些理解大都将专制的渊薮指向秦制之郡县，而对于儒家经义中以封建制为基础展现出来的君臣关系则持同情甚至称许的态度。晚清士人文廷式曾对其有过一个极为清晰的概括："封建之世，君不纯君，臣不纯臣。至秦而一家天下，其责臣者无所不尽。然责臣以忠，而使臣以礼之君果有之乎？夫五伦之际，以恩以义，而不贵以名以法。使臣道、妇道日苦，而束缚于名法者，秦为之也。"〔1〕实际上，在今文经学的脉络中，一种以德性政治为基础的封建制君臣关系有其更加复杂的面向，这集中体现在"不纯臣"的观念中。

一、"不纯臣"及其经典理据

所谓"不纯臣"，在今文经学的脉络中主要刻画的是天子与其所分封的诸侯之间的这种特殊的君臣关系。首先我们将详细地考察今文经学家通过对经典的发挥而理解的"不纯臣"的基本意涵及其理据。"不纯臣"之义在许慎《五经异义》中有较为清楚的表达，郑玄也有驳文：

《异义》：《公羊》说：诸侯不纯臣。《左氏》说：诸侯者，天子蕃卫，纯臣。

谨案：礼，王者所不纯臣者，谓彼人为臣，皆非己德所及。《易》曰："利建侯。"侯者，王所亲建，纯臣也。

《驳》曰：宾者，敌主人之称。而礼，诸侯见天子，称之曰宾，不纯臣诸侯之明文矣。〔2〕

对于王者与诸侯的关系，公羊学与左氏学各执一端，前者认为王者与诸侯并非

---

〔1〕 汪叔子编《文廷式集》卷 6《罗霄山人醉语》，中华书局 1993 年版，第 825 页。
〔2〕 皮锡瑞撰、王丰先整理《驳五经异义疏证》卷 6，中华书局 2014 年版，第 458 页。

纯粹的君臣关系，后者则相反。许慎的看法实际上对双方都有恰当的理解：一方面，他认为根据经典中的礼制，的确在某些场合王者并非单纯将诸侯视为臣下，而有不纯臣之礼，这一点在许慎看来有其理由，即诸侯具有王者所不能及的德性。以德性而论，虽然王者作为德性至高者，对诸侯具有明显的优势，二者呈现为较为明确的高低尊卑关系，但是诸侯作为贤者依然具有一些王者所无法涵括的德性范围，这也暗示，王者虽然是德性至高者，但是其德性依旧是有限度的，无法拥有整全完备的德性。但即便如此，在许慎看来，《易经》中"利建侯"的表达明确地说明诸侯为王者所封，其国为王者所建，就这点而言，其恰当的关系只能是"纯臣"，即纯粹的君臣关系。也就是说，虽然就德性而论，诸侯有王者所不能及者，但是因为诸侯之爵位与土地子民皆出自王者，二者尊卑之别明矣，若乱此尊卑之防，则将危害既有的政治秩序。可见，许慎虽然倾向左氏说，但他对于公羊家的不纯臣之义的理由同样十分了解，只不过在他这里王者与诸侯仅仅具有横向治理空间上的关系，所以为了明确尊卑的等级秩序，不得不放弃不纯臣的观念。

郑玄的驳斥实际上并没有与许慎进行义理上的交锋，这可能与郑玄治经的方式有关。郑氏治经的一大特点是通过礼制的分殊来弥合群经的张力，首先从礼制的视野观察群经，再通过调和不同礼制的方式弥合群经。在处理这里"不纯臣"与"纯臣"的异议时，这种特点依旧发挥了作用。郑玄没有通过义理上的辨析分判二者，而是试图通过《礼经》的明文来确定最终的答案。在郑玄看来，《礼经》在诸侯见天子之礼中有明确的记载，诸侯被以宾客之礼对待，而主宾的关系显然就不是绝对的尊卑关系，而是对等的关系，因此即便王者与诸侯在一般情况下仍旧是君臣关系，但是因为有《礼经》所载的这些礼制，综合来看，"不纯臣"就是对王者与诸侯关系最为准确的刻画。可见，虽然郑玄在处理这条异议时认同了公羊家说，但是他的处理方式与公羊家大异其趣，反倒是许慎的理由更能体会公羊家的旨趣。[1]

公羊家关于"不纯臣"理论的理由在《白虎通》以及何休注"隐公元年"的公羊传文中有最为明确的体现。首先来看《白虎通》。《白虎通》中"王者不臣"一章，处理了多种王者不以之为臣的情况，其中就有"不纯臣诸侯"。与之相关的，还有在"三不臣"中所说明的"不臣二王后"的情况：

> 王者所不臣者三，何也？谓二王之后，妻之父母，夷狄也。不臣二王之后者，尊先王，通天下之三统也。《诗》云："有客有客，亦白其马"，谓微子朝周也。《尚书》曰："虞宾在位"，谓丹朱也。[2]

今文经学有存二王之后的观念，而二王之后为五等爵（公、侯、伯、子、男）中的公爵，地方百里，并且可行郊天礼。二王之后的爵位同样是王者所封，所以广义上讨论王者与所封之君的关系也要包含二王之后这种情况。根据陈立的疏证，何休在注解隐公三年经"宋公和卒"时云："宋称公者，殷后也。王者封二王后，地方百里，爵称公，客待之而不臣也。"[3] 也就是说，在公羊家说或广义的今文经学中，王者与二王之后的关系是主客关系，而非君尊臣卑的关系。其理由则是"尊先王"与"通三统"：

> 王者所以存二王之后何也？所以尊先王，通天下之三统也。明天下非一家之有，谨敬谦让之至也。故封之百里，使得服其正色，行其礼乐，永事先祖。[4]

[1] 章太炎曾对郑玄的驳论有进一步反驳："《公羊》师说诸侯不纯臣，郑氏以称宾敌主人驳《左氏》。然孙卿固曰：'天子，四海之内无客礼，告无适也。（适即敌字。）《诗》曰："普天之下，莫非王土。率土之滨，莫非王臣。"'（《君子篇》）。夫内入诸侯亦称宾，外出而天子犹无所敌，以是见纯臣之义。《传》曰：'宋于周为客。'纯客者独有杞、宋，诸侯则暂。凡称宾者，乡大夫尚宾兴其民，当其饮射则为宾。就如郑言，六乡之民于乡大夫亦不为纯民邪？且夫'天子无出'，《春秋》三家所同。宰周公会诸侯，何休以为'职大尊重，当与天子参听万机，而下为诸侯所会，恶不胜任'。天子嫁女于诸侯，《公羊》亦云'必使同姓诸侯主之'。夫婚姻之礼，甥舅之好，犹不相为宾主；北面之宰，南面之侯，犹不相从会盟。此皆与《左氏》应，而《公羊》师说者非其本也。"章太炎以礼驳郑氏之言，看似理据充分，实际上并不如郑玄准确。因为以礼言之，经义中"臣"与"不臣"都有可征者，但正因此才可证"不纯臣"之义，而非片面与绝对的"臣"或"不臣"。但章氏的反驳也表明，郑玄这种以礼论经的思路实际上在义理的阐释上并不充分。参见：章太炎《国故论衡》中卷《明解故下》，商务印书馆 2010 年版，第 112 页。

[2] 陈立撰，吴则虞点校《白虎通疏证》卷 7，中华书局 1994 年版，第 316—317 页。

[3] 《春秋公羊传注疏》卷 2，上海古籍出版社 2014 年版，第 64 页。

[4] 陈立撰，吴则虞点校《白虎通疏证》卷 8，第 366 页。

由此可知，存二王之后与不臣二王之后的理由都是"明天下非一家之有"。王者受命于天，其治理天下的合法性来源在于天命，因此王者实际上是以天之代理人的身份进行治理，天下乃天下人之天下，而非一家一姓之私有。而落实到现实的制度中，既然现任的王者实际上具有治理天下的权力，要想彰显天下非其所私有，不臣二王之后就是一个合理的方式。因为先王与时王一样，曾经是天命在身者，保留其子孙的国土，并且以宾客之礼待之，使之成为实际治理范围中的礼仪性空地，就是要彰显天命的公共性。而且，彰显天命的公共性也同时意味着一种危机感，即便受命而王天下，若德性渐衰，依旧会发生天命的改移，时王之后代也会以二王之后的方式继续发挥礼仪性的功能。

但是《白虎通》认为王者与二王后的关系应当是"不臣"，这相比于王者与其他诸侯的"不纯臣"关系则较为简明，关于后者：

> 王者不纯臣诸侯何？尊重之，以其列土传子孙，世世称君，南面而治。凡不臣者，异于众臣也。朝则迎之于著，觐则待之于阼阶，升阶自西阶，为庭燎，设九宾，享礼而后归。是异于众臣也。[1]

首先，《白虎通》将"不纯臣"的关系解释为"臣"与"不臣"的混杂，而且重点解释了"不臣"的面向。诸侯虽然是王者所封，但是土地与爵位均可世袭，并且与王者一样都是南面之君，其差别在于治理范围的大小，在这个意义上，诸侯与王者并不是纯粹的君臣关系，而具有一定的平等性。因此《白虎通》列举了朝觐之礼，同样是以王者待诸侯以宾客的礼制来印证"不纯臣"的义理，这一点与郑玄的思路相通。

公羊家中，将"不纯臣"之义表达得更为直接的是何休，其注《春秋》隐公元年"秋，七月，天王使宰咺来归惠公仲子之赗"经传：

> 称使者，王尊敬诸侯之意也。王者据土，与诸侯分职，俱南面而治，有不纯臣之义。故异姓谓之伯舅、叔舅，同姓谓之伯父、叔父。[2]

按照公羊之义，"君不行使乎大夫"，因为二者是绝对的君尊臣卑的关系，尊卑不敌故，不可称使，但是隐公元年的这条经文却在王者与诸侯的关系中以使称

---

〔1〕 陈立撰，吴则虞点校《白虎通疏证》卷7，第320-321页。
〔2〕 《春秋公羊传注疏》卷1，第33页。

之，何休借此发挥不纯臣之义，并且给出了一个与《白虎通》几乎一致的理由，诸侯与王者都是有土有民的南面之君，因此二者并非纯粹的君臣关系。这里何休的注经逻辑看似与《白虎通》和郑玄相近，都是先明义理，后以礼制证之，但是何休传公羊之学，并不专以礼制证公羊之义理，而是遵循公羊自身的脉络。徐彦疏文认为何休这里引了《曲礼下》之文以证经：

> 天子同姓谓之"伯父"，异姓谓之"伯舅"。自称于诸侯曰"天子之老"，于外曰"公"，于其国曰"君"。[1]

郑玄注此段云："称之以父与舅，亲亲之辞也。"可见何休并非以王者待诸侯之礼来印证不纯臣的义理，而是认为这体现了封建制中亲亲的原则。也就是说，在封建制的两个重要原则"亲亲"与"尊尊"中，何休认为王者不纯臣诸侯恰恰是这两个原则的结合。一方面，就王者与诸侯间的君臣关系而言，这是尊尊原则的体现，但另一方面，就其不臣的关系而言，这是亲亲原则的体现，尊尊与亲亲合一，即王者不纯臣诸侯。

既然公羊家在解释不纯臣之义时都诉诸诸侯的功能，我们也需要考察王者分封诸侯的义理基础，《春秋繁露·诸侯》云：

> 生育养长，成而更生，终而复始，其事所以利活民者无已。天虽不言，其欲赡足之意可见也。古之圣人，见天意之厚于人也，故南面而君天下，必以兼利之。为其远者目不能见，其隐者耳不能闻，于是千里之外，割地分民，而建国立君，使为天子视所不见，听所不闻，朝者召而问之也。诸侯之为言，犹诸候也。[2]

《白虎通·封公侯》云：

> 王者立三公、九卿、二十七大夫，足以教道照幽隐，必复封诸侯何？重民之至也。善恶比而易知，故择贤而封之，以著其德，极其才。上以尊天子，备蕃辅。下以子养百姓，施行其道。开贤者之路，谦不自专，故列土封贤，因而象之，象贤重民也。[3]

二者分别从不同的侧面说明了分封诸侯的理论理由。王者因其德性而受命王天

---

[1] 《礼记正义》卷6，浙江大学出版社2019年版，第117页。
[2] 苏舆撰，钟哲点校《春秋繁露义证》卷10，中华书局2019年版，第276页。
[3] 陈立撰，吴则虞点校《白虎通疏证》卷4，第133页。

下，在其实际的治理中，首先要立三公、九卿、二十七大夫，这是王畿之内的政治架构，按照王者实际的德性范围，这样的架构足以教化王畿方千里之内的土地与子民。但是天意并不止于此，天下之民均为天生，因而都应当受到天的庇护，王者代天理政，也应当将其实际的治理范围扩展为天下，以此利民。也就是说，王者分封诸侯的目的并非自身的统治，而是上尊天命，下利百姓。而且我们可以看到，《白虎通》与董仲舒同前文所引许慎的思路一致，都认为在封建制的德性政治空间中，王者自身的德性是有限的，因此其实际的治理范围也有限，分封诸侯的目的就是拓展实际的治理空间，使得教化能够广敷大地。而所封之诸侯同样是贤者，拥有其自身的德性范围，按照其德性的大小匹配相应的爵位，并且禀受相应的土地，方百里、七十里、五十里不等，与王畿方千里形成中心到四方的德性政治空间，这构成了平面空间意义上的公共性政治，其根本的目的是通过封建制使大地德化，成为一个能够安养天下之子民的德性场域。在这种德性政治空间中，王者与诸侯都是南面之君，因此二者的关系并非君尊臣卑的关系，而是较为平等的君主之间的关系，虽然按照自然德性的差异，其所治土地的空间有别，但是并不构成严格的等级关系。而且虽然诸侯之爵位与土地都为王者所封，溥天之下莫非王土，诸侯所受之土虽非己之所有，但是从实际治理的角度，诸侯依旧以一种代理人的身份进行实际治理，如同受命之王代天治理一样，王者虽分封诸侯，但是这种分封并非一种宰制关系，而是委托关系。在这个意义上，王者不纯臣诸侯才得以成立。

二、"臣"与"不臣"的张力调和及其精义

前面提到，"不纯臣"实际上是"臣"与"不臣"的综合，而根据前文的分析，王者"不臣"诸侯之义已明。但是问题在于，"臣"与"不臣"实际上总是具有内在的张力，这种张力也困扰着历代的经典诠释者。调和这种张力的方式有多种，根据笔者所见，大致可以分为三种思路。第一种是皮锡瑞式的思路，皮锡瑞通过区分王者对待诸侯的两种不同态度来说明这种矛盾的综合表现：

锡瑞案：郑《驳异义》从《公羊》说，故笺《诗》引《公羊》之文，云"于庙中正君臣之礼"，意尤圆足。郑注《曲礼》曰："诸侯春见曰朝，受挚于朝，受

享于庙，生气文也。秋见曰觐，一受之于庙，杀气质也。"孔疏引崔云："诸侯春夏来朝，王但迎公，自诸侯以下，则随之以入，更不别迎也。若熊氏之义，则朝无迎法，惟享有迎诸侯之礼。"案此当以熊说为正。《觐礼》：侯氏"肉袒""稽首""天子不答"。是以臣礼待之。《大行人》："朝位宾主之间九十步、七十步、五十步。"注云："朝位，谓大门外宾下车及王车出迎所立处也。"此说享礼，是以宾礼待之。先王之待诸侯，宽严并用，情文交至。以其分土而治，故宜优假以礼貌也。自秦罢侯置守，尊君卑臣，而古礼不可复见矣。[1]

皮锡瑞的思路与郑玄的一样，通过征引礼制来分别说明"臣"与"不臣"的两种面向。一方面，在诸侯朝天子之礼中，王者有迎诸侯之礼，这明显是将诸侯作为宾客对待，即"宾礼"，这体现了"不臣"的一面。但另一方面，《仪礼·觐礼》中有许多严苛的礼制，例如"肉袒"，就是诸侯要袒露上身肉体，以戴罪之人的身份接受王者的问询，包括"稽首"等跪拜礼，这说明了王者与诸侯之间严格的尊卑关系，是为"臣礼"。因此在王者对诸侯的礼制中本身就有分化和张力，在皮锡瑞看来，这是王者"宽严并用，情文交至"的表现。而在秦制之后，封建废而郡县兴，君臣之间仅仅具有严格的尊卑关系，礼制中"宽"与"情"的一面也随之消失殆尽。皮锡瑞处理这组张力的方式虽然是诉诸不同的礼制，但是根本上诉诸的是王者作为个体自身的政治德性，一个有德的君主在处理君臣关系时应当张弛有度，而非一味地强调压迫式的等级关系。

另外一种处理"臣"与"不臣"之间张力的做法来自孔颖达，他在《诗经·臣工》"嗟嗟臣工，敬尔在公。王厘尔成，来咨来茹"的疏文中，试图用区分王者对诸侯与诸侯对王者这两种不同角度的方法来调和这种张力：

又解所以谓诸侯为臣者。诸侯来朝天子，有不纯臣之义，于其归，故于庙正其为臣之礼。明天子以主人之义不纯臣于诸侯，其诸侯之心则当纯臣于天子，恐彼不知，以不纯为常，故于庙中称之为臣，以正臣之礼。既正臣礼，而君臣分定，因以示义。见事当上逸下劳，故敕其下诸官而警切之，使之敬其君事，有大事来谋于王。虽呼其臣而戒之，实亦戒诸侯之身也。言诸侯朝天子有不纯臣之义者，以

[1] 皮锡瑞撰，王丰先整理《驳五经异义疏证》卷6，第459-460页。

《秋官·大行人》"掌大宾之礼与大客之仪"注云："大宾，要服以内诸侯。大客，谓其孤卿。"然则天子之于诸侯，谓之为宾。宾者，敌主之辞，是不纯臣之义也……若诸侯于天子，皆纯臣矣。《北山》云："率土之滨，莫非王臣。"《皋陶谟》云："万邦黎献，共惟帝臣。"是彼于王者皆纯臣也。《书传》："周公谓越常氏之译曰：'德泽不加焉，则君子不享其质。政令不施焉，则君子不臣。'"明政令之所及，尽为纯臣，故此所以正臣之礼也。[1]

需要说明的是，《诗经·臣工》的注疏是"不纯臣"观念的又一处经典来源，《五经异义》之文即是从孔疏中辑出。按照郑注的解释，《臣工》一篇的主题是诸侯朝见天子后，诸侯即将离开王畿时天子所作的训诫。因此注疏认为这里的"臣"指的是诸侯，"工"则指的是诸侯随行的卿大夫。天子通过在庙中训斥诸侯随行的卿大夫，以此来告诫诸侯要谨守君臣之礼。按照孔疏的解释，《臣工》的主题恰切地表达了"不纯臣"的两个面向。在诸侯朝见天子时，天子要以宾客之礼待之，有不纯臣之义，但是这仅仅是特殊的礼仪场合的特殊礼制，天子对诸侯的尊敬之意体现的仅仅是天子谦让的德性。但是在诸侯将归之时训斥其臣的做法，显然是一种正君臣之礼的需要。也就是说，虽然从天子对待诸侯的角度来看，由于天子自身的德性，可以待之以宾客，但是从诸侯对待天子的角度来看，诸侯始终应当以臣子之心守君臣之正，不应当以朝见天子时天子的特殊礼制为常态而起自专之心。孔疏又征引经典，分别印证"臣"与"不臣"的两个面向。皮锡瑞的看法明显也受到孔疏的影响，二者都从礼制出发，将"不臣"视为王者之谦逊德性的表现，并且这种谦逊仅仅在一些特殊的礼仪场合彰显，实质上君臣之正才是王者与诸侯关系的常态。这种处理张力的方式虽然圆融，但似乎稍显表面，二人并没有触及这对张力背后所体现的政制理念，而仅仅诉诸王者自身的德性修养。

而第三种对张力的理解则涉及《丧服》。实际上，在王者与诸侯的关系问题上，《丧服》也是关键的一环。《丧服·斩衰三年》：

诸侯为天子，传曰：天子至尊也。君，传曰：君至尊也。[2]

按照郑注，天子、诸侯及卿大夫有地者皆可称君，那么"（臣为）君"之

[1]《毛诗正义》卷19，《十三经注疏》标点本，北京大学出版社1999年版，第1313-1314页。
[2]《仪礼注疏》卷29，上海古籍出版社2008年版，第883-884页。

"君"实际上包含前面的天子，因此这里的问题就是《丧服》经文为何还要单独列出"诸侯为天子"一条。我们可以通过对比贾公彦与徐彦的不同理解来观照"臣"与"不臣"之间的张力。首先，在疏解何休"不纯臣"的注文时，徐彦已经提到了《丧服》里的问题：

> 《丧服·斩衰章》云"臣为君"、"诸侯为天子"。既言"臣为君"，而别言"诸侯为天子"，明其与纯臣者异。其异者，即不居殡宫，是。[1]

按照徐彦的理解，《丧服》这里别出"诸侯为天子"，实际上是要说明诸侯与一般的天子之臣的差异，以此来凸显"不纯臣"中"不臣"的一面。"不居殡宫"之礼尚未见经文支持，徐彦以此证诸侯与众臣之异，大致的意思是众臣需为天子居殡宫，诸侯则不需要，以此凸显二者之间的差别。但是贾公彦的疏文正好与之相反：

> 此文（引者注：即"诸侯为天子"）在"父"下"君"上者，以下文君中虽言天子，兼有诸侯及大夫，此"天子"不兼余君，君中最尊上，故特著文于上也。[2]

显然，贾公彦强调的是"天子"之于一般君主的特殊地位，"诸侯为天子"的别出正是为了凸显天子为"君中最尊上"者。在此意义上，这种解释强调的是"不纯臣"中"臣"的一面。关于"诸侯为天子斩衰三年"的问题，《白虎通·丧服》也有解释：

> 诸侯为天子斩衰三年何？"普天之下，莫非王土；率土之宾，莫非王臣"，臣之于君，犹子之于父，明至尊、臣子之义也。《丧服经》曰："诸侯为天子斩衰三年。"[3]

《白虎通》将诸侯为天子服斩衰三年的理由诉诸"天下"的观念，实际上解释了为何天子乃君中最尊上者。王者虽与诸侯分治，但王者受命于天而有天下，其"天子"的身份保证了其与诸侯之君判然两别，其背后的根源是天的超越性。而今

----

[1]《春秋公羊传注疏》卷1，第34页。
[2]《仪礼注疏》卷29，第883页。
[3] 陈立撰，吴则虞点校《白虎通疏证》卷11，第504页。

文经学中有"诸侯有亲丧，闻天子崩，奔丧者何？屈己亲亲，犹尊尊之义也"的明文，[1] 其理据同样是由于天的超越性而形成的王者与诸侯之间的绝对差异。

综合来看，在解释《丧服》中"诸侯为天子"别出的问题时，我们需要区分政治公共性的两个面向。一方面，在诸侯为南面之君，分有土地和子民的意义上，诸侯跟王者的关系与一般的君臣关系不同，这是"不臣"的一面，这种政治公共性体现的是王者与诸侯在横向空间中较为平等的一面。但是王者同时也是有天下的天子，诸侯之土地与子民皆是王者所受，而王者之所以有天下则是因其德而受命于天。王者受命而有天下，乃君中最尊者，故诸侯莫不臣服，这是"臣"的一面。而这种政治的公共性来源于纵向的天的超越性。公羊家说"不纯臣"之义中所包含的臣与不臣的两种面向，一方面体现了天子之至尊，以免诸侯自专；另一方面体现了王者尊贤，以防其自专而成一人之私。一方面，如果仅仅强调王者之至尊，忽视"不臣"的一面，其政制的历史形态则是秦制，秦制废封建立郡县，王者与诸侯的关系被中央与地方的关系所取代，"不纯臣"之义彻底丧失，皇帝与其臣下的关系在原则上成为纯粹的隶属与宰制的关系，"公天下"之义沦丧为一人之"私天下"；另一方面，如果单纯强调"不臣"的一面，君臣之义不正，其历史形态则是春秋战国之霸政，诸侯割据自专，私有其土，这又是另一种形态的"私天下"。当然，两种私天下之间也有内在的联系，秦的"一统"也无非一种私天下压倒了另一种。因此只有保持"臣"与"不臣"二者之间的均衡，维持这种张力，才不至落入任何一种私天下的形态，这即是今文经学"不纯臣"之义的精要。

三、余　论

"不纯臣"意味着王者与诸侯并非纯粹的君臣关系，这不单单是指向拥有不同身份的主体之间的礼仪性关系，而且更涉及作为一种德性政治的封建制的政制理想。这种政制理想的关键在于双重公共性的彰显：横向治理空间的公共性与纵向超越维度的公共性，二者构成了"不纯臣"及其所彰显的德性政治的精义。

----

[1]　陈立撰，吴则虞点校《白虎通疏证》卷11，第527页。

然而，"不纯臣"之义在汉代以后的论述中鲜有人作系统阐释，甚至因为其内含"不臣"的一面而多遭误解。皮锡瑞引宋人吕大圭之言："《春秋》之作，本以正君臣之分，乃谓'有不纯臣之义'可乎？"并反驳说："王者、诸侯分土，有不纯臣之义，封建时本如是，岂可以一统时世并论乎？"〔1〕可见"不纯臣"之义是作为德性政治的封建制的内在之义，此义非流俗的君臣之分所能明。

梁启超在论述封建制之功用时，也以此为证："封建制度最大之功用有二：一曰分化，二曰同化。所谓分化者，谓将同一的精神及组织，分布于各地，使各因其环境以尽量的自由发展。天子与诸侯，俱南面而治，有'不纯臣之义'（《公羊传》注文）。各侯国所有行政机关，大略与天子相同，所差者规模稍有广狭耳。天子不干涉侯国内政，各侯国在方百里或方数百里内，充分行使其自治权。地域小则精神易以贯注，利害切己则所以谋之者周。此种组织，本由部落时代之元后群后蜕变而来，惟彼之群后，各就其本身之极毂薄的固有文化徐徐堆集，譬犹半就枯瘠之老树。此之侯国，则由一有活力之文化统一体分泌出来，为有意识的播殖活动，譬犹从一大树中截枝分栽，别成一独立之新根干。故自周初施行此制之后，经数百年之蓄积滋长，而我族文化，乃从各地方为多元的平均发展。至春秋战国间，遂有千岩竞秀万壑争流之壮观，皆食封建之赐也。"〔2〕梁任公写作的时代是古老的中华帝国向民族国家的转型之际，任公以"不纯臣"之义论证地方的多元自治自有其应对时势的考虑。晚清以来的知识分子也多发挥"不纯臣"之义，来为中国的现代转型作理论的论证。〔3〕但随着"天下"观念的解体，中国面对他者而重新认识自身，天道超越性的丧失使得"不纯臣"之义只能蜕化为基于权力的政治组织形式，其精义也随之消解。

---

〔1〕 皮锡瑞撰，吴仰湘点校《经学通论》，中华书局2018年版，第478-479页。

〔2〕 梁启超《先秦政治思想史》，东方出版社1996年版，第50页。

〔3〕 如陈焕章以此申言"国家"之"独立自治之权"。又如牟宗三以此发明对政治权力的限制，为民主张目。参见陈焕章《孔教经世法》卷8《国家》，上海书店出版社2016年版，第64页；牟宗三《历史哲学》，《牟宗三先生全集》第9册，联经出版事业有限公司2003年版，第50-52页。

宋明理学

从"道统"到"学统"的宋学史重构

朱汉民　张千帆*

[内容提要]

　　朱熹建构的道统论确立了理学的正统地位，使得程朱学派一直处于独尊地位，但也因此而窄化了宋学史的丰富内涵。明清以来，道统论逐渐受到诸多儒士的质疑和批判，他们纷纷指出儒家之道不能够为程朱一脉所垄断，应该还原儒学的思想内涵并以客观历史态度重新辨明儒家学术。清初诸儒在解构"道学"的同时推动对"学统"的多元探索，他们认为"学统"概念能够更加客观展示儒学发展脉络，能够扩大儒学体系的涵摄范围。全祖望在清初诸儒的思想基础上，从地域学术的多元思想探讨宋学学统，进一步完成对宋学史的重构。全祖望对"学统"的建构，能够将宋学的义理、辞章、考据、经济之学都纳入到儒学"学统"中来，这就使得宋学的研究视域更加开阔。

[关键词]

道统；学统；全祖望

* 朱汉民，湖南大学岳麓书院教授；张千帆，湖南大学岳麓书院博士研究生。本文系国家社会科学基金重大项目"宋学源流"（19ZDA028）阶段性成果。

　　清初学者身处明清学术转型之际，时值学界清算明末王学余流，提出不立门户、不尊正统的学统论。这种学统论，以"辨章学术，考镜源流"为旨归，注重立足历史文献来廓清宋明儒学的学术传承脉络。此说既避免了儒学内部对"道统"的无谓学术之争，又扩大了儒学的涵摄范围。特别是全祖望从浙东陆王刘黄一脉理学入手，又兼采浙西顾炎武一脉文献考据之学，于乾嘉考据之学导夫先路，诚如史学大家章学诚所言，"又有鄞人全谢山，通籍清华学士，亦闻其名矣。其文集专搜遗文逸献，为功于史学甚大"[1]。全祖望立足于文献，重视对文献的搜集和考辨，故而对"学统"的研究更接近宋学史的真实情况。

　　"学统"观念源自宋代的"道统"观念，但是不能将清儒"学统"简单地视为"道统"的扩大化，而要注意到清儒是如何用"学统"观念来实现对宋代儒学历史的梳理。因此，从"道统"观念的兴盛到"学统"观念的出现，其实表明中国思想史的重大变化，体现出中国传统学术的重要转型。

一、"学统"之前的"道统"观念

　　学界一般认为是朱熹首次提出了"道统"概念，其中较有代表性的人物是陈荣捷，他认为朱熹在《中庸章句序》中率先阐述了"道统"理论。[2] 但据苏费翔考证文献所见，对"道统"一词的明确使用可以上溯到唐代武则天时盖畅所撰《道统》（10 卷），该书是排斥佛学弘扬儒学之作，只可惜该书已亡佚[3]，我们无法得知其与后世道统论之间的关系。中唐韩愈虽然提出了一个涵括尧、舜、禹、汤、文、武、周公、孔子、孟子等的传道谱系[4]，但是他的目的是反对佛老，维护儒学地位，并没有系统地构建一个"道统"理论。尽管如此，韩愈提出的传道谱系还是对宋初儒士产生了一定影响，石介就说，"夫尧、舜、禹、汤、文王、武

〔1〕 章学诚著，仓修良编注《文史通义新编新注》外篇 3《与胡雒君论校〈胡穉威集〉二简》，商务印书馆 2017 年版，第 705 页。

〔2〕 陈荣捷《朱子新探索》，华东师范大学出版社 2007 年版，第 287 页。

〔3〕 ［德］苏费翔、［美］田浩《文化权力与政治文化——宋金元时期的〈中庸〉与道统问题》，肖永明译，中华书局 2018 年版，第 83 页。

〔4〕 刘真伦、岳珍校注《韩愈文集汇校笺注》卷 1《原道》，中华书局 2010 年版，第 4 页。

王、周、孔之道，万世常行不可易之道也。佛、老以妖妄怪诞之教坏乱之，杨亿以淫巧浮伪之言破碎之，吾以攻乎坏乱破碎我圣人之道者，吾非攻佛、老与杨亿也"[1]。我们从中可以明显看出石介继承了韩愈的传道谱系，二者不仅传道之人一致，而且目的都是反对佛老，维护儒家的圣贤之道。韩愈、石介等人提出的传道谱系虽然不能被视为道统论，但却为宋代道统论的出现开辟了道路。

事实上，在朱熹之前，北宋的李若水、南宋的李流谦等人也使用了"道统"这个概念，但他们的论述与朱熹有所区别。以宋钦宗时任太学博士的李若水为例，他在韩愈、石介等人提出的传道谱系基础上，明确地将尧、舜等圣王纳入"道统"，"盖尧、舜、禹、汤、文、武、周公之成烈，载于《书》，咏于《诗》，杂见于传记……周衰，私智横议者出，此道堕地。汉兴，力扶而举之，汉末复坠……至唐，力扶而举之……艺祖……整皇纲于既纷，续道统于已绝"[2]。可见，李若水推崇的是那些既掌握最高的政治权力，又有着巨大功绩的帝王，肯定他们就是三代道统的承接者。因此，李若水将大一统的汉、唐、宋等帝王全部归结到"道统"序列中，此一道统论被视为帝王型道统。

朱熹提出的道统论代表了两宋儒学的师道精神，摒弃了李若水等人提出的帝王型道统论。宋学精神缘起于师道复兴，体现出宋代士大夫的主体意识。尽管帝王拥有巨大的政治权力，是"治统"代表，但他们在事功追求中背离了儒家的仁义道德，背离了孔孟之道。宋儒针对汉唐之际"师道废久"的情况[3]，提倡"师道尊严"。宋儒这种师道担当不是无源之水，而是对汉唐经师之儒溺于训诂章句的反思。孔子整理、诠释"六经"，使圣人之道经典化，但是汉唐经师只关注经典的文字训诂，使得圣人之道湮没无闻。宋儒以师道精神承担孔孟之道的复兴。对于师道复兴的重要性，张栻作出了说明：

师道之不可不立也久矣！良才美质，何世无之，而后世之人才所以不古如者，以夫师道之不立故也。……幸而有先觉者出，得其传于千载之下，私淑诸人，使学

---

[1] 石介《徂徕石先生文集》卷5《怪说下》，中华书局2009年版，第63页。

[2] 李若水《上何右丞书》，曾枣庄、刘琳主编《全宋文》卷4066，上海辞书出版社、安徽教育出版社2006年版，第185册，第183页。

[3] 欧阳修《居士集》卷25《胡先生墓表》，李逸安点校《欧阳修全集》第2册，中华书局2001年版，第389页。

者知夫儒学之真，求之有道，进之有序，以免于异端之归，距孔孟之世虽远，而与亲炙之者故亦何以相异，独非幸哉？是则秦汉以来师道之立，宜莫盛于今也。[1]

在张栻看来，后世人才不如先秦之盛，不是因为缺少"良才美质"，而是因为师道缺失。宋儒有着对孔孟之道的不懈追求，距孔孟虽远，但却能得师道之真。因此宋儒以师道教人，能使学生知道儒学正统所在，从而免受异端影响。由此可见，张栻表彰师道是为了建构一种包括周敦颐、二程等人在内的"道统"谱系。朱熹正是在宋学师道复兴的基础上建构了一套被后儒所广泛认可的道统论体系，这种体系可以称为师道型道统论。朱熹对道统论的建构主要是通过对经书原典的整合来完成的，他为《论语》《大学》《中庸》《孟子》四部书作注，建立了一套不同于以阐述先王政典为主的"五经"体系的"四书"体系。朱熹所立的"四书"体系不仅体现了孔孟师道精神，更重要的是确立了孔孟以来儒学传承的正统性。朱熹在《中庸章句序》中指出：

夫尧、舜、禹，天下之大圣也。以天下相传，天下之大事也。以天下之大圣，行天下之大事，而其授受之际，丁宁告戒，不过如此。则天下之理，岂有以加于此哉？自是以来，圣圣相承：若成汤、文、武之为君，皋陶、伊、傅、周、召之为臣，既皆以此而接夫道统之传，若吾夫子，则虽不得其位，而所以继往圣、开来学，其功反有贤于尧舜者。然当是时，见而知之者，惟颜氏、曾氏之传得其宗。及曾氏之再传，而复得夫子之孙子思，则去圣远而异端起矣。……然而尚幸此书之不泯，故程夫子兄弟者出，得有所考，以续夫千载不传之绪；得有所据，以斥夫二家似是之非。盖子思之功于是为大，而微程夫子，则亦莫能因其语而得其心也。[2]

孔子虽无圣王之位，却能够继承圣道，传续"道统"，反而较尧舜等圣王有功。因此朱熹极力表彰颜氏、曾氏对儒学传承之功，特别是将能得儒学之道的宋儒二程兄弟也纳入"道统"。毋庸置疑，朱熹的道统论是对孔孟之道的不懈追求，强调的是对儒家师道精神的发扬。

宋儒的道统论在朱熹那里得以全面系统地建构起来，他确立了一个"尧舜文武—孔曾思孟—程朱"的道统脉络，并且从儒家的经典文本、授受脉络、思想内

---

[1] 张栻《新刊南轩先生文集》卷10《三先生祠记》，中华书局2015年版，第917-918页。

[2] 朱熹《四书章句集注》，中华书局2010年版，第14-15页。

涵等三个方面，重新建构了儒学道统论。正因为朱熹立足于孔孟正传的儒家之道建构了一种"道统"理论，所以他的"道统"思想被宋明儒士所接受并确立为儒家正统思想。宋代以后数量繁多的"道统"类著作基本上是在朱熹所设定的道统论框架下完成的，后来的儒家学者都无法推翻朱熹道统论体系而重新建构起一套道统论体系。朱熹奠定的道统论在元、明、清一直占据统治地位，后儒的道统论著述不过是朱熹之说的重复或细节的补充。如：元代吴澄《道统图》；明代殷奎《道学统绪图》，谢铎《伊洛渊源续录》，宋端仪撰、薛应旂重修《考亭渊源录》，林积《续朱子伊洛渊源录》，朱衡《道南源委录》，陈阶《道教渊源录》，邬良佐《道学统宗内外二传》，江尚和《紫阳道脉录》，金贲亨《道南录》，刘元卿《诸儒学案》《儒宗考辑略》，王之士《道学考源录》，杨范《道统言行集》，王圻《道统考》，周汝登《圣学宗传》，徐奋鹏《古今道脉》，杨应诏《闽学源流》，赵仲全《道学正宗》，刘宗周《圣学宗要》《明道统录》，程瞳《新安学系录》等。[1] 这些著作基本遵循了朱熹所确立的"道统"，是对宋儒"道统"谱系的重复、补充或局部调整。

二、道统论被质疑与学统论兴起

清初，朱熹的道统论受到了越来越多儒士的质疑与批评。例如，康熙时期理学名士范鄗鼎就指出："今之所谓道学则何如？拾《近思录》中唾余，窃《太极图》内剩字，衣冠周、程、张、朱，门户王、唐、瞿、薛，是腐学也，而非道学。"[2]范鄗鼎认为道学发展到清初，儒学人士只是一味地遵循程朱陆王的"道统"，而不能突破门户之间的藩篱。李颙则认为，"道学即儒学，非于儒学之外别有所谓道学也"[3]。李颙将道学扩大为儒学，突破了狭隘的道学体系，肇基于此，他否认了朱熹所建立的"道统"谱系。李颙认为："性本人人各具之性，则道为人人当由之

---

〔1〕 参见徐公喜《理学源流著作述论》，《江西社会科学》2009 年第 12 期。

〔2〕 范鄗鼎《五经堂合集·文集》卷 2《四书说又序》，《清代诗文集汇编》第 101 册，上海古籍出版社 2010 年版，第 338 页。

〔3〕 李颙《二曲集》卷 14《盩厔答问》，中华书局 2006 年版，第 120 页。

道，非尧、舜、禹、汤、文、武、周公、孔子所得而私也。"〔1〕在李颙看来，尧、舜、周公、孔子等先圣先师都不能独得"道统"之私，遑论程朱等后学了。大儒黄宗羲也认为："盖道非一家之私，圣贤之血路，散殊于百家，求之愈艰，则得之愈真。"〔2〕黄宗羲指出，孔孟之道并非为某一种"道统"脉络所私有，而是散归于百家，想要探求孔孟之道，不是对某一"道统"简单地遵循，而是要涵摄"道统"以外的其他儒学思想。况且孔子并未言及"道统"，不但孔子没有提及，就是孔门七十二贤亦未言及，"道统"只是宋儒"独尊其党"的产物，所谓假借圣贤的名义"僭名道统者也"〔3〕。清儒颜元也认为宋儒的道统论是在吸收佛教的"法统"基础上形成的，因而掺杂了佛老之说，所以并非"尧、舜、周、孔之正派"〔4〕。因此他在教导弟子时便直言："必破一分程、朱，始入一分孔、孟，乃定以为孔、孟、程、朱，判然两途，不愿作道统中乡愿矣。"〔5〕尽管颜元并未完全否定"道统"，但他将二程、朱子排除在孔孟之道以外，可以视为对朱熹道统论的消解。以上诸家还只是对道统论提出了批驳，袁枚则直接否认了"道统"的存在。袁枚在《代潘学士答雷翠庭祭酒书》中针对雷铉提出的"由周公而上，道统在上；由孔、孟以至程、朱，道统在下；汉、唐君臣无与焉"的"道统"观念予以驳斥，对此袁枚直言："夫道无统也，若大路然……后儒沾沾于道外增一统字，以为今日在上，明日在下，交付若有形，收藏若有物。道甚公，而忽私之；道甚广，而忽狭之。陋矣。"〔6〕袁枚认为，道之有统的话，就会成为一件有形的私人物品被随意取舍，从而变得狭隘。

既然"道统"遇到了认同危机，那么在解构"道统"的基础上重建比"道统"更客观的体现儒学多元发展的"学统"，使其容易被更多的儒士所接受，就成为清

〔1〕 李颙《二曲集》卷3《常州府武进县两庠汇语》，第30页。
〔2〕 黄宗羲著，陈乃乾编《黄梨洲文集》，中华书局2011年版，第160页。
〔3〕 徐世昌等编纂《清儒学案》卷207《统典论》，中华书局2008年版，第8049页。
〔4〕 颜元《习斋记余》卷3《上太仓陆桴亭先生书》，王星贤等点校《颜元集》，中华书局2009年版，第426页。
〔5〕 李塨纂、王源订《颜习斋先生年谱》，载《颜元集》，第774页。
〔6〕 王英志编纂校点《袁枚全集新编》卷17《代潘学士答雷翠庭祭酒书》，浙江古籍出版社2015年版，第334-336页。

初儒学转向的一个关键议题。职是之故，一些儒士提出"学统"概念来试图消解由于"道统"的狭隘所造成的儒林学脉微弱的弊端。当然，最初的"学统"概念往往与"道统"直接相关。对于熊赐履《学统》一书的著述旨趣，熊氏在《学统自序》中说："统者，即正宗之谓，亦犹所为真谛之说也，要之不过天理二字而已矣。"[1] 可见，熊赐履的"学统"观念只是程朱"道统"观念的翻版，遵从的还是程朱那一套理学体系。除了这一类"学统"著作以外，许多学者也真正开展了对"学统"的重建。黄宗羲在《沈昭子耿岩草序》中多次使用"学统"一词：

> 宋景濂论文，谓汉唐二三儒者，其于文或得皮肤骨骼，独宋室学统数先生，得文之精髓，而为六经孔孟之文；先生论文，谓学统数先生于天人性命经制度数之说，固穷其源而抉其幽，诚非汉唐儒者之文所及，若就文章之能事，而衡之以质文终始之变，则汉唐儒者盖有专长以相胜，其为论不同如此。余近读宋元文集数百家，则两说似乎有所未尽。夫考亭、象山、伯恭、鹤山、西山、勉斋、鲁斋、仁山、静修、草庐，非所谓承学统者耶。……元文之盛者，北则姚牧庵、虞道园，盖得乎江汉之传。南则黄潛卿、柳道传、吴礼部，盖出于仙华之窟。由此而言，则承学统者，未有不善于文。彼文之行远者，未有不本于学，明矣。降而失传，言理学者，惧辞工而胜理，则必直致近謷。言文章者，以修词为务，则宁失诸理，而曰理学兴而文艺绝，呜呼，亦冤矣。……伯修为静修再传，则知先生之文，出于学统无疑矣。[2]

可以看出，黄宗羲的"学统"观念已经突破了"道统"思想，其表现在如下三个方面。首先，突破了朱熹所定的传道谱系，将陆象山等心学之人纳入儒学"学统"谱系。其次，将"文统"纳入"学统"，正所谓"承学统者，未有不善于文"，因此对当时理学家"以文害道"的思想予以驳斥。最后，注重学术的传承脉络。黄宗羲不像朱熹那样只将洛闽之学纳入"道统"的学术谱系，还将各种传承有序的儒学流派纳入"学统"，比如苏天爵（伯修）的学术传承自刘因（静修），没有进入"道统"谱系，但黄宗羲把他放到"学统"脉络中。从上述对黄宗羲"学统"观念的分析来看，他已经突破了程朱"道统"的狭隘体系，一方面将辞章

〔1〕 熊赐履《学统》，凤凰出版社 2011 年版，第 17 页。
〔2〕 黄宗羲著，陈乃乾编《黄梨洲文集》，第 349–351 页。

之学确定为"学统"的重要组成部分，另一方面扩大了儒学的涵摄范围，将儒学还原到真实的历史谱系之中。也正因此，我们认为黄宗羲的"学统"观念具有典型意义，它不仅是对"道统"的突破，更为扩大儒学学脉指明了方向。

继黄宗羲之后对"学统"理论贡献较大的是万斯同，他著有《儒林宗派》（十六卷），关于此书的撰述宗旨，《四库全书总目》指出：

> 是编纪孔子以下迄于明末诸儒，授受源流，各以时代为次。其上无师承，后无弟子者，则别附著之。自《伊洛渊源录》出，《宋史》遂以《道学》《儒林》分为二传。非惟文章之士、记诵之才，不得列之于儒，即自汉以来传先圣之遗经者，亦几几乎不得列于儒。讲学者递相标榜，务自尊大。明以来谈道统者，扬己凌人，互相排轧，卒酿门户之祸，流毒无穷。斯同目击其弊，因著此书，所载断自孔子以下，杜僭王之失，以正纲常。凡汉后唐前传经之儒，一一具列，除排挤之私，以消朋党。其持论独为平允。[1]

万斯同针对朱熹在《伊洛渊源录》中确立的"道统"谱系将辞章之士、考据之才、汉儒之士通通排除在孔孟之道以外的做法表示不满，他认为自明代以后朱陆后学各以"道统"自尊，为争正统，相互倾轧，以门户辨是非，造成对儒林的毒害。因此，万斯同将孔子以后能传孔门六经的汉儒也纳入孔孟之道，基于此我们可以将万斯同的传道谱系视为对黄宗羲所提"学统"观念的扩大化。但是万斯同的"学统"概念比较粗糙，所以《四库全书总目》指出了其中的不少疏失：

> 惟其附录一门，旁及老、庄、申、韩之流，未免矫枉过直。又唐啖助之学传之赵匡、陆淳，宋孙复之学传于石介，皆卓然自立一家。宋代说经，实滥觞于二子，乃列之散儒之中，不入宗派，亦有所未安。至于朱、陆二派，在元则金、吴分承，在明则薛、王异尚，四百年中，出此入彼，渊源有自，脉络不诬，亦未可以朝代不同，不为明其宗系。如斯之类，虽皆未免少疏，然较之《学统》《学案》诸书，则可谓涤除锢习，无畛域之见矣。[2]

万斯同将明显不属于儒学的老、庄道学和申、韩法学也纳入儒学"学统"，这是不对的。孙复、石介对宋代儒学有开创之功，却被摒弃在"学统"之外，也有

---

[1] 永瑢等《四库全书总目》卷58，中华书局1992年版，第528页。
[2] 永瑢等《四库全书总目》卷58，第528页。

些偏颇，甚至对于程朱理学、陆王心学在元明之际的传衍脉络也并不明晰。尽管如此，万斯同还是在黄宗羲所提"学统"基础上有所提高，将宋儒以外的汉儒也纳入"学统"。

清初诸儒对"学统"观念做出了多元探索，将"学统"从"道统"的束缚之中解放出来，使"学统"一词更加适应儒学发展的多元脉络，扩大了传统儒学的涵摄范围。但是，清初诸儒对学统的探索还处于起步阶段，将许多非儒学派也纳入"学统"，对儒学"学统"脉络的划分也不甚清晰，这些不足之处都有待之后的清儒去阐释与深化。

三、全祖望对宋学的学统史建构

全祖望在乾隆元年（1736）考中进士，他处于雍乾之际学风转折的节点，彼时的学风正在由喜谈义理的宋学向重视考据的汉学转变。全祖望的学术虽私淑黄宗羲，但又在其基础上有所精进，正如汉学领袖阮元在为全祖望《经史问答》所作序中指出的："经学、史才、词科，三者得一足以传，而鄞县全谢山先生兼之。……万、全之学出于梨洲而变之，则如百尺楼台，实从地起，其功非积年工力不成。"[1] 全祖望兼善经学（此处经学的指向既有汉学的考据，又有宋学的义理），既有以经世为指向的史学，还有辞章之学，诚如张之洞在《书目答问》中所言："由小学入经学者，其经学可信；由经学入史学者，其史学可信；由经学史学入理学者，其理学可信；以经学史学兼词章者，其词章有用；以经学史学兼经济者，其经济成就远大。"[2] 全祖望的经学、史学、理学、词章、经济皆有根底，这就使他在黄宗羲的基础上对"学统"这一概念做出了丰富的阐释。全祖望针对由争夺"道统"而形成的门户之争予以批评，他认为，"慈湖之学宗陆，东发之学宗朱，门户截然，故《日钞》中颇不以心学为是。由今考之，则东发尝与杜洲之讲会，而其后别为一家者也。夫门户之病，最足锢人，圣贤所重在实践，不在词

---

[1] 阮元《揅经室集》二集卷7《全谢山先生经史问答序》，中华书局2006年版，第544页。
[2] 张之洞编撰，来新夏、韦力、李国庆汇补《书目答问汇补》，中华书局2011年版，第978页。

说，故东发虽诋心学，而所上史馆札子，未尝不服慈湖为己之功"〔1〕。全祖望认为杨简之学宗陆九渊，黄震之学宗朱熹，二者之间门户分明，但圣贤注重的是实践而不是概念，因此门户之间的争执只能使学者故步自封。全祖望丰富和发展了黄宗羲等人提出的"学统"观念，他探讨的"学统"包含了宋学传承的不同路径与多元化学术旨趣。

全祖望在探讨宋学传承的不同路径时，特别重视宋学学统形成的地域性。全祖望在《宋元学案》和《鲒埼亭集》中，通过对相关文献的考察，探讨了地域性学统的形成及其学术史意义。全祖望认为，在宋初之际，儒学还处于暗昧不彰之中，当时并未出现所谓"道统"概念："当时濂、洛之徒方萌芽而未出，而睢阳戚氏在宋，泰山孙氏在齐，安定胡氏在吴，相与讲明正学，自拔于尘俗之中。……睢阳学统，至近日而汤文正公发其光。则夫薪火之传，幸勿以世远而替哉。"〔2〕宋初在濂洛"道统"还没有出现之时，睢阳戚同文、泰山孙复、安定胡瑗已经倡明儒学，全祖望将他们对儒学复兴的努力纳入"学统"，如戚同文在睢阳学舍讲学，薪火相传至清初汤文正公斌，尽管从宋初戚同文到清初汤斌，其间世系远邈，但他们有着相同的学术旨趣，所以全祖望将这种传承称为"睢阳学统"。全祖望的"睢阳学统"具有重要的学术史意义，实现了对"道统"的解构，能够将宋学学者的学术传承与学术流派纳入"学统"之中，无疑有助于客观研究和全面展示宋学的历史图谱。

全祖望对地域性学统的深入探讨，有助于全面展示宋学的多元化学术旨趣。全祖望将庆历之际儒学的复兴概括为"学统四起"，他认为，"庆历之际，学统四起。齐、鲁则有士建中、刘颜夹辅泰山（孙复）而兴。浙东则有明州杨、杜五子，永嘉之儒志（王开祖）、经行（丁昌期）二子，浙西则有杭州之吴存仁，皆与安定（胡瑗）湖学相呼应。闽中又有章望之、黄晞，亦古灵一辈人也。关中之申、侯二

---

〔1〕 全祖望《鲒埼亭集外编》卷 16《杜洲六先生书院记》，朱铸禹汇校集注《全祖望集汇校集注》中册，上海古籍出版社 2018 年版，第 1049 页。

〔2〕 全祖望《鲒埼亭集外编》卷 16《庆历五先生书院记》，朱铸禹汇校集注《全祖望集汇校集注》中册，第 1037-1039 页。

子，实开横渠之先。蜀有宇文止止，实开范正献公之先"[1]。全祖望用地域 "学统" 概念将庆历之时的宋学学派区分为 "齐鲁学统" "浙东学统" "永嘉学统" "浙西学统" "湖学学统" "闽学学统" "横渠学统" "蜀学学统" 等。这些还只是指大范围的区域 "学统"，全祖望甚至还努力勾勒出授受关系的 "学统"，如江山徐存 "隐居教授"，著作有《五经讲义》，"从学者至千余人"，学者将其称为逸平先生，"林艾轩、朱子皆敬之。江山向无儒宿，其学统自正介先生周颖受之胡安定，而先生继之"[2]。全祖望通过对江山儒士学术传衍情形的考察，建构出了从胡安定到周颖再到徐存的 "江山学统" 谱系，这是全祖望对其地域学统理念的细化。由于全祖望用 "庆历之际，学统四起" 来形容宋初学术，其学术内涵就涉及北宋儒学的义理（创通经义）、经济（革新政令）、考据（疑经辨经）、辞章（古文运动）等不同领域，而且相互之间密切关联。[3] 可见，这一 "庆历学统" 其实具有非常重要的学术史意义，它是全祖望地域性学统观念具有多元化学术旨趣的体现。

由于全祖望对宋学学统的多元化视角，故而他能够更加客观地论述宋学的多元化学术谱系关系。全祖望所提出的 "学统" 概念中虽然也有传道的意义，但是没有局限于道统谱系，而是将某一学派的代表人物授受关系纳入 "学统" 谱系。如全祖望认为胡五峰 "所作《知言》，东莱以为过于《正蒙》，卒开湖湘之学统。今豫章以晦翁故祀泽宫，而五峰阙焉，非公论也"[4]。吕祖谦认为胡五峰所著《知言》有过张载《正蒙》之处，全祖望则进一步指出了胡五峰所作《知言》在地域学统传承上的意义。肇基于此，全祖望对当时罗从彦因为是朱熹老师的缘故得以从祀泽宫，而作为对湖湘学统有开创之功的胡宏却未能从祀的做法表示了不满。又如，全祖望认为胡安国是私淑洛学的集大成者，他 "从谢、杨、游三先生以求学统，而其言曰：'三先生义兼师友，然吾之自得于遗书者为多。'然则后儒因朱子

---

[1] 黄宗羲原著，全祖望补修《宋元学案》卷 6《士刘诸儒学案》，中华书局 2007 年版，第 251-252 页。
[2] 黄宗羲原著，全祖望补修《宋元学案》卷 25《龟山学案》，第 978 页。
[3] 朱汉民《照着儒学学统重写理学史》，《复旦学报（社会科学版）》2018 年第 3 期。
[4] 黄宗羲原著，全祖望补修《宋元学案》卷 42《五峰学案》，第 1366 页。

之言，竟以文定列谢氏门下者，误矣，今沟而出之。南渡昌明洛学之功，文定几侔于龟山，盖晦翁、南轩、东莱皆其再传也"[1]。全祖望针对后儒因为朱熹之说，将胡安国列于二程学生谢良佐门下的做法表示异议，他认为，既然胡安国之学主要传承自《二程遗书》，就应该真正从学统上确定胡安国与二程的传承关系。由此而言，全祖望所建构的"学统"观，打破了一元化道统论的偏见，能够客观地展示多元化学统的历史传承。

此外，全祖望还将汉儒纳入"学统"建构，他对朱睦㮮在《授经国》、费密在《弘道书》中提出的将汉儒纳入儒学传授谱系的做法予以发扬，具体体现在其一系列讨论汉唐经师从祀的文章中。首先，全祖望对于时儒站在程朱道统论立场上将汉儒排除在孔孟之道以外的做法予以驳斥：

> 或有问予者曰："汉之经师多矣，说者谓其徒明章句，而无得圣贤之大道，故自董仲舒、刘向外，儒者无称焉。程子稍有取于毛苌，然则三人而已。"曰："是何言欤？汉人值儒林之草昧，未极其精粹则有之。然自文、景而后，或以宿德重望为一时重，或以经世务见用，或以大节，或以清名，多出其中，子盖未之知也。"[2]

时儒认为汉代经师虽多，但能传孔孟之道的仅有董仲舒、刘向、毛苌等三人。全祖望将这种狭隘的观点视为无知之见，因为许多汉儒在立节修身、经世致用上也有可取之处，所以不能将汉儒仅视为徒明训诂章句之儒。肇基于此，全祖望主张将诸多汉儒纳入"学统"，他在《前汉经师从祀议》中提出："特当于其名家之中，择其言行之不诡于道者而从祀焉，此为授受渊源言之，文、景、武之间者是也。以后则经术大昌，诚不但以师传门户为足有功于圣门，必有躬行经术，以承学统，而后许之，宣、元以后是也。吾于三辈人物之中合而计之，得十有余人焉。"[3] 全祖望认为汉儒以师法、家法相传，儒学传承渊源有序，特别宣帝和元帝以后经学昌

---

〔1〕 黄宗羲原著，全祖望补修《宋元学案》卷34《武夷学案》，第1170-1171页。

〔2〕 全祖望《鲒埼亭集外编》卷38《汉经师论》，朱铸禹汇校集注《全祖望集汇校集注》中册，第1530页。

〔3〕 全祖望《鲒埼亭集外编》卷38《前汉经师从祀议》，朱铸禹汇校集注《全祖望集汇校集注》中册，第1548页。

明，儒士不仅能传五经于秦火之后，更能"躬行经术"，因此汉儒之学实为有体有用之学。职是之故，全祖望将汉代传经之儒也纳入"学统"。同时，全祖望也将唐儒纳入"学统"，他在《唐经师从祀议》中指出："晦翁、同父之争，其抑扬只在汉、唐之学问功名，然汉、唐诚不足以望古人。而天之未丧斯文，际时之厄，亦不得不于驳杂之中，求稍可寄者而寄之。故同父之说固过恕，晦翁之说亦过苛，此愚所以有唐经师之议也。说者谓唐之经师存亡继绝之功不足以望汉人，其明道又不足以望宋人，故从祀不及。愚因记所见，以俟论定。"[1] 唐儒在儒学上既继承了汉儒的五经之学，又开启了宋儒的四书之学，因此在儒学史上具有非常重要的学术地位。全祖望从汉唐儒学在中国儒学史上的实际地位出发，认为唐儒对儒学发展也有存亡继绝之功，因此也可将对儒学有保存、发明之功的唐儒纳入"学统"。

全祖望的"学统"理论对后世影响很大，这一理论主张将宋学之中的有体、有用、有文或义理、考据、辞章、经济之学都纳入儒学"学统"，这就使得儒学的研究视域更加广阔。本来孔子所提出的德行、言语、政事、文学等孔门四科之学已经揭示了儒学"学统"的丰富内涵，但随着汉代记载先王政典的五经之学定于一尊，代表儒学言语、政事的五经学被凸显出来。到了魏晋南北朝时期，由于社会动乱，有利于表达人们内心思想的文学便成为儒学的核心，也因此有学者将魏晋南北朝视为文学崛起的时代。唐代儒学主要是对前代儒学的继承，所以唐代儒学的主流是孔门四科中的言语、政事、文学。由此可以看出，孔门德行一科在宋代之前一直受到忽视，宋学兴起就是要对孔门四科之中以德行为首，包括言语、政事、文学在内的儒学"学统"全面复兴。当然，我们也应看到儒学是一种不断吸取其他学派的学术优长来丰富自己的学术形态，因此儒学发展到清代与先秦儒学已经有了较大的不同，所以不能再用孔门四科之学来论述儒学"学统"。如王梓材在《校刊宋元学案条例》中就指出："是书（指《宋元学案》）修补，谢山兼为修《宋史》而作，故有《宋史》所略而是书列传特加精详，语多本之《永乐大典》。其中经济、

---

[1] 全祖望《鲒埼亭集外编》卷38《唐经师从祀议》，朱铸禹汇校集注《全祖望集汇校集注》中册，第1550页。

著述，间或采入，盖圣门列四科意也。观者勿以无关《学案》少之。"[1] 由此而言，全祖望在对宋学进行阐释时已然提出用经济、辞章、考据、义理之学来代替孔门四科之学，这无疑使儒学"学统"更加准确地反映儒学发展的真实面貌。

---

[1] 黄宗羲原著，全祖望补修《宋元学案》，《校刊宋元学案条例》，第22页。

"觉之一字，众妙之门"："觉"范畴在宋明理学中的演变

刘玉敏　万宜之*

[内容提要]

"觉"在先秦典籍中只是一个认识论概念，主要指心的认知功能。宋代理学兴起，二程引用"觉"概念来解释仁和心的关系，目的是"识仁"。此后仁、觉、心之间的关系便成为理学家们讨论的话题。"觉"的意涵不断丰富，从心之"用"一变而为心之本体和工夫，再为涵养心体之察识工夫，至明末刘宗周将其作为确立儒家道统的标准。由此也带来很多争论：觉是心之体还是心之用，以觉言心是否混淆了儒佛界限等。以觉训仁训心构成心学思想的一个特色，是传统儒学范畴与佛教思想相结合的结果。考察"觉"之内涵的演变，是了解心学产生发展的一个重要维度和视角。

[关键词]

觉；仁；心；理学；心学

---

*　刘玉敏，浙江师范大学马克思主义学院教授，哲学博士；万宜之，西北师范大学哲学与社会学院博士研究生。本文系国家社会科学基金项目"宋明心学派之经学思想研究"（22BZX070）阶段性成果。

　　"觉"在先秦儒家典籍中并非特殊范畴，直到佛教传入中国并中国化后，"觉"与佛性相联系，其内涵才丰富起来。宋代理学兴起，二程为了更好地"识仁"，引用"觉"概念来形象解释仁和心的关系。从此，觉、仁、心之间的关系，便成为后学避不开的话题，由此还引发了"觉"到底是心之用还是体、以觉言心是否为禅学的学术争论。"觉"俨然成为宋明理学的重要范畴之一，甚至是理解各学派尤其是心学思想的核心概念。在理学发展演进的过程中，"觉"之意涵发生了哪些变化？如何正确看待上述争论？本文拟在梳理宋明时期"觉"之意涵演变发展的基础上回应这些问题，旨在为了解理学尤其是心学的发生演变提供另一个维度和视角。

一、宋代以前"觉"之内涵

　　"觉"在先秦典籍中属认识论概念，有启发、觉悟之意。《孟子·万章上》引用伊尹的话："天之生此民也，使先知觉后知，使先觉觉后觉也。予，天民之先觉者也，予将以斯道觉斯民也。非予觉之而谁也？"赵歧注曰："觉，悟也。天欲使先知之人悟后知之人。我先悟觉者也，我欲以此仁义之道觉悟此未知之民。非我悟之，将谁教乎？"[1]《说文解字》："觉，寤也。"寤、悟相通。孟子称自己就是先觉者，所"觉"之道即仁义之道。觉的主体是"心"。"觉"是心的一种认识能力，表示认识到了事物的本质。《论语·宪问》："不逆诈，不亿不信，抑亦先觉者，是贤乎？"此处的"先觉"与伊尹所说之意相同。意谓不预先怀疑别人欺诈，也不凭空臆想别人不诚信，却能事先察觉，这也算是贤人吧？可见，在先秦儒家原典和汉儒经注中，"觉"和"知"有察觉、觉悟、启发等含义，无论作名词还是动词，都是指心的认识功能，尚未成为一个专门的术语。

　　"觉"作为专门术语，其内涵发生根本变化是在佛教中国化之后。两汉之际，佛教传入中国。佛，梵语为 Buddha，汉译为"觉"，佛陀名曰"大觉"。联想到佛陀先自觉再觉他的悟道传道经历，以儒家"先觉觉后觉"之"觉"与之对应，再

----

[1]《孟子注疏》卷9，《十三经注疏》标点本，北京大学出版社1999年版，第261页。

贴切合适不过。觉与迷相对，从此成为佛教用语。唐代末期，华严五祖圭峰禅师宗密（780—841）著《禅源诸诠集都序》，提倡禅教一致。他解释"禅源"之"源"："源者，一切众生本觉、真性，亦名佛性，亦名心地。"他进一步解释道：

> 况此真性，非唯是禅门之源，亦是万法之源，故名法性，亦是众生迷悟之源，故名如来藏藏识，亦是诸佛万德之源，故名佛性，亦是菩萨万行之源，故名心地。[1]

简而言之，本觉、真性就是指本心、心体，又叫法性、如来藏藏识、佛性、心地。此处的"觉"原是指本心所具有的觉知功能，它是本心最主要的功能，故以之作为本心的代称。佛教诸宗派从根源上讲都承认以心法起灭天地，本觉、真性、佛性、心地名异而实同，故可以成为诸宗和会的基本条件。

宗密在《原人论》中进一步指出，人的本质便是"本觉真心"：

> 一乘显性教者，说一切有情，皆有本觉真心，无始已来，常住清净，昭昭不昧，了了常知，亦名佛性，亦名如来藏。从无始际，妄想翳之，不自觉知，但认凡质，故耽著结业，受生死苦，大觉愍之，说一切皆空，又开示灵觉真心清净，全同诸佛。[2]

一切有情众生皆具有本觉真心，"本觉"是真心的特征之一，指本来具有的、先天固有的觉悟之性。因为各种妄想烦恼覆盖住了本觉真心，众生不能觉知此心，于是佛陀向众生开示此真心，使我们认识到自己和诸佛没什么两样。真心有很多属性：常住清净、昭昭不昧、了了常知……那么哪一个是真心的本质属性，能将其他属性都贯穿起来呢？宗密答曰："知即是心"，"知之一字，亦贯于贪嗔慈忍善恶苦乐万用万义之处"。[3] 分辨真妄、垢净、善恶等需要本心之体察、觉知，故"知"可将本心之万用万义贯穿起来。他特意强调，"知即是心"并不是说知就是心或知等同于心，"心是名不是知，知是心不是名"[4]，就如不能将水等同于湿一样，心和知是两个概念，知只是心的本质属性，二者之间，乃体用关系。心是知之体，知

---

〔1〕 宗密撰，阎韬校释《禅源诸诠集都序校释》，中华书局 2021 年版，第 11 页。
〔2〕 宗密撰，董群译注《原人论全译》，巴蜀书社 2008 年版，第 126 页。
〔3〕 宗密撰，阎韬校释《禅源诸诠集都序校释》，第 85、86 页。
〔4〕 宗密撰，阎韬校释《禅源诸诠集都序校释》，第 86 页。

是心之用，"名说虽差，体用一致。……知之一字，众妙之门，恒沙佛法因此成立"[1]。宗密所谓的"知"从表面上看仍表示知觉、觉悟，但它对心的意义，已经不再停留在认知层面，而是心的本质属性，也是修行的不二法门了。

二、"觉"在宋明理学中的意蕴演变

北宋中期，理学兴起。学者们返本开新，从各个角度挖掘儒家经典的微言大义。二程用譬喻的方式以"觉"来说明仁与心的关系，被后学进一步发挥，从而使"觉"之意涵不断发生变化。

（一）觉是心之"用"

二程主张学者须先"识仁"。首先，心之"生"的属性就是仁，"心譬如谷种，生之性便是仁也"[2]。人心有了"仁"，才生发出义、礼、智、信等道德，才会产生恻隐、羞恶、辞让、是非等情感，才会进一步推己及人，爱人、爱万物。《中庸》曰："天命之谓性。"《周易·系辞》曰："生生之谓易"，"天地之大德曰生"。生生不息、化育万物体现了天地之仁，而人生天地之间，最为万物之灵，天地之仁必托诸人方能圆满完成。天地以其生生之仁寄诸人心，使得此心勃然不可遏止，道德情感等便从此迸裂而出。程颢说："仁者，浑然与物同体。"[3] 人之仁因其生生之性与生生之天地合而为一。

其次，仁之"生"意表明人心是活泼泼的，是有知觉的。"医家以不认痛痒谓之不仁，人以不知觉不认义理为不仁，譬最近。"[4] "人之一肢病，不知痛痒，谓之不仁。人之不仁，亦犹是也。"[5] 手足不知痛痒就是手足麻木，没有知觉了。人心不仁，是指人心失去了知觉，对外界漠不关心，不识义理，更不可能去爱人爱

---

〔1〕 宗密《圆觉经大疏释义钞》卷1，转引自宗密撰，阎韬校释《禅源诸诠集都序校释》，第77页注释（二）。
〔2〕 程颢、程颐《河南程氏遗书》卷18，王孝鱼点校《二程集》，中华书局2004年版，第184页。
〔3〕 程颢、程颐《河南程氏遗书》卷2，《二程集》，第16页。
〔4〕 程颢、程颐《河南程氏遗书》卷2，《二程集》，第33页。
〔5〕 程颢、程颐《河南程氏外书》卷3，《二程集》，第366页。

万物。此处的"觉"是指人心之功用（"用"），仍是认识论意义上的。

尽管以人心有知觉不麻木来解释"仁"很形象贴切，却容易引起大家的误会，以为仁就是知觉。二程特意提醒："仁当何训？说者谓训觉，训人，皆非也。"[1]仁的内涵非常丰富，仅以觉或人来训释，就过于简单了。张载（1020—1077）也说"合性与知觉，有心之名"[2]，心不是性，也不是知觉，而是人性和知觉的统一。

程门高足谢良佐（1050—1103）将老师的譬喻发展为"有知觉、识痛痒便唤做仁"[3]。何谓识痛痒？"但存得如见大宾、如承大祭底心在，便是识痛痒"[4]。"如见大宾、如承大祭"的心实际就是警醒、敬慎之心。谢良佐之意，此心时时保持敬慎警觉，就意味着此心不麻木，一直保有对外部事物的感知，识义理，会判断，这就是仁的体现。他进一步说："心有所觉谓之仁，仁则心与事为一。草木五谷之实谓之仁，取名于生也，生则有所觉矣。四肢之偏痹谓之不仁，取名于不知觉也，不知觉则死矣。事有感而随之以喜怒哀乐、应之以酬酢尽变者，非知觉不能也。身与事接，而心漠然不省者，与四肢不仁无异也。"[5]从生生活动之意上说，觉与生是相通的。人心只要有知觉，就会在接触外部世界后产生喜怒哀乐等情感，会酬酢万变；反之，人心麻木漠然，就不会有任何反应。反过来说，一个人能否随着外界变化而喜怒哀乐、应接酬酢，完全取决于其心有无知觉，"觉"之于人心具有决定意义。

二程和谢良佐引入"觉"来说明心与仁的关系，目的是"识仁"。从有无"知觉"上去体会此心之"生"意，故而"心有所觉谓之仁"中的"觉"属于心之"用"。"觉"仅指心之功能，这是朱熹认可和接受的，但"有知觉便唤作仁""心有所觉谓之仁"也有将心之功能等同于心之性的危险，这是朱熹坚决要纠正的。

（二）觉是心之本体和工夫

张九成（1092—1159）引用谢良佐的观点，并作了进一步发挥："心有所觉谓

---

〔1〕 程颢、程颐《河南程氏遗书》卷24，《二程集》，第314页。

〔2〕 张载《正蒙·太和》，林乐昌编校《张子全书》卷1，西北大学出版社2015年版，第3页。

〔3〕 黄宗羲、全祖望等编《宋元学案》卷24《上蔡学案》，中华书局1986年版，第935页。

〔4〕 黄宗羲、全祖望等编《宋元学案》卷24《上蔡学案》，第921页。

〔5〕 朱熹《论语精义》卷6，朱杰人等主编《朱子全书》第7册，上海古籍出版社、安徽教育出版社2010年版，第419页。

之仁，故草木之实谓之仁，以其得土则生也。四体不知痛痒谓之不仁，故利在一己、害及他人而不恤者，谓之不仁，以其血脉不通也。"[1] 此心有感觉，不麻木，便可唤作"仁"。就好比当四肢没有感觉时，我们称之不仁，因为它血脉不通；当利己损人、毫无体恤之情时，我们称之不仁，因为他与外界没有任何共情。相反，但凡此心对他人、对外物有所感觉，就说明它知痛痒，识利害，容易产生共情，从而利及他人、体恤他人。牟宗三先生指出，这一"觉"字不能单从认知的角度去解释，即人常有不安、不忍之感，常有悲天悯人的情怀，不要问不安、不忍、悲悯的对象，而只要看不忍、不安、悲悯本身就够了。"是故此不安、不忍、恻然之觉（甚至说知觉）显然是一个本体论的实体字，而不是一个认识论的认知字，是相当于 Feeling（觉情），而不相当于 Perception（取相的知觉）。"[2] 牟先生之意，"心有所觉谓之仁"之"觉"已经不限于认知范畴，而是具有本体意义的概念了。换句话讲，判断其心是否"仁"，不必一定看是否有仁的行为，只看其是否经常有悲天悯人的情怀、经常有不安不忍的感觉就够了。觉和仁具有同等的地位。张九成进一步提出：

> 仁即是觉，觉即是心。因心生觉，因觉有仁。[3]

"觉"不再只是心的认知功能，而是直接与仁、心画上了等号。"仁即是觉"，仁就是有知觉，不麻木。"觉即是心"是指有知觉、不麻木就是人心，觉对于心具有决定意义。人心因有知觉、不麻木，才生发出恻隐、羞恶、辞让、是非等道德情感，仁、义、礼、智等心中固有的善性才会化作实际行动，才具有现实价值。觉乃心之觉，心因觉而能生、能感知一切。"是心者……论其大体，则天地、阴阳皆自此范围而燮理；论其大用，则造化之功、幽眇之巧，皆自此而运动。"[4] 论心之体，它可以涵盖天地；论心之用，它能够燮理阴阳，造化一切。圣狂也在一"觉"之间，《尚书》说"惟圣罔念作狂，惟狂克念作圣"，张九成解释道："念者，觉也。人本自圣，所以不克由圣者，念虑不起，苦于不觉。方其不觉之时，圣则是

---

〔1〕 张九成《孟子传》卷14，杨新勋整理《张九成集》，浙江古籍出版社 2013 年版，第 879 页。

〔2〕 牟宗三《心体与性体》下册，上海古籍出版社 1999 年版，第 252 页。

〔3〕 张九成《心传录》卷上，《张九成集》，第 1147 页。

〔4〕 张九成《孟子传》卷27，《张九成集》，第 1054 页。

狂；觉则是圣，而非狂矣。此克念所以作圣也。"〔1〕此"念"指"人本自圣"之念，圣、狂之区别就在于是否觉悟到了"人皆可以做圣人"。更通俗一点地说，"尧、舜、禹、汤、文、武、周、孔之道俱在人心，觉则为圣贤，惑则为愚不肖"〔2〕。觉悟到了圣人之道俱在人心，就是圣贤，反之就是愚不肖。觉悟与否，是贤愚之根本区别。可见"心"不再仅仅是知觉、认知的主体，它更是创生宇宙的本体，"觉"则是心最本质的特征，是成圣成贤的关键。

陈来先生认为，程颢和谢良佐同样以知觉为仁，但二者有很大区别：明道将"知觉"说与"一体"说联系在一起，讲"仁者浑然与物同体"；上蔡强调"知觉"，却较少谈及"一体"。"明道所说的知觉是一种大心同体的内在感受和体验，并不是知痛痒一类的直接感受，而上蔡则明确宣称'仁'是'有知觉，识痛痒'，这就容易使境界混同于感觉。"〔3〕这说明上蔡仅以"有知觉，识痛痒"解释"仁"，未免狭隘。若以此标准来衡量张九成的仁觉论，就会发现他与程颢走得很近。因为他通过《西铭解》表达了天地万物本吾一体的思想，弥补了上蔡的不足。

吾之体不止吾形骸，塞天地间如人、如物、如山川、如草木、如禽兽昆虫，皆吾体也。

吾之性不止于视听言貌思，凡天地之间若动作、若流峙、若生植飞翔潜泳，必有造之者，皆吾性也。

既为天地生成，则凡与我同生于天地者，皆同胞也。既同处于天地间，则凡林林而生、蠢蠢而植者，皆吾党与也。〔4〕

万物与我并生于天地之间，我之体、我之性与万物融为一体。如果说孟子还将心性作为沟通天人的桥梁、强调通过主体的努力以认知客体的话，张九成则直接将主体和客体圆融合一：

心性即天地，夙夜存心养性，是夙夜匪懈以事天地也。〔5〕

〔1〕 张九成《尚书详说》卷21，《张九成集》，第591页。
〔2〕 张九成《横浦集》卷17《海昌童儿塔记》，《张九成集》，第184页。
〔3〕 陈来《仁学本体论》，生活·读书·新知三联书店2014年版，第274页。
〔4〕 张九成《横浦集》卷15《西铭解》，《张九成集》，第170页。
〔5〕 张九成《横浦集》卷15《西铭解》，《张九成集》，第172页。

可见，张九成所说的"仁即是觉"不再仅仅是"有知觉，识痛痒"的感觉，而是对天地万物的一种大心同体的感受，是一种精神境界。

何俊先生认为，"张九成以觉概括仁，实际上是取消了仁的实践性，而以主体的是否自觉为仁的达到与否，这就将儒家注重的广泛的社会实践活动收缩为一己的意识觉悟"[1]。本文以为，九成之以觉训心训仁，仍然主要是从"识仁"的角度让人理解、体会仁。"心有所觉谓之仁"重点强调的是仁的"生生"意，"仁即是觉"是说生与觉的相通性——这里的"仁"都不能直接等同于"行仁"。张九成从未主张要取消主体实践，只在心上体悟，相反，他极其重视"行仁"。他提出"闻见所得，不如践履之深"[2]，"学不贵于言语，要须力于践履。践履到者其味长，乃尽见圣人用处"[3]。那么该从何处入手？"如何臻至理，当从践履论。……孝悌作选锋，道德严中军。"[4] 要在道德实践中体认天理，将孝悌作为实践之首，正是对《论语》"孝悌，其为仁之本"的落实。可见，张九成并没有否定儒家注重的社会实践活动。

但是不能否认，"仁即是觉，觉即是心"突破了"觉"是心之"用"的层面，坐实了二程以觉训仁的担心，将"觉"的地位推进到心本体论的高度。既然心是本体，那么一切问学、修身、治国平天下等都需在"心"上下功夫。张九成要求学者的一切行为都以本心为矩矱，要养心、正心："学者之毂与夫规矩之宜，其何在乎？亦曰心而已矣。夫天下万事皆自心中来，使自礼乐射御书数以养此心，然后致知、格物、诚意以正此心，此心既正，则修身、齐家、治国、平天下无不可矣。"[5] 颜回独称好学，其所谓学乃"专意积精于正心之学耳"。养心、正心的前提是心要"觉"，"学者有志于道，不忧人路之不明，但忧人心之未觉"[6]，"觉"即他在《中庸说》里反复讲的戒慎恐惧的涵养工夫。

总之，"觉"可谓搭建本体、修身养性、成圣成贤的一把金钥匙，集本体与工

〔1〕 何俊《南宋儒学建构》，上海人民出版社 2013 年版，第 63 页。
〔2〕 张九成《横浦集》卷 18《与陈开祖书九》，《张九成集》，第 211 页。
〔3〕 张九成《横浦集》卷 19《题晁无咎学说》，《张九成集》，第 223 页。
〔4〕 张九成《横浦集》卷 1《客观余孝经传感而有作》，《张九成集》，第 4 页。
〔5〕 张九成《孟子传》卷 27，《张九成集》，第 1054 页。
〔6〕 张九成《孟子传》卷 27，《张九成集》，第 1046 页。

夫于一身，故而张九成有些得意地说，"觉之一字，众妙之门"〔1〕。

（三）觉是本心之察识工夫

以觉训心训仁引发了后世心学家们的思考。杨简（1141—1226）赞同张九成："仁，觉也，觉非思为。"〔2〕仁是觉，但觉不是知觉、思虑，他否定从认知层面理解仁。"仁者，道心常觉常明之称"，"惟常觉而后可以言仁"〔3〕。杨简反对将人心道心二分，"人心即道，即是道心"，天下只有一个心，人心近于道，就是道心。"仁"就是指道心常觉常明。此心"常觉"是仁的前提条件，不觉不明则本心昏聩。"常觉"有常惺惺、警觉之意。觉，到底觉什么？意。唯一对本心有影响的就是"意"（当然指"不好的意"），"意起则恶念生"，"意起则昏"，故要"绝意"。意源自心，只有保持此心"常觉"，才能从根本上杜绝不善之意的发生。所以"觉"就是使心保持一种无思无为、寂然不动状态的工夫。杨简更强调"觉"之于本心的工夫涵养层面。

钱时（1175—1244）是杨简最得意的弟子，他把《论语》中几乎所有的"知"都解释成"觉"。伊尹所谓"先知觉后知"，到底知什么、觉什么？朱熹将之解释为"天理"，钱时则释之为"本心"："知，觉也，觉其本心而至于常觉常明者，仁。"〔4〕本心无所不有，天理亦具于吾心，所以只要觉悟固有之本心即可，能觉悟到本心而保持常觉常明的人，就是仁人了。"仁者，不失其本心之谓。"〔5〕程朱以天理人欲解释"克己复礼为仁"，钱时则认为"克己复礼为仁"之关键只在"克己"上。仁即人心，此心即仁，本心为意念、外物、习气、欲望等蒙蔽困扰而丧失了仁。所以只需要"克己"的工夫。"己"即"我"，指《论语》中"子绝四：勿意，勿必，勿固，勿我"之"我"，意、必、固、我"大抵都从意上起"〔6〕，故

〔1〕 陈建《学蔀通辨》续编卷中，严佐之等主编《历代"朱陆异同"典籍萃编》第1册，上海古籍出版社2018年版，第329页。
〔2〕 杨简《慈湖先生遗书》卷11《论〈论语〉下》，《杨简全集》，浙江大学出版社2015年版，第2119页。
〔3〕 杨简《慈湖先生遗书》卷11《论〈论语〉下》，《杨简全集》，第2125、2119页。
〔4〕 钱时《融堂四书管见》卷3，《钱时著作三种》，中国社会科学出版社2021年版，第304页。
〔5〕 钱时《融堂四书管见》卷8，《钱时著作三种》，第402页。
〔6〕 钱时《融堂四书管见》卷5，《钱时著作三种》，第334页。

"克己"就是除去意念。意念除掉，本心自然无羌，行动也不会逾越"本心之天则"（"礼"），克己自然复礼，复礼之即仁矣。既然一切都是"意"造成的，那么"四勿"（即非礼勿视听言动）也并非在眼、耳、舌、身上下功夫，而是在意念上。一念之邪即是非礼，是非、邪正都需要用心去察觉。

是非之心，人皆有之。一念之萌，谁不自觉？觉其为是，是即是礼；觉其为非，非即非礼。非礼即勿，是之谓克。[1]

"四勿"就是"克念"。如何克念？就是自我察觉、判断此"念"是否符合礼——钱时淡化了"觉"对于心、仁的本体意涵，而将其作为一种察识的工夫。它要求察觉恶念于萌芽状态并消灭之，以保证本心常处于清净澄明的状态。如此一来，"觉"便由本体层面转变为工夫层面了。

（四）觉是分判儒家道统的标准

王阳明晚年提倡致良知。何谓良知？很多人将其理解成知觉。阳明强调，"心不是一块血肉，凡知觉处便是心，如耳目之知视听，手足之知痛痒，此知觉便是心也"[2]，"知是心之本体，心自然会知：见父自然知孝，见兄自然知弟，见孺子入井自然知恻隐，此便是良知，不假外求"[3]。良知是心之本体，作为一种天生的是非判断能力，有知觉是其应有之义。但绝不能将良知等同于知觉，知觉是心的认识功能，而良知则是天理，是此心的全部。

刘宗周（1578—1645）反对以觉训仁，"心一也，合性而言则曰仁，离性而言则曰觉。觉即仁之亲切痛痒处，然不可以觉为仁，正谓不可以心为性也"[4]。仁和觉的区别，在于仁是心之性，觉是心之体。人心有知觉、识痛痒便是仁，觉和仁是两个概念。觉和心之间，"此心一真无妄之体，不可端倪，乃从觉地指之。觉者，心之主也。心有主则实，无主则虚，实则百邪不能入，无主焉反是"[5]。"觉"好比心之主人翁，古人常问"主人翁常惺惺否"，就是在问此心是否一直处

---

〔1〕 钱时《蜀阜存稿》卷3《勿轩记》，《钱时著作三种》，第649-650页。
〔2〕 王守仁《王阳明全集》卷3《传习录下》，上海古籍出版社1992年版，第121页。
〔3〕 王守仁《王阳明全集》卷1《传习录上》，第6页。
〔4〕 刘宗周《学言上》，《刘宗周全集》第3册，浙江古籍出版社2012年版，第350页。
〔5〕 刘宗周《证学杂解》，《刘宗周全集》第3册，第238页。

于警醒、警觉状态。觉之于心如此重要，故蕺山干脆说，"夫心，觉而已矣"[1]。心体一觉，就会产生各种认识；一旦本心无觉，立刻各种妄念、自以为是乘虚而入。"求仁"是圣学第一义，"克复"则是求仁第一义："克者，一觉便胜，非难事也，难在一觉耳。"[2] 在刘宗周的思想中，所谓"求仁"的工夫主要表现在"直从动念处勘理欲关头。其为理与欲，又只就世缘渐染处勘此关头清楚"[3]。因此"克己"之"己"主要指各种欲念，战胜这些念头并不难，"一觉便胜"，难的是"一觉"。到底要觉什么？于理欲、公私等方面"勘此关头清楚"。觉则为理为公，此心清净澄明；迷则为欲为私，此心昏聩迷乱。觉还是不觉，成为克复求仁的第一要义。

既然"觉"才是成圣成贤的关键，纵观历史，能觉斯道、启斯民，称得上圣贤的屈指可数。刘宗周一反之前以《尚书·大禹谟》"十六字心传"为标准构建的道统，而以"先觉觉后觉"为标准，重构道统。孟子曰："天之生斯民也，使先知觉后知，使先觉觉后觉。"生斯世，为斯民，无论所觉之"道"、所觉之"学"为何，只要有利于启悟斯世斯民即可。最先觉者，当属尧舜。"尧舜之道，尧舜之心为之也；尧舜之心，即吾人之心，同此心，同此觉也。"[4] 尧舜之后，孔子以"中庸"为至道至德，一时令乱臣贼子惧，此吾道之一大觉。战国时期，杨墨横议，孟子起而言"性善"，人乃知恶非本性，于是仁昭义立，君父之伦益尊于天地间，此吾道之又一大觉。之后人们沉浸名理，佛教明心见性之说盛行，儒道大晦。周敦颐倡无极之说，提出"诚者，圣人之本"，使吾道大明，此又一觉也。之后又辨说日烦，支离转甚，进而流于辞章训诂。王阳明起而救之，拈出"良知"二字唤醒沉迷，如长夜之旦，此吾道之又一觉也。阳明借《大学》言良知，却未尽《大学》之旨，后人辗转，复失良知之旨。时节因缘，"司世教者又起而言诚意之学，直以《大学》还《大学》耳"，"故学以诚意为极则，而不虑之良于此起照，

---

[1] 刘宗周《证学杂解》，《刘宗周全集》第 3 册，第 237 页。
[2] 刘宗周《读书要义说》，《刘宗周全集》第 3 册，第 281 页。
[3] 刘宗周《论语学案》卷 1，《刘宗周全集》第 1 册，第 290 页。
[4] 刘宗周《证学杂解》，《刘宗周全集》第 3 册，第 247 页。

后觉之任，其在斯乎？"〔1〕——儒家的道统应该是"尧舜—孔—孟—周敦颐—王阳明"，他本人则是继阳明之后又一个"觉悟"者，他要用"诚意"之学启悟后觉。

综上，经过历代理学家的不断阐释，"觉"的意涵不断丰富和变化：由心的"知觉"功用逐渐演变为心之本体，进而即本体即工夫，乃至成为构建道统的依据。"觉"俨然成为宋明理学尤其是心学的核心范畴之一。

三、"觉"之意蕴在演进中引发的争议

谢良佐之"心有所觉谓之仁"，张九成对仁、觉、心的阐述，给后学带来极大的争议。争议的焦点主要有两个："觉"到底是心之体还是心之用？以觉训心，与禅宗有何区别？

（一）"觉"是心之"用"还是心之"体"：朱熹与湖湘学者之争

谢、张二人的观点遭到朱熹的强烈反对，却得到湖湘学者的支持。于是朱熹和湖湘学者之间展开了一场辩论。

胡实（字广仲，胡宏之从弟）引用《孟子》"先知先觉"之语以证明上蔡之说渊源有自，并说道："'心有所觉谓之仁'，此谢先生救拔千年余陷溺固滞之病，岂可轻议哉！夫知者，知此者也；觉者，觉此者也。果能明理居敬，无时不觉，则视听言动莫非此理之流行，而大公之理在我矣。""以爱名仁者，指其施用之迹也；以觉言仁者，明其发见之端也。"〔2〕

朱熹回复解释道："盖孟子之言知、觉，谓知此事，觉此理，乃学之至而知之尽也。上蔡之言知觉，谓识痛痒、能酬酢者，乃心之用而知之端也。二者亦不同矣，然其大体皆智之事也。"〔3〕孟子和上蔡所言之知觉具体指向不同，以之言仁，就不可能完全契合。说"知此觉此"，"此"自然指的是"仁"，"知此觉此"就是

〔1〕 刘宗周《证学杂解》，《刘宗周全集》第 3 册，第 248、249 页。
〔2〕 黄宗羲、全祖望等编《宋元学案》卷 42《五峰学案》，第 1385 页。
〔3〕 朱熹《晦庵先生朱文公文集》卷 42《答胡广仲》，《朱子全书》第 22 册，第 1903 页。

知仁觉仁，但仁本是吾心之德，"又将谁使知之觉之耶？"他反驳道：

上蔡所谓知觉，正谓知寒暖饱饥之类尔。……盖仁者心有知觉，乃以仁包四者之用而言，犹云仁者知所羞恶辞让云尔。若曰心有知觉谓之仁，则仁之所以得名初不为此也。今不究其所以得名之故，乃指其所兼者便为仁体，正如言仁者必有勇，有德者必有言，岂可遂以勇为仁、言为德哉？[1]

在他看来，仁是诸德之首，"觉"只是"智"的活动功用，层次上难以与仁匹配；从"仁包诸德"出发，仁本身就包含了智和觉。说心有知觉没问题，但是说心有知觉便是仁，就不成立。所以用知觉来规定仁是错误的。

胡大原（字伯逢，胡宏之从子）认为朱子对上蔡所说的"知觉"有误解。他承认知觉有深浅，像知寒暖、温饱之类就比较浅，认此知觉为仁当然不妥，伊川说"觉不可以训仁"就是为此。但上蔡的"知觉"绝不是指这种浅层的东西，"若夫谢子之意，自有精神。若得其精神，则天地之用即我之用也，何病之有！以爱言仁，不若觉之为近也。""必有所觉知，然后有地可以施功而为仁也。"[2] 朱熹反驳道，如果既不知"仁"之含义，又不论下功夫处，而只言精神，恐怕立意太高，"反之于身愈无根本可据之地也"[3]。

之所以有以上分歧，主要在于双方的根本立论不同。朱熹主张"性即理"、心统性情。心未发时为性，仁包诸德；已发为情，恻隐贯之。"觉"只是"智"的功用，如何能代替整个仁体？况且，他认为上蔡之说最大的问题在于"觉"的对象过于模糊。"心有所觉"，到底觉什么？如果只识个痛痒，凡人都能识得，难道都是仁人吗？须觉得"天理人欲之分"，方是仁。只在知觉上说仁，忽略了性之义理，只剩下一个空荡荡的心，与佛老以知觉运动言心有何差别？他担忧的是以觉言仁会空掉"理"，导致此心无所依归。上蔡和湖湘学者则主张"心即性"，仁体即心体。他们所说的"觉"不是指某种德性，也不等同于"智"，而是一种切己省察、启动仁体的手段。

至于张九成的"仁即是觉，觉即是心"，朱熹不屑分辨，"子韶本无定论，只

---

[1] 朱熹《晦庵先生朱文公文集》卷32《答张钦夫》，《朱子全书》第21册，第1413页。
[2] 黄宗羲、全祖望等编《宋元学案》卷42《五峰学案》，第1386、1386-1387页。
[3] 朱熹《晦庵先生朱文公文集》卷32《答张钦夫》，《朱子全书》第21册，第1413页。

是迅笔便说，不必辨其是非"[1]。不过他转而认为"上蔡说得'觉'字太重，便相似说禅"[2]，"上蔡一变而为张子韶，上蔡所不敢冲突者，张子韶出来，尽冲突了"[3]。他认定张九成的学说是阳儒阴释，专门作《张无垢中庸解》，集中力量批判之。由此引发出另一个问题：同样以知觉言心，儒禅有何区别？

（二）儒释之别是否在于以觉言心？

尽管"觉"被心学赋予了丰富的内容，但无论是作为本体还是工夫，"知觉"都是其应有之义。佛教最喜欢谈"觉"，心学以觉言心便被视为禅学。明代陈建（1497—1567）概括儒释之别："孔孟皆以义理言心，至禅学则以知觉言心。"[4]他暗指当时流行的阳明心学是禅学。禅宗与心学都以知觉言心，二者有何区别？刘宗周辨析道：

> 释氏之学本心，吾儒之学亦本心。但吾儒自心而推之意与知，其工夫实地却在格物，所以心与天通。释氏言心便言觉，合下遗却意，无意则无知，无知则无物。其所谓觉，亦只是虚空圆寂之觉，与吾儒体物之知不同；其所谓心，亦只是虚空圆寂之心，与吾儒尽物之心不同。[5]

儒释之学都是以"心"为立论根本。不同的是，儒家从本心出发而论意、知、物，无论本体还是工夫都具有实实在在的内容和对象；佛教则单讲觉，不讲意、知、物，本体和工夫都流入虚寂。同样讲"心"，却有虚实之别。细绎张九成至刘宗周等人的思想，发现他们在大谈觉与心关系的同时，对意、念、知、物等与心有关的范畴都进行了讨论。"觉"作为本体和工夫，觉的是圣贤之道，察的是私意恶念的萌发。单从命题表面而不深究其内容就断定其为禅，过于主观和肤浅了。

四、结　论

通过梳理"觉"范畴在宋明理学中的内涵演变，可以得出如下结论。

---

[1]　黎靖德编《朱子语类》卷101，中华书局1986年版，第2563页。
[2]　黎靖德编《朱子语类》卷6，第118页。
[3]　黎靖德编《朱子语类》卷20，第478页。
[4]　陈建《学蔀通辨》终编卷上，严佐之等主编《历代"朱陆异同"典籍萃编》第1册，第360页。
[5]　刘宗周《学言上》，《刘宗周全集》第3册，第333页。

第一，"觉"之于心性，仅仅是"智"之功用，还是具有本体工夫的意义？

不同的回答形成了不同的学派。湖湘学者终不能被朱子说服，横浦心学被视为禅学，恰恰说明他们在本体论和工夫论上的分歧。程朱道学只把"知""觉"当成心的认知功能，是心之用；而在以张九成为代表的心学看来，"觉"既是心之本体，又是察识的工夫，体现了心学"本体即工夫"的特色。

第二，以觉言心不是佛教的专利，"觉""心"也不是佛教专有的术语，先秦儒家典籍早已有之。儒释均以"心"统摄万物，却有虚实之分。朱熹等人认为以觉言心和禅学没什么两样，只看到了二者的相似处，并没有抓住其本质。

第三，不可否认，以觉训仁、以觉言心在思维方式上受到禅宗很大的影响，它是传统儒学范畴与禅宗思想相结合的产物，构成了心学的思想特色之一。"觉"在不同时期的意涵演变，可作为了解心学产生、发展的一个重要维度和视角。

从对"绘事后素"的阐释看张载的礼学思想

——兼论其与郑玄、朱熹的差异

李　腾[*]

[内容提要]

　　对于《论语》"绘事后素"的诠释，学界多关注郑玄和朱熹的观点。二者经由对"素"的不同理解分别强调礼之文和礼之质，张载则将"素"分作质地与质朴两义，认为应根据人之个体气质（质地）上的差异，相应地侧重礼之"文"或"质"（质朴），且他至少区分了与礼相关的三种文质论，以强调礼"或文或质"。除"因人而异"外，张载还认为礼亦"因时而异"，即具有时代性和情境性。张载的礼学思想与其气论建构之间密切相关：正因为气周流遍布的特性，才使得张载的礼能够"或文或质"，并足以贯通形上形下，打破人与人、人与天地万物之间的隔阂。

[关键词]

绘事后素；张载；郑玄；朱熹；礼

----

　* 李腾，聊城大学政治与公共管理学院哲学系讲师，哲学博士。本文系教育部人文社会科学研究青年基金项目"'三礼'学与张载理学体系的建构研究"（20YJC720010）阶段性成果。

《论语·八佾》载：

子夏问曰："'巧笑倩兮，美目盼兮，素以为绚兮'，何谓也？"子曰："绘事后素。"曰："礼后乎？"子曰："起予者商也！始可与言《诗》已矣。"[1]

孔子及其弟子子夏在此章中论《诗》及礼，此中的关键是"绘事后素"。在这之后，"素"的内涵以及"素"与"绘事"的关系等问题引发了诸多讨论，尤以郑玄和朱熹的理解最具代表性，历来最受学者重视。张载对这一段文字也做了颇具特色的阐释，但在学界中一直没有受到充分的重视。本文将通过展现张载的相关论述，来表明其独特理解，并揭示张载的阐释对郑玄、朱熹的相关理解具有补充和纠偏的意义。

一、郑玄与朱熹对"绘事后素"的理解及其困境

针对"绘事后素"，郑玄和朱熹给出两种完全不同的代表性理解。学界对此已讨论甚多，[2] 但二者之间的差异以及各自的理论困境仍有进一步探讨的空间，这里先简要对二者的不同理解进行归纳。

（一）郑玄与朱熹对"绘事后素"的不同理解

郑玄以"素"为"素功"，他援引《周礼·考工记》中的记载："凡画缋之事后素功。"古代绘画之时，先画各种色彩，最后要用"素功"：通过白色线条加以勾勒或修整，以使画更清晰分明。在绘画的过程中，"素功"是最后一个步骤，"素功"之后才能成就一幅绚丽多姿的图画。更进一步，郑玄以绘画之"素功"喻礼："凡绘画，先布众色，然后以素分布其间，以成其文。喻美女虽有倩、盼美

---

[1] 程树德《论语集释》，中华书局1990年版，第157-159页。

[2] 郑玄和朱熹的诠释各有追随者，南梁皇侃以及清代多数学者如惠士奇、凌廷堪、刘宝楠都赞同郑说，但全祖望则"从朱说"。近代以来，钱穆赞同郑说，冯友兰、杨伯峻、李泽厚则赞同朱熹的诠释。现代学者对这一问题的讨论愈加丰富，分别从思想史、诠释学、语言学、美学、考古学等各个维度对这一问题进行探讨。可参看周远斌《〈论语〉"绘事后素"章释义考辨》，《山东师范大学学报（人文社会科学版）》2010年第5期；邵碧瑛《从出土漆画、帛画看"绘事后素"》，《江西社会科学》2007年第4期；蔡新乐《〈论语·八佾〉第八章的解经方法论的初步探讨——与鄢秀、郑培凯商榷》，《东方翻译》2017年第5期。

质，亦须礼以成之。"〔1〕 人虽有美质，还必须依靠礼的修饰、调整、约束等功能，才能成就美好人性。因此，郑玄强调礼在成就人性方面发挥着至关重要的作用，它是最后也是最重要的环节。

朱熹对这一问题的理解更多地源自杨时："礼必以忠信为质，犹绘事必以粉素为先……杨氏曰：'甘受和，白受采，忠信之人，可以学礼。苟无其质，礼不虚行。'此'绘事后素'之说也。"〔2〕 相比于郑玄，杨时另辟蹊径，在《礼记·礼器》中找到了另一条文本依据，甘是五味之本，白是五色之本，可以容纳众味和众色。杨时以此说明"忠信"这一内在本质要先于礼饰：忠信之质为本，则绘事之礼为末。这一观点深刻影响了朱熹，朱熹在此基础之上得出完全不同于郑玄的诠释路径。他以"素"为"素地"，"素地"即粉地，是画的底子：绘画之时，先要保证底子是素色的，然后才能在其上用五色作画。相应地，则"绘事"为礼，礼（绘事）要在"素地"之后，先有忠信之质，然后才能加以装饰，否则礼就容易沦为虚礼。以此，质与礼有了本末之分，质为本，礼为末，这里隐含了朱熹对虚伪之礼深刻的警惕。

（二）郑玄与朱熹对"绘事后素"诠释背后的礼学思想及其理论困境

郑玄以"素"为礼，强调礼在成就人性中的重要作用；朱熹则以"绘事"为礼，"素"为先于礼的忠信本质，主张礼后于本质，先有美质，然后礼才能加以装饰。二者的区别实际上源于他们对礼的来源、功用以及人性论基础的不同理解。郑玄认为"性有善有恶"〔3〕，人性虽内有善质，但容易流于恶，因此需要圣人之教"改恶为善"〔4〕，而礼为圣人所制作，目的是节制、规范常人的性情，故而郑玄非常重视礼的教化之功；而朱子则主张"性即理"，"须知仁、义、礼、智，四字一般，皆性之德，乃天然本有之理"〔5〕，人性中的仁义礼智皆为天理，礼有本有文，

〔1〕 刘宝楠《论语正义》，中华书局 1990 年版，第 90 页。

〔2〕 朱熹《四书章句集注》，中华书局 1983 年版，第 63 页。

〔3〕 张岱年《中国哲学大纲》，商务印书馆 2015 年版，第 328 页。

〔4〕 "变，改恶为善也。变之久则化而性善也。"《礼记正义》卷 60，浙江大学出版社 2019 年版，第 1268 页。

〔5〕 朱熹《晦庵先生朱文公文集》卷 42《答胡广仲》，朱杰人等主编《朱子全书》第 22 册，上海古籍出版社、安徽教育出版社 2002 年版，第 1904 页。

天理（于人而言是内在的仁义、忠信、爱敬等）是礼之本，具体的仪章度数是礼之文，他反对"遗本务末""缓实急文"[1]，重视礼之本或礼之质，并将礼视为人通向天理（圣人之学）的途径。

郑玄与朱熹对"绘事后素"的诠释非常经典，也与他们各自的礼学思想密切相关，但其中仍然存在一定的理论困境。郑玄以"素"喻礼会造成两方面的问题。其一，以"素"喻礼，礼有外在、固定之嫌。就绘画本身来说，五采[2]皆是文饰，皆可为礼，为什么单单强调以"素"为饰，这可能也是子夏真正的疑问所在："素以为绚，何谓也？"虽然我们可以从两方面来解释为何"素功"是绘画的最后一个步骤：一是白色本身容易被其他颜色渍污；[3] 二是画面上的各种颜色最后需要白色线条来勾勒，以使整个画面"绚然分明"[4]。但这仅仅强调"素功"是绘画最后一个技术性的步骤，郑玄将"素功"喻礼，以说明礼承担成就人性的重要功能，但此礼到底是如何成就人性的呢？郑玄并没有过多地说明，以"素"为礼反而容易造成一种倾向：礼类似于"素功"是一种技术性的手段，是强加于人的外在规范，亦即是一种被人为制定的成文规矩，由于其缺乏灵活性而容易导致教条化。其二，郑玄强调先布众色，最后加以"素功"，"盖妇人容貌，先加他饰，后加以素，至加素，则已成章，故得称绚"[5]。但这与《诗经》讨论的庄姜之美也

---

[1] "凡礼有本有文，自其施于家者言之，则名分之守、爱敬之实，其本也；冠、婚、丧、祭仪章度数者，其文也。……至或遗本而务末，缓于实而急于文，自有志好礼之士，犹或不能举其要，而因于贫窭者，尤患其终不能有以及于礼也。"朱熹《晦庵先生朱文公文集》卷75《家礼序》，《朱子全书》第24册，第3626—3627页。朱熹反对"遗本务末"，当然他也反对"重本轻末"。匿名评审专家指出："在《论语集注》所载的对其他与文、质关系相关条目的解释中，朱熹并未表现出对质的过度偏重。他在对《论语·雍也》'质胜文则野，文胜质则史。文质彬彬，然后君子'一条的诠释中，表达的正是对文、质都应重视的观点。"的确，朱熹对《论语》中"礼"的诠释经历了一个动态发展的过程，经过不断的反思，他在晚年最终确立了以"天理"为礼之体，以"节文"为礼之用，体用皆不可偏废的观点。可参看郭园兰《朱熹对〈论语〉"礼"的三维诠释》，《中国文化研究》2021年第3期。但单就朱熹对"绘事后素"的诠释来看，其以质（忠信之质即天理）为本，而以礼为文，确实容易滋生"重理轻文"的思想倾向。

[2] "五色者五采，即青、赤、黄、白、黑"。刘宝楠《论语正义》，第91页。

[3] 郑玄在注解《周礼·考工记》"凡画缋之事后素功"时言："素，白采也。后布之，为其易渍污也。"刘宝楠《论语正义》，第91页。

[4] 皇侃："如画者先虽布众彩萌映，然后必用白色以分间之，则画文分明，故曰绘事后素。"程树德《论语集释》，第159页。

[5] 刘宝楠《论语正义》，第90页。

会产生矛盾，难道"巧笑倩兮，美目盼兮"是人为修饰的后果，而不是庄姜本身的天生丽质？[1]

而在朱熹这里，他承认"巧笑倩兮，美目盼兮"是庄姜天生美质，"素以为绚"即先有美质的前提，然后才能以礼（绚）加以装饰。朱熹以"绘事"为礼，礼后于"素地"，亦即以质为本，以礼为文，但这非常容易滋生"重质轻文"的思想倾向。人必须先有忠信之质，然后才配学礼，好似礼只能锦上添花，而不能影响人性。黄式三《论语后案》云："近解嫥以仪文为礼，遂滋本末轻重之说。申其说者，遂云未有礼先有理也。信如是，则忠信，理也，本也。礼，文也，末也。"[2]这里明显指责以朱子为代表的理学家"重理轻文"的礼学思想。

二、张载对"绘事后素"的阐释及其礼学特征

除了上述郑玄与朱熹对"绘事后素"所做的经典诠释，张载对"绘事后素"也有颇具特色的理解，其理解主要见于这两处：

> 礼矫实求称，或文或质，居物后而不可常也。他人才未美，故绚饰之以文；庄姜才甚美，乃更绚之用质素。下文"绘事后素"，素谓其材，字虽同而义施各异。故设色之工，材黄白者必绘以青赤，材赤黑必绚以粉素。[3]

> 礼（物）因物取称，或物之后而不可常也。他人之才未善，故宜饰之以文；庄姜才甚美，故宜"素之以绚"。[下文"绘事后素"]，二素字用不同而义不相害。倩盼者，言其质美也。妇人生而天才有甚美者，若又饰之以文，未宜；故复当以素为绚。礼之用，不必只以文为饰，但各物上各取其称。文太盛则反素，若衣锦尚絅；礼太盛则尚质，如祭天扫地。绘事以言其饰也，素以言其质也。素不必白，但五色未有文者皆曰素。犹人言素地也，素地所以施绘。子夏便解夫子之意，曰

---

〔1〕 全祖望："若《考工》所云，则素功非素地也，谓绘事五采，而素功乃其中之一，盖施粉之采也。粉易于污，故必俟诸采既施而加之，是之谓后。然则与《论语》绝不相蒙。夫巧笑美目，岂亦粉黛诸饰中之一乎？抑亦巧笑美目出于人工乎？且巧笑美目反出于粉黛诸饰之后乎？此其说必不可通者也。"程树德《论语集释》，第 158 页。

〔2〕 程树德《论语集释》，第 160 页。

〔3〕 张载《正蒙·乐器》，林乐昌编校《张子全书》卷 2，西北大学出版社 2015 年版，第 46 页。

"礼后乎",礼所以为饰者也。素字使处虽别,但害他子夏之意不得。[1]

不同于郑玄以"素"为"素功"及朱熹以"素"为"素地",张载认为前后两个"素"字(即"素以为绚"和"绘事后素")"字虽同而义施各异"。前一个"素"意为"质朴、朴素",张载认为庄姜长相太美,若再以过于华美的衣饰妆容对其进行修饰,反而会画蛇添足,适得其反,所以这时需要一些质朴的、素雅的装饰,反而更能衬托出庄姜的美。更重要的是,张载显然并不认为"礼"仅仅是文饰,而是"或文或质"(这一点不同于朱熹);后一个"素"指的是"质地、材质",是绘画之前所有的那个"底子",也就是人与人之间的材质存在差异,所以相应地采取的"礼饰"也应该不同(这一点既不同于郑玄"以素喻礼",也不同于朱熹将"素"视为人皆所同的忠信本质)。

（一）礼"因人而异"而"或文或质"

显然地,在张载这里有一个基本的原则,即礼"因人而异":人不同,则相应所采取的礼也不同。事实上,庄姜相貌之美象征着人的材质方面(如才智、本性等方面)的才美,这一用法在先秦即已存在,如《论语·泰伯》记载:"子曰:'如有周公之才之美,使骄且吝,其余不足观也已。'"[2]而人之材质之所以有差异,根源在于人所禀有的"气质之性"。张载区分了不同层次的性,首先是一种源头意义上的普遍之性,即天地万物得以产生的源头和根据,"性者万物之一源"[3]是也;而具体的事物一旦生成,个体就会禀得"天地之性和气质之性"[4]。天地之性是人类所共同具有的纯然善性,"性于人无不善,系其善反不善反而已"[5]。而人与人之间之所以具有个体差异,则是由于气质之性,"气质犹人言性气,气有刚柔、缓速、清浊之气也,质,才也。气质是一物,若草木之生亦可言气质。惟其能克己则为能变,化却习俗之气性,制得习俗之气"[6]。气由清转浊,由无形变

---

[1] 佚名编《张子语录·语录下》,《张子全书》卷11,第270页。
[2] 程树德《论语集释》,第535页。
[3] 张载《正蒙·诚明》,《张子全书》卷1,第14页。
[4] 可参看林乐昌《张载心学论纲》,《哲学研究》2020年第6期;陈辉《〈正蒙〉心性理论探究》,《安康学院学报》2023年第2期。
[5] 张载《正蒙·诚明》,《张子全书》卷1,第15页。
[6] 张载《经学理窟·学大原上》,《张子全书》卷5,第88页。

到有形，就有了具体的形质，同时也就有了限制，所以气质之性意味着一种偏滞：每个人由气禀之通蔽开塞不同，而呈现出个体气质上的刚柔缓急上的差异，或偏于此或偏于彼，若任其偏滞而不知纠正，就会跟随物欲而陷入道德上的恶，而若想复归纯然之善性，则需要"变化气质"，"为学大益，在自能变化气质"[1]。变化气质的方式有二，一是"虚心"，二是"得礼"："修持之道，既须虚心，又须得礼，内外发明，此合内外之道也。"[2]"变化气质……更要约时，但拂去旧日所为，使动作皆中礼，则气质自然全好。"[3] 礼是人变化气质、复归善性的关键，由于每个人的气质各有不同，所以相应地对于礼的择取和采纳也会不同。过于文则拿质来补，过于质则加以文，对于张载来说，礼"或文或质"，其不仅仅是文饰，而且还可以改变人之内在性情，因而文质兼备，这一点正是张载学说迥异于郑玄、朱熹两人学说的关键点，根据相关文本可以推断出，张载认为"礼"中至少包含着三种文质关系。

第一，就礼典所使用的器物或采用的仪式而言，文指华采文饰，而质则是粗朴不文。在礼的生成过程中，最初受限于当时的物质条件，礼器及具体礼仪非常质朴简略，之后随着生产力的发展，所用之器物越来越丰富和华美，礼的文饰也越来越多。但后世之人在行礼的过程中，仍需使用上古质朴的礼器，这固然可以体现礼之贵本尊古，但显然其背后隐含的礼之意义根本不在于礼器的华美，而在于背后所承载的敬畏之心：上古之人施行极为简略之礼，"犹若可以致其敬于鬼神"[4]。古代祭祀之礼中，要通过礼器来体现返本尊古，如尚玄酒（清水）、大羹（不加佐料的肉羹）等，甚至越是隆重的礼，越崇尚质朴（如"祭天扫地"[5]），越是华丽的文越需要朴素之物来修饰、中和（如"衣锦尚褧"）。华采文饰之文和粗朴不文的质都是对礼典的装饰，不同的礼典，对于文与质的侧重不一样，张载此处强调隆重

---

[1] 张载《经学理窟·义理》，《张子全书》卷5，第82页。
[2] 张载《经学理窟·气质》，《张子全书》卷4，第78页。
[3] 张载《经学理窟·气质》，《张子全书》卷4，第74页。
[4] 《礼记正义》卷30，第576页。
[5] "祭天扫地"即《礼记·礼器》言："至敬不坛，扫地而祭。"孔颖达疏："初则燔柴于大坛，燔柴讫，于坛下扫地而设正祭，此周法也。"如郊祀祭天是至敬的礼仪，只在坛上燔柴，正祭时却并不登坛，只是在坛下扫地而祭。《礼记正义》卷32，第632-633页。

的礼需要以"质"来中和,同理,杀(简约)之礼亦需要"文"来增益。依据礼典的不同规格:隆礼、杀礼、中流之礼[1],相应地侧重"文"或"质",在此意义上,"因其财物而致其义焉尔"[2],即适宜地发挥所用礼器的作用,从而使礼典能够文质相称。

第二,就主持或参与礼典仪式的人而言,文是指外在的仪容动作,质则是指内在的道德本心。这里涉及人的修养工夫,人在礼的具体实践过程中,践行礼仪貌似仅是身体上的行为动作,但其背后却需要内在的"质"作为支撑。"更要约时,但拂去旧日所为,使动作皆中礼,则气质自然全好。《礼》曰'心大体胖',心既弘大则自然舒大而乐也。若心但能弘大,不谨敬则不立;若但能谨敬而心不弘大,则入于隘,须宽而敬。大抵有诸中者必形诸外,故君子心和则气和,心正则气正。"[3]"有诸中者必形诸外",所以礼仪行为需有内在的谨敬之心。而按照芬格莱特的说法,在践行礼仪的过程中,有两种类型的失败,一种是"由于缺乏学习和技巧而使礼仪的践行非常笨拙",内在的道德本心较为纯粹和丰沛,但缺乏对于身体实行上的练习和控制而无法完成礼仪实践,这种情况属于"质胜文",需要补充外在的"文";另一种是"礼仪表面上也许实行得熟练灵巧,但由于缺乏严肃认真的目标和信守(commitment)而仍然显得乏味和机械",[4]与上一种情况相反,才美之人往往技巧娴熟,但内在却缺乏敬畏之心和良知德性的支撑,礼仪实践就显得过于外在而机械,显然这属于"文胜质",就必须以"质"补充之。所以在具体的礼仪实践中,往往需要根据个体的才美与否,以及气质偏颇上的差异,相应地更为偏重"文"或"质"。

第三,就礼自身而言,文可谓形而下的仪节度数,质则指形而上的礼之本体。这涉及本体论层面。通常的理解,礼是一种社会的规范体系,包括各种礼节仪文、规章制度,但这些都是外在可见之礼,自孟子开始,就有"内在之礼"的说法,若我们追问一句,礼自何来?或者换句话说,礼的存在根据是什么?那么,就能够

---

[1] 《荀子·礼论》:"文理繁,情用省,是礼之隆也;文理省,情用繁,是礼之杀也;文理、情用相为内外表里,并行而杂,是礼之中流也。"王先谦《荀子集解》,中华书局1988年版,第357页。

[2] 《礼记正义》卷33,第650页。

[3] 张载《经学理窟·气质》,《张子全书》卷4,第74页。

[4] 赫伯特·芬格莱特《孔子:即凡而圣》,彭国翔、张华译,江苏人民出版社2002年版,第7页。

意识到，外在的礼背后有其形而上的基础，这些基础构成了礼文之质。按照张载的气论构想，万物同此一气，气化流行而有性和天道，而天道（或天理）与性正是礼的两个根源："礼不必皆出于人，至如无人，天地之礼自然而有，何假于人？天之生物便有尊卑大小之象，人顺之而已，此所以为礼也。学者有专以礼出于人，而不知礼本天之自然。"[1] 天理漫衍所呈现之天秩天序，就如在天之礼，而人间的礼仪制度，就是天理在人；另外，由于人内在的天地之性也同出于气化过程，所以说"礼"同时也有这样一种内在的根源："礼所以持性，盖本出于性。持性，反本也。"[2] 性也是礼之本。天理与性共同构成了礼仪制度的"质"，正因为这些本于天的形上建构，才使得礼不至于成为无本之木，无源之水。无论是对于礼的践行，还是制礼作乐，最终都要以此为依据，并需时时回溯到这些基础之上。

（二）礼"因时而异"而"不可常"

"礼矫实求称，或文或质，居物后而不可常也。"张载用来解释"绘事后素"的这句话强调了礼之"不可常"，礼总是要变的。首先，礼总是要"因人而异"。其次，礼总是"因时而异"，这一点集中体现在张载的"时措之宜"思想之中。礼既然取法天理，而天理又具有恒常性，那么人间之礼似乎也应该恒定不变，但就历史的发展来看，人间的礼仪规范时常会沦为僵化的教条形式，因此只能加以改变。这看似存在着矛盾，而张载对这一问题给出了自己的解释。

首先"礼"具有一定的时代性。《礼记·礼运》中言及大同和小康，大同即"大道之行"时代，而小康对应"大道既隐"时代。二者之间一个非常明显的差别在于对"礼"的重视方式。在大同时代，没有礼名、礼事和礼制，圣王主要以"德"治天下；而在小康时代，"大人世及以为礼""礼义以为纪"，圣王以"礼"治天下。从表面上看，大同时代和小康时代之间存在着从无礼到有礼的断裂，但在张载看来，礼有"无体之礼"（礼意），也有"有迹之礼"（礼名、礼事），大同时代并非无礼，而是礼意沛然，有"无体之礼"而无"有迹之礼"，小康时代"有迹之礼"经由圣王制作而出现。这样的理解和皇侃所谓的礼有三起：礼理、礼事、

---

[1] 张载《经学理窟·礼乐》，《张子全书》卷 4，第 73 页。
[2] 张载《经学理窟·礼乐》，《张子全书》卷 4，第 73 页。

礼名一脉相承[1]。无论大同或小康，礼意或者礼理都是一致的，"礼必本于天，淆于地，列于鬼神"[2]，但是经由圣王制作而成的"礼事"需要借助有形的符号系统才能表达，一旦从无形体落入有形体，就存在着陷入教条化和僵化的可能，所以孔子等先贤才会强调礼"随时损益"的重要性。而且，虽然张载很认同周礼，但周礼已残缺："今礼文残缺，须是先求得礼之意然后观礼。合此理者即是圣人之制，不合者即是诸儒添入，可以去取。"[3] 既有礼文多有残缺，且时代在不断变化，如何制得合于当下的礼，就需要制礼者取法天理或返归天命之性，"时中之宜甚大，须'精义入神'，始得'观其会通''行其典礼'，此方是真义理也"[4]；并且参照当下世人心态，"人情所安，即礼也"[5]，详加斟酌与取舍，才有可能得到真正的礼，才不至于让礼失去其时代性，进而沦为禁锢人心的束缚。

除此之外，就具体的个人对于礼的实践来看，礼具有情境性，即礼需要根据当下处境的不同而采取不同的礼仪方式，甚至是突破既有的礼仪制度而自立规范，这就是礼之权的问题："权，量宜而行，义之精，道之极者，故非常人所及。"[6] 如果礼并未脱离时代并沦为僵化的形式，但在面临着某些特殊情况时，既有的礼仪制度不能适用或合宜处理的情况下，就需要考虑变通，即从权的问题。在张载看来，礼仪制度不能被视为亘古不变的规范，当其无法适用于某些具体的情境时，就应该遵从礼仪背后的礼义，回溯到天理和人内在的仁心仁性，创造性地应对处境。

显然，礼能够且时常需要"因时而异"，但如何判断礼已不适用于时代且需重新制礼，或者如何去认定某些特殊处境之下必须从权，这都对礼仪实践者有极高的要求，需要他们具有极高的修养层次。张载使用了诸如"精义入神"（近乎圣人境界）、"非常人所及"等术语来加以说明，也就是说，需要实践者能够"变化气质"，穷理明德，这样才能实现礼之"时中之宜"。上文已表明，变化气质的一条重要途径正是"得礼"，所以这里出现了一个类似于辩证运动的进程：变化气质的

---

[1] 皇侃："礼有三起。礼理起于太一，礼事起于遂皇，礼名起于黄帝。"《礼记正义》卷1，第4页。
[2] 《礼记正义》卷29，第573页。
[3] 佚名编《张子语录·语录下》，《张子全书》卷11，第264页。
[4] 佚名编《张子语录·语录下》，《张子全书》卷11，第265页。
[5] 张载《礼记说·礼运》，《张子全书》卷14，第342页。
[6] 佚名编《张子语录·语录中》，《张子全书》卷11，第259页。

最佳入手处，正是学礼，"某所以使学者先学礼者，只为学礼则便除去了世俗一副当［世］习熟缠绕"[1]。具体的礼仪可以收敛身心，使人"守得定"；当通过学礼消除习心，渐次进阶，同时礼在学者眼中也逐渐发生变化，甚至学至圣贤时还能反哺礼仪规范，礼与人相互促进、共同改变。所以张载说："严正刚大，必须得礼上下达。"[2] 礼贯通形下形上，在为学者的各个修习阶段都能起到重要的作用。

三、张载礼学特征与其气论的关联

正如唐君毅先生所说："今当泛论礼，皆为人德行之表现于形色；则不重形色之气，礼之分量自不得而重。此由古代儒者之重礼者，皆重气，可以证之矣。船山所宗之横渠者，宋代儒者中重礼者，亦重气者也。"[3] 按此说法，张载之所以重礼，与其气论立场密切相关，因为气与礼皆可"表现于形色"，气自然会形成万物，礼则必须见诸实行，重气与重礼是一体之两面，所以有必要进一步探讨张载礼学所呈现出的特征与其气论框架的关系。

（一）张载礼学的纵贯面向

张载在《正蒙》这一核心文本中构建了一个"太虚—天地—人物"三重本体论的结构[4]，太虚被他用来描述气的最初形态，正如王夫之所说："太虚即气，絪缊之本体，阴阳合于太和，虽其实气也，而未可名之为气；其升降飞扬，莫之为而为万物之资始者，于此言之则谓之天。气化者，气之化也。阴阳具于太虚絪缊之中。"[5] 太虚是气之未分化状态，虽然它是万物的最终本源（"至静无感，性之渊源"），但却不直接参与生成事物的过程，而太虚由于内涵"神"之妙用，所以必

---

[1] 佚名编《张子语录·语录下》，《张子全书》卷11，第267页。

[2] 张载《经学理窟·学大原上》，《张子全书》卷5，第86页。

[3] 唐君毅《中国哲学原论·原教篇》，中国社会科学出版社2006年版，第418—419页。

[4] 可参看陈赟《从"太虚即气"到"乾坤父母"：张载本体论思想的结构——以船山〈张子正蒙注〉为中心》，《南京社会科学》2019年第2期；李腾《张载理学体系探究——以〈正蒙〉为中心》，《聊城大学学报（社会科学版）》2022年第2期。

[5] 林乐昌《正蒙合校集释》上册，中华书局2012年版，第64页。

然会进入气化状态，进而化生天地及万物。由此我们可以推出两种看待这一进程的视角。

其一是"太虚—气化—天地及万物生成（天秩天序）"，这一条进路可视为礼的外在性进路。所谓外在，是从人的视角来说的，这是人可以体察到的天地生物之进程。在气化流行生成万物的过程中，天地万物呈现出一定的秩序性："生有先后，所以为天序；小大、高下相并而相形焉，是谓天秩。天之生物也有序，物之既形也有秩。知序然后经正，知秩然后礼行。"[1] 天序指的是天地生物时间上的先后顺序，事物生成有先有后，反映在人间就是长幼老少之别，而天秩指的是万物在外观上大小高低的不同，那么相应地，人与人之间有了高低尊卑的差异。[2] 这就是呈现在外在事物中的天理，同时也是"无体之礼"，"礼本于天，天无形，固有无体之礼，礼有形，则明于地。明于地，则有山川、宗庙、五祀、百神，以至达于丧、祭、射、御、冠、昏、朝、聘，是见于迹也。盖礼无不在，天所自有，人以节文之耳"[3]。气化所呈现之天理，与人间之礼仪同源同构，这也是为何人们可以通过"穷天理"以"得礼"。作为天秩天序的天理恒定不变，当世间之礼无法起到其应有的作用时，可回溯这一恒常天理以矫正之。

其二是以人的视角来看更为内在的进路，即"太虚—气化—万物得其性以生（天地之性/气质之性）"这一路线，这一点可分为以下几个层次。首先，万物得其性才能成其自身，而"合虚与气，有性之名"[4]，性也得自太虚以及气化，与天理同源；其次，如上文所述，在具体的人身上，天地之性与气质之性皆为个体禀得之性，都存在于人心之中，天地之性即纯然的善性，这是礼的内在根源，"礼所以持性，盖本出于性。持性，反本也"[5]。此外，"合性与知觉，有心之名"[6]，在这一点上，张载也认同孟子"尽心知性知天"的方式，认为我们可以通过"大其心"而"得礼"，亦即需要我们以天地之性为基础，再通过心的感通明觉作用知

〔1〕 张载《正蒙·动物》，《张子全书》卷1，第12页。
〔2〕 可参看陈政扬《张载思想的哲学诠释》，中华书局2020年版，第152页。
〔3〕 张载《礼记说·礼运》，《张子全书》卷14，第338页。
〔4〕 张载《正蒙·太和》，《张子全书》卷1，第3页。
〔5〕 张载《经学理窟·礼乐》，《张子全书》卷4，第73页。
〔6〕 张载《正蒙·太和》，《张子全书》卷1，第3页。

礼知性，"此心苟息，则礼不备，文不当"[1]，内在于人的"天地之性"需要心的感通明觉作用来彰显。除了天地之性外，在气化过程中，气禀之通蔽开塞的不同造成人的"气质之偏"，"气质之性"正是个体差异性的根源，这也是为何张载礼学中很重要的一个原则是"因人而异"。

由此可见，张载的气论为礼提供了两种本体论基础，而这两个基础或进路来自同一个源头，故而虽然它们内外有别，但仍具有共通性，"内外发明，此合内外之道也"[2]，这两个基础保证了人具有能够"得礼"的先天可能性。而作为差异性原则的"气质之性"，同样来自气化流行的这一过程，这亦是人"得礼"的最大障碍。

（二）张载礼学的横摄面向

按照张载的说法："一阴一阳范围天地、通乎昼夜、三极大中之矩。"[3] 大到须弥天地，小到至微芥子，无不弥漫着气，即使是事物消散入于太虚，依然是一种气，只不过人无法目睹其形，所以显然地，气具有感通互摄的功能，"'神无方'，'易无体'，大且一而已尔"[4]，气不是一种有限的、具有特定形体的具体事物，从而局限于个体自身，而是不断地凝聚、消散、再凝聚……这样一个无限活动的进程，所以它总是不断地跃出自身，涵盖整个宇宙大全。而人的身心皆来自气，本来就分有了气的特性，所以个体的人也不应孤立起来，礼正是消除个体隔阂的一个重要方式。

礼是维系人与人之间关系的伦理规范，这意味着礼天然具有社会性，同时意味着在张载这里，个人主体不是一个孤立的、单子式的主体，而是一个必须考虑到他人存在（甚至是整个天地存在）的形气主体，按照杨儒宾的说法："因为'形一气'的构造意味着人的主体总是在气化流动当中不断跃出，出窍（ecstasy，或译为绽出、离体、出神）是主体的基本属性，主体即流动，……形气主体不只在主体

---

[1] 张载《经学理窟·气质》，《张子全书》卷4，第75页。
[2] 张载《经学理窟·气质》，《张子全书》卷4，第78页。
[3] 张载《正蒙·太和》，《张子全书》卷1，第2页。
[4] 张载《正蒙·神化》，《张子全书》卷1，第9页。

内有形气之互纽，在主体与世界之间也因心气之流通，因而与世界也是互纽的。"[1] 个体需要在与他人、与社会、与天地的互动中成就自我，气化进程为个体的这一可能性提供了形上基础，礼则为实现这一可能性提供了切实可行的途径。一方面，个体通过学礼、执礼的方式应对纷繁复杂的世界，与外物发生关联。个体与外物不再是相互隔离乃至对立的状态，而是与他人、万物之间形成共生、共存的一体关系。另一方面，礼源自天秩和天序，其中蕴含秩序性和差异性。个体在与外物的互动过程中，又可以依据对象的差异和情景的不同而采取适宜的应对之礼，从而能够使外物"各安其位""各正其命"。总之，个体"成己"的过程与"成人""成物"密不可分，礼则可以使自我、他人、万物处于一种有序的和谐共存状态。

也正因为张载对自我的这一规定，才使得他将"乾父坤母，民胞物与"视为一种理想状态，同时正因为礼的这一特性，才使得个体在践行礼仪的时候，需要注意到周遭世界的当下状况，即需考虑到其具体情境和当下时代。这也是为何礼有"因时而异"的必要性。

结　语

综上，在张载看来，天地一气尔，所以从纵向来看，天道性命本自贯通，而从横向来看，人与人、人与万物之间皆为一体，这一气论建构为其礼学奠定了坚实的存有论基础。礼是天道在世间的体现，所以它也禀有了气化之道的诸多特性，这也是为何张载认为礼必然要"因人而异"（因人的气质不同而或文或质）、"因时而异"（要考虑到时代和具体情境）。显然，张载这一理解，既不同于郑玄在诠释"绘事后素"时所强调的疑似教条化的礼，亦不同于朱熹相关诠释中所流露出的尤重礼之本的倾向。当然，张载并非不重视礼之本，就前面分析的礼之三种文质论而言，他亦非常重视返本尊古的礼之质、人在践行礼仪过程中的内在道德本心以及礼的形上本体。只不过，在对"绘事后素"一章的理解中，张载创造性地将"素"分为"质地"和"质朴"两种含义，认为礼应根据人的个体气质（质地），相应地

---

[1]　杨儒宾《儒门内的庄子》，上海古籍出版社 2020 年版，第 194 页。

或文或质（质朴）。张载将"素"理解为"质地"这样的中性词，确实与朱熹将"素"理解为"忠信之质"不同。总之，张载对"绘事后素"的创造性阐释，在一定程度上可以弥补郑玄与朱熹对此问题诠释中的偏颇，亦为这一问题的讨论提供了一种新的思路。

南宋时期"理"与"势"的思想论争：
以吕祖谦思想为中心

古宏韬*

[内容提要]

南宋理学家、历史学家吕祖谦，在"势"和"理势"的思想上有所阐发。他注重历史形势研究，也提倡"理势"的合流。但朱熹以"理"攻"势"，批判吕祖谦重"势"的学术，由此造成了"理势"的分化。这次思想论争在当时引起儒者的阵营对立，使理学的内部出现裂痕。朱、吕的"理势"冲突，实际上与学术旨趣的分歧和"道统"影响下的主体认知关系密切，蕴含着深刻的思想诉求。清代王夫之提出"理势合一"说，一定程度上就是在为南宋的"理势"论争做统合工作。

[关键词]

南宋；理势；吕祖谦；朱熹；王夫之

---

* 古宏韬，南通大学历史文化学院讲师，哲学博士。

　　"理"与"势"的关系，是中国思想史上的一个重要话题。近几百年内，"理"
的思想与宋明理学直接相关，"势"的思想则游走在理学和历史研究的领域之间。
今天的人们熟悉王夫之的"理势"思想，认为"理势合一"的观点是他独有的见
解。但王夫之的"理势"思想实际上应追溯到宋代，其调和"理势"关系的动机
很可能来源于南宋的一场思想论争。南宋理学家、历史学家吕祖谦在"势"和
"理势"方面都有所阐发，不仅注重历史形势研究，也提倡"理势"的合流。但朱
熹基于维护理学正统性的立场，以"理"攻"势"，批判吕氏重"势"的学术，由
此造成了"理势"的分化。这次论争风潮，不仅在当时引起儒者的阵营对立，也
影响了后来人们对历史哲学的判断准则。但朱熹和吕祖谦的"理势"冲突，长久
以来并未获得足够的关注。学术界关于宋代以来"理势"思想的议论，主要聚焦
于朱熹、王夫之等人，而对吕祖谦的相关思想和作用有所忽视。[1] 本文将以吕祖
谦的思想为中心，以"理势"为线索，考察该事件的面貌以及吕祖谦在思想史上
的定位。

一、"理"与"势"的矛盾对立溯源

　　"理"和"势"作为两种独立概念，在哲学诠释上都具有事物规律的意义，起
初尚不构成明显的矛盾。但随着人们认知的深入，两者的内涵逐渐在交错中产生优
劣高下的价值判断。"势"可以被理解为人类社会发展过程中历史事件表现出的客
观必然趋势，偏向于对具体事物变迁的总结，因此含有始末、成败、强弱变化等功
利要素，容易演变成历史经验主义取向的议论；"理"则可以理解成在自然界和人
类社会维持运作的内在规律，这些规律可以从对客观事物的研究中概括出来，但它
们同时也包含着稳定不变、超验的特性，预设高于历史经验而存在的天道意志或道

---

〔1〕　关于宋儒的"理势"话题，在葛荣晋《中国哲学范畴通论》《中国哲学范畴史》等著作中有所介
　　　绍。朱熹对于"理势"的讨论，见于余英时《朱熹的历史世界》、汤勤福《朱熹的史学思想》、
　　　[美] 田浩《功利主义儒家：陈亮对朱熹的挑战》等著作。近年还有赵金刚《朱熹历史观中的
　　　"理势"问题》等论文专门涉及该话题。王夫之"理势合一"思想方面，相关研究较多，其中的
　　　见解以萧萐父、许苏民《王夫之评传》，张岱年《王船山的理势论》，冯契《中国古代哲学的逻辑
　　　发展》下册等著述最具代表性。

德价值作为历史成立的前提。因此，"理""势"两类概念同样可以用于说明事物与历史规律，却在价值取向上存在截然相反之处，为矛盾的出现铺设了可能性。

在中国早期思想史的很多场合里，思想家们习惯于"理势"不分的思维方式。唐代的柳宗元和刘禹锡，宋代的张载、周敦颐、苏轼和陆九渊等人，都曾并用"理""势"这组概念来研究历史必然性。在多数场合中，"理势"常被视为一种不变之纲常的概念并被加以使用。然而，从中又逐渐生发出关注"世事变迁"的含义，这种内涵属于维持纲常的对立面。柳宗元曾经提到"封建非圣人之意也，势也"，此时他已经有意将"势"作为圣人常道的反义概念。张载运用易学的眼光考察历史变革时，又认为"变而通之以尽利，理势既变，不能与时顺通，非尽利之道"[1]。周敦颐进一步指出，"天下，势而已矣"，以理势相陈之法研究历史演变。[2] 唐宋时期的思想家对"理势"与历史关系的探讨，使得理、势之间的矛盾对立逐渐浮出水面。而在南宋，朱熹与吕祖谦、陈亮等人的来往辩难中，几乎大多数事件的背后都存在着"理"与"势"的对立问题，导致"理势"的关系平衡发生了变数。这可能是思想史上最早爆发的围绕"理"与"势"关系的大冲突，造成了"理势"的分化。晚至清代，通过王夫之等人对"势"观念的进一步阐释和认识，"理"与"势"在理论上重新趋于统一，两者被共同运用于解释历史的各种普遍与特殊问题。此后，现代的哲学家金岳霖又提出"理有固然，势无必至"的说法，再次将"理势"分而析之，形成新时期"理势"思想的关系讨论。[3] 另，冯友兰与徐复观等学者的历史哲学研究存在明显的"理势合一"倾向。[4] 这些情况表明，"理势"思想关系的议论在各个时代历久弥新，"理势"之分合贯穿于唐宋至今的儒家思想的多个方面。

---

〔1〕 张载《横渠易说下》，林乐昌编校《张子全书》卷10，西北大学出版社2021年版，第178页。

〔2〕 周敦颐《通书》，梁绍辉等整理《周敦颐集》卷4，岳麓书社2007年版，第78页。

〔3〕 金岳霖《论道》，商务印书馆2017年版，第20-44页。

〔4〕 参见单虹泽《论冯友兰的"理势合一"史观及其目的性》，《福建论坛（人文社会科学版）》2022年第4期；徐复观《学术与政治之间》，九州出版社2013年版，第133-136页。

二、吕祖谦的"势"思想和"理势"合流论

吕祖谦形成了较丰富的"势"思想体系，因此在南宋时期有关"理""势"的争论中，他的思想成为其中一个关键点，将各家言"势"的观点联系在一起。吕祖谦在"势"方面的表述，大体上有以下几种特点。

（一）重在观察事物的变化和存在形式，其历史"形势"论具有变化发展的唯物主义辩证思想

吕祖谦的历史研究，以其易学与春秋学等方面的理论为基础，通过事例分析证明事物时常处于运动、变化的过程中。吕祖谦的历史思想是一种在变化的对立面之间互相转换的"历史盛衰观"，他认为历史总是在积极与消极的方面循环往复，历史的"形势"同样如此。吕祖谦的思想有意无意地消解了所谓"万世不变"的"常道""天理"因素，引导人们在实践中重视与客观历史形势的有机协调。

吕祖谦认为：

> 形势与德，夫岂二物耶？形势，犹身也；德，犹气也。人未有恃气之充，而置身于易死之地者；亦未有恃德之盛，而置国于易亡之地者。王者之兴，其德必有以先天下，其形势亦必有以先天下。[1]

国家和君主的实际状态就是历史的形势问题，属于现象的、可见的社会资源，是直接构成历史发展的有血有肉的躯体；道德则是引导社会精神走向的源泉，如人身体中的"气"，若离开了作为躯干的历史形势，失去具有现实力量的国家资源的支持，仅有道德的王者是无法维持统治的。唯有历史形势与道德操行相统一，才能保证天下政治的完整和进步。因此，历史的"势"不仅存在对立统一，也具有物质性的复杂内容，体现了深刻的唯物辩证化思想。

---

[1] 吕祖谦《左氏博议》卷 14，黄灵庚等主编《吕祖谦全集》第 6 册，浙江古籍出版社 2008 年版，第 344 页。

（二）考察多种对象的主体性，使"势"的概念涵盖历史、社会生活的多个方面

吕祖谦擅长从构成某一时代政治局面的多种主体入手来分析历史的大形势。如在《左传》研究中，他说："虢仲、芮伯、梁伯、荀侯、贾伯伐曲沃，此虽等闲言语，亦可以观天下之势。何以见之？盖自此之后，五国皆不见于传，尽为大国并吞了。此又见世代升降处。是岂不可以观天下之大势乎？"[1]从虢仲、芮伯、梁伯、荀侯、贾伯与曲沃等小国的关系，反观晋国的兴衰形势。而对六朝形势的陈述，则从地理区域方面来讨论"国势"，认为"君之昏明，国之强弱安危，君子小人之进退消长，土地之广狭，户口之多少，权柄所在"等方面都是"势"论的重点。[2]这说明他看到并承认，在"势"的概念统摄下，形势是由多种因素纠合在一起的。在吕祖谦这里，"势"对应的主体不仅是君主一人，还包括各种政治势力及相关影响因子，需要具体问题具体分析。

另外，他还运用了"势"思想来解释人的日常活动，阐发对历史上一些特定个体行为的看法，赋予了"势"更广泛的主体性和思想空间。他认为，"既胸中有所定，而柔顺以行之"，方才造成积极的结果，"以此见处天下之事，必其势顺，其才全"。[3]个人处于日常生活之时，往往藏有可能导致某种不良倾向的念头，当这种念头偏向愤怒之心时，即使没有实际杀人，也已埋下了暴虐的种子。如果无法从心的根源上杜绝这些念头，那么它们必将以隐蔽不发的状态逐渐积累，而变成心理上不可控制的力量。历史上郑庄公、颍考叔的言行和结局，都受到了这种日常之"势"的影响。传统的"势"首先与政治实践中的"位"相关联，而在具体应用时则会涉及个体特定的行动情景、道德实践等方面的情况。[4]吕祖谦的"势"思想涉及了历史环境中个体的"人"的能动性，这种思想特点对于历史主体的评价以及个人实践的指导都具有较积极的意义。

---

[1] 吕祖谦《左氏传说》卷1《桓公》，《吕祖谦全集》第7册，第10页。
[2] 吕祖谦《东莱吕太史别集》卷14《读书杂记三》，《吕祖谦全集》第1册，第565页。
[3] 吕祖俭辑，吕乔年编《丽泽论说集录》卷1《门人集录易说》，《吕祖谦全集》第2册，第28页。
[4] 杨国荣《说"势"》，《文史哲》2012年第4期。

（三）在历史学之外，"势"也可以指代特定的价值标准，这些标准关系到社会秩序的平衡

吕祖谦曾回护儒者为琐碎礼节争辩的立场，认为：

吾观儒者之议礼，每力争于毫厘尺寸之间，非特较公侯璧马之多寡也……何儒者之迂耶？大隄云横，屹如山岳，其视尺寸之土，若不能为堤之损益也，然水潦暴至，势与堤平，苟犹有尺寸之土未没，则濒水之人可恃无恐。当是时，百万生灵之命系于尺寸之土焉。尺寸之土，可以遏昏垫之害；尺寸之礼，可以遏僭乱之源。然则儒者力争于毫厘尺寸之间，非迂也，势也。[1]

他指出，儒者对礼仪的力争，目的在于维持古代礼制对社会秩序的制约作用，保证秩序水平不低于导致负面问题的下限。他以洪水与堤坝之势的关系作为比喻：洪水代表僭乱等祸患，堤坝则为礼制，两者之势往往持平，而礼制力量的毫厘提升正是堤坝得以略胜一筹的关键。儒者希望维持的"势"，就是使礼法之堤在这个限度内保护社会生活不致崩坏的制度分寸。吕祖谦以"势"的功效言说礼制之防，既生动体现了制度作为社会准绳的力量，也警示人们不可打破准则带来的平衡。

再看吕祖谦的"理势"关系论。

"理"与"势"的概念，在吕祖谦的论述中，尽管有着不同的使用形式，但并不是明确对立、互不相容的两种范畴。吕祖谦是南宋著名理学家，曾与朱熹等人共同倡导理学，在当时享有盛誉。他曾在很多社交场合承认"天理"的超越性和永恒性，认为其具有比人类高级而应受到敬畏的某种意志，是完美的"至极之理"，其反映出的社会规律是不可扭曲和动摇的。吕祖谦对"理"与"势"的关系的论述比较零散，并且由于朱熹掀起的"理"与"势"的冲突和批判大多发生在他去世之后，因此未能就此做出相关回应。但是我们从不少具体言论中仍然能看出，他的思想明确存在"理"和"势"混同、合流的要素。如他说：

谋于涂者，不若谋于邻；谋于邻者，不若谋于家。非远则愚而近则智也，爱浅者其虑略，爱深者其虑详。理也，亦势也。[2]

---

[1] 吕祖谦《左氏博议》卷7，《吕祖谦全集》第6册，第149页。

[2] 吕祖谦《左氏博议》卷12，《吕祖谦全集》第6册，第304页。

> 观人之道，自近者始。……理也，亦势也。[1]

吕祖谦通过分析具体事例，指出认识个体必须遵循由近到远这一规律。他认为，这类情况既合乎固定不变的常理，也是由事物发展变化的客观态势所决定的。而在这些规律、态势的背后，就是"理""势"共同存在、相互作用的过程。他在评论人物时，也提出"古人论人，直是事理俱到"，以突出事物存在的合理性。[2]我们可以认为，吕祖谦的思想结合了经验主义与理性主义，这个维度促使他在"理势"关系问题上采取混同不分的态度，这也与后来王夫之的"理势统一"理念比较接近。然而，朱熹出于自身的学术立场，以"理"打击吕祖谦等人的"势"学，使吕氏的"势"思想与"理势"合流论长期受到质疑和冷落。

三、"理势"分离：朱熹的吕祖谦批判及其以"理"攻"势"

随着程朱理学理论体系的巩固，南宋学术上的"理势"冲突逐渐成为一种时代话题。这种情形在朱熹针对吕祖谦的思想论争中就显得非常明晰。身为理学阵营主干人物的吕祖谦，爱好史学，喜谈典故与形势，与陈亮、叶适等事功学者交往甚密。因此朱熹不仅批评吕祖谦之学，还在抨击其他人的时候，时常牵连和怪罪吕氏。由此推知，在南宋的理势问题背后，吕祖谦的"势"思想是尤其关键的一种因素。人们可以从朱熹对吕祖谦学术的大量批判案例中，解读当时的"理"与"势"的冲突。

朱熹在吕祖谦生前较少直接对其学术提出批评，在其故后却改变态度，马上开始攻击吕祖谦、吕祖俭兄弟的史学，而且频繁地提到他们喜谈历史形势的情况。他在与弟子的讨论中说：

> 又如《诸侯年表》，盛言形势之利，有国者不可无，末却云："形势虽强，要以仁义为本。"他上文本意主张形势，而其末却如此说者，盖他也知仁义是个好底

---

[1] 吕祖谦《左氏博议》卷19，《吕祖谦全集》第6册，第445页。
[2] 吕祖俭辑，吕乔年编《丽泽论说集录》卷9《门人所记杂说一》，《吕祖谦全集》第2册，第240页。

物事，不得不说，且说教好看。[1]

此处朱熹认为，吕氏兄弟的学术在骨子里沿袭史家传统的研究方法，时刻强调考察功利的国家历史形势，为其事功学说张本，同时又不能脱离儒学道德理论的言说模式，不得不从历史分析中生发出义理，因而陷入了学问茫然无归的局面。朱熹确认了吕祖谦思想中含有"势""形势"的成分，并看到其根本上属于史学的范畴。在朱熹的这套评价体系中，代表天理价值的"仁义"与流于表面的"形势"研究格格不入，构成矛盾对立的关系。所以他极力批判这种"势"的研究，认为儒学的义理学问全在经学文献中，脱离经学而寄理想于史学，只会急功近利，被形势牵着走。这种评价，基本定下了后世认识吕祖谦学问的基调，人们将吕祖谦视作与陈亮、叶适等人相同的事功学者以及朱熹一派的对立面，导致其思想逐渐淡出主流的圈子。

朱熹对吕祖谦重"势"之学的围攻，深入到吕氏学术的各方面。吕祖谦喜爱的司马迁史学、北宋苏氏蜀学，乃至当代人的史学研究等，都在朱熹讨伐之列。除上文所述对吕氏的批评外，朱熹还多次指出，吕祖谦之喜好《左传》等书，是崇拜司马迁史学导致的不良后果。朱熹在几次与弟子的问答中，反复提到此事：

先生问："向见伯恭，有何说？"曰："吕丈劝令看史。"曰："他此意便是不可晓。某寻常非特不敢劝学者看史，亦不敢劝学者看经，只《语》《孟》亦不敢便教他看，且令看《大学》。伯恭动劝人看《左传》、迁《史》，令子约诸人抬得司马迁不知大小，恰比孔子相似。"[2]

……木之又问："《左氏传》合如何看？"曰："且看他记载事迹处。至如说道理，全不似《公》《穀》。要知左氏是个晓了识利害底人，趋炎附势。如载刘子'天地之中'一段，此是极精粹底。至说'能者养之以福，不能者败以取祸'，便只说向祸福去了。大率《左传》只道得祸福利害底说话，于义理上全然理会不得。"[3]

在上述对话中，他无一例外地将《左传》《史记》视为"趋炎附势"、关注历

---

[1] 黎靖德编《朱子语类》卷122《吕伯恭》，中华书局1986年版，第2951页。
[2] 黎靖德编《朱子语类》卷122《吕伯恭》，第2951页。
[3] 黎靖德编《朱子语类》卷122《吕伯恭》，第2952页。

史成败的功利之书，只强调其具有"记载事迹"的功能，否定其在"道理"上有所贡献的可能性。所谓"趋炎附势"与"道理"的矛盾，正是"势"与"理"的冲突，在朱熹看来，依附于强大的历史形势意味着对天理正道的背离。而对吕祖谦所处浙江金华一带盛讲《史记》的史学风气，朱熹也不以为然，认为从历史事件的研究中不可能推导出普遍的真理，此类学问必定无法达到儒家圣人道德学说的境界。他提出，学者治学当以研究纲领为最紧要之事，只有在接受先验的"道""天理"统摄全体思想的前提下，方能讨论史事。

又，朱熹曾批评吕祖谦与苏轼史评的关系：

况今苏氏之学上谈性命、下述政理，其所言者非特屈、宋、唐、景而已。学者始则以其文而悦之，以苟一朝之利，及其既久，则渐涵入骨髓，不复能自解免。其坏人材、败风俗，盖不少矣。伯恭尚欲左右之，岂其未之思邪？其贬而置之唐、景之列，殆欲阳挤而阴予之耳。[1]

朱熹埋怨吕祖谦喜好苏轼的文章之学，一方面认为苏氏之文本性浮夸不经，流于形式，不利于揭示深刻的"天理""道"的形而上内涵；一方面好谈时势，投一朝一代之功利所好，对儒学义理和社会风俗都有莫大的潜在破坏力。因此，他希望吕祖谦彻底放弃对苏氏文章学的爱好，换言之，就是不应当去谈论历史事件的具体"形势"问题。朱熹的批评揭示出了吕、苏的学问在社会历史研究上具有共通点的事实。吕祖谦确实比较推崇苏氏的文学，有《东莱标注三苏文集》等整理著作，也曾对苏轼的历史评论有过具体分析：

东坡苏氏曰："周之失计，未有如东迁之谬也。使平王定不迁之计，收丰、镐之遗民，以形势临东诸侯，齐、晋虽大，未敢贰也。"此苏氏之论，亦失于考之不精。盖岐、丰之地，自幽王犬戎之祸作，文、武、成、康之旧都非复周家所有。故平王遂以岐、丰之地赐秦襄公，使之自取。此其势非可以不迁也。而苏氏亦欲如晋王导不迁都豫章、会稽之谋，只恐此说与形势大段不相似。[2]

吕祖谦对苏轼的史论有所异议，但他并非否定其论"形势"的立场，而是从

---

〔1〕 朱熹《晦庵先生朱文公文集》卷33《答吕伯恭》，朱杰人等编《朱子全书》第21册，上海古籍出版社、安徽教育出版社2002年版，第1428-1429页。

〔2〕 吕祖谦《左氏传续说纲领》，《吕祖谦全集》第7册，第7页。

周代客观的历史形势出发，纠正苏轼史论的不当之处。苏轼认为周代早期不应东迁，以便壮大自身形势；吕祖谦则同样从形势的角度考察了两周之际的地理、国家关系，得到了与苏轼相反的观点。就根本而言，他仍持与苏轼相近的方法论，主张历史研究要关注形势的发展，这一点符合朱熹"阳挤而阴予"的评价。吕祖谦与朱熹对待苏轼史学乃至"势"的态度分歧显著地呈现出来，朱、吕二者围绕讲史、谈"势"显现的矛盾非但没有得到调解，反而变本加厉。

朱熹以批判吕祖谦为序幕，发起了漫长的以"理"攻"势"的论战。在吕祖谦故后数年，朱熹逐渐调转矛头，转向与陈亮的王霸、义利之辩。朱熹把霸道称为追求事功的"势"，把王道称为与天理相应的"道"，认为"古者势与道合，后世势与道离"。朱熹把"天理"推向极端，采"三代专以天理行，汉唐专以人欲行"的观点，借此批评陈亮"王霸、义利双行"之过错。陈亮则认为，汉、唐传国久远，其中必有"道"在。陈傅良评价二人的论战，说陈亮的观点是"功到成处，便是有德，事到济处，便是有理"，也就是以客观形势成败评价历史全体，"势"成即有"理"。[1] 余英时据此提出，"理"与"势"的冲突是朱、陈王霸义利之辩的核心问题。朱熹认为"三代之治，顺理者也；两汉以下，皆把持天下者也"，三代之王道统与政治权力不分，故有"理"有"势"；汉、唐道统已与政治分离，故有"势"无"理"。[2] 余英时指出，在朱熹看来，重视始末成败的经验主义逻辑（即"势"），在圣人学脉中断后便不再适用于现实政治和学术，此后的社会必须将"天理"的先验逻辑作为一切事物的度量衡，排斥"势"学。不过，余英时没有进一步揭示的，是吕祖谦在朱、陈论战背后的关键意义。

朱熹认为，陈亮的"势"论只是流于表面，而问题的根源仍出在吕祖谦身上。他回击陈亮之余，还曾顺带批评了吕祖谦，认为他在学术影响上实属有罪，"恁地横论，却不与他（指陈亮）剖说打教破，却和他都自被包裹在里"，导致吕祖谦门徒在其师故后经常为陈亮之说张本，两家学术逐渐合二为一。[3] 这一现象让朱熹

----

〔1〕 陈傅良《致陈同甫书》，陈亮著，邓广铭校点《陈亮集》卷29，上海古籍出版社2022年版，第333页。

〔2〕 余英时《朱熹的历史世界》，生活·读书·新知三联书店2011年版，第7-63页。

〔3〕 黎靖德编《朱子语类》卷123《陈君举》，第2965页。

感到困惑不解。他认为，吕祖谦既倡导理学，又与陈亮交好，理应引导其走上理学学说的"正途"，却不料两人同宗形势之学。后来他又说："浙中近年怪论百出，骇人闻听，坏人心术，强者唱、弱者和，谣衍四出，而颇亦自附于伯恭。"[1] 至此，他对吕祖谦的评价就更为苛刻了，把当时的陈亮、叶适以及所有事功学者之思想的问题，全部归入吕祖谦的为学不慎之过。这说明，朱熹观察到了吕祖谦、陈亮等人在讲"势"观念方面的相同点，而为了打压事功学者的声势，他选择从原则上将吕祖谦等大多数旧识的思想进行否定。当朱熹发出这些言论时，他与吕祖谦的"理势"矛盾就再无挽回的余地了。

四、朱熹与吕祖谦"理"与"势"冲突的内在逻辑

朱熹在"势"方面的思想成分复杂，事实上他没有彻底否定"势"的历史作用和"理"与"势"之间积极的辩证关系，并且也曾谈论各种"势"的话题。他的论点中，包含了君主之"势"、历史之"势"、万物必然之"势"等因素。论君主之"势"方面，他认为君主要"因时顺理，乘势有为"[2]。论历史之"势"，提出"时势""事势"等概念，并认为柳宗元《封建论》的"势"论显示出历史的不得已之趋势。他对符合圣人历史观的"自然之理势"予以肯定，同时将不得已之趋势视为异常状况。另外，赵金刚的研究指出，朱熹的"理势"观还涉及自然万物的"势"，而这些"势"符合天理的规律，是不可抗拒的。[3] 但这些观点始终不能动摇他总体上否定吕祖谦"势"思想的立场。所以，要理解朱熹引起的这场"理势"思想论争，还需从当事人的内在逻辑角度来剖析。

朱熹和吕祖谦等人关于"理""势"的思想冲突，其内在逻辑分为表层逻辑和深层逻辑两个层次。表层逻辑主要来自经学与史学的理念分化；深层逻辑则是在主体认知上，根据是否维护"道统"的基准，两者之间存在着决定性差异。

---

〔1〕 朱熹《晦庵先生朱文公文集》卷27《答詹帅书》，《朱子全书》第21册，第1204页。

〔2〕 朱熹《晦庵先生朱文公文集》卷11《壬午应诏封事》，《朱子全书》第20册，第578页。

〔3〕 赵金刚《朱熹历史观中的"理势"问题》，《哲学研究》2017年第10期。

（一）表层逻辑：经学与史学的思维差异

到宋代，经学已经不能涵盖绝大多数的学术内容，史学等学科的成熟和兴盛是不可逆转的趋势。宋代史学不仅在史部文献研究中取得了进展，丰富了史书的体裁（如纪事本末体、实录体等），更有学者将经部的书籍和问题引入史学范畴。吕祖谦的学问讲究经史相参，重视《春秋》《左传》研究，并活用易学的演进观念，一定程度上突破了经、史隔离的鸿沟。潘富恩、徐余庆认为，后世明清"六经皆史"之风气，可能曾发轫于吕祖谦。[1] 南宋时，在吕祖谦之后，王应麟、刘恕等人也用史学方法研究经学典籍。这说明，通过对史事的分析开展多途径学术研究的做法，在当时已比较常见。而程朱理学则要求史学向经学、理学看齐，仅将历史经验视为补充义理的次要因素。朱熹本人虽非不讲史学，但他著述的《通鉴纲目》等史学文献中，着力宣扬理学的道德观，援经入史。显然，他还是认为，经、史之间的矛盾大于合流之处。他曾明确指责吕祖谦重史而轻经的做法：

东莱聪明，看文理却不子细。……缘他先读史多，所以看粗著眼。读书须是以经为本，而后读史。[2]

问东莱之学。曰："伯恭于史分外子细，于经却不甚理会。……"义刚曰："他也是相承那江浙间一种史学，故恁地。"曰："史甚么学？只是见得浅。"[3]

可见，朱熹对史学研究的形式多有微词，甚至不惜贬低史学以抬高经学。这类批评程度之激烈，已稍稍偏离了事实。吕祖谦的"势"思想大多从具体历史事件的研究中形成，他的研究并非纯粹的经学或史学，而是以史学的经验主义和分析方法关照整个学术，从对客观事物的考察中寻求国家和个人发展的规律，与格物致知的理学实属殊途同归。值得注意的是，朱熹在攻击吕祖谦时，隐约透露出对江浙学术、浙东史学一派的抵制情绪，这也展现了南宋学术圈的复杂状况。经史之学的分歧逐渐演变成学派相互攻讦的党派矛盾，此外，各种主观因素和情绪也影响着人们的判断，导致"理""势"的冲突超出了单纯的学术辩难范畴。

---

〔1〕 潘富恩、徐余庆《吕祖谦评传》，南京大学出版社1992年版，第428-449页。
〔2〕 黎靖德编《朱子语类》卷122《吕伯恭》，第2950页。
〔3〕 黎靖德编《朱子语类》卷122《吕伯恭》，第2951页。

（二）深层逻辑："道统"塑造下的主体认知差异

吕祖谦在对"势"概念的运用过程中，实际上构建了历史主体与"天道""道统"之间的很多内在联系。他继承发展了唐代柳宗元、刘禹锡等人的"天人相分"一类观念，承认社会和自然界里各自存在客观的运动规律。此时，作为实践主体的人要去适应客观形势，而不是依据所谓的"天道""道德"等无所凭依的概念，随意创造或改变历史认知。相较之下，朱熹理学的圣人史观则大异其趣，其坚信若要重建儒家政治理想，必先恢复三代、孔、孟以来的道统秩序，恢复一个以圣贤为核心的"道统"。这个"道统"核心，只有符合"天理"价值标准的理学家方能胜任。这种强烈的亲手改变历史的冲动，就是"已隐然以政治主体自待"，乃至超然于皇权之上，建立士族阶层的新秩序。[1] 朱熹认为，"假使汉高祖能行夏时、乘商辂，亦只是汉高祖，终不可谓之禹、汤"，否认三代以外一切主体与形势的统一，强调特定的历史主体对社会历史具有某种绝对影响力。他混淆了历史主体与学术研究主体，在历史领域也始终怀抱对"道统"问题的思想诉求。这些强烈的诉求，必然造成主体认知的差异，也促使"理"与"势"的分歧愈演愈烈。

今天人们应当认识到：尽管南宋"理"与"势"之争激烈，这两种思想理念始终存在合流、统一的可能性。对于思想而言，经学和史学、"道"与"器"都是一体两面，不可或缺。吕祖谦等人遍考史籍以求"形势"，在解释社会发展的实际运用方面，具有前瞻性和科学性的眼光。同时不能否定，程朱理学有着强调历史主体作用的能力，以及在政治历史领域将儒家理想发扬光大的诉求。他们对"理"的升华，从思想动机上来看，可以弥补讲"形势"、求"事功"的学者困于经验之谈的不足。可见，"理"与"势"并非不能交融的概念。只是碍于宋儒的立场分歧，这两种思想的融合被矛盾冲突所掩盖，自南宋论争以来长期未能得到凸显。

五、王夫之对吕祖谦思想的继承与"理势"论争的缓和

明清时，朱熹理学的学术解释占据主流地位，"理势"的话题并不例外，但在

此基础上还是出现了新的局面。王廷相、吕坤等人均有关于统合"理势"的论点，而在这方面钻研最为突出的是清代的王夫之。萧萐父、许苏民指出，王夫之说"历史之'势'，是社会运动的客观过程；历史之'理'，便是这一过程所表现的规律性"，他的目的就是要"总将理势作一合说"，对唐宋以来的"理""势"思想进行统合工作。[1]

笔者认为，王夫之在推进"理势"思想合流时，明显受到来自吕祖谦的影响。在王夫之的著作当中，可以发现几种典型的历史批判文献，其中，《续春秋左氏博议》即是续吕祖谦《左氏博议》，承接其未完成的时代，在春秋学方面还有《春秋世论》《春秋家说》等著作，篇幅可观，占据了王夫之史学著述不小的比例。《续春秋左氏博议》尤其引人注意，因为该书填补了吕祖谦在鲁成公至鲁哀公之间叙事的空白，在真正意义上延续了吕祖谦的史学。王夫之曾吟诗一首，以表达对吕东莱的向往之情："闲心不向锦屏开，日日孤山只弄梅。冷蕊疏枝吟未稳，愧无《博议》续东莱。"[2] 其心意可见一斑。而在对"势"的具体表述上，王夫之认为："道之据，不如势之张。志之大，不如气之盛。"[3] 在此他充分肯定了"势"的作用，将代表历史客观存在和变化征兆的"势"跟气本论相结合，把天道和历史形势的关系看作与主观意志和"气"之间矛盾相类似的情况，表明"势"是具有物质性、辩证性的一种言说方式。这与吕祖谦《左氏博议》的《晋文请隧》篇中引用"身、气"表达历史形势的重要性，并批评娄敬只关心道德而不重视客观历史实际的情形接近，可以互相印证。因此，王夫之的历史哲学对吕祖谦之学确有借鉴、继承之处。

王夫之十分强调"势"与"理"的相互统一，调和两者的矛盾。由此也间接缓解了朱吕"理势"冲突在后世的扩张。

从"势"对"理"的作用角度看，他提出"于势之必然处见理"，承认"势"的客观必然性，而由此推导出绝对的合理，也就是说，"势"能够通过逻辑分析呈

---

[1] 萧萐父、许苏民《王夫之评传》，南京大学出版社 2002 年版，第 241–264 页。

[2] 王夫之《姜斋诗集》，船山全书编辑委员会编《船山全书》第 15 册，岳麓书社 2011 年版，第 684 页。

[3] 王夫之《春秋家说》卷下《昭公二十九论》，《船山全书》第 5 册，第 317 页。

现为"理"。王夫之常合"势"以论"理"，认为不可采取分离"理势"、强"势"就"理"的做法。

与此同时，王夫之也没有忽视"理"相对于"势"的纲领意义，并未在根本上放弃儒者"道统"的言说方式。但他不像朱熹那样，超越实际历史形势和进程去预设"道统""天命"。他提出"受天下之归者，太上得理，其次得情，其次得势"[1]。王夫之仍然奉历史规律之"理"为历史研究之伦理的极致，分析"势"是为了推导出终极之"理"的思维过程。

综合来看，王夫之的"理势"论，既是对吕祖谦思想的延续和发展，也接纳了朱熹理学的一部分理想。至此，"理""势"的思想重新实现了契合。南宋时期引发的"理势"论争，在数百年后的王夫之这里迎来了平息。自王夫之之后，尽管仍有人区分"理势"，但"理势合一"已成为一种普遍的认识。

结　语

吕祖谦的"势"思想，在朱熹理学发展的时代背景下，一度走到了当时学术界的风口浪尖。他的史学和学术交往都受到了朱熹的质疑。迫于这种舆论，南宋的"理势"思想之天平发生变化，出现了以"理"胜"势"的呼声，"理势"也面临分道扬镳的局面。但通过本文的考察可知，"理势"的分合并不是思想家孰对孰错的狭隘问题，而是关系到特定历史时期，人们对学科理想的接纳和对历史主体性的认知程度等客观情况。吕祖谦的思想也不只是被挫败的命运，在后世王夫之等人的学术创造中，他与朱熹的冲突成为宝贵的思想资源。究其价值，是在历史哲学研究的领域内引入了辩证统一的"理""势"理论，最后将此类概念转变为与儒家道统理想并行的历史研究方法，为儒者解释历史变革提供了一种比较可靠和成熟的路径。

----

[1] 王夫之《春秋家说》卷中《成公二十二论》，《船山全书》第 5 册，第 237 页。

江右王门论见在良知

胡志明[*]

[内容提要]

  王阳明对见在良知的阐发蕴含了"现成"与"尚存"的双重维度，后者指向良知缺而待圆的动势以及当下的实地用功。江右王门在赓继阳明的基础上从实然的存在过程与救正良知的问题意识立论，其"以工夫悟本体"的为学进路适切于"良知愈思愈精明"的发展模式与"纯一不已"的时间意识，开显出见在良知的体知义与警策义：重视"分限所及"的见在工夫，倡导彻上彻下的中道教法，以期抗衡佛老、对治"享用现成"之弊；严判圣凡之别，将天下归仁之境锚定于日用常行之中，旨地敬存与葆全良知学真精神。有鉴于此，同情地理解"现成"与"尚存"两条致思理路的"殊途"与"同归"，有裨于彰明江右王门"'世无现成良知'乃深信良知"的思想旨归，更全面地把握见在良知的丰富意涵。

[关键词]

江右王门；见在良知；良知尚存；良知现成；救正良知

---

 [*] 胡志明，中山大学哲学系博士研究生。

见在良知是阳明学研究中的关键概念，又可称为"现在良知""现成良知""见成良知"，学界关于良知的研究已取得丰硕的成果。[1] 但是，目前关于见在良知的相关研究大多辐辏于王龙溪与泰州学派，江右王门则付之阙如，罗念庵、聂双江往往被归为龙溪的对立面，邹东廓、欧阳南野因恪守师说、未见卓识而被忽略或化约，遑论王塘南、邹元标等江右后劲的论述。探究阳明的见在良知说，实有"良知现成"与"良知尚存"双义，后者"蕴含一种缺而待圆、盈科后进的动势，以警策人们当下一念之间就该行动，在时间中做工夫"[2]，"在当下（此时、此地、此心）实地用功之义"[3]。郑泽绵指出："'见在'一词自古便是指'尚存、犹在、还剩下'。……在阳明的各种奏疏、公移等政务军务文献中，绝大多数的'见在'不能解释为'现在'，而只能解释为'尚存'。"[4] 然而，"良知尚存"作为一哲学概念的合理性仍有赖于进一步地商榷与阐证，对此，江右王门或能提供更为充足的论据，其"一息尚存，此志不容少懈"[5] 的蕲向揭示出三代门人笃志持行的工夫旨趣以及见在良知思想的共同特点[6]：第一，偏重于"疑而归信"的工夫历程，借由实修实证才能亲切稳当地"信得及"良知；第二，严判圣凡之别，依循由凡入圣的工夫次第，强调不离人伦日用的圣人境界；第三，深究人心之危的"幽暗意识"，注重对气禀物欲之杂的超克；第四，标举"世无现成良知"的警策

---

〔1〕 参见林月惠《良知学的转折：聂双江与罗念庵思想之研究》，台湾大学出版中心 2005 年版，第 278-282、499-513、699-708 页。彭国翔《良知学的展开——王龙溪与中晚明的阳明学》（增订版），上海三联书店 2015 年版，第 63-73、378-395 页。吴震《阳明后学研究》（增订本），上海人民出版社 2016 年版，第 1-52 页。张卫红《由凡至圣：阳明心学工夫散论》，三联书店 2016 年版，第 92-149 页。陈立胜《入圣之机：王阳明致良知工夫论研究》，三联书店 2019 年版，第 321-332 页。

〔2〕 郑泽绵《诚意关——从朱子晚年到王阳明的哲学史重构》，人民出版社 2022 年版，第 113 页。

〔3〕 陈立胜《入圣之机：王阳明致良知工夫论研究》，第 325 页。

〔4〕 郑泽绵《诚意关——从朱子晚年到王阳明的哲学史重构》，第 121 页。

〔5〕 董平编校《邹守益集》，凤凰出版社 2007 年版，第 456 页。吴可为编校《聂豹集》，凤凰出版社 2007 年版，第 360、588 页。邹元标《愿学集》卷三，明万历四十七年龙遇奇、郭一鹗刻本，第 59B 页。

〔6〕 江右王门何以能够作为一共同体加以研究，参见：胡志明《江右王门定位再思考——以牟宗三的评判为中心》，《鹅湖月刊》2024 年第 8 期，第 42 页。江右王门第一代弟子虽然在学术主张上有一定的差异，但他们大都坚守"见在工夫之持行"的立场，第二代、第三代弟子尽管对王龙溪、泰州学派的学说有所收摄，但也一致反对现成良知。基于此，本文以区别于"现成"的"尚存"指代江右王门整体的见在良知思想。

教法以匡正时弊。基于此，探析江右王门诠释见在良知的特点，有助于深入理解"公'无现成良知'语，乃所以深信良知也"[1] 的运思方式，彰显其"推原阳明未尽之旨"、救正良知的贡献及意义。

一、良知愈思愈精明：见在良知的时间意蕴

现代新儒家中牟门一系对见在良知的推阐具有重要的价值和影响，牟宗三言本心、良知随时呈现，恰如康德哲学中理性的事实。林月惠将熊十力"良知是个真实的呈现"和牟宗三"智的直觉"皆归于见在良知，并视其为"儒家心性之学的支点与起点"。[2] 此外，牟宗三把是否服膺见在良知作为阳明后学的判教准则，他批评江右王门"既不信'见在良知'，将如何寻得真良知耶？"[3]。蔡仁厚也认为："但不信'见在良知'，不用'四句教'，又对'四有（四句教）为教法，四无属境界之分判'无所辨识。"[4] 江右王门由此被归为良知学的歧出。然而，江右王门并非不信见在良知，而是极为警惕"以见在为具足，不犯做手为妙悟"之弊，相较于龙溪的一念之微超凡入圣，他们偏向通过念念相续的见在工夫证显良知本体，此亦不失阳明着实躬行的为学宗旨。阳明论见在良知尤为重视悟道的历程性，"历程"一词涵盖了工夫的"时"与"实"，前者体现出见在良知的时间意蕴与发展模式，后者涉及见在良知的实地用功与教法指点，江右王门对此皆有所赓续与推进。

一方面，阳明拈出见在良知旨在以"当下"应对佛教在时间意识层面的挑战，东廓完全继承了阳明的思路，主张依循良知，时时戒慎恐惧便无将迎意必之心："过去未来之思，皆是失却见在功夫，不免借此以系此心。缘平日戒惧功疏，此心无安顿处，佛家谓之胡孙失树，更无伎俩……此是见在本体工程。"[5] 他从时间

---

[1] 徐儒宗编校《罗洪先集》，凤凰出版社 2007 年版，第 1412 页。
[2] 林月惠《再论"见在良知"》，冯天瑜主编《人文论丛》2006 年卷，武汉大学出版社 2007 年版，第 563 页。
[3] 牟宗三《从陆象山到刘蕺山》，吉林出版集团有限责任公司 2010 年版，第 261 页。
[4] 蔡仁厚《王学流衍——江右王门思想研究》，人民出版社 2006 年版，第 153 页。
[5] 董平编校《邹守益集》，第 536 页。

意识的维度批评佛教对过去未来的过分执着，而无法专注于当下，其"见在本体
工程"即"朴朴实实见在工夫"[1]。又如，佛教的时间观以生死轮回说诱使人执
念于往生、寄望于未来，邹元标对此不以为然："舍生前轮回，谈死后轮回，愚
矣！"[2] 他秉承着"未知生，焉知死"的儒家理念重新阐发了轮回的意涵。"欲躲
轮回，亦是轮回。欲除习气，亦是习气。若悟此真性则轮回习气一时俱净。"[3]
"人之良知之或隐或现、时存时失，即是'轮回'"[4]，此乃囿于生死、困于习气
的受蔽状态。相较于龙溪将轮回归于超名言之域[5]，邹元标的"生前轮回"锚定
当下生活的现实世界，借由去欲存仁的工夫从前念后念、善恶因果中超拔而出，达
到"日间无杂念，夜间梦亦清"的明莹无滞之境。当被问及孔子是否言轮回时，
邹元标答道："夫子学而时习之即言轮回。"[6] 在他看来，轮回即时时致良知，
"一时不学，便是醉生梦死……若时时学，天地与配，日月合明，四时合序，鬼神
合吉凶"[7]。他将轮回这一佛教概念祛魅祛玄，导向日用伦常中的实加切近之功，
一念之间改过迁善即可超越轮回，将身心倾注于当下便是极乐净土。邹元标指出：
"除却当下，更何处讨源头关头。"[8] "须信当下即是终身，目前即是天堂。"[9]
其"生前轮回"即是通过见在工夫达到"死而不亡"的理境，"良知自无生死"是
在破除了生与死的对立、超脱生死轮回的基础上，"以死生为常事"[10]，顺应生死
的自然规律。邹元标言"圣人之学，无意之学也"[11]，"有意则有生死，无意则无
生死"[12]，儒家圣人在透悟死生之说之后仍要在现世之中肩负起匡扶世道的使命

---

[1] 董平编校《邹守益集》，第777页。
[2] 邹元标著，郭诺明校注《南皋邹先生语义合编》，江西教育出版社2021年版，第121页。
[3] 邹元标《南皋邹先生语义合编》，第158页。
[4] 陈立胜《入圣之机：王阳明致良知工夫论研究》，第368页。
[5] 彭国翔《良知学的展开——王龙溪与中晚明的阳明学》（增订版），第312页。
[6] 邹元标《南皋邹先生语义合编》，第155页。
[7] 邹元标《南皋邹先生语义合编》，第159页。
[8] 邹元标《愿学集》卷三，第55A页。
[9] 邹元标《南皋邹先生语义合编》，第222页。
[10] 邹元标《南皋邹先生语义合编》，第158页。
[11] 邹元标《南皋邹先生语义合编》，第130页。
[12] 邹元标《南皋邹先生语义合编》，第128页。

担当，而非执迷来世、弃绝伦常。[1]

另一方面，阳明对见在良知的标明不仅仅是为了对抗佛老，更切合良知自身的发展模式："良知愈思愈精明"，"日长进一日，愈久愈觉精明"，"我辈致知，只是各随分限所及。今日良知见在如此，只随今日所知扩充到底，明日良知又有开悟，便从明日所知扩充到底，如此方是精一功夫"。[2] 从源头上言，良知人人固有、先天具足；从实践上言，致良知则需从各人当下的"本分"出发，实实落落依着自家那一点良知做明善诚身的工夫，断不可希高慕大、猎等而进。此般工夫历程可以概括为："良知，主要是后天训练的结果，它有一个经由锻炼积累而逐渐形成又敏锐起来的过程。这一过程，必须是通过实践而获得的，必须是主客体长期交互作用的结果。"[3] 由是观之，良知实为具有多维面向的统一整体，不光是先天圆成的形上本体，还是"愈思愈精明"的道德理性，伴随着体悟的深入不断整合经验，最终熟化为当下的直觉，成就为更加丰富的大良知。

在现实层面，致良知"须从本原上用力，渐渐'盈科而进'"，"功夫愈久，愈觉不同"，[4] 良知的呈现由隐而显、由弱而强的关键在于工夫合得本体。江右王门"由工夫以悟本体"的工夫理路并非由修至悟的单向关系，而是良知头脑主宰下修悟双融的"先天渐教"，从着实用意的"有修有为"擢升为"无修而无不修"[5] 的历史过程。良知虽然无生无灭、无始无终，但是见在工夫却是在"彻始彻终，无有止息之期"[6] 的时间之流中，需通过"念念致其良知"的道德实践将此心呈现，其时间性体现在悟体工夫层面。龙溪基于对见在良知的信得及，其"一悟即是本体"在时间维度上表现为"当下即是"的"'一念'肯断"[7]，即全体良知"完整性"的真实显露，"其所指示的工夫形态是：直接、随时回返并显现

［1］ 胡志明《"〈大学〉之要，无意而已"——邹元标对无意工夫的深化与展开》，《船山学刊》2024年第2期，第114页。
［2］ 吴光等编校《王阳明全集》，上海古籍出版社2011年版，第125、113、109页。
［3］ 张学智《明代哲学史》，中国人民大学出版社2012年版，第107页。
［4］ 吴光等编校《王阳明全集》，第16、106页。
［5］ 邹元标《愿学集》卷三，第18B页。
［6］ 钱明、程海霞编校《王时槐集》，上海古籍出版社2015年版，第548页。
［7］ 陈群志《"当下"作为一种"生活哲学"的决断——基于"体证时间观"的阳明心学之诠释》，《广西大学学报》（哲学社会科学版）2024年第1期，第54页。

心体，无须渐进的意识层次和时间历程"〔1〕。江右王门则普遍认为，一念明觉并不意味着一了百当，悟本体只是学之肇端，悟后仍需相续无间的守成工夫。相较于瞬间状态的一悟便了，他们更倾向于通过悟后之修证显悟后之悟："切己体认之修，真积力久而豁然通，乃为真悟，未有不修而能真悟者也……若谓悟后无修，则必非真悟，总属虚见。"〔2〕"超悟易得而成就者难。"〔3〕 在持之以恒的敬存保任工夫中，体贴本体才会愈发真切，发用流行才能无执无滞，心性之学才能落实于经世致用之中，〔4〕 此乃"是修之无尽，即谓悟之无尽也"〔5〕 的悟道历程。邹元标指明"惟学说着一时字，一年十二月，一日十二时，无针缝空"〔6〕，其苦心在于教人在紧迫性的致良知工夫中体会道体的至诚不息、"纯一不已"〔7〕，如唐君毅所言："若人之工夫，能处处皆实而无间断，则一切工夫之弊，亦即无起之可能。故此使工夫皆实而无间，即一切工夫之运用之根本工夫之所在也。"〔8〕 此即见在良知实修实证之要旨。

二、世无现成良知：见在良知的实地用功

见在良知的实践智慧中蕴含了两个层面：其一为体知〔9〕义；其二为警策义。此二义恰切于"当下情境"与"目前实事"的存在状态，正如"阳明讲'良知见在'，其要既在于坚定每人成圣之信心，又同时指示这一成圣的工夫只是在当下生存境遇之中、在自家心地上着实用功"〔10〕。关于体知义，以阳明的行路喻为例：

〔1〕 张卫红《由凡至圣：阳明心学工夫散论》，第 133 页。
〔2〕 钱明、程海霞编校《王时槐集》，第 520-521 页。
〔3〕 邹元标《南皋邹先生语义合编》，第 158 页。
〔4〕 胡志明《工夫与政见的同调——论邹元标良知学三变中的学政合一》，陈声柏主编《国学论衡》第 15 辑，社会科学文献出版社 2024 年版，第 257-267 页。
〔5〕 钱明、程海霞编校《王时槐集》，第 461 页。
〔6〕 邹元标《南皋邹先生语义合编》，第 159 页。
〔7〕 "'纯一不已'，不二是也。不二则自不息。"邹元标《南皋邹先生语义合编》，第 227 页。
〔8〕 唐君毅《中国哲学原论·原性篇》，九州出版社 2016 年版，第 499 页。
〔9〕 杜维明《杜维明文集》第五卷，武汉出版社 2002 年版，第 342-376 页。
〔10〕 陈立胜《入圣之机：王阳明致良知工夫论研究》，第 325 页。

"如人走路一般，走得一段，方认得一段；走到歧路处，有疑便问，问了又走，方渐能到得欲到之处。"〔1〕阳明的思路不是朱子"先知长安，从后行去"的先知后行，"非谓学、问、思、辨之后而始措之于行也"〔2〕，而是一边试错一边自我纠正的体知之知的显发，"如行者遇歧路即问，问了又行，原非二事"〔3〕，其行路喻通过凸显"真实切己用功"，将见在良知灌注于当下具体的生命体验之中，工夫愈难，良知愈能充足朗现。

基于此，江右王门无不注重为学的"着身受用"。如东廓认为："良知之精明，人人具足，然而或精明或障蔽，则存乎其人。"〔4〕与龙溪精微高明的"存乎一念"相比，东廓的"存乎其人"更为切近笃实，其着重关心的是现实的"人"如何通过时时戒慎恐惧之功葆有良知的常精常明，而非从概念上辨析、从理论上推阐见在良知的诸多意涵。又如塘南指出，"此是当下天然之心，非高非远，但宜切己体认亲切，勿以见解承当"〔5〕，在生命内在的不容已之情的涌动、"怵惕恻隐之心"的震动与推动下，当下戒惧实功完全合于自然本体，警惕与自然一贯、敬畏与洒落一贯，良知得以明莹不滞地如如朗现，而无道德律令般的恓惶惕厉。因此，江右王门并非不信见在良知的现成圆满，而是认为"个个圆成"需以"人人自有"为前提，只有实有诸己、"体诸其身"、在此心纯天理上用功，才能"不假外慕，无不具足"，"只有亲体彻透，才能体得'当下天然之心'"〔6〕。相较于对本体的揣摩妙悟、谈玄说空，他们更加看重的是"我"的直下承当以及"自我—转化""自我—更生"的生存活动，因而尤为强调致良知工夫只能从当下入手、实体认之。进而言之，"受用"一词贯彻了中国哲学中的体知宗旨，它不是对形而上的玄理、名相、观念的空想，抑或是沉湎于虚罔顽寂之光景，而是从"着实用功""百死千难"中体证而得，是发源于内心深处的"天问"，此乃切实为己的"具身"之知，是真正的生存论问题。诚如阳明的良知学是在历经多次转进才得以确立，江右王门

〔1〕 吴光等编校《王阳明全集》，第 23 页。
〔2〕 吴光等编校《王阳明全集》，第 52 页。
〔3〕 邹元标《南皋邹先生语义合编》，第 145 页。
〔4〕 董平编校《邹守益集》，第 531 页。
〔5〕 钱明、程海霞编校《王时槐集》，第 448 页。
〔6〕 程海霞《良知学的调适：王塘南与中晚明王学》，中国社会科学出版社 2021 年版，第 196 页。

的悟道历程亦大都辗转疑悟、艰苦漫长，直至晚年才有所彻悟。在他们看来，"信愈笃则疑愈深，疑愈深则信益彻"，以修证悟、以悟证修才是真修、真悟，唯有在一次次的困顿与突破中才能识得良知愈发真切明白，才能信而不疑，由此才是"善会其意善用其心"[1] 的为己之学。

此外，工夫不是限于"自得"的私人领域，更要推扩至公共性的社会教化，正如阳明的四句教并不重在概念上的厘定与剖析，而是"教法语、工夫语"[2]，意图从生存论的角度揭示出"上下无不接着"的中道教法。良知教之所以成为既具普遍性又无弊病的入圣之坦途，是因为其并非理论的虚设而是亲身体会的德性之知，所面向的是真实、活泼泼的生命，不同根器之人皆有"实下手处"，方为三根普被。有鉴于此，在道德实践的领域中，对工夫的阐述愈严肃、愈朴素就愈有救偏补弊之效力，"如果落实到现实生活中，'完满'二字不如'良知尚存'那么具有提撕警策效果"[3]。阳明正是担忧龙溪高明玄虚之险语所可能导致的社会危害，所以劝诫他"默默自修，不可执以接人"，"相资为用，不可各执一边"，断不可"悬空想个本体，一切事为，俱不着实"。在赓续阳明的基础上，江右王门对见在良知的阐发皆出于卫道忧世之心，这从其教法中可见一斑。

伴随着良知学在社会的盛行与下沉，江右王门所要面对的大多是天资禀赋良莠不齐的普罗大众，因此他们尤其推重立教的平实亲切与工夫的身心受用。譬如，念庵指出："立言有不易者，不可以无慎。"[4]"圣贤岂不知教人之法哉？盖能与不能在人，而学问源头，则亦有不可混失者矣。"[5] 江右王门立足于实然的存在过程，对"世无现成良知"的标举不是怀疑良知的本质属性，而是担忧常人仅从知觉情识的层面来理解见在良知，从而误以为能够轻易享用现成良知。他们将见在良知的警策义推至其极，希图通过以身体之、以心验之的笃实修行来弥合圆满之本心与现实之人心之间的罅隙。如塘南所言："故振铎鸣道者，贵以中道为的……宁示人以可践之途，而不欲开其恣诞之渐，庶使上智者可俯就，下根者可企及，世教赖

---

[1] 唐君毅《中国哲学原论·原性篇》，第 497 页。
[2] 唐君毅《中国哲学原论·原教篇》，九州出版社 2016 年版，第 290 页。
[3] 郑泽绵《诚意关——从朱子晚年到王阳明的哲学史重构》，第 124 页。
[4] 徐儒宗编校《罗洪先集》，第 74 页。
[5] 徐儒宗编校《罗洪先集》，第 292 页。

以久存，所谓良工心独苦也。"[1] 教法既要契合学理、合乎中道，又要切合世用、以维世范俗为导向，还要平实普适、人人善入，以此防范后学流弊的可能。又如，邹元标指出："虽然，阳明语有为上达语者，亦有为下学入门语者……舍其心性诸语而取其警策者，亦自有受用处，似不必有异同也。"[2] 他认为，并非只有从高明语中才能悟得向上之机，在阳明的警策语中亦能涵泳体贴心性之精微，如若人能默识得此心此身，那么下学便是上达，"洒扫应对便是形而上者"[3]。其三悟说提揭出"三悟只是一悟"[4] 简易直截的本体工夫，同时还保留了省悟、奋悟、透悟的修炼次第，俾使上根人与中下根人皆能有所持循。要而言之，江右王门拳拳服膺于阳明彻上彻下的中道教法，并能"推原阳明未尽之旨"，将其推展为"世无现成良知"的警策语，由此对晚明思想界产生了深远的影响。[5] "良知现成"在晚明被末学歪曲为"圣人现成"，对此，江右王门主张严判圣凡之别，将圣人境界归于日用伦常之中，以对治着空不实、脱略工夫等弊病。

晚明的"现成圣人"乃"现成良知"发展必然导致的逻辑结果，其脱胎于"满街都是圣人"的论断，但实际上，阳明的本义在学理上指的是人人皆具成圣的良知、以性通天的良能；而在教法层面，阳明彰明了讲学需以"感应之几"与愚夫愚妇同体相感，断不可自以为圣而口口谈玄。并且，尽管圣人与常人的昏明不同，但是辨别黑白的能力却是相同的，常人所识得的"日之余光未尽处"[6] 即是见在良知，从此"明处"去精察、扩充便是工夫入手与着力处。在此基础上，阳明亦言："圣人亦是学知……圣人只是保全，无些障蔽，兢兢业业，亹亹翼翼，自然不息，便也是学。"[7] 此语意在"让常人保持'警醒'"，"告诫众人成圣功夫的艰难、严谨与细密"[8]，凸显出"圣愚之分，阳明以为在能致不能

---

〔1〕 钱明、程海霞编校《王时槐集》，第 423 页。

〔2〕 邹元标《愿学集》卷二，第 33B-34A 页。

〔3〕 邹元标《南皋邹先生语义合编》，第 222 页。

〔4〕 邹元标《南皋邹先生语义合编》，第 128 页。

〔5〕 彭国翔《良知学的展开——王龙溪与中晚明的阳明学》（增订版），第 391-395 页。

〔6〕 吴光等编校《王阳明全集》，第 126 页。

〔7〕 吴光等编校《王阳明全集》，第 108 页。

〔8〕 陈立胜《王阳明"万物一体"论——从"身一体"的立场看》，华东师范大学出版社 2007 年版，第 83 页。

致，重工夫"[1]。

江右王门承继了阳明的思路，在论述圣凡之别时十分注重"必学而性始存"[2]的工夫意涵。晚明漫言现成、"己即是圣"的纵恣狂肆之风大行其道，邹元标对此大加挞伐："今有一种议论只是享用现成，才说克制防检便云扭捏造作，日用穿衣吃饭即同圣人妙用，我切以为不然。夫圣凡之别也，岂止远千里哉?"[3]在他看来，"百姓日用即道"不是将人伦日用拔高到道体的高度，而是强调日用常行如道体的生生流行，不容辨析，只能当下体证。基于此认识，针对认欲为理、混淆圣凡所造成的"己"的无限膨胀，邹元标倡明"无己"，并以孔子之学作为公共性的准绳以克治恣欲自肆、蔑视礼法之弊害："吾儒认得己字亲切，则且无己，无己而后能通天下。"[4]"以夫子之见为见，自有真见。今人以己之见为见，到成黑漆漆地去，枉过一生也。"[5]他在肯认圣凡同质的基础上更加侧重"与愚夫愚妇同体为功夫"[6]的教法指点，其"圣人即愚夫愚妇，愚夫愚妇即圣人"[7]是对阳明"须做得个愚夫愚妇，方可与人讲学"[8]的深入开展。邹元标此说看似消泯了圣凡界限，实际是上下兼容的权说："圣人之所以为圣人者，惟其知愚夫愚妇同体；愚夫愚妇之所以不如圣人者，惟其不知己即圣人。"[9]一方面，圣人真诚恻怛、"致之无知"，一循于天理而无丝毫私心己见，因而能与愚夫愚妇互感互应，其所指向的不单是教人为善的觉民行道，更是"感人心而天下和平"的万物一体之仁。另一方面，愚夫愚妇亦能从伦常日用中体悟到自身良知与圣人之知在本质上别无二致，"只在此心纯天理上用功"，以此激发道德实践的信心与动力。

----

[1] 陈祝生等校点《王心斋全集》，江苏教育出版社2001年版，第91页。"良知之内在于己虽然先天现成，从而'己'表现为一种圆满至善的存在，但在现实的表现上，阳明强调更多的是克己工夫对去除私欲的重要，这或许是阳明没有明确提出良知见在的一个原因。"阮春晖：《阳明后学现成良知思想研究》，广西师范大学出版社2017年版，第214-215页。

[2] 邹元标《南皋邹先生语义合编》，第144页。

[3] 邹元标《南皋邹先生语义合编》，第158页。

[4] 邹元标《南皋邹先生语义合编》，第197页。

[5] 邹元标《南皋邹先生语义合编》，第202页。

[6] 黄宗羲著，沈芝盈点校《明儒学案》，中华书局2008年版，第534页。

[7] 邹元标《愿学集》卷三，第40B页。

[8] 吴光等编校《王阳明全集》，第132页。

[9] 邹元标《南皋邹先生语义合编》，第148-149页。

邹元标指引愚夫愚妇于日间现境中笃实躬行，以期摆脱圣凡之迹，其言："夫子只是求诸己，惟求诸己，件件都是未能，所以不敢，持一不敢心，事事是不足……一有未能，正好孜孜讲究。"〔1〕在他看来，孔子的"未能""不敢不勉"并非谦辞，而是学而不厌、学究无尽。"圣人虽是生知安行，然其心不敢自是，肯做困知勉行的功夫。"〔2〕由此彰显出见在良知的工夫践履是历程的、开放的、日常的、具体的，邹元标由"不足"向着"具足"精进的奋悟工夫"无形间也变化了心斋、近溪提当下即是，即本体即工夫时的自信与乐观，更着墨于现今当下之我的'未成'性"〔3〕。此"未成性"极具提撕警策意义，且同样合于本体之准则，与见在良知的完整性并不冲突。

由是观之，江右王门不仅对先天之学、形上本体有所证显，而且尤为重视良知在经验层面的发用流行，如"当下日用即是性天密义，此圣学正宗也"〔4〕，"若舍见在境界，说天下归仁越远越不着身。学问不是大奇特事，圣贤设教不是玄远的说，子且从日间现境看起"〔5〕。邹元标将天下归仁的终极境界始终锚定于日间现境的场域，通过日常生活中的身心修炼把人从超洁玄虚的光景拉回当下真实的人间，"若以平淡朴实求道，则触境现前"〔6〕。在此过程中，见在良知始终默运于日用常行之中，程海霞视其为"良知待显"派〔7〕，郑泽绵则称其为良知"缺省"状态〔8〕。相较于龙溪的"日光日显"，江右王门偏重于良知的"暗然而日章"，"君子欲沉、欲深、欲浑、欲密、欲邃、欲敛、欲定"，〔9〕此般收敛凝一、显而未显的"隐显""弱显"状态，体现出"良知尚存"的致思特色。

〔1〕 邹元标《南皋邹先生语义合编》，第 222 页。

〔2〕 吴光等编校《王阳明全集》，第 127 页。

〔3〕 王蕅慈：《晚明管东溟与邹南皋的学术论辩之探讨》，《台大中文学报》2023 年第 82 期，第 205 页。

〔4〕 钱明、程海霞编校《王时槐集》，第 442 页。

〔5〕 邹元标《南皋邹先生语义合编》，第 131 页。

〔6〕 邹元标《南皋邹先生语义合编》，第 245 页。

〔7〕 程海霞《良知学的调适：王塘南与中晚明王学》，第 197 页。

〔8〕 郑泽绵《诚意关——从朱子晚年到王阳明的哲学史重构》，第 90 页。

〔9〕 邹元标《南皋邹先生语义合编》，第 123 页。

三、"现成"与"尚存"：见在良知的两种思维模式

关于"良知现成"与"良知尚存"的区别[1]，前者强调"原头本体之见解"（"作为价值源头的良知"），基于见在良知与良知本体在本质上的同构性，凸显一节之知即全体之知、昭昭之天即广大之天。在工夫论上，"良知现成"讲求从先天心体处立根基，以良知自身不容已涌现出的力量作为道德实践的原动力，此动力当下具足、完满整全，表现为"神感神应"、圆莹无滞的流行发用，一旦私意萌动便能一觉化之，由此见在良知能够全幅呈现为良知本体。"良知尚存"则是从实然层面的"见在工夫之持行"（"具体实践指引的道德知识"）上立言，江右王门之所以认为现成之本心与现实之人心"终难尽同"，这是因为良知明觉的反观自讼尽管能够保证内心的真诚无妄，但在具体的道德情境与生存体验之中，良知能否顺适无碍地如如朗现，并冲破一切障蔽，将觉解落实为践履，同时完全顺其天则自然、合乎礼法规范，绝非易事。生生不息之机与气禀物欲之杂往往泥沙俱下、"如油入面"，难以辨明，如若缺乏实实落落的切己用功，再精深的"见在一念"也"只如电光石火，一闪一闪，变动不可捉摸"[2]，从而导致"以见在之知为事物之则，而不察理欲之混淆"[3] 之流弊。

要而言之，在体用一源的意义上，良知发动的"最初一念"固然能够等同于良知心体本身，但江右王门更为关切当下此心与心之全体的差异性而非同质性，借由倡明"存得此心常见在"的时时保任工夫，以相续不断的分证来达成绝对的全证，"然以其一端之发见，而未能即复其本体，故言怵惕矣，必以扩充继之"[4]。唯有"念念不欺良知"，方能稳健笃实地呈现良知。正如唐君毅所言："由知放以

---

[1] 罗高强《"信得及否"与"承当得否"——论王畿与罗洪先在"良知"理解上的差别》，《上海交通大学学报（哲学社会科学版）》2016 年第 3 期，第 28—35 页。罗高强《"良知现成"与"世间那有现成良知?"——论泰州学派与罗洪先的哲学差别》，《贵阳学院学报（社会科学版）》2015 年第 5 期，第 16—21 页。

[2] 钱穆《中国学术思想史论丛》（七），三联书店 2009 年版，第 170 页。

[3] 徐儒宗编校《罗洪先集》，第 75 页。

[4] 徐儒宗编校《罗洪先集》，第 75 页。

至全收，由知断以至全续，由知杂以至全纯，仍待一相续不断之工夫。""此'不是'不是'全不是'，只不是'全是'。即吾人现有之此心与心之理，尚未全然冥合；则由勉强之功，以更发明此心此理，乃吾人学者之分内事。"[1] 实际上，念庵亦肯信良知现成圆满的本质属性，否认良知是"做成"的，但是，良知本体能否充量呈现不光与自身的动力相关，还受到私欲的掺和。就此问题，阳明点明了良知自知自证的特性："然才有着时，良知亦自会觉，觉即蔽去，复其体矣！此处能勘得破，方是简易透彻工夫。"[2] 龙溪赓继此义，认为在万欲沸腾之中仍可通过反诸一念良知，从物欲中超拔而出、自作主宰。牟宗三亦以逆觉体证来克治气质之偏，[3] 如若信得及时，依靠良知明觉之自照，便能冲破一切邪思妄念的阻隔。质言之，龙溪的"一念之几"指涉良知心体的端倪与萌芽，此先天立根工夫从根源处"截断众流"，自然能够不为后天习气所挂碍，体现为"不见此杂，故唯见一本心之明""本心之自呈其明之用"[4] 之工夫。然而，在现实教法层面，"只此'信得及'，即龙溪之工夫之根本。此乃明是天资高者，由极高明以道中庸之工夫路数……唯此观解之本身，却是一先行之工夫。而人之是否有此观解，则亦无必然"[5]。常人对此本体工夫所泄露的"向上一机""天纵之圣"难以受用与承当，需以长久的工夫历练才能"勘得破"此简易透彻之学。

另一方面，在阳明看来，"良知即是未发之中……但不能不昏蔽于物欲，故须学以去其昏蔽"[6]。良知的全幅朗现需以澄汰工夫为基石，此正相契于唐君毅的观点："今既有恶，则见吾人纵有良知本体之呈现，亦悟得此良知，并不证其障蔽，亦不证其能充量呈现……关键全在工夫。惟由此工夫方能去此障蔽之恶念所自发者，以实引致此一明莹无滞之心体之呈现与证悟矣。"[7] 善恶初萌的浮气极为细微，倘若逃过了良知的监察，便会在不断的自欺之中铸成牢不可解的妄根，"吾

---

〔1〕 唐君毅《中国哲学原论·原性篇》，第 502、503 页。

〔2〕 吴光等编校《王阳明全集》，第 126 页。

〔3〕 牟宗三《从陆象山到刘蕺山》，第 146 页。

〔4〕 唐君毅《中国哲学原论·原性篇》，第 520 页。

〔5〕 唐君毅《中国哲学原论·原教篇》，第 303-304 页。

〔6〕 吴光等编校《王阳明全集》，第 71 页。

〔7〕 唐君毅《中国哲学原论·原教篇》，第 291 页。

人处于良知本体与人欲善恶混杂的形下经验状态，人欲往往作为行为的第一动力发生作用，并且赋予道德的理由，从而不自觉地自欺了良知本体"[1]，导致理所当然地"认欲为理"以及麻木不仁的伪善。在此基础上，唐君毅不仅肯认双江、念庵承继了阳明早年的习静之旨，对归寂之教有同情的理解，[2] 而且能体会其问题意识之所在："然其必先言归寂之工夫，亦正由有见于吾人当下现成之心，尚未即是良知心体之昭露，而尚非是一心理合一之心之故。"[3] 良知当下呈现于经验之中因羼杂私欲而有所遮蔽，且"用力已深，益巧于藏也"[4]，习气隐伏难以察觉与根除，故须先以归寂主静的工夫廓清种种窒塞。若无此工夫作为支撑，常人极易为睹闻所牵连，念庵指出："戒慎于不睹、不闻者，乃全吾忠实之本然，而不睹、不闻即吾心之常知处。"[5] 不睹不闻是良知的本真状态，"随出随泯"的知觉则因脱离了良知的照察而暂明暂灭，致使着于物或蔽于物。概言之，江右王门的思想关切大都基于对"幽暗意识"的警惕与省察，如念庵以断除欲根为中心课题、塘南对习气的深究、邹元标对识神的批判等，他们大都倾向于在修悟合一的笃实躬行中制欲体仁，涵养与敬存良知本体，此"下学上达一体"的致思理路讲究在"体用之间"极隐微处研几，既有良知头脑之贞定，又无世情嗜欲之扰动，对于救偏补弊有着重要的意义。

进而言之，"良知现成"虽然在义理层面并无不妥，但从立教的标准而言，"龙溪之言之圆熟透辟，更多美辞，同可启人此玩弄之几。此即龙溪之'教'之所以不能无弊。然此固非谓龙溪之'学'之先有此弊也"[6]。"虽然龙溪之论旨并非只局限于现成论，但总的来说，其为了说明现成良知的效用而花费了大量口舌，而

---

[1] 张卫红《罗念庵的生命历程与思想世界》，三联书店 2009 年版，第 338 页。

[2] 唐君毅《中国哲学原论·原教篇》，第 297 页。

[3] 唐君毅《中国哲学原论·原教篇》，第 403 页。

[4] 徐儒宗编校《罗洪先集》，第 306 页。

[5] 徐儒宗编校《罗洪先集》，第 333 页。

[6] 唐君毅《中国哲学原论·原教篇》，第 304 页。"王龙溪只以先天后天对翻，好像教人舍后天趋先天，这便有病；把先天之学看得太容易，又把四句教只看为后天，而忽略了其致良知之先天义，这便成了荡越。"牟宗三《从陆象山到刘蕺山》，第 179 页。"王龑重先天而轻后天……但在修养工夫之重，现实的世界（包括善恶交杂的意念世界）是必须面对的，不可轻言超越；否则道德无严肃的意义。"郑泽绵《诚意关——从朱子晚年到王阳明的哲学史重构》，第 144 页。

对于到达现成良知之过程中的人性弱点之追究则不可避免地有趋于简略之嫌。"〔1〕
其部分论断更因忽略现实世界的复杂性，脱离了具体的生存境况与真实的生命体
验，沦落为冒认良知之人猖狂自恣、类借口实的托词。相较于龙溪从高明处立论以
推展良知学，江右王门更贴近于阳明庸言庸行的指点语，虽寻常却恒常，正如
"'世无见成良知'一语，公为以情识当良知者药也"〔2〕，其教法立足于常人的存
在境地与生活世界，重视亲切受用的实地用功。在此以同一譬喻来比较"良知尚
存"与"良知现成"两种诠释偏向，有助于进一步凸显两条为学进路的各自特点。

例如，东廓的月光喻与龙溪的论述看似别无二致，但两者的侧重却有所不同：
"满天一云障，露出一隙月光，不可谓非本体，然与万里无云，全体光明，自当不
同……知全体未透之为有间，则学问可以进步矣。"〔3〕虽然一隙月光、全体光明
与昭昭之天、广大之天在本质上皆可称为本体，但东廓更加注重的是，在"满天
一云障"的昏塞之极的状态下，若尚有一丝良知未泯，便依然葆有恒常不息的明
照明察，从此天理人欲交杂处着力，由"全体未透"向着"全体光明"不懈践行
致良知工夫，学问方能有所进益。陈立胜点明此语切中肯綮："东廓子要言不烦，
阳明'见在良知'之精义托盘而出矣。"〔4〕其所标举的仍是见在良知的体究践履。
与之相反的则是"时人既未窥其全体，而复以情识当之，曰：此现成事物，是认
贼作子，以狗尾续貂也"〔5〕。江右王门认为，未见全体，不可轻言现成，若悟此
体，只需存养保聚，否则如何辨明良知与情识，如何信得见在为具足。他们强调以
念念不息的悟后之修体证吾心之全体大用，而非一悟便了。同样以太阳喻为例，龙
溪指出："若信得良知及时，时时从良知上照察，有如太阳一出，魑魅魍魉自无所
遁其形。"〔6〕在昭明灵觉的监察之下，一切邪妄恶念皆能自消自化，不费纤毫之
力。但在东廓看来，良知固然"常照常明"，但云翳仍旧无可避免："所示'太阳
当天，哪有魑魅？'足见求仁真切之功。然不知或有云雾，或有晦蚀，亦须下一转

---

〔1〕 荒木见悟《阳明学的位相》，江苏人民出版社 2022 年版，第 112 页。

〔2〕 徐儒宗编校《罗洪先集》，第 1413 页。

〔3〕 董平编校《邹守益集》，第 774 页。

〔4〕 陈立胜《入圣之机：王阳明致良知工夫论研究》，第 332 页。

〔5〕 徐儒宗编校《罗洪先集》，第 1413 页。

〔6〕 吴震编校《王畿集》，凤凰出版社 2007 年版，第 65 页。

语否？……正为学者立教，使完此常照之体。"〔1〕 在良知受蔽的状态下，唯有刊落窒碍以复归本然之心体，通过"真诚恻怛，以充其良知之量，是必有事焉"〔2〕的事上磨炼，才能在相续无间的工夫中简易明白地体认良知，俾使良知如如呈现。

由是观之，尽管龙溪与江右王门在具体的学术观点上不尽相同，但双方并无抵牾或高下之分，亦无法用顿悟与渐修、本体与工夫等二元对立来笼统归类，"学不论顿渐，惟身有受用便是"〔3〕，"就道德实践的受用而言，此两条形态的'致知'工夫，本不冲突"〔4〕，而其中关键就在于"善学者真识自家心体"，由此表现为"信得及"与"疑而归信"两条工夫理路。龙溪服膺的是"若果信得良知及时，即此知是本体，即此知是工夫"〔5〕之直下肯信、"直心以动"的"即用即体"，"信得及"是致良知工夫的根据与动力，以此作为引人入门的激励语，其首要任务在于唤醒人们成圣的决心，信得愈深愈能充分彰显良知沛然莫之能御的根源性动力，自始至终工夫全在乎此，此即"人而无信，如何可行"的运思路径。江右王门则倾向于"渐能自信"〔6〕"若见得亲切，自然信得及"的悟道历程以及"即体具用"〔7〕的思维模式，"信得及"不光是理论前提，更是工夫纯熟的结果效验，"从此斩断，便是信得及之机括"〔8〕。他们主张通过收摄保聚、持敬存养的工夫来克除私欲、拨云见日，从而能够亲切稳定地体贴本体。因此，江右王门的"世无现

---

〔1〕 董平编校《邹守益集》，第 672 页。刘两峰亦言："若谓'吾性一见，病痊自去，如太阳一出，魑魅自消'，此则玩光景，逐影响，欲速、助长之为害也，须力究而精辨之始可。"沈芝盈点校《明儒学案》，第 434 页。

〔2〕 董平编校《邹守益集》，第 442 页。

〔3〕 邹元标《南皋邹先生语义合编》，第 197 页。

〔4〕 林月惠《良知学的转折：聂双江与罗念庵思想之研究》，第 293 页。

〔5〕 吴震编校《王畿集》，第 493 页。

〔6〕 徐儒宗编校《罗洪先集》，第 83 页。"学习者不能从一开始就相信'本原知识'，而是必须在寂然中收摄自己，由此才会使'本原知识'变得持续和清晰。"耿宁《人生第一等事：王阳明及其后学论"致良知"》，商务印书馆 2014 年版，第 970—971 页。

〔7〕 "唯双江念庵，皆先信此心之体即心理合一之良知之体，亦原是一虚寂而具感通之用之体；而学者之由归寂工夫之所悟者，亦归在悟此一即体而具用之体，此则承阳明之教而来。"唐君毅《中国哲学原论·原教篇》，第 403 页。

〔8〕 徐儒宗编校《罗洪先集》，第 263 页。

成良知"乃深信良知，其"不信"归宿仍是信。〔1〕诚如唐君毅所言："此二义初不相违，似相异而未尝不相成。"〔2〕"则此先归寂主静之一工夫，与直悟本体之工夫，亦归一无二矣。"〔3〕

实际上，龙溪同样反对"假托现成良知"，也并未忽视工夫的重要性："易者，言乎其体也；难者，言乎其功也。"〔4〕"然实则龙溪言现成良知，乃悟本体，而即此本体以为工夫；非悟本体后，更无去蔽障嗜欲之工夫者也。"〔5〕对于念庵"世间无有现成良知，知非万死工夫断不能生"的告诫，一方面，龙溪承认："以此较勘世间虚见附和之辈，未必非对病之药。"〔6〕所谓"对病之药"即两人共同推崇的"万死一生真功夫"〔7〕，通过"后天诚意之功"对治"假托现成良知之说"。另一方面，龙溪批评念庵不免有"矫枉之过"。然而，"矫枉过正"实乃良知学内部"执中达权"的自我调适与更新。当置身于中晚明"以知觉为良知"的师心即圣之弊一传百讹、虚无莽荡之论不可穷诘的现实处境，只有先"过正"才能救正"渐失其传"的良知学，才有使其"归于正"的可能。基于此，王塘南与邹元标立足于始终一贯的立场，进一步补苴与完善了第一代弟子的虚歉与阙漏，深入推展了江右王门的见在良知论。

同样，江右王门虽以笃实困勉之功作为工夫的下手处，但亦服膺"直信得及"的简易透彻之境："学问到归一处，真是一言可了，所谓愈真切则愈简易矣。"〔8〕他们矢志于体圆而用方、学理与教法兼具的大中至正之道，讲求"悟贵透彻，修

---

〔1〕 借助利科的信心解释学与怀疑解释学有裨于更为全面地理解龙溪与江右王门的异同，前者致力于意义的恢复，后者则重在被除遮蔽原动力的幻相。"怀疑解释学虽然是从'解构'开始的，最终还是走向'建构'（reconstruction）。实际上这个过程是'解—建构'（dekonstruktion）……'世无现成良知乃深信良知'正印证了'怀疑解释学仍然是一种信心解释学'。"胡志明《信得及与疑而归信：王龙溪与江右王门工夫理路之比较》，《贵阳学院学报》2024年第2期，第23-24页。

〔2〕 唐君毅《中国哲学原论·原性篇》，第504页。

〔3〕 唐君毅《中国哲学原论·原教篇》，第320页。

〔4〕 吴震编校《王畿集》，第464页。

〔5〕 唐君毅《中国哲学原论·原教篇》，第300页。

〔6〕 吴震编校《王畿集》，第42页。

〔7〕 张美娟《"万死一生真功夫"：试论王龙溪理想的"后天诚意"之功》，《台大中文学报》2023年第83期，第132-133页。

〔8〕 钱明、程海霞编校《王时槐集》，第359页。

在惶惶"，既自悟心体又慎于立言，"吾辈既彻此体，又能小心翼翼，乃为完学"[1]。有鉴于此，龙溪与江右王门对见在良知的诠发各有攸当，在究竟义层面皆契环中，两者只有相资为用，方能贯彻与落实阳明的彻上彻下之旨。

四、结　论

综上所述，江右王门论见在良知注重"各人分限所及"的"着身受用"以及当下具体的、日常的、历程的、开放的生存境遇。他们继承了阳明"当下实地用功"的本义，提倡上下一贯的中道教法，强调见在良知的体知义与警策义，将念念相续的悟后持修工夫推至其极，不光是为了克治"享用现成"与"现成圣人"所导致的脱略工夫等种种弊病，更是通过由显入微、退藏于密，敬存与葆全"阳明一生精神"，俾使良知学得以长续，并延及东林、蕺山学派。在此基础上，从"信得及"与"疑而归信"、"存乎一念"与"存乎其人"等方面比较"良知现成"与"良知尚存"的各自特点，同情地理解双方的"殊途"与"同归"，不仅能够凸显江右王门"推原"与"救正"的学术定位，以及"姚江之学，惟江右得其传""阳明之道赖以不坠"的历史贡献，而且有裨于更为全面地把握见在良知的丰富意涵，推进相关研究的深化与展开。

---

[1]　邹元标《愿学集》卷三，第55B-56A 页。

人道为重：王船山"诚"论对天、人、物
关系的新架构

陈春芳*

[内容提要]

王船山基于对"诚"的理解，重新架构了天、人、物三者之间的关系，体现出与理学、心学不同的理论架构。首先，他将"天道"作为"在人之天道"，体现出"天道赖人道以成"的思想特色，即天道必然转化为人道，因人道而成能；其次，"诚"作为天命之本然，更凸显了天与人之间相承相续的理论特征，人并非只消极被动地承受天所"授"之用，而必须有自觉自为的承继与修养之功；最后，基于对"物"的理解，船山主张"物道乃人道"，强调人对世界万物的创造性，世间万物的存在、生成、彰显、流行皆由人的德性工夫而成，由此奠定了人与世界独特的关系模式。总体而言，船山对天、人、物关系的重新架构与诠释，体现出船山学尤为重视人道、以人道为中心的思想特质，这既是对传统儒学的回归，也是对朱子、阳明天道人道观的进一步发展，具有思想史意义。

[关键词]

王船山；诚；天道；人道；物

---

* 陈春芳，中山大学哲学系博士研究生。本文系国家社会科学基金青年项目"朱子人格伦理思想研究"（24CZX066）阶段性成果。

引　言

在儒学发展史上，宋明理学尤为重视"诚"，理学家多以"诚"为思想资源来构建儒学的本体论与工夫论。就理学而言，朱子以"实"释"诚"，意指"真实无妄"[1]，分别指向"天理之本然"与"人事之当然"，"诚者，真实无妄之谓，天理之本然也。诚之者，未能真实无妄，而欲其真实无妄之谓，人事之当然也"[2]。"诚"一方面作为天理之本来状态，构成了万事万物存在的根本与依据，在这个层面上，即使没有人道的参与，万事万物也依旧以其本然面貌真实存在；另一方面，"诚"又是人道层面应物处事的指导原则，在现实的人道层面上，人容易受到私意物欲等影响而导致与天理的隔绝，此时"诚"就发挥了规范性的指导作用。朱子以天、人分言"诚"，造成了"诚"在"实理"与"实心"方面的分别，这也使得朱子的"物"观更为强调"物"对于沟通人与世界的重要意义，从而避免了支离"天道"与"人道"的倾向。朱子如此致思的根源在于他以"理"作为世间万物的根本，旨在建立一个"理"的客观世界，包括人道工夫的世间万物都要在此超越之"理"的客观规范下生存养成。

与理学相比，心学有所不同。阳明认为朱子过分抬高"理"的地位会造成心、理不一的理论弊端，由此主张将个体的所知所感与世间万物联系起来。他主张"人道即天道"，"诚是实理，只是一个良知"[3]。在心学体系下，良知与实理合并为一，"良知即天道"[4]，这就进一步将"人道"提升至"天道"，克服了朱子理学视域下天道与人道、实理与实心相分别所可能带来的流弊。在此理论框架下，阳明将"物"解为"事"，通过"意之所在"建构出意义世界。

对于天、人、物之间的关系，理学与心学各执一词。理学体系下天道与人道存在支离的倾向，因而作为沟通二者的"物"便分别指向天道本然与人事当然。心

[1]　朱熹《四书章句集注》，中华书局 2012 年版，第 31 页。
[2]　朱熹《四书章句集注》，第 31 页。
[3]　王守仁《传习录下》，吴光等编校《王阳明全集》第 1 册，上海古籍出版社 2014 年版，第 124 页。
[4]　王守仁《惜阴说》，《王阳明全集》第 1 册，第 298 页。

学体系下"人道即天道"虽在一定程度上高扬了人的主体性，将世界万物都收摄于个人之心，但也容易流入如阳明后学的空疏之弊。值得注意的是，明末遗老王船山对此问题也颇有见地，他通过对"诚"的阐释与理解，重新架构了天、人、物三者的关系，实现了思想史意义上的一次创新。对于天道与人道的关系，船山一方面主张"天道赖人道以继，即赖人道以成"[1]；另一方面又强调人道层面必须通过积极自发的承续与德性修养之功才能保证实现天道的顺利流行，由此形成了天道必然运转为人道、人道也必须承续天道的"双箭头"。基于此，船山又主张世间万物皆由人而创造，既包括存在本身，也包括存在的意义，由此奠定了独特的人与世界的关系模式。

一、天道必因人道而成能

在船山的思想体系中，天道本体并不是静态孤立的超越性存在，而是落实于现实人生，呈现为动态性的化育流行之过程。船山言"天道乃在人之天道"，一方面，天道的真实含义只有通过人这一主体才能被理解；另一方面，天道的流行运化也必须经由人道才能顺利实现。由此船山将理论视域从追求超越的形上世界落实到现实的人道世界，不再一味地追求宰制一切的"理"或"良知"，而是直面日用流行之世界，对天道、人道之关系给予了一种新的理论诠释。对于这一思想，船山主要从两个方面来说明：第一，体用关系；第二，天道人道关系。

首先，在体用关系上，船山明确主张"由用以得体"，从而一改宋明儒在体用关系上侧重于"体"的理论倾向。船山认为，"体"不应该是悬挂在"人生而静"以上之"寂然不动"状态中的空虚本体，故船山说："故善言道者，由用以得体；不善言道者，妄立一体而消用以从之。'人生而静'以上，既非彼所得见矣，偶乘其聪明之变，施丹雘于空虚，而强命之曰体。聪明给于所求，测万物而得其景响，则亦可以消归其用而无余，其邪说自此逞矣。"[2] 船山这句话是在批判那种以耳

---

[1] 唐君毅《中国哲学原论·原教篇》，中国社会科学出版社 2006 年版，第 383 页。
[2] 王夫之《周易外传》卷 2，《船山全书》第 1 册，岳麓书社 2011 年版，第 862 页。

目之官来把握本体、命名为体的邪说。在他看来，本体作为"人生而静"之上的存在，并不为人所见，也不为人的耳目之官所能把握。一旦将本体的存在托付给感官经验，那么就容易造成将耳目之所得看作是本体的弊端，从而沦为邪说。由此他主张，体乃用之体，必然呈现在化育流行之用中，换言之，化育流行之用其实就是本体的发显与呈现，本体就在它的作用当中。

> 《中庸》一部书，大纲在用上说。即有言体者，亦用之体也。乃至言天，亦言天之用；即言天体，亦天用之体。大率圣贤言天，必不舍用，与后儒所谓'太虚'者不同。若未有用之体，则不可言'诚者天之道'矣。舍此化育流行之外，别问宵宵空空之太虚，虽未尝有妄，而亦无所谓诚。佛、老二家，都向那畔去说，所以尽着钻研，只是捏谎。[1]

在船山看来，《中庸》一书的主体基调就是化育流行之用。也正因此，《中庸》中所言的"天道"指的是运化载物，流行日用之间的天道，"所以《中庸》劈头言天，便言命。命者，令也。令犹政也。末尾言天，必言载。载者，事也。此在天之天道，亦未尝遗乎人物而别有其体"[2]。即使是天体，也是用之天体，必须关照现实人伦、承载万事。由此可知，在船山的理论体系中，天道本体必须呈现在化育流行之现实生活中。当然这不是说在化育流行之外没有本体的存在，而是说这种本体性的存在处于"人生而静"之上，已超出人的生理感官，不为人所轻易把握。但此本体必然会呈现出化育流行之用，所以保证此化育流行之用就是保证天道本体的顺利发显。

同时，船山进一步以天道本体之发用流行对佛、老"虚无"的本体观展开批判。他认为，佛、老二家所追寻的只是虚无寂灭之"太虚"，"释氏以真空为如来藏，谓太虚之中本无一物，而气从幻起以成诸恶，为障碍真如之根本"[3]，"故闻太虚之名，则以为空无所有而已"[4]。佛、老二家主张虚空，否定现实世界中的一切人伦与价值，甚至认为现实人伦物理是真如本性存在的障碍，"人伦物理之繁

〔1〕 王夫之《读四书大全说》卷3，《船山全书》第6册，第531页。
〔2〕 王夫之《读四书大全说》卷3，《船山全书》第6册，第531页。
〔3〕 王夫之《张子正蒙注》卷2，《船山全书》第12册，第83页。
〔4〕 王夫之《张子正蒙注》卷9，《船山全书》第12册，第374页。

难，为尘垢糠秕、人法未空之障碍"[1]，而这是船山不能接受的。对于"太虚"，他赞同并继承张载"太虚即气"的理论，主张"太虚即气，纲缊之本体"[2]，认为万物皆由此本体创生流行、生生不息。此太虚本体虽名为虚，但此"虚"指的是气的存在状态，乃是清虚之极，并非说本体是虚空、虚无。实际上，船山说"太虚，一实者也"[3]。太虚乃是由气构成的真实存在之本体，虽名为"虚"，但此"虚"却"实"，意为真实、存在、实有之意，这就从根本上坚守了儒家立场。船山以气为首出概念，不但肯定了天道本体存在的真实性，而且肯定了现实世界之人伦物理与德性价值，建构了独属于船山气学的一系列德性工夫与人文化成之政教世界，由此展现出了不同于朱子的思考方式：船山是以存在世界的真实来言理之真实，认为理的真实性只有在形色器物和人伦实践之中才得以真实，程朱则是以一种推断的方式去理解理气或现实的存在世界。[4]

其次，船山认为体乃用之体，这在天道与人道的关系上就表现为天道之发用流行必须经由人道才能顺利实现。具体到《中庸》第二十五章"诚者自成也，而道自道也"，朱子认为"诚以心言，本也"[5]，船山吸收了这一点，也特别强调"诚"字以"心"言，以"心"来彰显天道之发用流行、创生万物。船山说："此'心'字与'性'字大略相近。然不可言性，而但可言心，则以性为天所命之体，心为天所授之用。仁义礼知，性也，有成体而莫之流行者也。诚，心也，无定体而行其性者也。心统性，故诚贯四德，而四德分一，不足以尽诚。性与生俱，而心由性发。故诚必托乎仁义礼知以著其用，而仁义礼知静处以待诚而行。是以胡、史诸儒竟以诚为性者，不如《章句》之言心也。"[6] 胡云峰、史伯璿在《四书大全》中分别有言："此'诚'字，即是天命之性，是物之所以自成；此'道'字，是率性之道，是人之所当自行。物之所以自成，是全不假人为，人之所当自行，为之全

---

[1] 王夫之《周易内传》卷5，《船山全书》第1册，第513页。

[2] 王夫之《张子正蒙注》卷1，《船山全书》第12册，第32页。

[3] 王夫之《思问录》，《船山全书》第12册，第402页。

[4] 米文科《王船山对张载"太虚即气"的诠释及其意义》，《船山学刊》2010年第2期。

[5] 朱熹《四书章句集注》，第34页。

[6] 王夫之《读四书大全说》卷3，《船山全书》第6册，第554-555页。

在乎人。"[1] "性是本，道是用。性是本然之实理，自人言之，则舍心无以见性，故朱子直以心言此。"[2] 胡、史二人都将"诚"作"性"字解，指本然之实理。但在船山看来，以"诚"为"性"不如以"诚"为"心"，其原因在于"心"表达了无定体而行其性功能，言"性"的话就将"诚"作为天道之本然状态给说"死"了，有静态化的意味，而言"心"则凸显出"诚"作为天道之本然状态的发用流行、生生不息之动态化过程。"乃所谓心，则亦自人固有之心备万物于我者而言之。……一《章句》之说为本然者也。"[3] 此"心"并不只是一般心性论层面的"心"，而且还被上提至天道论、宇宙论层面，意为天道流行之本然。同时，以"诚"为"心"又意味着船山将天道之发用流行的关键环节落实于人道上，"《章句》所云心者，谓天予人以诚而人得之以为心也"[4]。这就意味着，在船山的理论体系下，天道必须运化为人道，"'天之道'，言天之所以立人之道而人性中固有之天道"[5]，"盖天之所以命人，即人之所以为天，而天之命即人之性，故曰天道"[6]。船山将"天道"定义为"在人之天道"，"'诚者天之道'，以在人之天言耳"[7]，天命与人性相挂钩，天初命于人乃性，之后时时刻刻禀受天命，自然时时处处成就此性。[8] 因此，"天道"乃人性中固有之天道，意味着天道之流行发用必须经由人道，以此创生万物、承育万事。船山此举的意图在于强调一种天人之际的整体结构，只有在天人之际的整体视域之下对天道的追问才是合理的追问。[9] "人之道"是人与天的统一，不可将天与人孤立开来，也正因此，船山言："惟天道不息之妙，必因人道而成能，故人事自尽之极，合诸天道而不贰。"[10]

由上述可知，船山与朱子二人都主张"诚以心言"。二者的不同之处在于：船

[1] 胡广等《四书大全校注》，武汉大学出版社2015年版，第216页。
[2] 胡广等《四书大全校注》，第216页。
[3] 王夫之《读四书大全说》卷3，《船山全书》第6册，第555页。
[4] 王夫之《读四书大全说》卷3，《船山全书》第6册，第554页。
[5] 王夫之《四书笺解》卷2，《船山全书》第6册，第147页。
[6] 王夫之《四书笺解》卷2，《船山全书》第6册，第147页。
[7] 王夫之《读四书大全说》卷3，《船山全书》第6册，第562页。
[8] "当有生之初，天以是命之为性；有生以后，时时处处，天命赫然以临于人，亦只是此。"（王夫之《读四书大全说》卷1，《船山全书》第6册，第407页。）
[9] 刘梁剑《天·人·际：对王船山的形而上学阐明》，上海人民出版社2007年版，第20—22页。
[10] 王夫之《读四书大全说》卷3，《船山全书》第6册，第556页。

山强调"诚"可以言"心"而不可言"性"是为了突出天道必然运转为人道,因人道而成能的理论主张;但朱子在主张"诚以心言"的同时,也主张"诚以理言",由此分别指向"天理之本然"与"人事之当然",并进一步造成了"诚"在实理与实心方面的区隔。就"实理"而言,"实理"乃天地之理对应于天道,"以理言之,则天地之理,至实而无一息之妄,故自古至今,无一物之不实,而一物之中,自始至终,皆实理之所为也"〔1〕。就"实心"而言,朱子说:"以心言之,则圣人之心,亦至实而无一息之妄,故从生至死,无一事之不实,而一事之中,自始至终,皆实心之所为也。此所谓诚者物之终始然也。苟未至于圣人,而其本心之实者,犹未免于间断,则自其实有是心之初,以至未有间断之前,所为无不实者;及其间断,则自其间断之后,以至未相接续之前,凡所云为,皆无实之可言,虽有其事,亦无以异于无有矣。"〔2〕"实心"一方面指向浑然真实之天理在人道处的完美显现;另一方面又指因人欲、气禀的拘蔽从而使实心有所"间断",前者"心"与"理"真实一致、混合无间,为人道能够通达天道提供了依据,后者是具体的人道内容,常人间断之"心"需要通过人道处的修养工夫以克除人欲、气禀的拘蔽,体贴天之"实理"。由此可知,朱子对"诚"的理解在一定程度上造成了"实理"与"实心"的分别,同时也具有支离天道与人道的倾向。在这个层面上,可以说船山主张"天道必因人道而成能"的主张在一定程度上弥补了理学体系下天道、人道相分别的弊端,为天道、人道的关系提供了新的理论路径。

二、诚之德,止于自成

在船山学的视域下,天道须流行发用,体贴现实的人生。对于人道,船山认为,人道之根本就在于承续天道,促使万物创生流行,成就德性之善。在对天道的承续这一环节上,船山展现出不同于理学、心学的理论主张。朱子、阳明都主张人的道德本体乃是天直接授予、给定,人在一出生时就直接享有天所给定的道德超越

---

〔1〕 朱熹《四书或问》,朱杰人等主编《朱子全书》第6册,上海古籍出版社、安徽教育出版社2010年版,第598页。
〔2〕 朱熹《四书或问》,《朱子全书》第6册,第598页。

本体；船山则主张虽然天有所命于人，但是人同时也需要积极自为的工夫去承继天之所命。也就是说，在船山看来，道德本体一方面由天来授予人，另一方面由人去承续天道，在成就德性之善时才能具足道德本体。

基于上述观点，船山在注解《中庸》"诚者自成，而道自道"时言：

若本文之旨，则"诚"与"道"皆以其固然之体言之，又皆兼人物而言之。"自成""自道"，则皆当然而务致其功之词，而略物以归之当人之身。若曰：天所命物以诚而我得之以为心者，乃我之所以成其德也；天所命我以性而人率之为道者，乃我之所必自行焉而后得为道也。以诚自成，而后天道之诚不虚；自道夫道，而后率性之道不离。诚丽乎物以见功，物得夫诚以为干。万物皆备之诚心，乃万物大成之终始。诚不至而物不备于我，物不备则无物矣。[1]

在这里，船山对"诚"与"道"的理解与朱子理学体系下的"诚"与"道"有些许差别。在朱子看来，"诚"与"道"更接近于"天道"与"人道"的关系："诚"指向"天道"，意为"物所以自成"，具有独立之意，"诚者，是个自然成就底道理，不是人去做作安排底物事。"[2]"道"则指向"人"，意为"人所自行之道"，需人为方有，"道自道者，道却是个无情底道理，却须是人自去行始得"[3]。而在船山看来，"诚"与"道"皆指向天命之本然，"自成""自道"则是指此本然状态的自然发用流行，且这种自然发用流行是需要人为去推动的自然发用流行，也就是"致其当然之功"。值得注意的是，既然此天命本然状态的自然发用必须通过人道且只能通过人道去实现，那就意味着人道对"物"有统摄之功，因而船山将"物"归于人之身。就"自成"而言，"诚"作为本然状态最终要运化到物上，而"我"作为承续天道的关键环节，自然承续了天道运化至万物的过程；同样，"自道"也是如此，由此天道之诚才能够真正落实，才能够"不虚"，率性之道才能够不离。对于船山而言，"诚"并不是孤立的、静态化的，而是天命之本然运化流行至万物的动态过程，在这一过程中，人道是关键环节。换言之，只有建立在人道承续天道的基础之上，天道之运化万物才得以可能。相较之下，朱子理学体系下

〔1〕 王夫之《读四书大全说》卷3，《船山全书》第6册，第555页。
〔2〕 黎靖德编《朱子语类》卷64，中华书局1986年版，第1576页。
〔3〕 黎靖德编《朱子语类》卷65，第1576页。

"诚"乃"天道"，意为自身即可流行运转；"道"乃"人道"，须践行始得，此"天道"与"人道"存在一定程度的"分殊"。船山的训释却有将"天道"与"人道"打通为一的趋向，在一定程度上淡化了朱子理学体系下的"天道"与"人道"的分殊意味，突出了人道承续天道的重要性。

同时，船山进一步指出，"自成""自道"并不是人被动地去接受天所"授"之用，而是积极主动地去承续天道，通过德性工夫去顺利实现天道运化万物的过程。"其所为'自成''自道'者，一皆天道之诚、率性之道之所见功。是其以体天而复性者，诚可贵也。而又非恃天之畀我以诚，显我以道，遂可因任而自得之为实。则所贵者，必在己之'自成'而'自道'也，惟君子之能诚之也。诚之，则有其诚矣。"[1] 在船山看来，唯有德性圆满之人，也就是"君子"，才能最终实现"诚"。

其实，人道对于天道的承续，我们亦可以结合《周易外传》系辞上对于"继之者善也，成之者性也"的注解来理解："继之为功于天人乎！天以此显其成能，人以此绍其生理者也。性则因乎成矣，成则因乎继矣。不成未有性，不继不能成。天人相绍之际，存乎天者莫妙于继。"[2] "'继'者，天人相接续之际，命之流行于人者也。"[3] "继"指的是人对天命的承继。在船山看来，天人之际最重要的节点就在于"继"，通过此"继"，天道可以运化流行、人道可以成就善性等。且船山认为"善、性则专就人而言也"[4]。"善"与"性"皆建立在"继"的基础之上，"继之则善矣，不继则不善矣。天无所不继，故善不穷；人有所不继，则恶兴焉"[5]。"善"则由于气化所成之物，"善之名，惟由气化之成物而立。气化之成物，有其序，恒化彼以成此。此成而有对此之善"[6]。气化之有序成器、成物皆因乎"继"；"性"也是如此，船山主张"性日生日成"，意指在承"继"天命的基础上日日禀受天命，也日日通过凝善存守等德性之功去成就此性。因此，对于船

〔1〕 王夫之《读四书大全说》卷3，《船山全书》第6册，第555页。
〔2〕 王夫之《周易外传》卷5，《船山全书》第1册，第1007页。
〔3〕 王夫之《周易内传》卷5，《船山全书》第1册，第526页。
〔4〕 王夫之《周易内传》卷5，《船山全书》第1册，第526页。
〔5〕 王夫之《周易外传》卷5，《船山全书》第1册，第1008页。
〔6〕 唐君毅《中国哲学原论·原教篇》，第357页。

山而言，"继"乃是天命流行创生的关键，通过此"继"，万物得以流行，善得以所终，性得以所成。

由此可知，船山对于天道、人道之关系更多地是强调一种承续关系。在此基础上，船山对陈淳分言"天道之本然"与"在人之天道"提出了自己的见解。陈淳吸收了朱子以"诚"分别指向"实理"和"实心"的说法："天道之本然"指向"实理"，意为世间万物生成始末皆由此实理所构建，"盖有是理而后有是物，以造化言之，天地间万物生成，自古及今，无一物不实，皆是实理所为，大而观之，自太始至无穷，莫不皆然"[1]；"在人之天道"则指向"实心"，"如孩提之童，无不知爱亲敬兄，都是这实理发见出来，乃良知良能，不待安排。又如乍见孺子将入井，便有怵惕之心。……此皆天理自然流行真实处。虽曰见于在人，而亦天之道也"[2]。陈淳将"在人之天道"视作真实无妄之天理在人道处的真实显现，也即良心之实的自然发见。

对于陈淳的这一理解，船山有言：

北溪分"天道之本然"与"在人之天道"，极为精细。其以孩提之知爱、稍长之知敬为在人之天道，尤切。知此，则知"诚者天之道"，尽人而皆有之。故曰"造端乎夫妇"，以夫妇之亦具天道也。只此不思不勉，是夫妇与圣人合撰处，岂非天哉？[3]

北溪虽是恁样分别疏明，然学者仍不可将在人之天道与天道之本然，判为二物。如两间固有之火，与传之于薪之火，原无异火。特丽之于器者，气聚而加著耳。乃此所云"诚者天之道"，未尝不原本于天道之本然，而以其聚而加著者言之，则在人之天道也。[4]

一方面，船山十分赞同陈淳以孩提先天层面上就知爱知敬来证成"在人之天道"；另一方面，船山也认为陈淳分言"天道之本然"与"在人之天道"虽然是一种极为精细的提法，但只是为了解释方便而已，二者乃是一物，只是于器物层面气

[1] 胡广等《四书大全校注》，第217页。
[2] 陈淳《北溪字义》，中华书局1983年版，第33—34页。
[3] 王夫之《读四书大全说》卷3，《船山全书》第6册，第532页。
[4] 王夫之《读四书大全说》卷3，《船山全书》第6册，第532页。

聚加著的效果而已，如同"固有之火"与"薪传之火"的承续关系，"天道之本
然"与"在人之天道"也是一种承续关系。陈淳分"天道之本然"与"在人之天
道"因继承了朱子"实理"与"实心"的讲法，不免有分殊的倾向。然而，船山
将二者视作一种薪火相传的承续关系，扭转了理学体系下天道与人道之间的分殊架
构，从而将二者打通为一。

相较于对陈淳的肯定态度，船山对饶双峰进行了严厉的批判。饶双峰将朱子
"诚者物之所以自成"理解为"物之成也，固有天成之，而不因乎人矣"，从而将
天道之诚作为独立运化、无须人为参与的天道之本然。《四书大全》中胡云峰也有
言，"饶氏之病，正坐于便以诚为己所自成，而欠一'物'字"〔1〕。船山对饶双峰
把"诚者自成"理解为无须人为参与的"己成"提出了批判，在船山看来，朱子
正是担心学者把"诚者自成"理解为"专成夫己"，故要"兼物"，意为兼物以归
于己，而饶双峰犯了上述错误："'自成''自'字，与'己'字不同。己，对物
之词，专乎吾身之事而言也。自，则摄物归己之谓也。朱子恐人以'自成'为专
成夫己，将有如双峰之误者，故于《章句》兼物为言。乃迷者执此，而以为物之
成也，固有天成之，而不因乎人者矣，遂举'自成'而一属之天理之自然，则又
暗中游、杨'无待'之妄而不觉。"〔2〕船山主张"己"与"物"相对，专指自身
之事，而"自"则是"摄物以归己"之意，强调的是人通过积极地承续天道以化
成万物。饶双峰将"自成"理解为"天理之自然"，既割裂人道对天道的承续关
系，也割裂了人道与万物之间的化成关系，因而陷入了游酢、杨时等"无待"于
物的虚妄之说。质言之，船山之所以批判饶双峰，实则是反对割裂地理解天、地、
人三者之间的关系，在船山看来，这种割裂正是朱子后学对朱子的误解。

陈来认为，船山对朱子学的态度是肯定朱子、批判朱子后学。〔3〕就船山对饶
双峰的批判而言，陈来此说诚乃之论；但就船山对陈淳的阐释而言，其对朱子后学
亦有所肯定，可见船山对朱子后学的复杂态度。平实而论，陈淳与饶双峰都是朱子
学的继承者。不论陈淳分"天道之本然"与"在人之天道"，还是饶双峰"物之成

---

〔1〕 胡广等《四书大全校注》，第216页。
〔2〕 王夫之《读四书大全说》卷3，《船山全书》第6册，第556-557页。
〔3〕 陈来《诠释与重建：王船山的哲学精神》，北京大学出版社2013年版，第45页。

也，固有天成之"，实际上都肯定了"理"在"人"之外的优先性存在。正如朱子所言："盖有是实理，则有是天；有是实理，则有是地。如无是实理，则便没这天，也没这地。凡物都是如此，故云'诚者自成'，盖本来自成此物。"[1] 在这个意义上，船山肯定陈淳的同时批判饶双峰，淡化了"理"在"人"之外的优先性，强调"人道以承继天道，天道赖人道以成"，这实则是在朱子后学对朱子思想进行多样性的展开中重新判摄了朱子的义理系统，即把朱子天人之间的分殊统一架构，扭转为天道赖人道以成化的纵贯架构，而此纵贯架构的另一关键环节，便是下文所论的成己成物。

三、物道乃人道

对于船山而言，诚之体必须以尽乎诚之用，也就是应万事、处万物。而在这一过程中，船山所强调的是人道在承续天道的基础之上，通过择善固执等"诚之"之功彰显诚之发用流行，而其中最为关键的环节就是"成己"与"成物"。

对于"成己"与"成物"，船山有言：

乃本文之旨，则谓天道之诚，（此无待。）我可以自成其心而始可有夫物也。（此有待。）……诚者，己之所成，物之所成；而成之者，己固自我成之，物亦自我成之也。[2]

船山以"无待"与"有待"这一对范畴分别指向"天道之诚"与"人道之诚"。前者指的是天道的整体运化，没有主客间的对立，因而属于"无待"，且此时"天道之诚"之本来面貌本身就囊括世间一切所有，蕴含着"己成"与"物成"；后者意为"人道之诚"，指的是在人道层面"人"与"物"的对待，有"我"才会有"物"，故而属于"有待"，且船山言"诚以成之者也"[3]，这也意味着天道蕴含下的"己成"与"物成"需要人道层面的"成之"工夫来成就，对于其中的"物成"，船山亦理解为"物亦自我成之也"，由此将"成己""成物"

---

[1] 黎靖德编《朱子语类》卷64，第1576页。
[2] 王夫之《读四书大全说》卷3，《船山全书》第6册，第557页。
[3] 王夫之《四书训义》卷4，《船山全书》第7册，第195页。

都归置于人。而对于"成己",船山言"夫其能成己者,乃纯全天理于一心,而私蔽不足以间之"[1];对于"成物",船山言"其能成物者,乃周知天理之咸备,而变化有以宜之"[2]。前者指的是保证此"心"的纯然无杂不间断即可"成己",后者指的是促使此变动之"心"的时措皆宜即可"成物"。"成物"建立在"成己"的基础之上,有"成己"才会有"成物"。

船山将"物成"理解为"自我成之"之意,进而将"成己"作为"成物"的必要前提,这与船山对"物"的理解有关。对于"诚者物之终始"之"物",船山理解为总括之物,它既包括人道之物,又包括鸟兽草木等客观之物,"'诚者物之终始',不择于我之能有是物与否而皆固然,则可下泊于鸟兽草木而为言"[3]。对于"不诚无物"之"物",船山将其置于人道视域内,专指人所对之"事",其中就包括成己与成物。"若夫'不诚无物',固已舍草木鸟兽而专言人事矣。"[4] 对于"成物"之"物",船山连带"成己"讲,凡言"成物",必有"成己","'成物''物'字之与'己'为对设之词"[5],此"物"字更多地强调由人而成就的客观之物。综合来看,在船山对"物"的理解中尤为强调"物"作为"事"的含义。首先,船山言"始者事之初也,终者事之成也,尤非始有而终无也"[6]。"物之终始"也就意味着"事之初"至"事之成",此时的"物",并非静态的、孤立的自在之物,而是建立在"诚之"工夫基础上的"终始"之意,更加强调过程。只要人道层面"诚之"之功不间断,那么"事"就可以从"初"至"成",这也就是"物"的生成。其次,船山言"盖'无物'之物,大要作'事'字解"[7],从而将客观之物拉入人的视域,物的生成与否皆由人而成。可见,船山言"物",更偏重于与人道的接轨相涉,弱化了鸟、兽、草、木等客观之外物,无论是总括意义上的"物之终始"之"物",还是人道层面上的"事"之物,抑或是与成己相涉

----

〔1〕 王夫之《四书训义》卷4,《船山全书》第7册,第196页。
〔2〕 王夫之《四书训义》卷4,《船山全书》第7册,第196页。
〔3〕 王夫之《读四书大全说》卷3,《船山全书》第6册,第557页。
〔4〕 王夫之《读四书大全说》卷3,《船山全书》第6册,第557页。
〔5〕 王夫之《读四书大全说》卷3,《船山全书》第6册,第557页。
〔6〕 王夫之《读四书大全说》卷3,《船山全书》第6册,第558页。
〔7〕 王夫之《读四书大全说》卷3,《船山全书》第6册,第557-558页。

的"成物"之"物"，船山都将其纳入人道视域，旨在使之成为人道承接天道以创生万物的必要一环。

船山把物纳入人道，因而船山在解释"率性之谓道"一语时将物之道视为人之道：

今以一言蔽之曰：物直是无道。如虎狼之父子，他那有一条径路要如此来？只是依稀见得如此。万不得已，或可强名之曰德，（如言虎狼之仁、蜂蚁之义是也。）而必不可谓之道。[1]

若牛之耕，马之乘，乃人所以用物之道。不成者牛马当得如此拖犁带鞍！倘人不使牛耕而乘之，不使马乘而耕之，亦但是人失当然，于牛马何与？乃至蚕之为丝，豕之充食，彼何恩于人，而捐躯以效用，为其所当然而必由者哉？则物之有道，固人应事接物之道而已。是故道者，专以人而言也。[2]

在船山看来，"道"专指人言，物是没有道的，即使是虎狼之仁、蜂蚁之义，可勉强称为"德"，而不可称为"道"。物道其实指的是人道，意为人应事接物之道，并非指向物之自身。所谓的牛之耕马之乘，是指人根据自己的所需使得牛、马如此，并非牛、马自身之道理，是"人命之，非天命之"[3]，所以船山言物道乃是人道，这在一定程度上回应了船山对"物亦自我成之"的定义。在船山看来，"物道"乃是"人道"，那么"成物"在一定程度上就是成就人所应之事、所接之物，而"成物"又建立在"成己"的基础之上，必先"成己"而后"成物"。"成己"是成就自身，对自身德性的修养与持守，"成物"便是在自身德性修养（即"成己"）的同时对人所接物、涉事的顺利成就与践行。就整体而言，船山对"成己""成物"的理解突出了船山学重视人道、以人道为核心的理论特征。具体而言，天道运化为人道，人道承续天道以成就万事万物，促使世间万物的化育流行，整个过程体现出船山"天一人一物"的纵贯理论架构。

船山在对"物"的理解中赋予物以人化意味，并且进一步将"物道"理解为"人道"，从而将世间万物之生成都归属于人。船山如此理解的根本原因在于他所

---

[1]　王夫之《读四书大全说》卷2，《船山全书》第6册，第462页。
[2]　王夫之《读四书大全说》卷2，《船山全书》第6册，第462页。
[3]　王夫之《读四书大全说》卷2，《船山全书》第6册，第458页。

要强调的人道对世间万物的创造性意义。一方面，指的是"物"存在本身的生成，"故近而吾身之形形色色，远而万物之生生化化、万事之原原本本，皆诚以成之者也"[1]，"万物皆备之诚心，乃万物大成之终始"[2]。万事万物的存在是通过人道层面的工夫而实现的，这既指存在义也指实现义，或者说实现义就是存在义。另一方面，强调存在意义的生成。其具体表现为以德性之效推行于具体世界，"在成德上见天理、民彝，人官、物曲，节节分明"[3]，"乃以使吾人居天地之间，疆界分明，参天地而尽其才，天下万世乃以推其德成之效，而曰人之道于是而存也"[4]。船山以"存人道"来阐说成德之效，在注重尽己成物等存在义的同时也强调德性意义的赋予，并试图完成人文化成世界的终极愿景。杨国荣对此也曾言："在王夫之看来，存在的沉思所应涉及的，并不是超验的对象，而是与人相关的世界。"他还指出，"万物存在的意义，总是对人敞开；只有当人面对万物或向存在发问时，万物或存在才呈现其意义"[5]。

综上，船山对"物"的理解主要表现为以下几点：第一，弱化"物"的自然含义、客观面向，侧重于将"物"作"事"解，"物"的生成与否皆由人而成；第二，基于对"物"的理解，进一步将"成物"理解为"成己"，"成己"乃是"成物"的必要前提；第三，基于前两点，进一步将"物道"理解为"人道"，世间万物的生成皆由人而创造。船山对"物"以及"物道"的理解在一定程度上是对上述"天道赖人道以成，人道以承继天道"这一纵贯思路的延续。天道的运转流行必然要经由人道才能实现，而人道在承继天道的基础上通过"诚之"等相关道德工夫来实现天道的化育流行、顺利创生，其中就包括"物"这一环节。也正是在这个意义上，船山尤为强调"物"的人文面向，物道就是人道，在凸显"天—人—物"纵贯架构的同时也体现出船山"人道为重"、以人道为中心的理论特征。

值得注意的是，以"事"解"物"并不是船山思想的独创，理学、心学都主张这一点，但各自的理论侧重点有所不同。相较而言，理学将"物"理解为"事"

〔1〕 王夫之《四书训义》卷4，《船山全书》第7册，第195页。
〔2〕 王夫之《读四书大全说》卷3，《船山全书》第6册，第555页。
〔3〕 王夫之《读四书大全说》卷9，《船山全书》第6册，第1025页。
〔4〕 王夫之《读四书大全说》卷9，《船山全书》第6册，第1025页。
〔5〕 杨国荣《序》，刘梁剑《天·人·际：对王船山的形而上学阐明》卷首，第2页。

更强调人与世界的联系。朱子以“理”建构客观世界，天地万物无一不是理，“所谓理也。外而至于人，则人之理不异于己也；远而至于物，则物之理不异于人也”[1]，进而追求内在之心与外在之理的合一，从而与世界建立联系，“人之所以为学，心与理而已矣。心虽主乎一身，而其体之虚灵，足以管乎天下之理；理虽散在万物，而其用乎微妙，实不外乎一人之心，初不可以内外粗细而论也”[2]。在朱子的理论体系下，客观世界皆由理而成，万物皆禀受天理，不以人的意志为转移，人与世界的联系就是通过人对客观事物之理的探寻而建立起来的。朱子将“物”解为“事”，此时“物”不再单纯指向客观之外物，而是与人有关的“事”，格物也就是格事，到事上去探寻理，其中，“物”则是沟通人与世界的“中介”与“桥梁”。心学以“事”言“物”，同样强调人对世界的创造性，但阳明的创造性更多地强调存在意义的生成，更为突出“意”之为物的念头与动机。阳明言“意之所在便是物”，“物”的存在与否与人的意念挂钩，在“人—物”的关系结构中，阳明关注的重点仍在人上、在意上，“事在人为，行为与动机相连，事的问题因而成为心的问题，自然之物被放逐于其视野之外”[3]。船山以“事”解“物”，是为了弱化“物”的客观面向，从而将“物”拉入人道视域，“物”的存在与否虽然由人而决定，但决定的关键并不在人的动机或念头，而在人的德性工夫基础之上，在承继天道工夫基础之上，在“诚之”的工夫基础之上，在德性不断养成的后天工夫基础之上。相比于阳明体系下由动机而决定的“物”的存在意义之生成，船山更强调基于人道工夫基础之上的“物”的生成过程与存在意义。

结　语

对于天、人、物三者之间的关系，船山基于自己所处的时代问题给予了新的理论诠释，体现了船山学独特的理论进路。船山处于明末清初，这个时期的学者已经

---

[1] 朱熹《四书或问》，《朱子全书》第 6 册，第 527 页。
[2] 朱熹《四书或问》，《朱子全书》第 6 册，第 528 页。
[3] 陈少明《物、人格与历史——从“特修斯之船”说及“格物”等问题》，《华东师范大学学报（哲学社会科学版）》2022 年第 4 期。

将为学重心从追求道德本体的形上保证转变为回归现实，追求经世致用之学，逐渐将"理"去实体化。[1] 当宋明理学高扬的"理"与"良知"不再成为万事万物存在的先天依据时，船山以人道为中心，基于对"诚"相关理论的注解与诠释重新架构了天、人、物三者之间的关系。首先，船山通过将天道作为在人之天道，天道的流行运转必然要经由人道，从而凸显了"天道赖人道以继，即赖人道以成"[2] 的理论特征。其次，船山突出了人道对于天道的"承续"环节。"诚"作为天命之本然，必须通过人道积极的承继与修养之功才可彰显发用，化育流行，而非如理学或心学一般，乃是天直接一次性给予人以超越自在、圆满自足的道德本体。最后，船山基于对"物"的理解凸显了人对世间万物的创造性，既指存在本身，也指存在意义。世间万物的存在、生成、彰显、流行皆由人的德性工夫而成，船山由此构建出了独特的人与世界的关系模式。总体而言，船山通过对天、人、物关系的重新架构，体现出船山学重视人道、以人道为中心的思想特色，这在一定程度上是对理学、心学思维框架的进一步发展。船山主张天道化育流行，世间万物的生成创造必须由人而成，从而将人道处的工夫落于实处，让人文化成世界有迹可循。这既消除了朱子理学体系下天道与人道之间存在分殊的弊端，也避免了如阳明后学般空谈心性从而使人道处的工夫流于空虚的弊病。曾有学者认为，自阳明宣称人是宇宙万物的主宰之后，在天人之辩问题上，孔子所开辟的儒家思想走到了尽头，传统儒家思想或学说迎来了终结，并且进一步认为，自阳明之后，儒者在天人观上再没有产生创造性成果，也很少有思想家关注这个话题。[3] 若说朱子将"天理"悬挂于客观世界之上，视为一种外在于人的存在，阳明将"天理"收摄于个人之良知，在一定程度上确实对天人意味有所消减。在此意义上，船山重新架构天、人、物三者之间的关系也就意味着重新回归于传统儒学，回归于《周易》本义，同时也是对朱子、阳明天道人道观的进一步发展。

---

[1] 陈来《元明理学的"去实体化"转向及其理论后果》，《中国文化研究》2003 年第 2 期。
[2] 唐君毅《中国哲学原论·原教篇》，第 383 页。
[3] 沈顺福《王阳明与传统儒家思想的终结》，《文史哲》2023 年第 1 期。

书院与儒学

嵩阳书院与道统传承

韩　星*

[内容提要]

　　中国古代书院的本质性功能是传承道统。嵩阳书院是中国古代儒家书院的典型，担当了道统的确立与传承。北宋二程是否在嵩阳书院讲过学，这个问题因缺乏资料而存疑。但二程在洛阳居家讲学以及程颐在伊川书院讲学传道，创立了"洛学"，以学统接续圣人之道，确立了宋明理学的道统论。朱熹集理学之大成，也集儒家道统思想之大成，继承孔子、曾子、子思、孟子、周敦颐、二程、张载的思想并发扬光大。清代嵩阳书院在耿介及其他诸儒的努力下得以复兴，成为传承儒家道统的重要基地。嵩阳书院之所在居天下之中，得中天清淑之气，传承道统的核心是传承中道。嵩阳书院先后建起先圣殿、先贤祠、诸贤祠、道统祠等，并通过祭祀活动使学子兴起向道之心。道统祠具有特别的意义，表明他们自觉地寻求道统与政统的融合，这与宋明儒者高扬道统、与帝王共治天下的理想追求不同，是历史性的失误。嵩阳书院在漫长的历史发展中几起几落，几废几兴，奠定了其在中国书院发展史、儒家道统传承史上的特殊地位，对今天的书院复兴、重建道统、传承道统具有重要的启示和意义。

[关键词]

嵩阳书院；道统；确立；传承；中道

---

* 韩星，河北董仲舒与传统文化研究中心研究员，中国人民大学国学院教授，历史学博士。本文系国家社会科学基金重大项目"中国古代书院制度研究"（24&ZD266）阶段性成果。

一、书院与道统

书院萌芽于汉代，形成于唐宋之际，书院的成熟与理学的成熟大体一致。以范仲淹为代表的初期宋学主要是复兴儒学。以二程为代表的中期宋学发展到理学阶段，重视道统传承，确立道统论，同时创建书院，认识到传承道统是书院的重要功能。至南宋，理学发展到成熟阶段，朱熹集理学之大成，同时也是创建书院的积极推动者和实践者，他曾声称建立书院不是为了科举考试，而是为了与志同道合的师友一起讲学传道，"前人建书院，本以待四方士友，相与讲学，非止为科举计"[1]，把书院作为传承道统的基地。书院之立，主要针对官学教条僵化、官学宣扬追名逐利的为人之学的弊端，倡导传承儒家希贤希圣、担当道统的为己之学。对此，王夫之曾经论述说："有志之士，其不屑以此为学也，将何学而可哉？恶得不倚赖鸿儒，代天子而任劳来匡直之任哉？君子于此，以道自任，而不嫌于尸作师之权者，诚无愧也。道不可隐而明之，人不可弃而受之，非若方外之士，据山林以傲王侯也；非若异端之师，亢政教以叛君父也。所造者，一王之小子；所德者，一王之成人。申忠孝之义，劝士而使之亲上；立义利之防，域士而使之靖民……其有裨于治化者远矣。"[2] 有志之士，硕学鸿儒，以道自任，在山林形胜之地创办书院，申忠孝之义，明义利之辨，培养成德之士，教化社会大众。

有书院研究专家指出，"作为一种比较成熟的教育制度，书院包含讲学、藏书、祭祀、学田四大基本规制"[3]，这四个方面是书院的制度化设置。其实书院是针对官学的弊端而立的，是追求以人为本、立德树人的圣贤之学（简称"圣学"）。儒家书院主要不是传授知识，而是传承道统，具体讲就是传道、弘道、讲道、明道、修道。历史上，当官学成为利禄之徒牟利的工具，就有对这种现象不满的大儒，于山水之胜处修建书舍，教授生徒，以正人心、明道学、传道统。这就使书院可以摆脱世俗功利，处江湖之远，而与天地自然相亲近，淡泊名利，体现从孔

---

〔1〕 黎靖德编《朱子语类》七，中华书局 1994 年版，第 2655 页。
〔2〕 王夫之《宋论》，中华书局 1964 年版，第 54 页。
〔3〕 邓洪波《中国书院史》（增订版），武汉大学出版社 2012 年版，第 109 页。

子以来"谋道不谋食","不义而富且贵，于我如浮云"的优秀传统。因此，宋明以降，道统的传承绵绵不绝，很大程度上有赖于书院。而书院之所以能够担当传承道统的功能，是因为办书院的大儒有自觉的道统意识，他们心忧天下，有"为天地立心，为生民立命，为往圣继绝学，为万世开太平"之担当精神。

二、嵩阳书院与程朱道统

有学者指出："宋代士人致力于复兴儒学，他们要确立儒家的道，一方面这个道要具有超越世俗功利的终极信仰性质，另一方面又不能离开世俗的修身、齐家、治国、平天下去追求这个道。追求道是宋代儒学的精神，是宋代儒学发展的最高成果——理学的精神。书院产生于宋代儒学复兴的大潮中，与理学同时成熟于南宋时期，并与理学有机结合了起来，所以书院的精神也是求道。"[1] 朱汉民说："南宋时期的理学家有一种强烈建构书院学统，以确立书院在儒家道统史上的意义、地位的精神追求。"[2] 邓洪波说：书院"到南宋则发展成熟，进入其制度化的确立阶段"，表现在"书院和理学互为表里，荣辱与共，形成一体化结构"。[3] 就是说，书院在北宋才初创，发展方向和道路还处于探索阶段，还是不成熟的，还没有与官学区分开来，没有达到对道统的自觉，直到南宋书院成熟才有自觉的求道精神。

关于二程是否在嵩阳书院讲学？讲学多长时间？有多少学生等？学界尚有争议。不少学者说宋神宗熙宁至元丰年间（1068—1085），程颢、程颐先后在嵩阳书院讲学十余年，各地学者慕名而来，生徒多的时候有数百人。程颢还为嵩阳书院制定教养、学制、考察等规条，嵩阳书院的发展达到鼎盛阶段，成为与河南商丘应天

---

〔1〕 张佐良、杨世利、师永伟《河南书院史》，大象出版社 2020 年版，第 41-42 页。
〔2〕 朱汉民《南宋书院的学祠与学统》，《湖南大学学报（社会科学版）》2015 年第 2 期。
〔3〕 邓洪波《中国书院史》（增订版），第 162-163 页。

书院、江西庐山白鹿洞书院、湖南长沙岳麓书院齐名的四大书院之一。[1] 这些说法因为缺乏直接的文献证据，只能存疑。

根据相关文献资料推测，二程久居洛阳讲学，也在嵩阳书院讲过学。嵩阳书院有悠久的历史传统和独特的地理位置。"昔者圣人继天立极，明道垂教……书院之设，所以育人才、养德性、惇教化、美风俗也。有宋之世，大儒辈出，名山胜水，结庐聚徒，以相讲学。嵩阳接迹伊洛，为最著焉。"[2] 熙宁年间，二程的父亲程珦因不满王安石新法，"归朝，愿就闲局，得管勾西京嵩山崇福宫"[3]。二程兄弟曾随其父来到崇福宫。至哲宗朝程颐也任此职。崇福宫设有提举、管勾诸官，以掌握宫观事务，多为不合时务的朝臣，被敕令退居此。崇福宫紧邻嵩阳书院，这为在这里挂闲职的学者提供了到嵩阳书院讲学的便利。王日藻在《嵩阳书院碑记》中称："夫五代日寻干戈，中原云扰，圣人之道，绵绵延延，几乎不绝如线矣。而书院独肇于斯时，岂非景运将开，斯文之未坠已。"[4] 又说："殆有宋，五宿躔奎，两程夫子应期而出，先后提点嵩山崇福宫，昌明正学于时，濂洛关闽递接薪传，俾尼山之渺旨微言，昭昭若揭日月，则诸儒之功诚不容泯灭也。"[5] 窦克勤《中州道学编序》中说："道学之产于他邦，不啻踵相接矣。就中州而论，河洛一区实为道统托始之地。"[6] 耿介《与汤孔伯年兄》说嵩阳书院是"两程子提点嵩山崇福

[1] 安国楼说："二程曾领崇福宫之职，常在嵩阳书院讲学，各地学者慕名而来，多时有生徒数百人。""嵩阳书院是北宋时代兴起的著名书院，作为讲坛胜地，对二程理学的形成和传播起了重要作用，这是嵩阳书院作为中国四大书院之一的认定依据。"[《嵩阳书院与二程理学》，《郑州大学学报（社会科学版）》2000年第5期。] 王琦说："程颢、程颐二兄弟先后在嵩阳书院讲学，学者趋焉与水归壑，最盛时达数百人，书院之声远播，成为宋代最著名的书院之一。"（《嵩阳书院教育史述论》，《中州大学学报》2009年第4期。）后来宫松涛的专著《嵩阳书院》（湖南大学出版社2014年版）也有类似表述。说法当源于康熙十五年（1676）耿介《与汤孔伯年兄》言及嵩阳书院所说"考宋初天下有四大书院，嵩阳、睢阳、岳麓、白鹿，而嵩阳为最，生徒肄业率至数百人"。（耿介《敬恕堂文集》卷3《与汤孔伯年兄》，中州古籍出版社2005年版，第166页。）
[2] 耿介编《嵩阳书院志》卷1《沿革》，中州古籍出版社2003年版，第18页。
[3] 程颐《先公太中家传》，王孝鱼点校《二程集》上册，中华书局1981年版，第649页。
[4] 王日藻《嵩阳书院碑记》，耿介编《嵩阳书院志》卷2，第81页。
[5] 王日藻《嵩阳书院碑记》，耿介编《嵩阳书院志》卷2，第81-82页。
[6] 窦克勤《中州道学编序》，耿介《中州道学编》卷首，中国科学院图书馆藏清康熙三十年嵩阳书院刻补修本。

宫，所游历之地"〔1〕。汤斌《嵩阳书院记》说："二程子曾讲学于此，后人因建祠。"〔2〕郭文华《嵩阳书院志序》说："嵩阳书院，宋藏经处，两程子置散投闲与群弟子讲学地也。其地忽兴忽废、忽盛忽衰，自唐、宋、元、明以迄今，兹政不知历几年所。"〔3〕薛国瑞在《敬恕堂文集序》中写道："嵩阳居天下之中，下则有书院在焉。自二程夫子讲道于此，而伊洛涧瀍之学遂为古今所不废，如日月经天，江河亘地，其不可无人焉出而仔肩之。"〔4〕道光二十五年（1845），萧元吉在《重刻耿逸庵敬恕堂文集序》中亦云："中州自二程子讲学嵩阳书院，而伊洛之学昌于当时、传于后世，中州为理学之邦，嵩阳实始基之坂，嵩阳列四大书院，遂为天下后世宗。"〔5〕耿介在《嵩阳书院志》中也感叹道："书院创于宋，为两程子过化之地，岂无金石遗文可资采辑？而代远年湮，断碑残碣与荒烟蔓草俱尽。呜呼！"〔6〕清代学者认为，嵩阳书院是二程讲学传道之地，在儒家道统传承史上具有重要地位。只可惜年代久远，几经荒废，没有留下确切的文献资料。

根据史料，二程在洛阳的主要活动是在家里聚徒讲学。范祖禹记述道："（明道）先生以亲老，求为闲官，居洛阳殆十余年，与弟伊川先生讲学于家，化行乡党。家贫，疏食或不继，而事亲务养其志，赒赡族人必尽其力。士之从学者不绝于馆，有不远千里而至者。先生于经，不务解析为枝词，要其用在己而明于知天。其教人曰：'非孔子之道，不可学也。'盖自孟子没而《中庸》之学不传，后世之士不循其本而用心于末，故不可与入尧、舜之道。先生以独智自得，去圣人千有余岁，发其关键，直睹堂奥，一天地之理，尽事物之变。故其貌肃而气和，志定而言厉，望之可畏，即之可亲，叩之者无穷，从容以应之，其出愈新，直学者之师也。"〔7〕二程在洛阳居住，主要是居家讲学，私门传授，常有士人学子前来拜访

〔1〕 耿介《敬恕堂文集》卷3《与汤孔伯年兄》，第166页。

〔2〕 汤斌《嵩阳书院记》，耿介编《嵩阳书院志》卷2，第84页。

〔3〕 郭文华《嵩阳书院志序》，耿介编《嵩阳书院志》卷首，第1页。

〔4〕 薛国瑞《嵩阳耿逸庵先生文集纪年序》，耿介《敬恕堂文集》卷首，第1页。

〔5〕 萧元吉《重刻耿逸庵敬恕堂文集序》，耿介《敬恕堂文集》卷首，清道光二十九年（1849）重镌本。

〔6〕 耿介编《嵩阳书院志》卷首《凡例》，第1页。

〔7〕 程颢、程颐《河南程氏遗书》附录，王孝鱼点校《二程集》上册，第333—334页。

求学，讲学内容主要是尧舜之道、孔孟之学，即儒家圣贤之学。他还曾办伊皋书院。元丰五年（1082），文彦博将伊阙南鸣皋镇一处庄园赠予程颐，程颐便在这里创建了"伊皋书院"（元朝改名为伊川书院），并在这里讲学达20年，他的理学思想体系以及传道活动大多在这里完成，故被称为"伊川先生"。可以说，伊川书院是理学的策源地之一。

宋初理学家崛起，不满汉唐经学的章句训诂之学和当时流行的文章之学，他们批评当时学术的弊端："今之学者有三弊：一溺于文章，二牵于训诂，三惑于异端。苟无此三者，则将何归？必趋于道矣。"[1]"后之儒者，莫不以为文章、治经术为务。文章则华靡其词，新奇其意，取悦人耳目而已。经术则解释词训，较先儒短长，立异说以为工而已。如是之学，果可至于道乎？"[2]程颢"自十五六时，与弟颐闻汝南周敦颐论学，遂厌科举之习，慨然有求道之志。泛滥于诸家，出入于老、释者几十年，返求诸《六经》而后得之，秦、汉以来，未有臻斯理者"[3]。程颢一生仕途短暂，因议论新法而与当时的执政者不合，被贬至洛阳任京西路提点刑狱，遂隐居洛阳，潜心圣学。程颐"于书无所不读，其学本于诚，以《大学》《语》《孟》《中庸》为标指，而达于《六经》。动止语默，一以圣人为师，其不至乎圣人不止也。张载称其兄弟从十四五时，便脱然欲学圣人，故卒得孔、孟不传之学，以为诸儒倡"[4]。程颐学问渊博，以"四书"为标指而达于"六经"，学以圣人为师，得孔孟不传之学。宋杜大珪说："哲宗嗣位，宰相司马光、吕公著、西京留守韩绛上其行义于朝，曰：'河南府处士程颐，力学好古，安贫守节，言必忠信，动遵礼义，年逾五十，不干仕进，真儒者之高蹈，圣世之逸民……'以宣德郎、秘书省校书郎召。赴阙既对，除崇政殿说书……差管勾西京嵩山崇福宫……崇宁初，复通直郎权判西京国子监，屏居伊阙山数年，卒年七十五。学者尊之称为伊川先生，其门人游酢、谢良佐、吕大临、杨时皆著名于世。"[5]程颐《明道先生

〔1〕 程颢、程颐《河南程氏遗书》卷18，王孝鱼点校《二程集》上册，第187页。

〔2〕 程颢、程颐《河南程氏文集》卷8，王孝鱼点校《二程集》上册，第580页。

〔3〕 《宋史》卷427《道学传一》，中华书局1977年版，第12716-12717页。

〔4〕 《宋史》卷427《道学传一》，第12716-12717、12720页。

〔5〕 杜大珪《名臣碑传琬琰之集》下卷21，《景印文渊阁四库全书》第450册，台湾商务印书馆1986年版，第819-820页。

墓表》云："周公没，圣人之道不行；孟轲死，圣人之学不传。道不行，百世无善治；学不传，千载无真儒。无善治，士犹得以明夫善治之道，以淑诸人，以传诸后；无真儒，天下贸贸焉莫知所之，人欲肆而天理灭矣。先生生千四百年之后，得不传之学于遗经，志将以斯道觉斯民。天不慭遗，哲人早世。乡人士大夫相与议曰：道之不明也久矣。先生出，倡圣学以示人，辨异端，辟邪说，开历古之沉迷，圣人之道得先生而后明，为功大矣。"〔1〕这是赞扬程颢对道统重建的贡献，实际上也是二程确立理学道统论的宣言书。他们以传承儒家正学、接续孔孟道统自任，致力于重建儒家道统传承体系，并且培养了游酢、谢良佐、吕大临、杨时等著名学者。

二程讲学有别于以前儒者，是以"道"为追求，昌明圣贤正学。《宋元学案·濂溪学案》载："孔孟而后，汉儒止有传经之学，性道微言之绝久矣。元公崛起，二程嗣之，又复横渠诸大儒辈出，圣学大昌。"〔2〕吕祖谦《白鹿洞书院记》也载："国初，斯民新脱五季锋镝之厄，学者尚寡，海内向平，文风日起，儒先往往依山林，即闲旷以讲授，大师多至数十百人。嵩阳、岳麓、睢阳及是洞为尤著，天下所谓四书院者也。……庆历、嘉祐之间，豪杰并出，讲治益精。至于河南程氏、横渠张氏，相与倡明正学，然后三代孔孟之教，始终条理于是乎可考。熙宁初，明道先生在朝，建白学制，教养考察，宾兴之法，纲条甚悉。"〔3〕他们在学术研究和教学上都非常重视倡明以"道"为追求目标的孔孟正学，有了自觉的道统意识。

二程在洛阳讲学传道，所讲之学是经学，所求之道是圣道，"言学便以道为志，言人便以圣为志"〔4〕，通过研读儒家经典，特别是"四书"，一反汉唐经学专务解析、用心于末的传统，直接孟子，以义理之学为新的经学范式，以孔孟之道也即尧舜之道作为经学的终极目标，以自家体贴出来的"天理"来论证道统，重建儒家道统，确立理学道统论。程颢回洛阳前已写了《定性书》《论霸王疏》《论十事疏》《论养贤疏》《谏新法疏》等，回到洛阳不久，向弟子讲授了《识仁篇》；

〔1〕 程颐《明道先生墓表》，王孝鱼点校《二程集》上册，第640页。
〔2〕 黄宗羲等《宋元学案》第1册，中华书局1986年版，第482页。
〔3〕 吕祖谦《东莱集》卷6《白鹿洞书院记》，《景印文渊阁四库全书》第1150册，第54页。
〔4〕 程颢、程颐《河南程氏遗书》卷18，王孝鱼点校《二程集》上册，第189页。

差不多在同一时期，程颐也写了《颜子所好何学论》《试汉州学策问》《答张载书》，随后又写了《与吕大临论中书》。在这些著作中，二程已经形成了颇有新意的思想体系，创立了"洛学"，直接韩愈，超越汉唐，直溯圣人之道于孟子，通过学统，将圣人之道接续起来，确立了宋明理学的道统论。由于有文彦博、司马光、吕公著、韩绛、韩维等人的支持，再加上众多弟子的宣传，其影响力很大。由于二程长期在洛阳生活和讲学，后来的嵩阳书院以理学为教育的中心内容也是合乎情理的。

朱熹是理学集大成者，也是儒家道统说的集大成者。他继承发展了二程的理学，也继承完善了二程的道统论，是理学道统论的完成者。他"为学，大抵穷理以致其知，反躬以践其实，而以居敬为主。尝谓圣贤道统之传，散在方册，圣经之旨不明，而道统之传始晦。于是竭其精力，以研究圣贤之经训……黄榦曰：'道之正统待人而后传，自周以来，任传道之责者不过数人，而能使斯道章章较著者，一二人而止耳。由孔子而后，曾子、子思继其微，至孟子而始著。由孟子而后，周、程、张子继其绝，至熹而始著'"〔1〕。朱熹以"四书"的新经典体系为基础，确立道统的历史事实和传承久远："盖自上古圣神继天立极，而道统之传有自来矣。其见于经，则'允执厥中'者，尧之所以授舜也；'人心惟危，道心惟微，惟精惟一，允执厥中'者，舜之所以授禹也。尧之一言，至矣，尽矣！而舜复益之以三言者，则所以明夫尧之一言，必如是而后可庶几也。"〔2〕可见，他认为道统的核心理念是"中"，是从《尚书·大禹谟》中的十六字而来。他认为这是上古以来圣贤一脉相传的"十六字箴言"。就具体传道谱系而言，朱熹以伊洛诸公为道统正传。他在《中庸章句序》中继续说："异端之说，日新月盛，以至于老、佛之徒出，则弥近理而大乱真矣。……故程夫子兄弟者出，得有所考，以续夫千载不传之绪；得有所据，以斥夫二家似是之非。"〔3〕程朱道统存在着道统与治统的张力，由尧舜到周公都是有德有位的古圣王，道统与治统在他们身上合而为一，而从孔子开始，传承道统者都是有德无位的圣贤，秦汉以后的历代君主都被排除在道统

〔1〕 《宋史》卷 429《道学传三》，第 12769-12770 页。
〔2〕 朱熹《四书章句集注》，中华书局 1983 年版，第 14 页。
〔3〕 朱熹《四书章句集注》，第 15 页。

之外。

宋儒在高扬道统的同时，对道统与治统的分裂满怀忧患意识。张载说："朝廷以道学、政术为二事，此正自古之可忧者。"[1]"以道学、政术为二事"就是指道统与治统分离，这是汉唐儒者面临的困境，宋儒对此不满。朱熹对汉唐以来道统与治统的分离进行了严厉批判，他认为从汉唐到南宋一千五百年中虽不无小康，"但以儒者之学不传，而尧、舜、禹、汤、文、武以来转相授受之心不明于天下，故汉唐之君虽或不能无暗合之时，而其全体都只在利欲上。此其所以尧舜三代自尧舜三代，汉祖唐宗自汉祖唐宗，终不能合而为一也⋯⋯而尧、舜、三王、周公、孔子所传之道未尝一日得行于天地之间也"[2]。古代圣王道统与治统合一的理想之治，秦汉以后帝王未曾实行，只有依赖儒家士大夫自己传承道统，为帝王师，诱君入道，以道统驯化治统，同时担当起与君主共治天下的政治责任，以实现天下大治。

明清之际的王夫之对道统与治统有较为成熟的阐释，他说，"天下所极重而不可窃者二：天子之位也，是谓治统；圣人之教也，是谓道统"[3]。所谓道统，即尧、舜、禹、汤、文、武、周公、孔、孟圣圣相传的政教统系。所谓治统，即历代君主代代相传的治理体系。二者的区别是：道统是对治平天下一般原则、价值系统的传承，其传承者未必身居大位；治统是治平天下依据一般原则的实施和运作，其传承者必须居天子之位。所以王夫之又分别称之为"儒者之统"和"帝王之统"："儒者之统，与帝王之统并行于天下，而互为兴替。其合也，天下以道而治，道以天子而明；及其衰，而帝王之统绝，儒者犹保其道以孤行而无所待，以人存道，而道不可亡。"二者的理想状态是分二合一，其分与合决定国家的治乱兴衰。有些朝代，"天下无道"，"天下无君"，"上无教，下无学，是二统者皆将斩于天下"，然幸赖"儒者之统"，"斯道亘天垂地而不可亡者也"[4]。儒者在传承道统时，不能不厘清二者的关系。

〔1〕 张载《答范巽之书》，章锡琛点校《张载集》，中华书局 1978 年版，第 349 页。
〔2〕 朱熹《晦庵先生朱文公文集》卷 36《答陈同甫》，朱杰人等主编《朱子全书》第 21 册，上海古籍出版社、安徽教育出版社 2010 年版，第 1558 页。
〔3〕 王夫之《读通鉴论》中册，中华书局 1975 年版，第 408 页。
〔4〕 王夫之《读通鉴论》中册，第 497 页。

三、清代嵩阳书院的道统传承发展

（一）嵩阳书院与道统的传承发展

清初河南儒者们有志于复兴以二程为代表的洛学，因为洛学是理学的策源地，是当时正统的官学。

叶封（1624—1687），字井叔，清嘉兴人，移居湖北黄冈（今新洲）。清康熙十三年（1674）任登封知县，有善政，任内恢复嵩阳书院。清康熙十三年，叶封在嵩阳书院故址东南十步远的地方筑堂围墙，重建嵩阳书院，同时修建了诸贤祠，祠内供奉"提举主管崇福宫程朱而下十四人"，分别是程颢、程颐、朱熹及司马光、韩维、杨时、范纯仁、吕诲、李纲、刘安世、李邴、倪思、王居安、崔与之。不久，叶封升迁京职。

耿介（1622—1693），字介石，号逸庵，河南登封城关人。"顺治九年进士，翰林院检讨。出为福建巡海道，筑石城以防盗。康熙元年，转江西湖东道，因改官制，除直隶大名道。丁母忧，服除不出。笃志躬行，兴复嵩阳书院。"[1] 耿介"绝意仕进，家居讲学，一以圣贤之统续自任。佩程子'内主于敬而行之以恕'之语，因以敬恕名堂"[2]，"以程朱为道统"[3]，著有《中州道学编》《理学要旨》《孝经易知》《理学正宗》《敬恕堂文集》等，其思想以程朱理学为宗，以正心诚意为本，以体识天理为要，"道在求仁，功惟主敬。日用伦常，大中至正"[4]，"可谓得程朱正旨矣"[5]。他办书院讲学的宗旨是阐发程朱理学，传承孔孟道统，教育目标是使人学为圣贤，以明道先生"内主于敬，而行之以恕"为至境，身体力行，并以"敬恕"为堂名，以"敬恕主人"自居自勉。

耿介主持嵩阳书院院务，从康熙十六年（1677）到康熙二十八年（1689），主

---

[1] 《清史稿》卷 480《儒林传一》，中华书局 1977 年版，第 13102 页。
[2] 窦振起《嵩阳耿先生纪略》，耿介《敬恕堂文集》附录，第 535 页。
[3] 汤斌《嵩阳书院记》，耿介编《嵩阳书院志》卷 2，第 84 页。
[4] 耿介《秋日送杜敬修先生四章》，耿介编《嵩阳书院志》卷 1，第 80 页。
[5] 汤斌《嵩阳书院记》，耿介编《嵩阳书院志》卷 2，第 86 页。

要学术、教育、著述活动基本上在嵩阳书院举行。在这里，他广纳名儒、订立会约、建立学规、大倡理学，先后兴建了书院中轴线上的大门、先圣殿、讲堂、道统祠、盛书楼和两边的配房博约斋、敬义斋、辅仁居、丽泽堂、三贤祠、诸贤祠、三益斋、四勿斋、观善堂、崇儒祠等几十组建筑，"有祠、有堂、有居、有斋、有旁舍、有义田、有庖湢之所，有丽牲之碑，缭以周垣、翼以廊庑，而规制始大备"〔1〕。他还撰写了《嵩阳书院志》，里面记录了书院的历史沿革，并收录了相关史料，成为研究嵩阳书院最重要的资料。

窦克勤在《嵩阳书院记》中概括了耿介办嵩阳书院的宗旨："学务以洛闽为宗旨，孔孟为要归，其教人务以主敬为根本，行恕为推致。总欲体天地生物之仁，以不负天地生我之意。"〔2〕 嵩阳书院以程朱理学为办院宗旨，以孔孟之道为依归，其特色是强调通过敬恕工夫，体切天地生生之仁。耿介在书院的讲学产生了广泛影响，王又旦在《嵩阳书院记》中说："耿先生慨理学之不明，克复功深，毅然以道统自任……登邑之誉髦信从，固不必言，即四方闻风向往，由其道也，尊其德也，愈不可胜计。"〔3〕 窦振起在《嵩阳耿先生纪略》中，称赞耿介为道统的传承发展所作的巨大贡献："于周程张朱之书，服膺之深为浃洽，阐明之极为吻合……总期闲先圣，翼儒宗，不使人心得浸淫于邪说陂行之中，而为斯道害。是又先生崇正辟邪，以接洛闽之统者也。先生毕世心事，进而行其道于天下，退而传斯道于来世而已。"〔4〕 张埙在《嵩阳书院记》中亦赞颂曰："原夫历圣相传之道，自尧、舜、禹、汤、文、武、周公、孔子，而后孟子一人而已。孟子没千百余年，程子起而接其传，紫阳夫子详序之矣……先生（耿介）能令变化气质，砥砺行谊，究心于天人理欲之辨，而四方学者晓然知宋儒。嵩阳书院得先生复振，无不向风慕义，立雪其门，从此真儒辈出，关闽濂洛之统，于今有传人乎。"〔5〕 耿介办嵩阳书院，讲学传道，把尧、舜、禹、汤、文、武、周公、孔子、孟子的道统传承下来，使当时士人向风慕义，真儒辈出。

---

〔1〕 王日藻《嵩阳书院碑记》，耿介编《嵩阳书院志》卷2，第82页。
〔2〕 窦克勤《嵩阳书院记》，耿介编《嵩阳书院志》卷2，第97页。
〔3〕 王又旦《嵩阳书院记》，耿介编《嵩阳书院志》卷2，第94-95页。
〔4〕 窦振起《嵩阳耿先生纪略》，耿介《敬恕堂文集》附录，第538页。
〔5〕 张埙《嵩阳书院记》，耿介编《嵩阳书院志》卷2，第93-94页。

朱熹虽然没有到过嵩阳书院，但传承二程思想，是理学的集大成者。耿介赞颂朱熹说："表章六经四子之书，发挥河洛之微言大义，使斯道灿著如日月经天，江河行地，有耳之共闻，有目之所共睹，虽异端亦不敢与吾道抗，固宜食报无穷。"[1] 吴子云在《嵩阳书院讲学记》中说耿介："其学不以藻缋为工，不以名闻利养为业，痛濂洛之绪久湮，务求上接性道之传。"[2] 汪楫在《嵩阳书院记》中说："先生……退居箕颍之间，著书讲道，屹然绝学为己任，躬行实践，确守程朱，于孔门言仁言孝之旨，体认精切，而一归于主敬。"[3] 耿介在《自课》中说："学者先要端趋向，孟子只是愿学孔子，主意先立得定，故后世言道统者，必归孔孟。程朱之学，孔孟之学也。学不宗程朱，则途径先差，总使好高耽虚，终是去道甚远。"[4] 程朱之学即孔孟之学，学宗程朱，也就是反归孔孟之学，便是正学正道。冉觐祖《嵩阳书院考》说："予谓四大书院，当尤重嵩阳、白鹿，盖嵩阳为二程过化之地，而白鹿为朱子规恢之所也。较二者之中，程子又开其统，为理学不祧之宗……耿逸庵先生身任院事，经营无遗力，建宇置田，藏书集士，倡明理学，远绍二程之绪，予喜嵩阳书院可以从此不废矣。"[5] 嵩阳书院归宗程朱，其实是反归孔孟的正学正道。

耿介在为书院制定的《书院课程》中说："《理学要旨》，性命源头，须渐次理会，久之自然有所得也。"[6]《嵩阳书院学规》亦载："书院同人，皆有志于圣贤之学，须从德性涵养中来，致知力行，而后可渐渍以几于道……《理学要旨》《孝经》《辅仁会约》皆有切于身心性命，日用伦常之事，自当加温浔玩味，身体而力行之。"[7]《理学要旨》是耿介主持嵩阳书院时编辑整理周敦颐、二程、张载、朱熹等五子的语录及著述而成的理学入门书。该书收录了周敦颐的《太极图说》，摘录了《通书》六章；程颢《定性书》《识仁说》及语录；程颐《颜子所好何学论》

---

〔1〕 耿介《敬恕堂文集》卷3《创建嵩阳书院碑记》，第163页。
〔2〕 吴子云《嵩阳书院讲学记》，耿介编《嵩阳书院志》卷2，第88页。
〔3〕 汪楫《嵩阳书院记》，耿介编《嵩阳书院志》卷2，第89-90页。
〔4〕 耿介《敬恕堂文集》卷3《自课》，第139页。
〔5〕 冉觐祖《嵩阳书院考》，耿介编《嵩阳书院志》卷2，第148页。
〔6〕 耿介《敬恕堂文集》卷6《书院课程》，第309页。
〔7〕 耿介《敬恕堂文集》卷7《嵩阳书院学规》，第400页。

《四箴》及语录；张载《西铭》及语录；朱熹《仁说》一篇及语录四十条。耿介曾谓其编纂该书的宗旨为："千圣道脉，自有正宗，溯流洛闽，究源洙泗，此吾辈今日阶级也，乃辑《理学要旨》一编，使有志者皆从此入。"[1] 该书以程朱为宗，"深切著明，悉宗之程朱夫子者也"[2]。"使学者皆从此入，以为千圣道脉，自有正宗。洛闽直接洙泗，其用功之次序不可逾越，循此求之，造道无难也。"[3] 清代嵩阳书院的复兴与程朱理学的传播、阐扬相始终，是对程朱理学及其道统的传承发展。

在耿介及其他诸儒的努力下，嵩阳书院再次复兴，一时盛况空前，成为传承儒家道统的基地，"盖千圣相传一道，千圣传道一心。尧、禹、周公之心即舜、汤、文、武之心也，舜、汤、文、武之心即孔子之心也，孔子之心即颜、曾、思、孟、周、程、张、朱之心也"[4]。在耿介看来，千圣相传的道统是一个道，也是一个心，圣人心心相传，孔子传承的就是尧与周公的道，而这个道又传给颜、曾、思、孟，直至到二程、张载和朱子，儒家道统在嵩阳书院得到了很好的传承。这一点颇令耿介自豪："宋至今日，运值五百之期，当圣天子崇儒重道，方岳大臣讲学之会，斯文晦而复彰，大道绝而复续欤？……由周、程、张、朱以溯孔、曾、思、孟之道……其在斯乎！其在斯乎！"[5] 嵩阳书院是"为斯世存道脉，为一世存道脉，实为千百世存道脉"[6]。

（二）嵩阳书院与道统之"中"

嵩阳书院所在的嵩山"立中央以窥四面，则远山千重，云蟲霞举，皆来拱卫"[7]，"历代之圣君贤相名儒，无不游历其地，寻渊溯源，圣贤之道统萃焉"[8]。《徐霞客游记》说："嵩当天地之中，祀秩为五岳首，故称嵩高。"他从嵩

---

[1] 耿介《敬恕堂文集》卷首《自叙》，第5页。
[2] 张埙《嵩阳书院记》，耿介编《嵩阳书院志》卷2，第93页。
[3] 窦振起《嵩阳耿先生纪略》，耿介《敬恕堂文集》附录，第535页。
[4] 耿介《嵩阳书院创建道统祠碑记》，耿介编《嵩阳书院志》卷2，第109页。
[5] 耿介《创建嵩阳书院藏书楼碑记》，耿介编《嵩阳书院志》卷2，第100-101页。
[6] 窦克勤《中州道学编序》，耿介辑《中州道学编》卷首，《四库全书存目丛书》史部第121册，齐鲁书社1996年版，第4页。
[7] 耿介编《嵩阳书院志》卷1《形胜·嵩山》，第13页。
[8] 张埙《嵩阳书院记》，耿介编《嵩阳书院志》卷2，第93页。

岳居五岳之中的视角揭示嵩岳"中"的含义。嵩阳书院大门前的楹联相传为清乾隆所作，联曰："近四旁，惟中央，统泰华衡恒，四塞关河拱神岳；历九朝，为都会，包伊瀍洛涧，三台风雨作高山。"此联也体现了嵩阳书院居天下之中的含义。汤斌在《嵩阳书院记》中说，嵩阳书院"其地背嵩面颍，左右少室箕山，诸峰秀矗云表，中天清淑之气于是焉萃"[1]，也认为嵩阳书院汇聚了中天清淑之气。耿介在嵩阳书院落成时即兴赋诗曰："焕然坛坫开天中，冠盖如云萃众贤。自是秉彝同好德，洛闽今日见薪传。"[2] 耿介在奉和登封知县王又旦《藏书楼落成，赋得八韵》的诗中说，嵩阳书院是"天中开圣域，岳麓起宫墙。雪霁晨光澹，风归晚色凉。图书藏历代，钟鼓动遐方。层楼拟虎观，飞阁比云章。冠盖名贤集，唱酬志不忘"[3]。上述两首诗都提到嵩阳书院因为位居中天，传承圣贤道统学统，群贤毕至，冠盖云集的盛况。"中"就是自尧舜以来圣圣相传的道统的核心观念，这一点与嵩阳书院地处中州，为天下之中，得中天清淑之气相契合。也因此，嵩阳书院成为历代圣君贤相名儒追根溯源、传承道统之地。

耿介主持嵩阳书院时重视道统的传承与发展，集中体现在对道统核心精神即中道的阐扬上。冉觐祖为此撰写《阎大中丞抚军先生嵩阳书院创建道统祠，恭成十二韵纪事》，其中有"三圣渊源道统祠。道统之祠谁肇造？惟大中丞百世师。忆昔唐帝曾游止，禹也逿巡避舜子。中土立表劳姬公，片石荒台遗庙里。圣迹遥遥幸未湮，大中丞曰我其祀。仰溯道统宜同堂，上地无如书院矣……道统煌煌悬日星，一中万载立人极。历传孔孟及程朱，闲三圣道罔不力。吾侪晨夕顾祠名，正学绵延佩公德。"[4] 李来章在《谒道统祠》中亦云："茫茫九州内，名岳首中嵩……其间称圣哲，曰尧禹周公。尧昔尚税驾，阳城存禹风。土圭测日影，公且开群蒙。维此三圣人，犹传过化功。云何缺祀典，不闻事尊崇……忽瞻新祠美，朱拱摩苍穹。一堂相晤对，渊源后先同……于斯知圣道，相传惟一中。银钩悬霄汉，日月洗鸿

---

〔1〕 汤斌《嵩阳书院记》，耿介编《嵩阳书院志》卷2，第84页。
〔2〕 耿介《落成嵩阳书院》，耿介编《嵩阳书院志》卷1，第71页。
〔3〕 耿介《和前韵》，耿介编《嵩阳书院志》卷1，第78页。
〔4〕 冉觐祖《阎大中丞抚军先生嵩阳书院创建道统祠，恭成十二韵纪事》，耿介编《嵩阳书院志》卷1，第51页。

蒙。"[1] 二人都说明了尧、禹、周公三位道统圣人与中岳、与嵩阳书院的关系，特别强调道统的"一中"为圣圣相传的核心观念。

窦克勤在《嵩阳书院记》中说："尧舜禹之相授受，曰'人心惟危，道心惟微，惟精惟一，允执厥中'。尧名中而舜，即示人心道心之别，益以惟精惟一之功，以求无失。此中则中，其至易至精者乎，是中也。自尧舜阐之，已自羲皇传之者也。自羲皇传之，实自天地启之者也……体乎中庸之道，以历之于君臣、父子、夫妇、昆弟、朋友之伦，而行之以知仁勇之德，从事于博学、审问、慎思、明辨、笃行之务，而本之以尽性致曲之诚，纯之以戒惧慎独之功，而进底于暗然日章素位而行之域……孰谓中之道非天下之庸道，中庸之德非天下之至德也哉？况乎前有伏羲、神农、黄帝、尧、舜以开其统，继有禹、汤、文、武、周公、孔子、孟子以大其传，后有周、程、张、朱以缵其绪，而斯道何尝一日泯于人心乎？察而识之，存乎其人；扩而充之，先有其要……此又中庸之道之所以贯乎天德王道之终始也与。阳城天下之中，将必有继我逸庵先生后以求得。夫圣学相传之中而不自庪于庸者，不知其有以许我乎，抑否乎。"[2]"中道"是中庸之道的简称，是儒家圣圣相传的大道至德，关乎天德王道之终始。嵩阳书院所在的阳城乃天下之中，传承道统的核心就是传承圣学相传之中道。

（三）嵩阳书院祀典与道统尊崇

祭祀是古代书院教育特有的规制，是书院传承道统学统，尊师重道、尊师重教的具体体现。清代嵩阳书院的祀典有不同类型和层级，其精神内涵和教化作用也不同。"祭祀作为与讲学、藏书并列的三大事业之一，决定了书院的道统。从这个角度讲，书院只有先确立道统，才能更好地进行藏书，展开讲学。"[3] 康熙二十五年（1686），耿介创建先圣殿，专祀孔子及颜回、曾子、子思、孟子，"每春秋二仲朔日，做古释菜之礼，用诸果品菜蔬十二器祀先圣，书院山长率肄业诸生行礼"[4]。孔孟诸人是先圣先贤，书院师生每年春秋以释菜礼祭祀。

[1] 李来章《谒道统祠》，耿介编《嵩阳书院志》卷1，第41页。
[2] 窦克勤《嵩阳书院记》，耿介编《嵩阳书院志》卷2，第97-98页。
[3] 王胜军《嵩阳书院与清初洛学复兴》，《教育评论》2013年第4期。
[4] 耿介编《嵩阳书院志》卷1《祀典》，第23页。

嵩阳书院东顺山原建有先贤祠[1]，将二程、朱子与其他先贤一起供奉。"每春秋祭丁之次日，以少牢一祀先贤祠，或县令亲祭，或委学博代祭。"[2] 后来，耿介重建嵩阳书院，以"书院宜重道统"为由，创建三贤祠，专祀程朱，"每春秋二仲朔日，以少牢一祀三贤祠，书院山长率肄业诸生行礼"[3]。他勉励生徒通过祭祀"存诚以体之，持敬以养之，行恕以扩充之，则尽性为至命之本，希贤为希圣之基，又从而居其地、论其世、读其书、想见其人，以一身为古今大道有赖之身，在学者之自勉焉耳矣"[4]。《嵩山书院志》中也载："先是程朱三子合祀于诸贤祠，（耿）介以书院宜重道统，故专祀焉。"[5] 耿介在嵩阳书院为程朱建专祠，是因为他重视道统传承，"悯人心之诡溺，痛风俗之浇漓，慨然以斯道为己任，乃推本于源流传承之人，崇祀程朱夫子，特立祠焉"[6]。耿介撰《嵩阳书院程朱子祠上梁文》曰："惟神道阐邹鲁，学开洛闽。书院之中，礼宜专祀。况中岳灵秀之区，或生平游历所至，或南北系御所及，精神志气犹有凭依者乎。今拟创修新殿三楹，以安神灵，以重道统。恭值上梁吉辰，为文以祝。伏愿名贤蔚起，理学振兴。岳峙渊亭，呈道德之体段；申生甫赉，发人文之光华。启堂构以聿新，绵俎豆于不祧。谨告。"[7] 耿介认为，书院应该重视道统，所以程朱三子合祀，是想通过祭祀使学子们认识到道统的神圣和三贤重建道统的意义。他解释说："考《白鹿书院志》，中辟礼圣殿祀先圣，旁建宗儒祠祀先贤，重道统也。今嵩阳书院亦仿此制，别为三贤祠，祀二程、朱子，以程子曾提点崇福宫，为过化之地，朱子虽系衔未至嵩而接程之传也。"[8] 他还说："书院之来旧矣。中祀两程，遭罹兵燹，随圮。前令楚黄慕庐叶公，始为堂三楹，以终宋之世，凡带崇福宫衔者十四主合祀之，两程朱子与焉。余谓书院宜重道统，程朱例有专祠……

---

〔1〕 先贤祠后来改为诸贤祠，祠内祭祀司马光、韩维、杨时、范纯仁、吕诲、李纲、刘安世、李邴、倪思、王居安、崔与之等十一人木主牌位。康熙二十三年（1684），耿介看到《阙里志》里说孔子的第十四代孙孔鲋，当时为秦朝太傅，值焚书之变，隐居嵩山，遂藏虞、夏、商、周之书及《论语》《孝经》等典籍于住室夹墙中，将它们给保护了下来，因此耿介把孔鲋的木主牌位也放到了诸贤祠。

〔2〕 耿介编《嵩阳书院志》卷1《祀典》，第23页。

〔3〕 耿介编《嵩阳书院志》卷1《祀典》，第23页。

〔4〕 耿介《创建嵩阳书院专祠程朱碑记》，耿介编《嵩阳书院志》卷2，第97页。

〔5〕 耿介编《嵩阳书院志》卷1《沿革》，第19页。

〔6〕 张埙《嵩阳书院记》，耿介编《嵩阳书院志》卷2，第93页。

〔7〕 耿介《敬恕堂文集》卷3《嵩阳书院程朱子祠上梁文》，第162页。

〔8〕 耿介编《嵩阳书院志》卷1《〈嵩阳书院图〉说》，第11页。

于是直南为殿，专祀程朱。"〔1〕郭文华《嵩阳书院程朱子祠记》阐述了专祀程朱可以起到尊道统、端士习的作用："有程朱者，出于数千百年之后而为之阐其微言，晰其旨归，使二帝三王群圣人之道，如日月江河之流行于天地间而不可磨灭，俾学者从事其中有以识，夫仁义中正之旨明，夫诚伪、敬肆、公私之辨不惑乎所趋。呜呼！其功大矣，故曰祀程朱者，尊道统，端士习也。"鼓励学者"志程朱之志，学程朱之学，以上溯夫尧、舜、禹、汤、文、武、周公、孔子之道，勉而赴之，切磋而砥砺之，则志气由之强立，习尚由之淳厚"〔2〕。因为程朱是宋明理学的正统，应与其他先贤分开建专祠，以表示对道统的传承和尊崇，"使得嵩阳书院成为接续、传承理学的正宗嫡传的主要场所之一"〔3〕。

河南巡抚阎兴邦支持耿介重建嵩阳书院。康熙二十八年（1689），他捐银在书院讲堂之北新建"道统祠"，祠内供奉尧、禹、周公雕像，背后的壁上分别绘有帝尧巡守嵩山、大禹嵩山治水、周公阳城测景图，并解释说："登封在唐虞为阳城，在周为伊洛之东，帝尧之所游，大禹之所避，周公于此正日景宅土中焉……而此三圣人过化存神之地……"〔4〕耿介也解释了何以要在道统祠内祭祀这三位圣人："以嵩丘古阳城地，尧所尝游、禹避位、周公测景于此，三圣人皆道统所关，宜并崇祀。"〔5〕这是因为尧、禹、周公都来过嵩山，并且都是道统中的圣王。据《嵩阳书院志·祀典》载："每春秋二仲祭丁之次日，以少牢祀道统祠，或县令亲祭，或委学博代祭。"祭文曰："维康熙年月日，某官谨以牲醴之仪，致祭于帝尧、神禹、周公之神位曰：惟神继天立极，允执厥中。道接精一，地平天成。无逸垂训，主敬为宗。嵩颍过化，先后所同。书院合祀，景仰高风。仲春（秋）躬吉，牲醴将诚。神其鉴止，来格雍雍。尚飨。"〔6〕在中国古代书院中，唯有嵩阳书院建有"道统祠"，并由官员主祭，此独特的祭祀形式为嵩阳书院传承道统提供了神圣空间，使学生可以通过祭祀三圣明白道统的发展史，增强对道统重要性的认识和对传

〔1〕 耿介《创建嵩阳书院专祠程朱碑记》，耿介编《嵩阳书院志》卷2，第95页。
〔2〕 郭文华《嵩阳书院程朱子祠记》，耿介编《嵩阳书院志》卷2，第99-100页。
〔3〕 宫松涛《嵩阳书院》，湖南大学出版社2014年版，第29页。
〔4〕 阎兴邦《嵩阳书院新立道统祠记》，耿介编《嵩阳书院志》卷2，第83页。
〔5〕 耿介《嵩阳书院创建道统祠碑记》，耿介编《嵩阳书院志》卷2，第109页。
〔6〕 耿介编《嵩阳书院志》卷1《祀典》，第24页。

承道统圣人的尊崇，是嵩阳书院复兴道统的标志性事件。

（四）嵩阳书院融合道统与治统

嵩阳书院建道统祠别有深意，尧、禹、周公是道统与治统合一的圣王，祭典也象征着清代儒者自觉寻求道统与政统的融合，与宋明儒者高扬道统，与帝王共治天下的理想追求不同。

阎兴邦在《嵩阳书院新立道统祠记》中说："古今有治统，有道统，皆君相师儒共为任之者也。以治行道，天于是生尧舜禹汤、文武周公，以立乎上而治益隆。以道佐治，天于是生孔子，以修乎下而道不坠。统之所在，惟孔子集其成，历千万世。学术以明人心，以正邪说，暴行者不得作，所以为贤于尧舜，而自周公以来，未有敢与之并者……治统得道统而盛，道统赖治统而光。今圣天子表彰孔子，冠绝百王，大禹、周公次第褒举，新源所传，比于尧舜，不谋而合。"[1] 他指出，古今有治统又有道统，君相师儒共同担当。尧、舜、禹、汤、文、武、周公这些圣王是以治行道，治道兴隆；而孔子集古圣先贤之大成，以其学术明人心、正邪说，传承大道不坠，以道佐治，功劳不在尧舜之下，周公之后无人能与孔子相提并论。他论述当今圣天子堪比尧舜禹，而"治统得道统而盛，道统赖治统而光"，两者相辅相成。书院管理者秉承"今并及唐虞三代，此推而上之也。惟推而上之，则孔子之道益尊，而治统道统皆在是矣"[2] 的理念，新建了道统祠，祭祀尧、禹、周公三位道统圣人，这一祭祀也成为嵩阳书院独特的传统。

耿介在《嵩阳书院创建道统祠碑记》中也讨论了道统与治统的演变和关系。他说："道之所以穷天地亘古今而不变者，以承其统者，之有其人，不可变也。然道统与治统恒相关，而其间分明行焉。达而在上道行，穷而在下道明。究之，行可兼明，而明不可兼行也。尧、舜、禹、汤、文、武、周公，或为君，或为相，道行于上。而时雍风动，地平天成，太和在宇宙间，此以治统为道统，而行可兼明也。至吾夫子则不得其位，而删定赞修以传之颜、曾、思、孟、周、程、张、朱，不能行之一时而实垂诸万世，此道统与治统邃分，而明不可兼行也。"[3] 尧、舜、禹、汤、文、武、周公或为君，或为相，治统即道统，道可兼行明；孔子不得其位，以

---

〔1〕 阎兴邦《嵩阳书院新立道统祠记》，耿介编《嵩阳书院志》卷2，第83-84页。
〔2〕 阎兴邦《嵩阳书院新立道统祠记》，耿介编《嵩阳书院志》卷2，第84页。
〔3〕 耿介《嵩阳书院创建道统祠碑记》，耿介编《嵩阳书院志》卷2，第108-109页。

经明道传道，垂诸万世，道统与治统分为二，道可明而不可兼行。然而，他认同清王朝的重道崇儒，认为治统与道统在当时"圣天子"那里已经合为一体了。因此，作为儒者就应该"佐圣天子执中之运，开一代见知之传，使治统道统合二为一"〔1〕。这就是自觉地使道统与治统合而为一。不过，这个"一"指的是帝王一人，这实际上是把道统交给了帝王，失去了宋儒以道统训诫治统、与帝王共治天下的理想，是在道统传承发展中的历史性失误，这一思想倾向与清代理学僵化教条、士人沉溺于文献考据、儒学开始走向衰落有一定关联。

结　语

中国古代书院的一个本质性功能就是传承道统，它是圣贤大儒传承道统的重要道场。嵩阳书院是中国古代儒家书院的典型，担当了道统的重建与传承重任，对儒学贡献巨大。北宋二程是否在嵩阳书院讲学，缺乏确切的文献资料，可以存疑。但他们在洛阳居家讲学，以及程颐在伊川书院讲学传道，创立了"洛学"，直接韩愈，超越汉唐，直溯圣人之道于孟子，通过学统，将圣人之道接续起来，确立了宋明理学的道统论。朱熹集理学之大成，也集儒家道统思想之大成，继承孔子、曾子、子思、孟子、周敦颐、二程、张载的思想并发扬光大，对后世影响深远。在耿介及其他诸儒的努力下，嵩阳书院在清代得以复兴，一时盛况空前，成为传承儒家道统的重要基地。嵩阳书院所在的阳城乃天下之中，得中天清淑之气，传承道统核心即传承中道。嵩阳书院先后建起先圣殿、先贤祠、诸贤祠、道统祠等，并通过祭祀活动使学子们兴起向道之心。道统祠具有特别意义，为嵩阳书院传承道统提供了神圣空间，也表明他们自觉寻求道统与政统的融合，"治统得道统而盛，道统赖治统而光"，两者相辅相成，与宋明儒者高扬道统、与帝王共治天下的理想追求不同，是历史性的失误。总之，嵩阳书院在漫长的历史发展中几起几落，几废几兴，奠定了其在中国书院发展史、儒家道统传承史上的特殊地位，对今天的书院复兴、重建道统、传承道统，具有重要的启示和意义。

〔1〕 耿介《嵩阳书院创建道统祠碑记》，耿介编《嵩阳书院志》卷2，第109页。

元代士人对书院的观感

赵路卫*

[内容提要]

元人文集中留下了大量与书院有关的文字，这些文字成为研究元代书院的重要资料，是元代书院发展状况的鲜活记载。对这些文字进行梳理和解读，不仅可以在相当程度上了解元代书院的动态，也有助于悉知元代士人对书院的观感。大致而言，元人对书院官学化的双刃剑效用有着清晰的认识：一方面赞颂书院在元代的空前繁盛；另一方面批评了书院官学化所带来的弊端。此外，元人也注意到书院在社会教化方面所发挥的作用，以及书院在元代成为"祠学"的现象。

[关键词]

书院记；元代士人；官学化；山长；书院观感

---

* 赵路卫，重庆工商大学马克思主义学院讲师，历史学博士。本文系重庆市教委人文社会科学一般研究项目"中华优秀传统文化内涵研究——以新时代夯实文化自信的历史根基为视角"（18SKSJ061）阶段性成果。

与宋、明和清的士人不同，元代士人对书院的整体观感具有某种双重性。其缘由似乎显而易见，即书院官学化所带来的双刃剑效应：一方面，在元代书院官学化的大背景下，书院无论从数量还是从规模而言都远超前代；另一方面，元代书院丧失了朱熹所开创的书院传统，在很大程度上沦为官学的附庸。有元一代，既有士人对书院的繁盛景象倍感欢欣，并列举了文化教育、社会教化或者朝廷文治的各种理由来加以赞颂，也有士人直书书院的官学化之弊，并找出若干理由来佐证。但就书院个案而言，元代士人对书院的观感又颇具多元性，且鲜活地体现在有关书院的文字中。考察元人文字中对包括义塾在内的书院的具体论述，有助于全面地了解元代士人对书院的观感，这些文字都是显性的表达。大体而言，元人文集中所反映出来的对书院的观感可以分为：（1）"遍于都邑"。时人将书院的繁盛归结为朝廷"建官立师"的举措，也是朝廷"崇植学校"的具体表征，更是元代儒治的具体体现。（2）"化民美俗"。肯定包括义塾在内的书院所秉持的"尊朱子明训"的教育理念、"成就人才"的目的、"传道济民"的理想追求。（3）"有名无实"。批评书院官学化的弊端，由于山长"不知为教之大"以及"借径以阶仕进"，造成书院"殆为文具者多矣"的局面。（4）"非其学弗祭也"。强调书院"学必有师，殁则祭焉"的特征。

一、遍于都邑

有元一代，由于朝廷将书院纳入官学体系，使得书院在数量和分布上远超前代。后世以"书院之设，莫盛于元，而皆设山长以主之，给廪饩以养之，几遍天下"[1] 来描述这种现象。邓洪波先生认为："委派山长，并将其纳入学官体制，一体铨选考核升转，是元政府控制书院，实施官学化最重要的措施。"[2] 元人也将书院的繁盛归结于"设官主之"，如元人任士林称："世祖皇帝混一区宇，郡县学益崇且侈，愿以力创书院者，有司弗夺其志，部使者加察详焉。行省设官以主

〔1〕 孙承泽《春明梦余录》卷56，江苏广陵古籍刻印社1990年版，第368页。
〔2〕 邓洪波《中国书院史》（增订版），武汉大学出版社2013年版，第241页。

之，其选视学正录。"[1] 虞集称："国朝崇尚学校，建官立师，士之效学于斯者无敢慢焉。"[2] 冯福京称："大元混一，行省例取以充山长之选。"[3] 蒋易称："皇元崇尚文治，尊礼先贤，书院设官，悉遵旧制，祗祀训迪，视昔有加。"[4] 朝廷在书院设立山长，在相当程度上确保了书院经济来源的稳定。宋禧称："国朝于天下祠学所谓书院者，例设官，置师弟子员，与州学等。尝诏有司，以闲田隙地系于官者，归之学院，以赡廪稍之不足。"[5] 张兑称："肄业有所，赡士有田，学制之备，亦古所无。道隆俗厚，固其宜也。"[6] 在元人看来，"设官""置师弟子员""赡士有田"是书院得以遍于都邑的关键。

书院被视为官学的一种与元朝的儒户制度有极大的关联性[7]，因此，在元人看来两者并无区别，在他们所作的书院记中，将书院等同于"学校"。程钜夫称："我元建国，大修孔子之教，周、程、朱、张之书灿然复明，天下学校莫不兴起。"[8] 赵介如称："大元混一车书，兴崇学校。部使者所至，非循旧规以增广，则出新意以开设，于番则双溪其始事也。"[9] 刘将孙称："国家混辟区宇，崇植学校，布人文以化天下，兴礼乐而敦经训。凡东南郡县学，向之因陋就简者，无不更新美大。"[10] 虞集称："国家提封之广，前代所无。而自京师通都大府，至于海表穷乡下邑，莫不建学立师。授圣贤之书以教乎其人。"[11] 许有壬称："我元勘定伊始，即崇文教，南北既一，黉舍遂遍区宇，渐濡百年，而书院之辟，视前代倍百

---

[1] 任士林《重建文公书院记》，《全元文》第 18 册，江苏古籍出版社 2000 年版，第 381 页。
[2] 虞集《抚州路临汝书院复南湖记》，《全元文》第 26 册，凤凰出版社（原江苏古籍出版社）2004 年版，第 544 页。
[3] 冯福京《翁洲书院记》，《全元文》第 32 册，第 284 页。
[4] 蒋易《送云庄山长张小雅序》，《全元文》第 48 册，第 77 页。
[5] 宋禧《高节书院增地记》，《全元文》第 51 册，第 520 页。
[6] 张兑《太平路采石书院增修置田记》，《全元文》第 58 册，第 251 页。
[7] 有关儒户制度与书院的研究，见萧启庆《元代的儒户：儒士地位的演进史上的一章》，《内北国而外中国：蒙元史研究》，中华书局 2007 年版，第 371 页。
[8] 程钜夫《南溪书院记》，《全元文》第 16 册，第 299 页。
[9] 赵介如《双溪书院记》，《全元文》第 20 册，第 104 页。
[10] 刘将孙《太平路采石书院增修置田记》，《全元文》第 20 册，第 231 页。
[11] 虞集《考亭书院重建朱文公祠堂记》，《全元文》第 26 册，第 524 页。

矣。"〔1〕 苏天爵称："今国家承平既久，德泽涵濡，虽荒服郡县亦皆有学。"〔2〕 在元人看来，由于朝廷尊崇儒学，所以书院不仅分布在通都大府，也扩展至海表穷乡。稽厚称："自我元受命以来，学校之设，遍于都邑。"〔3〕 元朝治下书院繁盛的状况，在元人眼中成为儒治的象征。

二、化民美俗

书院是以儒学为内核的教育文化组织，历来被士人视作实践儒学理念的基地。肖永明先生认为："书院作为儒家价值观念创造、阐释、倡扬的主要场所，往往主导着社会舆论，对社会公众的文化心理产生重大影响。"〔4〕 有元一代，理学正式成为官方主流意识形态，书院更是成为传播理学，进行社会教化的重要机构。吴师道称："钦闻圣朝兴崇正学，表彰先儒，盖以学术明则人心正，儒道显则风俗美。是以上稽孔孟之传，下主程朱之派，设科则用其书，秩祀则尊其爵。至于门人高第，同源分流，或是抱道怀德以终身，或著书立言而垂世，故于学舍之外，复有书院之置。表厥宅里，附之风声。夫惟设教广而立贤多，是以致治隆而兴善速。"〔5〕 冯福京称："今书院再创于翁洲，不惟继志述事，以有得于穷神知化之妙，且将推一家礼仪之泽，以渐沐其乡里，又使党庠遂序之遗风，见诸当世，可谓一举而三得，甚盛其伟。"〔6〕 宋渤称："夫道学之兴，至我朝而始显。天圣以还，名贤辈出，圣学昭云汉而灿日星矣。"〔7〕 杜显祖称："今夫所谓四大书院者最先立，郡县校庠序次之，命世大儒又讲道设教于其中。或见而知，或闻而知，履舄一及户限，无不兴于学。"〔8〕 陈谊高称："洪惟天朝，列圣相承，崇儒兴学，育才待用。而科

〔1〕 许有壬《缑山书院记》，《全元文》第 38 册，第 255 页。
〔2〕 苏天爵《浯溪书院记》，《全元文》第 40 册，第 140 页。
〔3〕 稽厚《长芗书院记》，《全元文》第 28 册，第 256 页。
〔4〕 肖永明《儒学·书院·社会——社会文化史视野中的书院》，商务印书馆 2012 年版，第 290-291 页。
〔5〕 吴师道《代请立北山书院文》，《全元文》第 34 册，第 14 页。
〔6〕 冯福京《翁洲书院记》，《全元文》第 32 册，第 285 页。
〔7〕 宋渤《重修莱山书院记》，《全元文》第 32 册，第 17-18 页。
〔8〕 杜显祖《志欧书院记》，《全元文》第 47 册，第 344 页。

目之设，以经明行修之士，充乡举里选之赋，于以见当代之制有以合乎古之道。"〔1〕

元代的义塾与书院名异实同，其在社会教化方面所发挥的作用也为元人所关注。吴澄赞赏儒林义塾，称："其必遵朱子之明训，拳拳佩服，弗至弗措，必洞彻于心，必允蹈于身。行必可以化民美俗。"〔2〕他对明习义塾为学的目的在于教化人心表示了认同，"夫如是庶其无负于朱君建塾之意矣。不然，记诵以为博，词章以为华，则世务趋末之学，而非君子务本之学也"〔3〕。管祎称："方今文治浃洽，党庠家塾，比群相望。近代则有书院精舍之设，所以育人材广教养者，亦吾县所宜有。"〔4〕虞集称："今也，缘党庠术序之义，建学延师于其家，父子兄弟相承而无废。吾故知文公之为教，元思、舜弼之流风遗俗之犹有存者，岂不盛哉？"〔5〕

南北混一，推动了程朱理学在元代成为官方意识形态，尤其在恢复科举之后，成为学校、书院的"标准教材"。吴澄认为，书院最重要的使命在于"欲成就人才，以传道济民也"〔6〕，这个"道"为理学家们所构建，蕴含在程朱理学的学说中。虞集称："国家初有江南，曾未数年而蓝山首有书院，脱余生于锋镝之余，正人心以弦歌之事。盛哉，张君之用心乎！我国家表彰圣经以兴文化，至于《论语》、《大学》、《中庸》、《孟子》，定以周子、二程子、张子、朱子及其师友之说，以为国是。"〔7〕程钜夫也表达了类似看法，他指出："今书院、郡县学星分棋布，国家所以责望化民成俗者在是，可无勖哉？"〔8〕他还认为："然自三代以来，庠序学校之制不废。后世又推其意，为之书院精舍，教养之术备矣。"〔9〕在为南阳书院所作的碑文中，程钜夫指出，书院的使命在于："有能推尊圣人之道，表彰大贤

---

〔1〕 陈谊高《城南书院记》，《全元文》第56册，第312页。
〔2〕 吴澄《儒林义塾记》，《全元文》第15册，江苏古籍出版社1999年版，第194页。
〔3〕 吴澄《明习义塾记》，《全元文》第15册，第196页。
〔4〕 管祎《涑水书院记》，《全元文》第53册，第588页。
〔5〕 虞集《瑞昌县蔡氏义塾记》，《全元文》第26册，第510页。
〔6〕 吴澄《岳麓书院重修记》，《全元文》第15册，第139页。
〔7〕 虞集《蓝山书院记》，《全元文》第26册，第501页。
〔8〕 程钜夫《南湖书院记》，《全元文》第16册，第260页。
〔9〕 程钜夫《洛西书院碑》，《全元文》第16册，第522页。

之业，作兴民俗，弘敷治化者，此真臣人之职。"〔1〕姚然称："今我朝崇尚儒学，讲明理义，尊先贤，续道统，求道有书在，求极有图在。"〔2〕在元人看来，培养理学人才，传承儒学道统是书院的终极使命。

三、有名无实

元人不仅注意到了书院的繁盛，也观察到了书院官学化所导致的弊端。书院山长的官学化导致书院有名无实的现象比比皆是。吴澄对此提出了尖锐的批评，称："今日所在书院鳞比栉密，然教之之师官实置之而未尝甚精于选择，任满则去矣；养之之费，官虽总之，而不能尽塞其罅漏，用匮则至矣。是以学于其间者，往往有名无实，其成功之藐也固宜。"〔3〕他进一步指出，许多书院山长与学官存在着"大率借径以阶仕进，孰肯识其职守之当何如哉？才之所堪，学之所至，皆所不问。唯计日书满以待迁而已"〔4〕的现象。吴澄早年曾就读于临汝书院，他忆及早年（宋末）在此的情形："余昔游处其中，有宿儒揭领于上，有时彦曳裾于下，肩相摩，踵相接，而谈道义、论文章者彬彬也。"〔5〕入元后，当他再次造访，看到的情形则是"其墙壁室屋东倾西颓，上漏下湿，为之悒然忱然而已"〔6〕。到后来，"旧存之楼阁，逾六十年，而一夕毁于火"。对于此间的原因，他一针见血地指出："无他，长之非其人也！"〔7〕他认为书院的有名无实进一步导致了文教资源的浪费，"予观前代书院，皆非无故而虚设者。至若近年，诸处所增，不可胜数，袭取其名而已。有之靡所益，无之靡所损"〔8〕。官学化背景下新增的书院更是"初若可嘉，要其成绩，卒无可纪，虚设其名而已"〔9〕。吴师道也注意到山长官学化的

〔1〕 程钜夫《南阳书院碑》，《程雪楼文集》上册，台北"中央图书馆"1970年版，第299页。
〔2〕 姚然《重修元公书院记》，《全元文》第19册，第649页。
〔3〕 吴澄《儒林义塾记》，《全元文》第15册，第193页。
〔4〕 吴澄《赠绍兴路和靖书院吴季渊序》，《全元文》第14册，江苏古籍出版社1999年版，第185页。
〔5〕 吴澄《送临汝书院山长黄孟安序》，《全元文》第14册，第224页。
〔6〕 吴澄《送临汝书院山长黄孟安序》，《全元文》第14册，第225页。
〔7〕 吴澄《送临汝书院山长黄孟安序》，《全元文》第14册，第225页。
〔8〕 吴澄《武城书院记》，《全元文》第15册，第133页。
〔9〕 吴澄《答胡主簿书》，《全元文》第14册，第33页。

弊端，称："又有利僻远自逸，仅一至辄去，旷主席而家食，侥幸终满，则取牒资仕进。若是者，其贤不肖如何哉？"〔1〕

其他士人也注意到书院官学化的消极影响，程钜夫称："近年书院之设日加多，其弊日加甚，何也？徒知假宠于有司，不知为教之大；徒徇其名，不求其实然耳。"〔2〕虞集称："今天下好事者，筑室买田以资讲习，然一列于学官则行有司之事，而弦诵笾豆，殆为文具者多矣。"〔3〕左元龙称："方今朝廷偃武修文，崇儒重道，勉励学校，以作成人材为第一事，岂非吾道之幸欤？然当世学者，往往舍本逐末，以功名富贵累其心，波颓风靡，良可慨叹。"〔4〕刘将孙称："故沧州、鹅湖、岳麓、东阳，皆诸贤昔者学聚问辩之地，后之建为书院，每出州县，今亦具文而已矣，何如斯而可谓之教也。"〔5〕他还认为当时的书院完全失去了朱熹所开创的传统，称："诸贤之辙迹，师友之游从，无不为书院焉。而所讲者，复非文公之旧矣。今科举虽废，而书院如郡县学，文公之志，嘻其荒矣。"〔6〕

李国钧先生指出："元代书院的官学化倾向，一方面反映了元代统治者对书院的重视。官方对书院加强了领导和管理，为书院的发展提供了可靠的保证；另一方面，也就限制了书院讲学自主灵活等特色的发挥。书院如同官学，千院一面，容易导致形实相悖、名存实亡的境地。"〔7〕由此看来，元人对官学化给书院带来的弊端有着清晰的认识。

四、非其学弗祭也

书院被元人称作"祠学"〔8〕，在元人看来，祭祀是书院区别于官学最重要的

〔1〕 吴师道《送包山孙山长序》，《全元文》第 34 册，第 46 页。
〔2〕 程钜夫《东庵书院记》，《程雪楼文集》上册，第 524 页。
〔3〕 虞集《张严书院记》，《全元文》第 26 册，第 506 页
〔4〕 左元龙《观澜书院记》，《全元文》第 35 册，第 67 页。
〔5〕 刘将孙《送柴景实序》，《全元文》第 20 册，第 207 页。
〔6〕 刘将孙《朴山书院记》，《全元文》第 20 册，第 232 页。
〔7〕 李国钧《中国书院史》，湖南教育出版社 1994 年版，第 410 页。
〔8〕 宋禧《高节书院增地记》，《全元文》第 51 册，第 520 页。

特色。唐肃称： "凡天下名书院者，有祠以祠先贤，有教以教后学，国朝制也。"[1] 许有壬提出了书院创建的意义："伏以尸而祝，社而稷，盖以彰盛德之人；术有序，党有庠，是又育英才之地。"[2]

元人文集中有许多阐述书院祭祀与理学家"遗迹"关系的文字。杨翮称："近世庠序遍天下郡县，而有天下者，犹以为未广。往往因夫昔贤前哲，卓然有以垂世立教者，间即其乡，若所尝至之地，为树祠列之学官，置师弟子员使各推明其道，其欲有裨于治化者，计虑深远哉！"[3] 虞集称："国家奄有四海，郡县无大小远迩，莫不建学立师。乃若于先贤讲学故地，遗迹所在，及贤士大夫好善乐道者，或因或创，为之书院。"[4] 郑元祐称："国家右文崇儒，路、府、州、县莫不有学，犹以为未也，故所在有书院，即其地之贤者而祀之。"[5] 苏天爵称："今国家承平既久，德泽涵濡，虽荒服郡县亦皆有学，而部使者按临所经，又即山林胜地，访求先贤遗迹，以广为学之所，则其风励治化，乐育人才，不亦重且大欤。"[6] 蒋易称："国家皆立书院以祀之，有山长以悆祀事，振文教，尊崇褒表，视古尤重。"[7]

在元人看来，祭祀朱熹是很多书院得以创建的缘由。袁桷称："世祖皇帝一海寓，定胄子学，取文公训注为学制，郡县益遵守。而祀于江南者，复得推行。"[8] 吴衍称："乃今天下一家，文治日隆。学无利诱之蛊，思无邪说之害，家靡呎警之恤，人悯庸调之扰。有先师朱文公为之据依，有置贤师帅之劝励。"[9] 虞集称："今郡县学官之外，用前代四书院之制，别立书院以居学者。因朱子而作者最多，建宁一郡，书院凡七，皆朱子之游息，或因其师友门人而立者也。"[10] 林泉生称：

〔1〕 唐肃《皇冈书院无垢先生祠堂记》，《全元文》第58册，第41页。
〔2〕 许有壬《霸州创建老泉书院疏》，《全元文》第38册，第24页。
〔3〕 杨翮《送陈子恭山长任颜鲁公书院序》，《全元文》第60册，第425页。
〔4〕 虞集《漳州路新建龙江书院记》，《全元文》第27册，第2页。
〔5〕 郑元祐《颍昌书院记》，《全元文》第38册，第659页。
〔6〕 苏天爵《浯溪书院记》，《全元文》第40册，第140-141页。
〔7〕 蒋易《送双峰书院山长》，《全元文》第48册，第99页。
〔8〕 袁桷《鄞山书院记》，《全元文》第23册，第419-420页。
〔9〕 吴衍《稻山书院记》，《全元文》第24册，第187页。
〔10〕 虞集《考亭书院重修朱文公祠堂记》，《道园类稿》，《元人文集珍本丛刊》第5册，台北新文丰出版公司1985年版，第628页。

"今国家表彰理学，凡文公旧所诵习之地，悉为立学，设师弟子员，闽中最盛。"〔1〕林兴祖称："皇元混一，尊崇正学，为文公父子书院宜在尊崇之典。书院设山长弟子员，上隶延平郡。"〔2〕蒋易称："我国家设科取士，非考亭、庐峰之书不读，书院设官，春秋命祀，并遵旧典，非徒尊其人，尊其道也。"〔3〕他还描述了元代书院重视祭祀的风尚："皇元崇尚文治，尊礼先贤，书院设官，悉遵旧制，慭祀训迪，视昔有加。"〔4〕朱熹被元代众多书院作为祭祀对象不仅仅是对他开创书院传统的感戴，更是对他集理学之大成的推崇。〔5〕

元人也注意到书院祀奉除朱熹以外的其他人物的现象。程钜夫在为祭祀黄榦所建的高峰书院作记时称："堂设勉斋像，朱子而上别有祠.....次年三月，创燕居堂于西，以祀先圣。"〔6〕他在为祭祀陆九渊所作的《青田书院记》中描述了陆九渊后人由于穷困而使得"陆氏先祠亦不能屋矣"〔7〕的现象。在为蒙古军官千奴所创的历山书院作记时，他称赞道："且彼知舜之当祀，必知舜之当法故也。"〔8〕虞集在为祭祀真德秀所建的西山书院作记时称："学者之游于斯也，思公之心而立其志，诵公之书而致其学，圣朝将得人于西山之下焉，不徒诵其言而已也。"〔9〕黄溍在提及东川书院以陶潜作为祭祀对象时称："古之释奠于先师者，必本其学之所自出，而各自祭之。非其师，弗学也；非其学，弗祭也。"〔10〕他在为祭祀严光所建的东川书院作记时再次强调祭祀的重要性，称："其为书院者，又取前史所载高人逸士若子陵者，以为先师。"〔11〕他还在代浙东宪使请立耶律文正公书院的公牒中指出，创建该书院的目的是"宜立书院，而修其祀事"〔12〕。郑元祐在为祭祀范

〔1〕 林泉生《文公书院记》，《全元文》第46册，第68页。
〔2〕 林兴祖《龙溪县重修南溪书院记》，《全元文》第47册，第397页。
〔3〕 蒋易《庐峰山长黄禹臣序送别》，《全元文》第48册，第76页。
〔4〕 蒋易《送云庄山长张小雅序》，《全元文》第48册，第77页。
〔5〕 徐梓《元代书院研究》，社会文献出版社2000年版，第159页。
〔6〕 程钜夫《高峰书院记》，《全元文》第16册，第246页。
〔7〕 程钜夫《青田书院记》，《全元文》第16册，第266页。
〔8〕 程钜夫《历山书院记》，《全元文》第16册，第269页。
〔9〕 虞集《西山书院记》，《全元文》第26册，第495页。
〔10〕 黄溍《送东川书院陈山长序》，《全元文》第29册，第33页。
〔11〕 黄溍《送高节书院刘山长序》，《全元文》第29册，第52页。
〔12〕 黄溍《代浙东宪使请立耶律文正公书院公牒》，《全元文》第29册，第22页。

仲淹而创立的文正书院写记时称："况今国朝崇德报功，在在有书院以祠先贤，岂有丰功伟德、正学卓识如文公而书院莫之建？则是缺典岂有大于此者乎？"[1] 许有壬在为祭祀许衡所创的鲁斋书院作记时称："神居有严，讲授有地，书院之名实副矣。"[2] 他在为祭祀姚枢而建的雪斋书院所作的记中称："先生首倡道学，辉州讲道之地，宜立书院，设山长，以淑诸人。"[3] 元人对不同书院祭祀对象的描述在某种程度上体现了元代书院祭祀的多样性，也透露出这些书院的精神追求与学术倾向。

结　论

元人文集中对书院的描述与评价，不仅反映了其对书院的观感，也在某种程度上印证了元代书院的发展状况。书院之所以"遍于都邑"是由于官学化的推动，具体措施体现为"设官主之""赡士有田"和"与州学同"等，因此元代书院在数量和规模上"视前代倍百矣"。在有些士人看来，恰恰是朝廷"大兴孔子之教""尊崇儒学"和"德泽涵濡"，使书院繁盛，在某种程度上成为元朝重视儒治的表征。元人论及于此，文字中常带赞颂之情。书院的社会教化功能也引起了元人较大的关注，"道学显"的背景使得书院成为"化民美俗"和"育人才"的重要机构，更让元人对书院实现"传道济民"的使命充满期待。元人直陈书院官学化带来的弊端，指出山长的官学化以及所用非人，使得许多书院山长只是"唯计日书满而待迁而已"，最终导致这些书院的"有名无实"。元人对此表达了失望、担忧甚至愤慨。元人视书院为"祠学"，先贤"所尝至之地"或"讲学故地"成为众多书院创建的渊源。由于朝廷"表彰理学"，朱熹与有功于道学的其他人物成为书院祭祀的对象。"非其学弗祭也"成为元人眼中书院祭祀的准则，这给元代书院的学术追求和价值取向罩上了一层多元化的面纱。

---

[1]　郑元佑《文正书院记》，《全元文》第 38 册，第 657 页。
[2]　许有壬《鲁斋书院记》，《全元文》第 38 册，第 263 页。
[3]　许有壬《雪斋书院记》，《全元文》第 38 册，第 267-268 页。

清代的府州县书院治理政策

赵 伟[*]

[内容提要]

　　府州县书院是清代广泛分布于地方的书院类型，在满足基层社会的教育需求方面功不可没。因官府行政、财政能力所限，以及管控各级教育事业发展的要求，清代对不同层级的书院实施差异性治理政策。对府州县书院，官府尚无法进行全面扶持。乾隆年间，实施"崇简易而裨实政"的方针，施行以核查监督为主的治理政策，重点在教育规条、院长选任、经费出入等方面进行管理。为了弥补财政投入的不足，府州县书院延续传统的"官办绅助"建设模式，又通过捐输奖叙政策作为吸纳社会力量参与建设的动员机制。嘉道间，清朝国力下降，且府州县书院主体官办的体制带来诸多弊端，朝廷对地方官府的权力予以限制，首士、绅董制度得以普及。总体而言，清代对各级书院实施的差异性治理政策，是府州县书院繁荣发展的制度保障，却也使各级书院的情形多样，难以自上而下施行总体性、强有力的制度变革。在清末新政中，朝廷又"一刀切"地要求各级书院改为学堂，新旧政策间的鸿沟成为改革的阻力。

[关键词]

府州县书院；基层治理；官办绅助；捐输奖叙；绅董

----

* 赵伟，南昌大学人文学院历史系、区域历史与档案文献研究中心讲师，中国史博士。本文系国家社会科学基金重大项目"东亚国家书院文献整理与研究"（23&ZD265）、南昌大学哲学社会科学青年人才培育创新基金项目"清代省级书院制度研究"阶段性成果。

清代行政区划与地方行政体系经过长期调整，大致在雍乾之际，形成省、府（直隶州、直隶厅）、县（州、厅）三个行政层级。众多的府州县广泛分布在清朝的统治疆域。长期以来，这些地方政区的官员与民众为发展当地的文化教育事业，培植良好的民俗风情，宣扬先进的思想文化，建立了数以千计的书院。随着雍正十一年（1733）省会书院制度的确立，各地书院与所属政区等级之间的联系得到强化，通常参考所属政区等级来对书院进行归类与命名。清代通称的"府州县书院"或"郡县（邑）书院"，一般是指由府、州、县官府所辖的，主要招录本籍士子就学的书院，此即研究者所称的"府州县级书院"。[1]

清代对不同层级的书院采取不同的治理政策。省会书院在雍正十一年以后在各省普遍设立，可以接受帑金、公项银等财政性经费的资助。[2] 而府州县书院则主要由地方自行建设，形成不同的经费来源结构与管理体制。对于府州县书院的功能与意义，清廷并非没有相应认识，实际也曾涉足对这类书院的治理。只是在官府的参与程度上，与省会书院相比存在不同的政策边界。

一、对书院教育规条及院长选任的规范

清代明确开始涉足对府州县书院的治理，是在雍正十一年确立省会书院制度后。在清廷不断完善省会书院制度的过程中，府州县书院顺势进入君臣视野，被要求完善规制、强化监管。

乾隆初年，在省会书院制度先期的建设实践中，部分大臣试图以府州县书院弥补省会书院之不足，因而先后出现"添设书院"与"广设书院"两种建议。所谓"添设书院"，是指在省会以外的某些府仿照省会书院体制添设新的书院，以满足

[1] 有关书院的层级划分问题，参见陈谷嘉、邓洪波《中国书院制度研究》，浙江教育出版社1997年版，第55页。目前学界对府州县书院的总体性研究较少，对县级书院的个案性探讨相对较多，如刘艳伟、金生杨《清代的县级书院——以南部县整峰书院为中心的研究》，《地方文化研究》2016年第5期；兰军《从书院志看清代县级书院管理体制——以平阳〈龙湖书院志〉为例》，《历史文献研究》2021年第47辑。
[2] 赵伟《雍正、乾隆朝省会书院制度新探》，陈明、朱汉民主编《原道》第44辑，湖南大学出版社2022年版，第74页。

远方士子的教育需求。[1] "广设书院"，是指在省会以外"每府皆设立书院"，以此来扩大教育范围。[2] 两项建议都强调扩大地方官府的责任，投入财政经费资源来促进官办书院的普及，但皆未获许可。清代对书院的财政扶持政策，也就未能下延至府州县书院一级。

相较于直接进行行政管辖和投入财政资源所要付出的高昂成本而言，颁布政令以规范府州县书院的教育规条和院长选任问题，则相对容易实施。乾隆十五年（1750），福建学政葛德润为扭转书院教学的八股之风，奏请在省会及府州县书院推行孙嘉淦的《太学规条》，以改革教育规条和院长选任制度。具体而言，各省大小书院应仿照北宋胡瑗教士之法，令诸生各明一经，各治一事："明经则以御纂《折衷》《传说》为主，治则如历代典礼、赋役、律令、边防、水利、天官、河渠、算法之类，俱以《三通》为参考，务穷源溯委，识其中得失利弊。"当然，葛德润仍旧承认书院八股教学的地位，他所请求的只是将经义、治事二端"与四书文一体甲乙"，提高到与八股教学同等的地位。为督促诸生尽心学业，葛德润引入日记教学法，设立总册、格册，令在院肄业诸生标注所明之经、所治之事，按日填写所习起止，在规定的时间送书院掌教处稽查，由其抽查提问，考验学习成效。省会书院由督抚负责考察，府州县书院则由府州县官尽力督课。他还建议，诸生中才器尤异者，"在府州县则申送省院，在省会则仍照乾隆元年（1736）谕旨，准予荐举一二"，制定了从府州县书院到省会书院的递升渠道。

葛德润考虑到府州县书院的"实学"教育改革必将带来师资不足的问题，他将这项改革与乾隆十四年（1749）举行的"保举经学"制科相联系，请为"郡邑书院"选派该制科人员。所谓"保举经学"制科，是指1749年乾隆皇帝以翰林文学侍从致力词章、不擅经术而下令内外大臣推举潜心经学之人。葛德润上疏时，"保举经学"尚在进行。他具有前瞻性地预见到这些入选人员将面临出路问题，正可将其革新书院之议与乾隆帝所热衷之事一并奏陈推行："即令督抚查明现在需人

---

[1] 允禄等《题为会议广东学政条陈高雷廉三府设立书院等款事》，乾隆二年三月初六日，档案号：02-01-005-022693-0006，中国第一历史档案馆藏。

[2] 邹升恒《奏请外省乡闱应设内帘监试官并将帖出例从宽及广设书院事》，档案号：03-1163-011，中国第一历史档案馆藏。

之书院，即时遣送，以资经义、治事之教。如果三年期满，卓有成效，许该督抚据实以应补之缺题请实授，并声明免其试用。"〔1〕

葛德润的奏疏呈递给乾隆皇帝后，乾隆皇帝命九卿议奏。礼部尚书王安国等九卿认为，雍正皇帝与乾隆皇帝前后发布的谕旨已足够指明书院的教育方式与精神，"法至备也"。尤其是乾隆元年颁布的谕旨，标举朱子《白鹿洞书院揭示》与程端礼《读书分年日程》，是"文行兼修，经史并习"，不必"别立科条，以滋烦扰"。至于为"郡邑书院"选派"保举通经"制科人员的建议，九卿议奏时却误以为是针对省会书院而言的，又重申了乾隆元年的相关谕旨，"行令督抚学臣悉心采访"院长即可，同样将之否决。〔2〕

尽管葛德润的建议多被驳回，但经此讨论，朝廷实际上把原先仅针对省会书院的一些政策推广至"各书院"，连带对府州县书院的教育规条作出了限定。此后，包括府州县书院在内的各级书院皆要遵守朱子《白鹿洞书院揭示》和程端礼《读书分年日程》，在遵照正统程朱理学的基础上制定其讲学、考课和日常习业等章程。具体的教学科目则上行下效，与省会书院相类似："资禀优异者，将经学、史学、治术诸书留心讲贯，而以其余功兼及对偶、声律之学。其资质难强者，当先工八股，穷究专经，然后徐及余经，以及史学、治术、对偶、声律。"〔3〕八股教学仍占据核心地位。

清代对府州县书院院长的选任建立实质上的监督考核体制，是在乾隆四十年（1775）。在此之前，府州县书院多遵照雍正十三年（1735）谕旨，按"义学"之例，由建立者呈报府州县立案，其后"仍听本人身自经管"。〔4〕即官办书院由本级官府管理，民间私设或公立之书院仍由建立者负责。这种管理方式在运行中出现诸多问题，尤其是在院长选任问题上。陕西巡抚毕沅奏称，地方官在一些府州县书

〔1〕 王安国等《题为各省书院颁行条规事》，乾隆十五年八月二十四日，档案号：02－01－005－022821－0051，中国第一历史档案馆藏。

〔2〕 王安国等《题为各省书院颁行条规事》，乾隆十五年八月二十四日，档案号：02－01－005－022821－0051，中国第一历史档案馆藏。

〔3〕 素尔讷等纂修，霍有明、郭海文校注《钦定学政全书校注》卷72《书院事例》，武汉大学出版社2009年版，第286页。

〔4〕 《高宗纯皇帝实录（一）》卷5，雍正十三年十月乙酉，《清实录》第9册，中华书局1985年版，第240页。

院院长的选任中，多受到上层压力、人情请托的干扰，出现"瞻徇情面、委曲延请"的情形。所延请的院长也不认真负责，而是坐领脩脯，"不以训迪为心"。若院长有缺，官府也任由"讲席久虚"，"并不上紧延师，以致生徒星散"，使书院有名无实。毕沅认为，形成弊端的根源在于府州县书院事务未能明确纳入官府的责任范围，缺乏管理和监督。他建议明确各府州县的责任，令其"实心延访"，选拔"端谨绩学之人"来任院长，并且还应"严立规条，随时加意振作"。省一级的巡抚、藩司也应直接监管府州县书院院长的选任环节，各府州县有责任将所请院长的姓名、籍贯、到馆日期等信息造册呈报，以凭察核。各守道、巡道官员则负责访察各属府州县书院的教学情况，如有不称职者，"即行勒令更换"。[1]

奏上，乾隆皇帝对这套涉及省、道、府、州、县多级的监督管理体系表示认可，颁布谕旨加以推广。[2] 经过整顿，清代明确了府州县官府对所属书院的管理责任，同时强化了省、道级官府的监管之权，各省自此确立了更换院长时要"随时造册呈报"的制度。[3] 此即《大清会典》中所称的"各府州县书院，或绅士捐资倡立，或地方官拨公经理，俱申报该管官查核"[4] 政策的由来。

二、"崇简易而裨实政" 治理方针的明确

随着乾隆朝省、道、府、州、县等多层级书院体系的建立，屡有仿照省会书院之制而对府州县书院一体扶持、管理的呼声。而清廷对此多持谨慎、保守态度，在皇帝与朝臣的议论过程中，府州县书院的治理方针逐渐明晰。

乾隆五十年（1785），四川学政钱樾奏请比照省会书院制度，将府州县书院"一体核实办理"，即继续扩大官府责任，对府州县书院的经费、人事等进行全面

---

〔1〕 毕沅《奏为西安关中书院院长范泰恒辞职延请江宁举人戴祖启继任等事》，乾隆四十年正月二十九日，档案号：04-01-38-0184-001，中国第一历史档案馆藏。

〔2〕 《高宗纯皇帝实录（一三）》卷976，乾隆四十年二月癸巳，《清实录》第21册，中华书局1986年版，第41-42页。

〔3〕 萨载《奏为遵旨考核紫阳书院院长彭启丰等并查明其它书院尚无徇情延请情弊事》，乾隆四十一年正月二十七日，档案号：04-01-38-0184-018，中国第一历史档案馆藏。

〔4〕 托津等《钦定大清会典（嘉庆朝）》卷26《礼部》，《近代中国史料丛刊三编》第64辑，文海出版社1991年版，第1188页。

监管。在招生问题上，应强化行政区界的作用，"生徒就地拨补，毋许缺额"，令府州县书院成为该政区内的文化教育中心，使士子肄业不必仅有省会书院一个选项。钱樾此奏最重要也是最激进的改革措施是在经费领域，提出要由督抚彻底清查书院既有资产，掌握详细数据，由地方官申报藩司，按季核销经费出入。[1]

对于钱樾的建议，乾隆皇帝令"大学士、九卿议奏"。大学士阿桂等认为，府州县书院的建设情形与省会书院不同，无法照搬。例如在经费上，府州县书院"或绅士出资创立，或地方官拨公经理"，涉及了官、私两种性质的来源，情形更加复杂。且府州县书院一般也未动支帑金或公项银，其经费监管自然不必如省会书院般严格。此前的惯例是将主导权下放到府州县，由地方官自行"妥为经理"。若有舞弊等不端行为，督抚本就可以随时参奏。而府州县书院经费若完全纳入官管，地方绅民在建设书院时将不得不面临官府烦琐的核查体制，从而增添制度门槛，"转阻踊跃之意"，影响地方建设书院的热情。[2]

最后，阿桂等大臣指出了清代府州县书院治理的方针——"崇简易而裨实政"，意即以简单的行政手续或较低的行政成本来办理地方最为实在的政务。在秉持这一理念的主事大臣看来，对府州县书院的全面管理就属于额外的行政责任，会为地方基层治理平添多余的管理程序，也不利于为地方社会建立通畅的参与渠道，于实政并无太大裨益。

经此议奏，清代明确了对府州县书院以核查监督为主的治理政策，实行有限度的管理。这一政策既明确了官府对府州县基层书院的管理权责，又顾及民间力量深度参与府州县书院建设的事实，因而能够对地方书院的发展起到引导并释放一定活力的作用。

---

〔1〕 钱樾《奏陈府州县现有书院宜一体查核缘由事》，乾隆五十年五月十八日，档案号：04-01-01-0414-013，中国第一历史档案馆藏。

〔2〕 梁廷楠《粤秀书院志》卷10《教职表》，赵所生、薛正兴主编《中国历代书院志》第3册，江苏教育出版社1995年版，第136-137页。

三、"官办绅助"建设模式的推行

(一) 捐输奖叙：书院建设的社会动员机制

经费是书院赖以存在和发展的基础。在经费问题上，清廷长期不愿承担更多的对府州县书院的扶持责任，而听任地方自行酌情办理。对于地方官府动用公费或官产来作为府州县书院经费的请求，清廷多次予以否决。如直隶布政使沈起元在乾隆八年（1743）奏请仿照省会莲池书院之制，从司库公项凑出六千两交商生息，作为正定府崇正书院、广平府紫山书院、大名府天雄书院的经费，最终经总督高斌议奏而被驳回。[1]

为填补这种有限度的管理政策而带来的经费空缺，清廷利用捐输奖叙政策，吸纳民间资产来筹措办学经费，动员地方绅民广泛参与府州县书院建设。中国古代长期存在卖官鬻爵的捐纳制度，这是朝廷为提高收入而采取的一项弊政。捐输（又称捐助）不同于捐纳，捐输是官民为特定事项（如兴办地方公共事务、公共工程等）而捐给财物的行为，其资金一般为所助事项专用，是完善官方基层治理能力的重要补充。[2] 为奖励乐善好施之人，雍正帝在雍正十一年发布上谕，令各省督抚留心访察，"其捐助多者，着具题议叙。少者，亦着地方大吏给与匾额，并登记档册，免其差徭"[3]。在议叙政策的引导下，"各省绅衿士庶经督抚题请奖励，从优议叙者甚多"[4]。在中国第一历史档案馆所藏资料、《清实录》等文献中，即有大量督抚题请奖叙书院建设者的史料，可见相关政策对书院发展起到明显带动作用。

因新制初创，对捐输者的奖励政策一度参考捐纳事例拟定。乾隆二年

〔1〕 高斌《奏为遵旨议奏直隶布政使沈起元为酌筹书院生息银两一折事》，乾隆八年十二月二十五日，档案号：04-01-38-0181-020，中国第一历史档案馆藏。

〔2〕 有关捐纳、捐输问题，参见江晓成《清代捐纳、捐输概念考辨》，《清史研究》2023 年第 2 期。

〔3〕 《世宗宪皇帝实录（二）》卷 131，雍正十一年五月己丑，《清实录》第 8 册，中华书局 1985 年版，第 700 页。

〔4〕 卢焯《题报试用候补知州王时煦捐银二千两为书院膏火及育婴薪水请旨加恩议叙》，乾隆五年十月四日，档案号：070868-001，"中研院"史语所藏。

（1737），因捐纳事例暂时停止，监察御史郭石渠奏请变通捐输议叙之例："其现在有职衔之官员，只许量所捐之多寡，加其品级随带任所，不许即选即升。无职之贡监，只许量所捐之多寡，加以应得之职衔，给与顶带荣身，不许归班选用。至于革职捐助之员，必实系事属因公，审无赃私者，方准复还职衔，给与原品顶带。"[1]而大学士张廷玉等考虑到降低奖叙待遇恐怕不利于劝善，将之驳回。乾隆四年（1739），吏部议覆工科给事中朱凤英条奏，确定了相关奖叙政策的题报流程：

> 嗣后各绅衿士民乐于捐输应行议叙者，务须核实具题，并饬地方官出具并无浮冒印结，系赈济则报户部，工程则报工部，核实相符，再行会同吏部议叙。倘有抑勒助捐及以少报多者，一经发觉，悉照定例，除本人不准议叙外，将题请之督抚、申报之地方官一并从重治罪。[2]

对于捐输应区别于捐纳的意见，朝廷酌情加以考虑，在后来确定了具体奖叙标准。乾隆二十年（1755）议准：

> 士民捐输社仓稻粟捐至十石以上，捐资修城银十两以上，给以花红。谷三十石以上，银三十两以上，奖以匾额。谷五十石，银五十两以上，申报上司递加奖励。捐谷三四百石，银三四百两，据实奏请，给以八品顶戴。如本有顶戴人员，于奏请时声明，听部另行议叙。其有捐资不及十两者，与出资较多之人，无论捐资多寡，将其姓名银数，统行勒石，以垂永久。捐至一二千两及三四千两者，题请从优议叙。其议叙顶戴人员，令该督抚查明年貌、籍贯、三代履历，造具清册，送部填写执照，封发该督抚转给该员收执。遇有开捐事例，准其照捐职人员之例一体报捐。[3]

嘉道间，因财政困难，地方公共工程愈加依赖官民捐输，清廷因此继续完善相关条款，以鼓励官民踊跃参与。道光二十三年（1843），奏定"绅士商民人等有乐善好施、急公报效"，捐修文庙、书院、义学等工程者的奖叙标准：

---

〔1〕 张廷玉《澄怀园文存》卷4《议覆好善乐施奖励叙用疏》，《清代诗文集汇编》第229册，上海古籍出版社2010年版，第350页。

〔2〕 傅恒《题覆霍邱县捐贡张希载捐入颍郡书院田地应准议叙》，乾隆十九年四月十一日，档案号：073663-001，"中研院"史语所藏。

〔3〕 崑冈等《钦定大清会典事例》卷77《吏部》，《续修四库全书》第799册，上海古籍出版社2002年版，第314页。

士民二百两以上者，给予九品顶戴。三四百两以上者，给予八品顶戴。一千两以上，给予盐知事职衔。二千两以上，给予县丞职衔。三千两以上，给予州判职衔。四千两以上，给予按经历职衔。五千两以上，给予布经历职衔。六千两以上，给予通判职衔。八千两以上，给予盐提举职衔。一万两以上，给予同知职衔。一万五千两以上，给予运同职衔。三万两以上，给予道员职衔。[1]

奖叙政策还按照捐输者身份的不同而适用其他条款。光绪十年（1884），又规定捐输义举"止准查照银数核计，分别给予议叙，概不准奏请官阶班次"[2]，奖叙政策有所收紧。

随着捐输奖叙政策的完善，地方督抚为捐助书院者题请议叙有了明确的制度依据。[3] 地方官民或以一人之力，或集众家之产，为书院捐资助学。如乾隆十五年，歙县捐纳候选府同知徐士修独立捐修徽州紫阳书院建筑，用银3172两零，又捐银12000两解交府库发典生息，以资书院膏火。经查勘核验后，大学士史贻直等议，"徐士修准其加顶带一级，仍以本项应得之缺不论双单月即用，照例给与议叙执照，饬取该员赴选文结送部，以便查核铨选"。[4] 道光五年（1825），陕西整顿35厅州县书院，不少急公好义之人为书院捐修宇舍，加增膏火。各厅州县将捐输数目开具清册，造送藩司复查，详请巡抚具奏奖励。其中捐助300两以上的绅士耆民应获议叙者合计有26人之多。[5]

捐输奖叙政策是清代地方书院达成普及性建设成就的制度保障。在清中叶国力强盛时，凭借官府之力与社会捐助共同促成书院建设的繁荣局面。在嘉道以降国力衰微时，其又成为弥补官力衰弱的补充力量，帮助书院建设持续推进。尤其是在晚清"同光中兴"之际，书院能够在内忧外患的局面中快速发展，实得益于捐输议叙政策对民间力量的引导、吸纳作用。

---

〔1〕 崑冈等《钦定大清会典事例》卷77《吏部》，《续修四库全书》第799册，第315页。
〔2〕 崑冈等《钦定大清会典事例》卷77《吏部》，《续修四库全书》第799册，第315页。
〔3〕 实际上，捐输的奖叙结果存在不确定性。见江晓成《清代捐纳、捐输概念考辨》，《清史研究》2023年第2期。
〔4〕 史贻直《题为会议安徽歙县捐纳候选同知徐士修捐修紫阳书院准其奖叙事》，乾隆十六年三月二十九日，档案号：02-01-03-04903-022，中国第一历史档案馆藏。
〔5〕 户部《为绅士踊跃捐输奏请奖励事》，道光五年一月十八日，档案号：152042-001，"中研院"史语所藏。

（二）首士、绅董制度的普及

清廷既明确了官府对府州县书院的管理权责，又需依赖地方社会为之捐资助学，学者因而称这种书院建设模式为"官办绅助"。这种模式与省会书院基本"官办官助"不同，地方绅民在其中发挥了重要作用。府州县书院因此也形成了不同的管理体制，即地方士绅通过首士、绅董等角色与官府分享书院管理权。

在府州县书院，官力与民力之间的对比伴随着清朝国力的变化而此消彼长。在"康乾盛世"后，清朝在嘉庆、道光间步入中衰，官力已难以在府州县书院中保持绝对优势。并且由于政治腐败与制度废弛，书院建设积弊重重。如书院院长的延请请托盛行，教席不得其人；书院生徒的择取不遵章法，名额太滥；有的院长遥领教席，并不到馆；日常考课虚应故事，甚至有长期停课者。还有的书院经费横遭贪墨，不惟无法支应日常开销，连书院建筑、器用的维护也难以保证。书院房舍倾圮者有之，生徒枵腹应课者亦有之。

有鉴于此，有识之士纷纷提倡整顿，以期扭转书院发展的颓势。最高统治者多次下令整顿书院积弊，展现出对书院建设的重视。为了解决书院在运转过程中暴露的弊端，尤其是对于府州县书院院长延聘不得其人的问题，道光帝屡次下令整顿。如道光十四年（1834），给事中黄爵滋发现"州县书院率多废圮，或以无品无学之人滥充山长，因循苟且，视为具文"，奏请道光帝继续整顿山长聘任制度。道光帝览奏，"通谕各省督抚严饬地方官兴复书院，选择山长"，务延有品有学者。[1] 同年，又议准：

> 各省会书院院长，令学政会同督抚公同举报。其各府县院长，由地方官会同教官绅耆公同举报。务择经明行修之人，概不得由上司挟荐，亦不得虚立院长名目，并不亲赴书院训课。仍令学政于案临时稽查，以昭核实。[2]

此次整顿，对官府在书院院长聘任过程中过于强势的地位予以弱化，禁止上司不顾书院与地方的实际需求而采取威逼手段干预院长聘任的行为，同时强化了"绅耆"在府州县书院院长聘任中的权力。这是针对过去主要由官府主导书院事务的体制而提出的改良方案，希望引进民间力量与官府合作共治，形成制衡。

---

〔1〕 刘锦藻《清朝续文献通考》卷100《学校七》，商务印书馆1936年版，第8589页。
〔2〕 刘锦藻《清朝续文献通考》卷100《学校七》，第8590~8591页。

政令颁布后，得到了地方书院建设者的响应。如湖南长沙府醴陵县（今醴陵市）渌江书院，始建于乾隆十八年（1753），是一所官办县级书院。建成后，主要由历任知县捐置束脩、膏火经费，院长的聘任也由"上宪札荐"，即由县令或上级官员决定其人选。道光十四年禁止书院院长由"上司挟荐"的谕旨颁布后，虽然在短期内并未改变渌江书院的院长聘任惯例，但随着士绅为书院捐资的情形愈来愈多，至咸丰间院长束脩的来源已有一半以上由士绅捐置的学田提供。经过争取，士绅与知县共同商定了新的山长聘任规则："由邑尊与首士聘请。"[1] 士绅通过担任首士与县令分享了院长聘任权。同治间，此项规则由县令上报到府宪、藩宪申请立案，成为定制。

总体而言，民间以首士、董事、绅董等形式参与府州县书院的管理，在道光以降愈发普遍。许多书院改订章程，由官府与士绅共享院长延聘、经费管理等权力。如云南广南府培风书院，"山长向由府县两土司公捐银两以作束脩，绅士自不应预议，在历任公祖延请，不过情面荐托，山长到馆亦不过因循于事，故百余年来科目寥寥"。其后，书院改革院长延聘章程，在道光间形成"绅士管事"的体制。若地方官仍旧自行延请院长，则须官捐束脩，不得动支书院生息银两。[2] 可见，对书院经费的掌握是士绅与官府抗衡的重要凭借。

尽管聘任府州县院长的权力在总体上有一个下移的过程，但各书院间的改制进程以及官力与民力的主导性地位仍存在一定差异，难以一概而论。无论何种体制，这些书院俱要"申报该管官查核"。因此，官府仍然具有强大的影响力。

咸同军兴以后，地方权力膨胀，绅权亦得到扩张。战乱初平之际，清廷下令各省作速将书院产业清复，以收拢人心。因此，在"中兴"以后，清代形成了书院建设高潮。同时，清廷谕令各省地方官力除书院积弊，谨慎延师："并着各省地方官力除积弊，毋徒迁就官绅，务各延请耆硕，以副敦崇实学至意。"[3] 此与道光

---

〔1〕 文蔚起等修，刘青藜等纂《渌江书院志》卷首《束脩规条》，赵所生、薛正兴主编《中国历代书院志》第 5 册，第 625 页。

〔2〕 佚名《广南绅士公议书院条规》，邓洪波《中国书院学规集成》第 3 卷，中西书局 2011 年版，第 1631 页。

〔3〕 《穆宗毅皇帝实录（二）》卷 88，同治二年十二月庚寅，《清实录》第 46 册，中华书局 1987 年版，第 861 页。

十四年所颁谕令相比，反而要求强化地方官府的权力，反映出晚清地方绅权迅速扩大的趋势以及朝廷强化中央集权的努力。光绪九年（1883），经御史陈启泰奏，又重申书院院长"由地方官绅自行延访品学兼优之人"，上司不得"徇情压荐"的政令。[1] 可见，内忧外患的清政府已无力恢复对地方书院的全面掌控，不得不承认地方士绅在书院的地位。

结 论

在清代官办书院体系中，府州县书院是省会书院的有效补充，在满足基层社会广泛的教育需求方面功不可没。作为官办书院体系的基石，府州县书院一方面要遵循朝廷的文教政策，接受各级官府的管理，成为一地文化教育表率；另一方面又能联系地方绅民，动员、吸纳社会力量参与建设，为地方社会培养大批人才。

清代各府州县本有一套承袭前代的官学体系，但受困于财政经费不足等因素的影响，官学生名额极其有限，无法满足人口持续增长后日益膨胀的教育需求。随着政治的腐败、制度的废弛，官学甚至连基本的教学活动都已停止，书院承担了实际的教育功能。清朝作为传统的帝制国家，与历朝历代不同的是，在雍正"耗羡归公"财政改革后有效地提升了财政收入，有条件在各省扩大官办教育体系，省会书院制度因此应运而生。但此时的清朝仍然以农业收入为主，并未建立近代财政体系，难以持续扩大对教育的财政投入。因此，清代的府州县书院未被全面纳入管理，而是建立了一套有限的管理体制。为了弥补经费缺口，清代借助传统的官办绅助建设模式，吸纳民间力量参与书院建设，又通过捐输奖叙制度作为动员机制，使府州县书院迎来大发展。

清代对不同层级的书院采取差异性治理政策，是基于自身行政、财政能力以及管控各级教育事业发展要求的产物。在此政策下，清代书院按照行政区划等级，梯次配置了省、道、府、州、县以及乡村、家族等多层级书院体系，以满足地方不同的教育需求，由此可见传统国家在发展演进过程中持续完善其教育层级与管理体制

---

[1]　刘锦藻《清朝续文献通考》卷100《学校七》，第8591页。

所作的探索。然而，这种书院体系未能进一步发展出阶段性、递进式的学制结构，并向近代化的学校转变，是其发展的缺憾所在。

这种差异性治理政策带来的另一个结果，是各级书院的办学情形多种多样，官府的行政能力在不同层级的书院中存在差异，这导致其难以自上而下地施行总体性、强有力的制度变革。例如对府州县书院而言，其在官府的监管下吸纳民间力量办学，使其虽名为"官办"，但却往往具有复杂的经费来源结构，其产权不能一概视为官产，而任由官府处置；并且因"绅助"的历史渊源，其要让出部分管理权给予地方士绅。这些情形即与省会书院不同。而在清末书院改办学堂的过程中，谕令各省所有书院，"于省城均改设大学堂，各府及直隶州均改设中学堂，各州县均改设小学堂，并多设蒙养学堂"〔1〕。以"划一"的章程要求各级书院一概改为学堂，〔2〕摒弃了以往对书院的差异性治理政策。这种政策上的断裂使官府在主导改制时，容易因书院、学堂不同的性质及办学理念等问题而与民间社会产生分歧，并且新制度也未赋予士绅如同过去般的特殊地位，这些都易成为改制政策推进时的阻力。

---

〔1〕 陈谷嘉、邓洪波《中国书院史资料》下册，浙江教育出版社 1998 年版，第 2489 页。

〔2〕 刘熠《官府与民间的离合：清末四川基层书院改办学堂的历程》，《学术月刊》2016 年第 8 期。

朝鲜王朝崇儒和士林政治视域下
书院祭祀原则的历史考察

刘明明　邓洪波*

[内容提要]

　　朝鲜书院深受朝鲜王朝"一遵华制"政策的影响，其祭祀功能主要遵仿中国书院制度而产生。在朝鲜书院祭祀功能产生后，朝鲜王朝"崇儒尊贤"政策是朝鲜书院祭祀形成道学原则的重要驱动力。朝鲜王朝进入"士林政治时代"后，士林与书院的关系愈加密切，士林积极参与书院择取祭祀人物的讨论，其公论亦成为书院祭祀的一个重要原则。在朝鲜王朝后期，书院祭祀出现滥祀的弊端，书院祭祀逐渐突破道学和士林公论原则。朝鲜书院祭祀原则的形成与朝鲜王朝的对明事大外交政策、崇儒尊贤政策和士林政治等密切相关。

[关键词]

朝鲜书院；祭祀原则；遵仿华制；崇儒尊贤；士林政治

* 刘明明，湖南大学岳麓书院博士研究生；邓洪波，湖南大学岳麓书院教授，历史学博士。本文系国家社会科学基金重大项目"东亚国家书院文献整理与研究"（23&ZD265）阶段性成果。

朝鲜王朝书院祭祀在朝鲜书院的历史长河中扮演着较重要的角色，祭祀人物的选择依循一定的原则。朝鲜书院的祭祀原则并非孤立产生，而是与朝鲜王朝的对明外交政策、崇儒思想和士林政治等密切相关。目前学界对朝鲜王朝书院祭祀的研究集中在祭祀礼，[1] 另外在一些探讨朝鲜书院历史的文章中，虽然论及一些朝鲜书院祭祀，但涉及祭祀原则的仅为只言片语。[2] 目前甚少有结合朝鲜社会背景系统地探讨朝鲜书院祭祀原则的研究成果。

有鉴于此，本文结合朝鲜社会的大背景，探讨朝鲜书院祭祀原则形成的深层次原因，进而揭示朝鲜书院祭祀原则与中国书院制度、朝鲜王朝建国伊始的对华外交策略、贯穿几乎整个朝鲜王朝历史的"崇儒尊贤"国策以及朝鲜王朝士林政治的联系。

一、朝鲜王朝"一遵华制"与书院祭祀功能的产生

朝鲜王朝的开创者太祖皇帝李成桂，以高丽旧臣的身份夺取高丽政权，在名分和政权合法性上存在不足。为了巩固统治，他与明朝修好，请明朝赐国号，奉行对明朝的"事大主义"[3]，使朝鲜归依中华文化，借助明朝的影响力来提高其政权的合法性。朝鲜王朝伊始，即以"一遵华制"为政策导向，其典章制度多仿中国，并广泛吸收中华教育文化，"惟我东国，迪教之方，一遵华制"[4]。在朝鲜王朝"慕华"的浓厚气氛中，中国的书院制度于朝鲜中宗时传播到朝鲜半岛，从朝鲜书

---

〔1〕 韩在壤《朝鲜时代书院享祀礼研究——以九大书院享祀礼为中心》，《湖南大学学报》（社会科学版）2017 年第 3 期，尹熙勉《朝鲜时代书院的祭祀和位次》，《震檀学报》2000 年第 90 号。

〔2〕 李树焕《朝鲜时代书院的成立与发展》，《湖南大学学报（社会科学版）》2004 年第 3 期；郑万祚《韩国书院的历史》，《湖南大学学报（社会科学版）》2007 年第 3 期；金相根《韩国书院制度之研究》，台湾嘉新水泥公司文化基金会 1966 年版；高丽大学校韩国史研究室《新编韩国史》，孙科志译，山东大学出版社 2010 年版。

〔3〕 朝鲜王朝建立后，从太祖李成桂开始，朝鲜王朝对明朝就一直奉行一种被称为"事大主义"的对华政策。明朝与朝鲜王朝建立了稳固的"宗藩关系"。

〔4〕 李滉《退溪先生文集》卷 9《上沈方伯通源》，朝鲜宣祖三十三年（1600）后刷木板本，第 6A 页。

院的嚆矢——白云洞书院自中宗三十六年（1541）创建[1]至高宗八年（1871）朝鲜书院因弊几乎全被撤废[2]，共有 300 多年的历史，这段时间完全处于朝鲜王朝16—19 世纪，故凡称朝鲜书院的历史亦指朝鲜王朝书院历史。

书院的称呼在朝鲜半岛出现较早，新罗末年即见书院的名称，《高丽史》载新罗人崔彦㧑"年四十二，始还新罗，拜执事省侍郎瑞书院学士"[3]。但此时书院无教学或祭祀活动，而是掌握朝廷机密事务的机关。高丽初年也能发现书院之称，高丽成宗曾言："宜令所司于西京开置修书院，令诸生抄书史籍而藏之。"[4]但其仅为类似藏书的图书馆，亦无讲学和祭祀活动。朝鲜王朝初期才出现了具有讲学性质的书院。朝鲜王朝统治者因势利导，奖励书院的兴学之举。朝鲜世宗元年（1419），"其有儒士私置书院，教诲生徒者，启闻褒赏"[5]。世宗二年（1420），朝鲜朝廷褒奖建书院者，"金堤前教授官郑坤，私置书院，境内与他乡自愿来学者，无不教训。光州生员崔保民，私置书院，训诲生徒"[6]，赐予教授官郑坤、生员崔保民"量宜注授"[7]奖励。由上所提，朝鲜王朝初期书院实为"教诲生徒"的教育场所，尚不具备祭祀功能。

撰诸史籍，可以发现直到世宗二十一年（1439），朝鲜始论及中国书院："初兼成均注簿宋乙开上书，请令各官学校，明立学令。命下礼曹与成均馆议之，成均

---

[1] 关于白云洞书院创建时间，《增补文献备考》卷 210、209、卷 213 分别有 1541 年、1542 年、1543 年三种说法，多种说法产生原因可能是书院始建、建的过程、建成后分别记载了一个时间。而据《中宗实录》卷 95 载中宗三十六年五月："丁未，以周世鹏为丰基郡守。史臣曰：丰基安珦之乡，世鹏于珦之旧居为建祠宇，春秋享之，名曰白云洞书院。"以《中宗实录》记载，在中宗三十六年（1541）白云洞书院已经定名，再与《增补文献备考》所载时间比对，中宗三十六年（1541）似更为确切。暂存多种说法以供学人研究，本文则采取中宗三十六年（1541）的说法。以上参见《增补文献备考》，朝鲜隆熙二年（1908）美国伯克利大学东亚图书馆藏本；《中宗实录》，《朝鲜王朝实录》第 24 册，东京学习院东洋文化研究所 1960 年版，第 307 页。
[2] 《增补文献备考》卷 210《学校考》载朝鲜高宗八年（1871），"命文庙从享人外书院及叠设书院并为毁撤"。参见《增补文献备考》卷 210，第 27A 页。
[3] 郑麟趾《高丽史》卷 92，首尔大学校藏本，第 10A 页。
[4] 郑麟趾《高丽史》卷 3，第 22B 页。
[5] 《世宗实录》卷 2，《朝鲜王朝实录》第 6 册，东京学习院东洋文化研究所 1955 年版，第 94 页。
[6] 《世宗实录》卷 7，《朝鲜王朝实录》第 6 册，第 454 页。
[7] 《世宗实录》卷 7，《朝鲜王朝实录》第 6 册，第 455 页。

馆议曰：谨按朱文公淳熙间在南康请于朝，作白鹿洞书院，为学规。"[1] 南宋朱熹复建的白鹿洞书院首次被朝鲜人士提及。朱熹将祭祀设为白鹿洞书院的功能之一。朱熹修复白鹿洞书院后，"恭修释菜之礼，以见于先圣，以先师兖国公，邹国公配，尚飨"[2]。朱熹后提举浙东，仍援助白鹿洞书院祭祀事业，"复遗钱属军守钱闻诗建礼圣殿，并两庑塑绘孔子十哲等像"[3]。朝鲜世宗二十一年（1439），礼曹与成均馆已提及宋代白鹿洞书院及其学规，揭示出其对白鹿洞书院基本情况已有了解，则当知晓白鹿洞书院不仅具有教育功能，亦有祭祀功能。对此，金相根先生有论："如此，新提到宋代书院制度，当时人才明知书院不只是单纯的教学所，而是奉祀先贤的祠庙须在内的。"[4] 意指朝鲜人士至此才了解教育和祭祀均为书院之功能。

世宗二十一年（1439）之后，中国书院制度多被朝鲜朝野关注。朝鲜王朝以华制为遵，"国家典章文物，悉仿中朝"[5]。在"一遵华制"的政策驱动下，中国书院制度对朝鲜的影响日深。祭祀作为中国书院功能从世宗二十一年（1439）被朝鲜人士知晓到成为朝鲜书院的实质功能，历经约一个世纪，直到中宗三十六年（1541）丰基郡守周世鹏创建白云洞书院。周世鹏"一依白鹿洞故事"[6] 建成白云洞书院，其制度"盖仿朱文公白鹿洞之规"[7]，"立其庙而架其院"[8] 搭建祭祀和讲学场所，建晦轩祠堂祭祀安珦，[9] 首次展现朝鲜书院的祭祀和讲学双重功能。

白云洞书院被视为朝鲜书院的嚆矢，亦开朝鲜书院祭祀功能的先河，而其祭祀功能的产生深受中国白鹿洞书院祭祀制度的影响。白云洞书院是朝鲜书院"一遵

---

[1] 《世宗实录》卷86，《朝鲜王朝实录》第9册，第65页。

[2] 白鹿洞书院古志整理委员会整理《白鹿洞书院古志五种》上册，中华书局1995年版，第61页。

[3] 白鹿洞书院古志整理委员会整理《白鹿洞书院古志五种》上册，第22页。

[4] 金相根《韩国书院制度之研究》，第27页。

[5] 《中宗实录》卷34，《朝鲜王朝实录》第21册，第346页。

[6] 周世鹏《竹溪志·本序》，朝鲜高宗元年（1863）刊本，第2A页。

[7] 《明宗实录》卷10，《朝鲜王朝实录》第25册，第419页。

[8] 周世鹏《竹溪志·本序》，第2A页。

[9] 安珦（1243—1306），高丽朱子学者，别名安裕，字士真，号晦轩，谥号文成，将中国的朱子学引入高丽。

华制"的最初代表，遵华制是朝鲜书院祭祀功能产生的重要推动力量。因为朝鲜
自身的祠庙建设运动[1]对书院祭祀功能的产生也有促进作用，故不能将朝鲜书院
产生祭祀功能完全归功于中国书院制度的影响，但中国书院制度对朝鲜书院祭祀功
能的产生发挥了相当重要的影响，这种影响亦波及朝鲜书院祭祀的具体原则。朝鲜
书院祭祀原则呈现多元化，涉及事功原则、道学原则、士林公论原则、家门原则、
派系原则等，而其中最重要且影响深远的原则是道学原则和士林公论原则。

二、朝鲜王朝崇儒尊贤与书院祭祀的道学原则

13 世纪末程朱理学从中国传入朝鲜半岛，[2] 渐对朝鲜社会产生影响。14 世纪
末朝鲜王朝建立后，一方面吸取前朝高丽佞佛造成国家危亡的教训，另一方面在
"一遵华制"影响下深受明初盛行的程朱理学的浸染，大力推动程朱理学的传播，
以儒教为国教，"儒学成为朝鲜王朝的官方统治理念"[3]。"崇儒尊贤"成为国策，
王朝上下形成了浓厚的"崇儒尊贤"风气。

（一）道学原则的重要成因：朝鲜王朝在书院践行"崇儒尊贤"国策

朝鲜王朝朝廷将"崇儒尊贤"国策落实到朝鲜书院。白云洞书院主祀高丽大
儒安珦，且始建不久即于 1550 年得到明宗大王赐额绍修书院的认可和支持。距白
云洞书院获赐额不久，明宗九年（1554），明宗又推崇"东方理学之祖"郑梦周，
表彰其道德忠节，为其特建书院，"以郑梦周道德忠节不让于安裕，命即其生长之
地创建书院，匾额书册奴婢田结，一依绍修书院例颁降"[4]。朝鲜朝廷长期通过
实际举措来引导书院崇儒尊贤。朝鲜肃宗六年（1680），安东儒生以朝鲜儒学泰斗
文纯公李滉的先乡所建书院请求朝廷赐额，礼曹认为礼安已有李滉书院，安东所设
书院颇为重叠，而肃宗准许赐额，且下诏明言："文纯乃我国之儒宗，虽配享于文

---

[1] 参见金相根《韩国书院制度之研究》，第 28-32 页。
[2] 参见 [韩] 尹丝淳《韩国儒学史：韩国儒学的特殊性》，邢丽菊、唐艳译，人民出版社 2017 年
    版，第 72 页。
[3] 李甦平《韩国儒学史》，人民出版社 2009 年版，第 215 页。
[4] 《增补文献备考》卷 210《学校考》，第 1B 页。

庙，其先乡尚无赐额，诚为欠典，特为赐额。"[1] 其"崇儒"之意甚明。朝鲜正祖八年（1784），正祖亦曾下诏："紫云书院先正文成主享，坡山书院文正、文简父子并享云，在朝家尚贤之意，岂无致侑之举，紫云书院、坡山书院遣承旨明日致祭。"[2] 其明示朝廷有"尚贤"之意。一直到朝鲜末期高宗八年（1871），高宗尚言："书院设置，始以前朝人文成公安裕之道学，有所寓慕。"[3] 高宗怀崇儒尊贤之心，"予有尊贤之心，则叠设实非尊贤之本意"[4]，下诏撤毁叠设书院。由上观之，朝鲜朝廷在书院长期推行"崇儒尊贤"国策，推动朝鲜书院形成"崇儒尊贤"的风尚。朝鲜王朝崇儒尊贤的国策，是朝鲜书院祭祀的道学原则形成的重要原因。

（二）道学原则的展现：朝鲜书院祭祀维系道统和道学高于节义

朝鲜书院祭祀时秉持"崇儒尊贤"精神，因此书院择取祭祀人物时更倾向依遵道学的标准，主祀道学人物，并重视维系道统。在书院发生祭祀争论时，常遵循道学为重的原则来定论。道学原则在朝鲜书院祭祀中发挥着重要影响。

1. 朝鲜书院祭祀重视维系道统

朝鲜书院长期主要选择道学人物作为祭祀对象，涵括中、朝先贤大儒，并体现出重视维系道统的祭祀倾向。现据金相根先生《韩国书院制度之研究》的统计，制作下表（表1）。

表1 朝鲜书院奉祀人物表[5]

人物名	朝代	奉祀书院数
宋时烈	李朝	34 所
李滉	李朝	31 所
朱熹	南宋	25 所
李珥	李朝	20 所

---

[1]《增补文献备考》卷210《学校考》，第6B页。
[2]《增补文献备考》卷210《学校考》，第22B页。
[3]《增补文献备考》卷210《学校考》，第27A页。
[4]《增补文献备考》卷210《学校考》，第27A页。
[5] 资料来源于金相根《韩国书院制度之研究》，第48-50页。该书以下统计数据均来源于《增补文献备考·学校考》。

续表

人物名	朝代	奉祀书院数
赵光祖	李朝	17 所
李彦迪	李朝	16 所
郑逑	李朝	15 所
金宏弼	李朝	14 所
郑梦周	高丽	13 所
赵宪	李朝	11 所
金尚宪	李朝	10 所
金长生	李朝	10 所
闵鼎重	李朝	10 所
郑汝昌	李朝	10 所
箕子	西周	3 所
孔子	东周	8 所
诸葛亮	三国	4 所
程颢	北宋	3 所
程颐	北宋	2 所

注：表 1 统计的是被两所及以上朝鲜书院奉祀的人物。

如表 1 所示，朝鲜书院主要祭祀道学人物，如被称为"东方理学之祖"的郑梦周、"东方朱子"李滉、"东国大儒"李珥、学宗朱子的"朝鲜宋子"宋时烈等，当然更有孔子、二程、"朱子"朱熹，涵盖中、朝人物。在表 1 书院祭祀择取的道学人物中，儒家道统脉络凸显。

朝鲜接续从孔孟延续至朱熹的儒家道统，从朱熹传递到赵光祖，赵光祖传递到李滉，李滉传递到李珥，李珥传递到金长生，金长生传递到宋时烈，宋时烈传递到金昌协，金昌协传递到金元行，金元行传递到朴胤源，朴胤源传递到洪直弼，洪直弼传递到任宪晦，任宪晦传递到田愚，道统传承久远。表 1 所示祭祀的道学人物恰合朝鲜道统渊源图中孔子、二程、朱子、赵光祖、李滉、李珥、金长生、宋时烈前

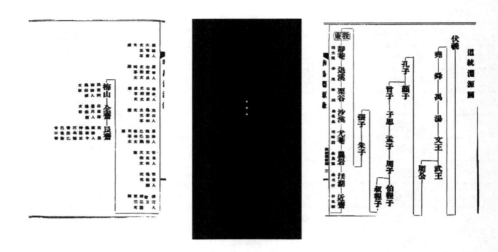

朝鲜道统渊源图[1]

后承接的道统脉络。进一步看，"东方理学之祖"郑梦周的学统传于金宗直，金宏弼、郑汝昌是金宗直门人，赵光祖是金宏弼的学生，郑逑是李滉的门人，金尚宪是李滉的学生尹根寿的门人，赵宪、金长生是李珥的门人，宋时烈是金长生的门人，闵鼎重是宋时烈的门人，李彦迪亦是朝鲜性理学者。综上可见，首先，朝鲜书院主要祭祀中国和朝鲜的道学人物。其次，朝鲜书院祭祀的道学人物基本符合儒家道统传递的次序，祭祀的道学人物之间多有学术上的师门关系。最后，朝鲜书院祭祀呈现出重视维系道统的倾向。

文化凤岗书院（孝宗丙申建，肃宗乙卯赐额），宋焕章阁待制赠太师徽国公谥文公朱晦庵，（配享）本朝大司宪赠领议政谥文正公赵光祖、左赞成赠领议政谥文纯公李滉、右赞成赠领议政谥文成公李珥。[2]

上引朝鲜庆尚道文化凤岗书院，主祀朱熹，配享朝鲜道学大儒赵光祖、李滉、李珥，清一色的道学人物，严格按照道学原则择取祭祀对象，且遵循了朝鲜儒家道统传承脉络。其他如信川正源书院、松禾道东书院择取祭祀人物时亦选择清一色且

---

〔1〕 田愚《五贤粹言》，淳昌训蒙斋 2019 年版，第 1–2 页。

〔2〕 《增补文献备考》卷 213《学校考》，第 31A 页。

合道统脉络的道学人物,[1] 重视维系儒家道统。儒家道统俨然成为朝鲜书院选择祭祀人物的一种基准。

2. 朝鲜书院以道学高于节义为原则择取祭祀人物

朝鲜迎凤书院择取祭祀人物的结果较为明显地突出道学高于节义的书院祭祀原则。迎凤书院由星州牧使卢庆麟[2]在 1560 年创建于星州,后更名为川谷书院。迎凤书院建成后,士林围绕书院祭祀人选和祭享位次进行了激烈的讨论。文烈公李兆年和文忠公李仁复祖孙二人均为有名的忠臣,李兆年"清忠直节,言足观感"[3],李仁复"知大体,守节义"[4],且皆为守节义之人。金宏弼,号寒暄堂,精通性理学,"然远绍(郑)梦周之绪,深究濂洛之源者,有若金宏弼其人也"[5],且被称为"真儒之领袖"[6]。时人有主张书院只祀二李,有主张于书院旁边别立祠庙祭祀二李,亦有主张同祀金宏弼、二李,"文烈公与寒暄先生分位,东西壁相对享禋,以文忠公配享于文烈"[7]。卢庆麟面对议论纷纷的局面,询问大儒李滉,李滉向其建议书院祭祀以道学为重,"大抵学校之设,虽非为道学耶,而在书院则为道学之意尤专。其祀贤也,以道学为主,可也"[8]。主张优先祭祀"道学之宗"金宏弼,"金先生庙享事甚善……立庙尊贤之举,尤当以是为先,而次及于其他,可也"[9]。多种意见纷纭下,迎凤书院最终以道学高于节义的原则,"道学百行之源,忠义道中之一事"[10],主祀了道学领军人物程朱,又以道学大儒金宏弼从祀,而将以节义彪炳史册的二李于书院旁别立祠庙祭祀。迎凤书院祭祀突出地表现了朝鲜书院祭祀以道学为重的原则,"朝鲜时代书院祭享对象的选定更为严格地遵守道

---

[1] 参见《增补文献备考》卷 213《学校考》,第 30A–31B 页。
[2] 卢庆麟,字仁甫,号四印堂,曾牧守星州,创建迎凤书院。
[3] 卢庆麟《与黄仲举书》,卢庆麟编《迎凤志》,高丽大学图书馆藏木活字本,第 5A 页。
[4] 郑麟趾《高丽史》卷 112,第 12B 页。
[5]《中宗实录》卷 29,《朝鲜王朝实录》第 21 册,第 170 页。
[6] 金希参《答城主书》,卢庆麟编《迎凤志》,第 31B 页。
[7] 金希参《答城主书》,卢庆麟编《迎凤志》,第 31B–32A 页。
[8] 李滉《答仁甫书》,卢庆麟编《迎凤志》,第 39B 页。
[9] 李滉《答四印书》,卢庆麟编《迎凤志》,第 34A–34B 页。
[10] 金希参《答城主书》,卢庆麟编《迎凤志》,第 31A 页。

学的标准，以道学作为对象选定的最优先准则"[1]。书院祭祀发生争论时，道学原则往往是统一意见的一种重要标准。朝鲜后期，书院祭祀出现了滥祀的弊端，祭祀对象存在家门化、派别化、不重道学等现象，最终突破了以道学为重的书院祭祀原则。

三、朝鲜王朝士林势力与书院祭祀的士林公论原则

朝鲜王朝曾长期处于士林政治时代。士林是朝鲜王朝重要的一种势力阶层，且多为道学者，在朝鲜王朝政治上发挥了重要作用。士林与书院关系密切，以书院为培育其势力的重要基地之一，积极参与书院祭祀事务。由于士林广泛参与书院择取祭祀人物的活动，并强调公论在书院祭祀中的作用，书院祭祀渐形成一种士林公论原则。

（一）"书院固士林事"：朝鲜王朝士林与书院的密切联系

士林在朝鲜王朝政治舞台上扮演着重要角色，"士林原来指高丽后期开始围绕朝鲜王朝开创被排挤到在野势力的士大夫系列后裔，在经济方面是指中小地主阶层"[2]。"他们大都去了乡村并致力于乡村的教育和建设。这些士林势力得益于世宗广泛的人才利用政策暂时走上中央政界，但在成宗时候就大力进入中央政界"[3]。士林自朝鲜成宗时期开始全面进入中央朝廷，在与勋旧派[4]的斗争中，从燕山君到朝鲜明宗为止，共遭遇了四次士祸（1498—1545），每次士祸都沉重打击了士林势力，但其势力依旧在发展，最终在 16 世纪中期主导了政局。16 世纪后期至 18 世纪初，朝鲜政局进入了"士林政治时代"。士林在连遭士祸的困境下，之所以能东山再起，"其原因在于乡村社会中存在着帮助其势力不断壮大的书院和

---

〔1〕 韩在壕《朝鲜时代书院享祀礼研究——以九大书院享祀礼为中心》，《湖南大学学报（社会科学版）》2017 年第 3 期。

〔2〕 转引李树焕《朝鲜时代书院的成立与发展》，《湖南大学学报（社会科学版）》2004 年第 3 期。

〔3〕 转引李树焕《朝鲜时代书院的成立与发展》，《湖南大学学报（社会科学版）》2004 年第 3 期。

〔4〕 勋旧派：起源于朝鲜王朝从开国功臣以来的八次功臣册封所形成的势力，更确切地说，指的是癸酉靖难后朝鲜世祖所册封的功臣，以及与之相关的勋臣和戚臣。他们致力于维持既得权利，通常被称为"勋旧"。

乡约以及作为中小地主所具有的物质基础"〔1〕。书院的存在和发展是士林势力延续的重要基础之一。郑万祚在《韩国书院的历史》中进一步论及，"书院正是培养士林的场所，是其活动的基地和根据地"〔2〕。

从另一方面看，士林亦是书院产生和发展的重要推动力量。朝鲜书院的产生与发展，和当时连续发生的士祸以及士林为避祸而形成的爱好乡居的风气与隐遁思想相关。燕山君时，士林连遭戊午士祸（1498 年）、甲子士祸（1504 年）打击，后士林多远离中央政界。中宗十一年（1516），同知事南衮曾论："古者自京官而为守令，则如见贬谪，故文臣无为守令者。今则朝中负清望者，皆求为守令。"〔3〕在士祸的沉重打击下，许多士林被贬官流放，更多士林自求外任，往居地方，居于地方的士林往往怀追慕先师之意，在地方上先师先儒讲道之地或过化之地建立祠庙祭祀先师并开展讲学活动，这些场所后逐渐发展为书院。如丰基郡守周世鹏在乡村士林协助下在先儒安珦旧居创建白云洞书院祭享安珦并教学。16 世纪后半期，在庆尚道礼安县创建主祀曾寓居礼安的高丽学者禹倬的易东书院，亦是礼安地方官礼安县监和在地士林合力的成果。

由上可见士林与书院关系之密切，"书院是伴随着士林的抬头而出现的，所以两者之间是一种共有随着低潮而衰退的命运同伴者关系"〔4〕。朝鲜中宗至明宗（1506—1566）期间是朝鲜书院发展的初期阶段，发展缓慢，士林在此期间也惨遭己卯士祸（1519）和乙巳士祸（1545），而至士林掌握政治主导权的宣祖时代，士林大力支持书院建设，书院呈现出快速发展的明显态势，士祸期间受难的金宏弼、郑汝昌、赵光祖等士林人物多被书院祭祀，这些人物也涵括士林道学人物。士林亦通过书院祭祀人物来宣示他们的道学正统。换句话说，士林势力已经影响到书院祭祀人物的择取。正是因为士林与书院的密切关系，使得士林积极参与书院事务，士林对书院有一种强烈的使命感，正所谓"书院固士林事"〔5〕。

〔1〕 高丽大学校韩国史研究室《新编韩国史》，第 129 页。
〔2〕 郑万祚《韩国书院的历史》，《湖南大学学报（社会科学版）》2007 年第 3 期。
〔3〕 《中宗实录》卷 26，《朝鲜王朝实录》第 21 册，第 85 页。
〔4〕 郑万祚《韩国书院的历史》，《湖南大学学报（社会科学版）》2007 年第 3 期。
〔5〕 庐江书院编《庐江志》卷 3《柳江皋寻春与丰安君相祚书》，朝鲜纯祖年间（1817—1834）木版本，第 2B 页。

（二） 朝鲜书院祭祀的士林公论原则

16 世纪后期到 18 世纪初被称为"士林时代"，这一时期士林主导政局。朝堂上士林倡导以一个支配阶层整体参与讨论后得出的公论来制定政策，反对少数权力集团的独断专行，可见士林重视公论的作用。朝鲜大儒李珥亦称士林为"夫心慕古道，身饰儒行，口谈法言，以持公论者，谓之士林"[1]。再由前文所论，士林与书院之紧密关系，"书院正是产生士林时代的母体，也是维持士林时代的核心机构之一"[2]。士林以书院之事为己任，在书院中依旧重视公论的作用。

朝鲜书院选择祭祀人物时常引起士林争论，除了从祭祀人物的道学素养层面以道学原则来定论，尚存在从争论者层面以公论原则来定议，后一种原则成为书院祭祀的士林公论原则。朝鲜庐江书院配享南贲趾的争论较明晰地展现了士林参与讨论祭祀人选的过程和祭祀的士林公论原则。

1. 士林参与庐江书院配享南贲趾的讨论

庐江书院是为了纪念大儒李滉，由其弟子西厓先生柳成龙、鹤峰先生金诚一倡建，后因赐额改称虎溪书院。庐江书院于李朝宣祖年间被创建于庆尚道安东府东三十里庐阜山五老峰下古白莲寺遗址上，此地是李滉年轻时读书之处，环境清幽，"洛江经其前，香垆之瀑悬其傍"[3]。书院共有讲堂、祠庙、斋舍、厨房等共三十多间屋子，"祠曰尊道，堂曰崇教，楼曰养浩"[4]。庙中主祭李滉，祔祀其弟子柳成龙和金诚一。

南贲趾亦是李滉的弟子，有人提议以其配享庐江书院李滉之庙，此举却引发士林热论。支持配享者援引"金云川、权海美诸老皆发此论，为今日一大证"[5]。而士林指出金云川、权海美诸老"至于江院从祀，则未尝及之"[6]，批评援引者是附会诸老之意。支持配享者又提出："老先生集中所举，永嘉书院中宣尼，东伊、洛西乡贤；浯溪书院中先圣，左祀元结、颜真卿；泰亨书院从祀朱文公，配以

---

〔1〕 朱杰人等主编《粟谷全书》卷 3《玉堂陈时弊疏》，华东师范大学出版社 2017 年版，第 117 页。

〔2〕 郑万祚《韩国书院的历史》，《湖南大学学报（社会科学版）》2007 年第 3 期。

〔3〕 庐江书院编《庐江志》卷 1《立院事实》，第 1A 页。

〔4〕 庐江书院编《庐江志》卷 1《立院事实》，第 1B 页。

〔5〕 庐江书院编《庐江志》卷 2《本府士林通本院文》，第 2A 页。

〔6〕 庐江书院编《庐江志》卷 2《本府士林通本院文》，第 2A 页。

高登、陈北溪。数款曰乡贤，尚可祔于宣尼，则贲趾之从祀江院，有何不可乎？"[1] 士林对此论提出异议，认为上举事例实际"本为乡贤立祠，而上祀宣尼、程朱，以为取重之地"[2]，并非在祭祀宣尼、程朱的书院中配享乡贤，"先圣、程朱之庙是何如地？而敢以一节之乡贤祔食于其间乎？"[3] 士林亦指出，若南贲趾以乡贤的名义配享庐江书院，"则吾乡未祔诸贤皆可祔食于江院乎？"[4] 由上可见士林多倾向批判配享南贲趾之举。

士林认为庐江书院是"国人之所尊仰，一道之所矜式"[5] 的重地，追享庐江书院之举，尤当慎重。士林一方面肯定了南贲趾作为李滉弟子的名师之徒的身份，并赞扬了他"又以志行之美，见称于一时"[6]，另一方面也提出南贲趾成就的有限性。因为南贲趾去世较早，"未及成就，故名称未达于旁邑，事业未著于见闻，即所谓一乡之所尊也"[7]。南贲趾虽然有德行之美，但影响仅限于本乡，并未广播风尚于外。士林认为，南贲趾仅值得本乡祭祀，至于配享庐江书院：

"不意近者一边士流，自执己见，至欲（南贲趾）升附于庐江老先生之庙。噫！江院是何等重地也，一国之所同尊，万代之所共仰，则其不可以一偏之见识，所敢轻议，一乡之善士所敢跻祔也，章章明矣！"[8]

总体上看，士林的态度是南贲趾虽有德行，但不足以配享庐江书院"东国朱子"李滉之庙，最终配享之事未行，"以南贲趾追享本院，道内及本府诸贤以为重地不可轻议，事遂寝"[9]。

2. 士林公论原则的展现：庐江书院配享南贲趾时注重士林公论

在士林积极参与讨论南贲趾配享庐江书院的过程中，可以发现庐江书院注重士林公论来处理配享南贲趾之事。士林在《本府士林通本院文》中提出："今此从祀

---

[1] 庐江书院编《庐江志》卷2《本府士林通本院文》，第3B页。
[2] 庐江书院编《庐江志》卷2《本府士林通本院文》，第3B页。
[3] 庐江书院编《庐江志》卷2《本府士林通本院文》，第3B-4A页。
[4] 庐江书院编《庐江志》卷2《本府士林通本院文》，第4B页。
[5] 庐江书院编《庐江志》卷2《三溪士林通本院文》，第7B页。。
[6] 庐江书院编《庐江志》卷2《本府士林通道内文》，第6A页。
[7] 庐江书院编《庐江志》卷2《本府士林通道内文》，第6B页。
[8] 庐江书院编《庐江志》卷2《本府士林通道内文》，第6B页。
[9] 庐江书院编《庐江志》卷2《南贲趾追享发论时事实》，第1A页。

是何等举措也！士林之事当与士林议之。设令在我，果有的见，而多士之中或有见识与我不同者，必须与之从容论下，不厌反复，使疑者定，惑者解，翕然而为一说，然后从举大礼。"[1] 士林对从祀之事的慎重和谨慎跃然纸上，从祀施行的前提，必须先耐心地与士林成员协商，解惑定疑，使多论归一。若不依据士林公论，"徒欲以力胜人，而所以处之，又未得中，则论议之不齐者，无怪乎忿郁激发，愈往愈甚"[2]，会带来负面影响。在南贲趾追祔问题上，士林反对以强力压迫他人同意己见，而且必须达到士林成员意见一致，"如有一毫未协于公论，则其可谓尊贤之尽其道乎？"[3] 只有大家意见统一，方可施行追祔之事。庐江书院追享南贲趾之事最后以士林公论为准未施行配享，这揭示出士林公论是书院择取祭祀人物的一种原则。

在讨论配享南贲趾之事时，士林曾举川谷书院奉祀之事以作论据。川谷书院远早于庐江书院设立，前者设立之时计划奉祀李文烈、李文忠二贤，同样引起士林激烈讨论，"士论颇有异同"[4]。主事者曾以此事请教大儒李滉，李滉面对士论不一的情况，也无法促成川谷书院奉祀二李之事，"夫以文烈、文忠之忠义大节，山斗一时，彪炳后世，而士论不一，则老先生亦不能使之强成修立别庙于书院之傍"[5]。可见士林公论的影响力远超个人之论，再次展现士林公论对书院择取祭祀人物影响之大。庐江书院在配享柳成龙、金诚一两先贤时，同样是依据士林公论原则举行配享，"往者祔祀西厓、鹤峰两先生之时，亦尝禀定于斯文先正，通谕于列邑，士林远近议论翕然归一，然后始举享礼"[6]。庐江书院祔祀柳成龙、金诚一时广征士林意见，士林则以协商的方法处理书院祭祀问题，使每一个成员都能发表意见，务求士林意见一致。

与庐江书院配享南贲趾之事类似，尚有仁祖二十年（1642），仁同生员张荣私自将其师张显光并享于主祀文忠公郑梦周的临皋书院而引起士林热议，"一道士论

---

〔1〕 庐江书院编《庐江志》卷2《本府士林通本院文》，第4B页。
〔2〕 庐江书院编《庐江志》卷2《本府士林通本院文》，第4B页。
〔3〕 庐江书院编《庐江志》卷2《三溪士林通本院文》，第7B页。
〔4〕 庐江书院编《庐江志》卷2《三溪士林通本院文》，第8A页。
〔5〕 庐江书院编《庐江志》卷2《三溪士林通本院文》，第8A—8B页。
〔6〕 庐江书院编《庐江志》卷2《本府士林通道内文》，第6B页。

咸以为文忠公东方理学之祖，故虽文正公赵光祖之道德，文康公徐敬德之学问，俱在配食之列，则显光虽贤，不当并列"[1]。士林公论一致认为张显光虽贤，但不足与郑梦周并享临皋书院。张荣因士林公论反对其祭享其师，罚其主论之人，引起文忠公后孙典签郑俊不满，郑俊将此事上奏朝廷。礼曹面对此事明言强调士林公论在书院祭祀中的重要性，"书院配享位次，全在士论之归一"[2]。而此事的最终处理结果，"上命自本曹据礼指挥，礼曹启请张显光依公论配享，以正祀典，从之"[3]。以朝廷政令的形式宣示书院祭祀配享人物以士林公论为准。

括而言之，回顾以庐江书院为主的书院祭祀争论过程，可以总结出朝鲜书院祭祀的一种士林公论原则，即以士林公论为依据来取舍祭祀人物。书院祭祀的士林公论原则的产生实与士林和书院的密切联系以及士林自身较为重视公论相关。

四、余 论

朝鲜王朝之前即有书院之称的存在，但非为开展祭祀与讲学的书院。朝鲜王朝早期的书院是讲学场所，后受到中国书院制度的影响，以及在朝鲜祠庙建设运动推动下才将祭祀同视为其功能。此后朝鲜书院兼具讲学和祭祀功能，并拓展具备了学田、藏书之功能。朝鲜王朝后期，书院渐以祭祀为主要功能，讲学退处次要位置。祭祀是朝鲜书院的主要功能，根植于祭祀功能上的朝鲜书院祭祀原则呈现多元化。朝鲜书院祭祀主要依据道学和士林公论原则来择取祭祀人物。朝鲜王朝奉行"崇儒尊贤"的国策，以儒学为正统思想。儒学不仅影响到朝鲜书院祭祀，它对朝鲜的政治、经济、思想等多个领域产生了深刻且深远的影响，"说韩国近代史上的朝鲜王朝是以儒家性理学为建国和统治理念的'儒教国家'，此言毫不为过"[4]。作为国教的儒学亦借助书院的发展，得到了深入而广泛的传播。朝鲜书院祭祀深受"崇儒尊贤"国策的影响，祭祀的人物绝大部分为道学人物，呈现出传承孔孟程朱

〔1〕《增补文献备考》卷 210《学校考·祠院总论》，第 3A-3B 页。
〔2〕《增补文献备考》卷 210《学校考·祠院总论》，第 3B 页。
〔3〕《增补文献备考》卷 210《学校考·祠院总论》，第 3B 页。
〔4〕 邢丽菊《试论韩国儒学的特性》，《中国哲学史》2007 年第 4 期。

之学、维护朝鲜儒学道统的倾向，道学原则渐成为朝鲜书院祭祀的一种重要原则。朝鲜书院亦通过崇儒尊贤来推进教化。朝鲜最早的书院——白云洞书院注重"尊贤"，通过尊贤来实现教化，教化以尊贤为先，推进教化是书院建立的另一个动机。朝鲜士林势力与书院关系密切。在朝鲜 16 世纪后期到 18 世纪初士林政治下，士林以书院事为己任，士林积极参与书院选择祭祀人物的讨论。朝鲜书院择取祭祀人物除了从祭祀人物的道学素养层面以道学原则来定论，尚存在从争论者层面以公论原则来定议，而后一种原则发展成为书院祭祀的士林公论原则，即书院择取祭祀人物多依遵士林公论，这是书院祭祀原则受政治影响的表现。

值得注意的是，随着朝鲜后期社会的变化，朝鲜书院祭祀的道学原则和士林公论原则逐渐被突破。书院祭祀的人物多不再具有深厚的道学水平，书院祭祀人物的选择也多不依据士林公论。至仁祖朝朝鲜书院祭祀渐出现"所祀者或非其人"[1]的滥祀弊端，对此朝廷开始设法防止。愈至朝鲜王朝后期，朝鲜书院祭祀愈呈现出家庙化的趋势，"书院设置……迩来无穷之弊，家家有院，且一人之四五六处建院，比比有之，各其本孙之周旋为家庙矣"[2]。朝鲜王朝后期出现了具有很强的家庙性质的书院以及以家门为中心的"门中书院"，奉祀人物的选择以血缘为旨归，多以本族、本门的人物为祭祀对象。在士林政治时代，士林曾强调发挥公论在政治上和书院祭祀上的作用，随着士林之间形成朋党，各派系士林在书院中主祀自派人物的现象也不断出现。在这种情况下，原来书院祭祀倚重的道学原则和士林公论原则逐渐转变为家门、派系原则。

从整体上看，朝鲜书院祭祀虽受中国书院制度的重要影响，但由于中朝不同的社会背景，朝鲜书院祭祀在发展过程中呈现出了不同于中国书院的特征，中国书院以教育为主、祭祀为辅，而朝鲜后期书院祭祀功能超过了讲学功能。朝鲜书院祭祀原则的形成虽也受到中国影响，但亦呈现出朝鲜本土特色。

----

〔1〕《增补文献备考》卷 210《学校考·祠院总论》，第 3B 页。
〔2〕《增补文献备考》卷 210《学校考·祠院总论》，第 27A 页。

书　评

四书学研究的新开拓

——朱汉民教授新著《四书学的思想世界》评述

王　琦*

[内容提要]

　　朱汉民教授的新著《四书学的思想世界——宋学的经典转型与思想重建》以宏阔的视野，将四书学的演变放入中国传统儒家思想发展、中华文明转型的历史文化脉络中进行深入梳理，对四书学与早期儒学源流、四书学与儒家思想传统重建、四书学思想的社会整合等问题做了既有理论深度又有历史感与时代性的探讨，揭示了四书从子升传、由传升经的内在逻辑，呈现了学术与政治的互动，体现了四书思想整合的多维视域以及对中华文明发展的思考与现代回应，全面展现了四书学丰富的思想世界，开拓了四书学研究的新境界。

[关键词]

四书学；五经；士大夫；经典诠释；思想建构

---

* 王琦，长沙理工大学设计艺术学院教授，哲学博士。本文系国家社会科学基金重大项目"宋学源流"（19ZDA028）阶段性成果。

　　《论语》《孟子》《大学》《中庸》被辑合成一个有着内在联系的整体——"四书",不仅标志着中国传统学术从以"五经"为核心经典体系的汉学到以"四书"为核心经典体系的宋学的转型,而且标志着中国传统儒学发展到了一个新的阶段,其背后折射的不仅是唐宋变革之际所引发的政治、经济、社会等变化,而且呈现了中国经学史、思想史、学术史的变迁。

　　《论语》《孟子》《大学》《中庸》从春秋战国时期的诸子之学到两汉经学时代的传记之学,再到宋学时代的四书学的学术形态转换,其发展演变的内在逻辑是什么?宋儒如何推动四书学思想建构与传统儒学转型,并使之成为上至帝王下至百姓都普遍接受的国家主流意识形态与社会思想共识?中国知识分子不断通过思想建构与整合推动传统儒学的传承与创新,对当代中华文化建设有何启示?带着这些问题意识,朱汉民教授在其新著《四书学的思想世界——宋学的经典转型与思想重建》(中国社会科学出版社 2024 年出版)中,以宏阔的视野、多维的视域,将四书学的思想建构与演变放入中国传统儒家思想发展、中华文明转型的历史文化脉络中,并进行了深入梳理,对四书学与早期儒学源流、四书学成型与儒家思想传统重建、四书学思想的社会整合等问题做了既有理论深度又有历史感与时代性的探讨,全面系统地展现了四书学丰富的思想世界。

一、"四书"探源:"经""传""子"的联结

　　关于四书学的兴起,学界或从宋代心性之学的角度进行探讨,[1] 或追溯其兴起的历史动因[2]、概念形成[3],或将其渊源追溯到汉唐以来的四书升格运动,对《论语》《孟子》《大学》《中庸》由传升经、超子入经的升格历程进行了梳理,[4] 然而关于《论语》《孟子》《大学》《中庸》为何能够由子升传、由传升经

---

〔1〕 肖永明、殷慧《北宋心性之学的发展与宋代〈四书〉学的形成》,《中国哲学史》2008 年第 1 期。

〔2〕 陆建猷《宋代四书学产生的历史动因》,《西安交通大学学报(社会科学版)》2001 年第 1 期。

〔3〕 王党辉《"四书"概念的形成与儒家心性论的彰显》,《郑州轻工业学院学报(社会科学版)》2007 年第 5 期。

〔4〕 束景南、王晓华《四书升格运动与宋代四书学的兴起——汉学向宋学转型的经典诠释历程》,《历史研究》2007 年第 5 期。

则语焉不详。朱汉民教授的新著则将四书学的渊源上溯至早期儒家与中国文明的体系建构，追溯了早期儒学"经""传""子"三种不同的学术形态的特点及其内在联系，揭示了《论语》《孟子》《大学》《中庸》在不同时期文献形态演变的原因，解答了"四书"从子升传、由传升经的内在逻辑，发前人之所未发，极具创新性。

朱汉民教授认为"如果从学术形态原始意义而言，早期儒学包括三种学术形态：六经、诸子、传记"[1]。而"经""传""子"这三种不同的学术形态其实都是源自孔子之"述"与"作"。出于对三代先王制作的礼乐文明、典章制度的敬仰与全面继承，孔子在整理《诗》《书》《礼》《乐》《易》《春秋》的时候采取了"述而不作"的方式，催生了"六经之学"的经典体系及"转受经旨，以授于后"[2]的"传记之学"。同时，孔子以既"述"又"作"的方式在六经以外立说，[3]成为先秦诸子之学的开拓者，不仅从三代文献典章中吸取思想文化资源，而且针对当时礼崩乐坏的现实问题提出一系列天下有道的政治理想、治国方略、社会人伦、生命意义、人格理想等价值理念与实践方案，故而最能够代表儒家学术创新、思想锋芒的恰恰是儒家的这些子学著作。

《论语》《孟子》《大学》《中庸》之所以会在春秋战国时期、两汉经学时代、两宋时代体现为诸子之学、传记之学、宋学形态的四书学等不同学术形态，与"经""传""子"各自的特点及其内在联系密切相关。一方面，"经""传""子"三种学术形态有着严格区分：首先从产生的时代而言，"经"源自上古三代，"传"与"子"制作于春秋战国以后的"经"时代；其次，从创作主体与思想主体而言，"经"是上古三代先王制作的，其思想主体是天子、国君，而"传"与"子"的创作主体是"儒者""儒士"，他们往往从儒家士人的角度立论。[4]另一方面，"经""传""子"三种学术形态又是有着内在联系的。无论是"传"，还是"子"均是以"经"为思想创造的依据，体现出尊经、传经、解经的学术传统。虽然"经"在儒家经典体系中具有至高无上的地位，但是如果没有"师儒讲习为传"的

---

〔1〕 朱汉民《四书学的思想世界——宋学的经典转型与思想重建》，中国社会科学出版社 2024 年版，第 1 页。

〔2〕 王志彬译注《文心雕龙·史传第十六》，中华书局 2012 年版，第 182 页。

〔3〕 纪昀等《钦定四库全书总目》卷 91《子部总叙》，中华书局 1997 年版，第 1191 页。

〔4〕 朱汉民《四书学的思想世界——宋学的经典转型与思想重建》，第 53-54 页。

"传记之学"，经文中的常道、常典、常法就只是一种潜在的意义，这些三代文献就不可能成为中华经典。[1] 可见，"经"离不开"传"，"传"的出现才真正确立了经学的价值系统和知识系统。但是，"传"的思想和学术创新又离不开"子"，正是"子"的现实关怀和思想创新，才使得儒家之"传"具有建构新的价值系统、知识体系的能力。[2] 儒家学者总是在"转受经旨，以授于后"[3] 的同时，将子学的社会关切和思想创新融入对经学的诠释和传授中。[4]

由于"经""传""子"三种学术形态彼此区别又彼此联系，不仅使儒家学者可以通过"传记之学"将六经之学与诸子之学整合为一个有机的儒家思想体系，[5] 而且使"经""传""子"等学术形态在不同历史时期的转换获得了内在张力。《论语》《孟子》《大学》《中庸》作为原始形态的诸子之学，至汉一变而为"五经"的传记之学，至宋而衍化为"四书"学，成为儒家十三经的重心，[6] 不仅涉及中国经学史演变的历史进程、学术理路、思想变化等重要问题，而且体现了中国经典体系实际上是一个开放的、动态的系统，儒家经典的拓展其实就是诸子之学、传记之学逐渐提升为"经"的过程。[7] 与其他诸子相较，儒学很好地通过对经典的诠释、建构解决了文化传承与思想创新、历史典籍与现实关怀等问题，从而使得儒学在百家争鸣中脱颖而出，并最终成为中华文化主流。因而追寻"四书"学的早期形态，审视"经""传""子"的演变规律与"四书"形态转换的内在逻辑，是朱汉民教授在其新著中呈现出来的一个重大理论成果与思想创见，体现了他对中国儒学与中华文明发展的深刻思考。

---

〔1〕 朱汉民《儒学的六经、诸子与传记》，《北京大学学报（哲学社会科学版）》2016 年第 5 期。

〔2〕 朱汉民《儒学的六经、诸子与传记》，《北京大学学报（哲学社会科学版）》2016 年第 5 期。

〔3〕 王志彬译注《文心雕龙·史传第十六》，第 182 页。

〔4〕 朱汉民《四书学的思想世界——宋学的经典转型与思想重建》，第 49–50 页。

〔5〕 朱汉民《四书学的思想世界——宋学的经典转型与思想重建》，第 54 页。

〔6〕 束景南、王晓华《四书升格运动与宋代四书学的兴起——汉学向宋学转型的经典诠释历程》，《历史研究》2007 年第 5 期。

〔7〕 朱汉民《儒学的六经、诸子与传记》，《北京大学学报（哲学社会科学版）》2016 年第 5 期。

二、士大夫崛起与四书学成型：学术与政治的互动

与大多数学者或着重于四书学的文献梳理与义理阐发、或进行形而上的理论建构与分析不同，朱汉民教授将四书学放回到中国历史场景、政治社会变革、中华文化发展的大脉络中来探寻其发展演变的逻辑轨迹，既不忽视士大夫在学术思想建构、文化知识传播中的作用，也不忽视帝王及其政治支持对儒学官学化、制度化的重要意义，从而拾起了思想史研究中"遗失的环节"，即帝王对传统思想建构的影响，[1] 在学术与政治的互动中呈现了儒家经学核心经典体系从"五经"到"四书"的转换历程，以及四书学成型与士大夫政治身份变化、帝国政治建构的密切关系。

从中国经典创制的渊源来看，"六经"承载的是上古三代先王治国理政的"典则"及其政治经验，本身就与政治关系密切。而春秋战国时代诸子百家争鸣，其著书立说的动力也是应时应势"救弊"而起，立言各异却殊途同归，均"务为治者也"[2]，都希望通过思想阐述、理论建构与政治实践，使天下重归"有道"。由于早期儒家诸子大多具有士与大夫的双重社会身份，他们往往从士大夫的角度立论，一方面追求"士"的思想创造，保持独立的君子人格与价值理想；一方面追求"大夫"的经邦济世，力图参与政治，道济天下。他们既不像法家那样依附王权，也不像道家那样完全疏离王权，而是在寻求与王权合作的同时，不忘恪守自己的政治原则和价值理想，努力兼顾包含政治理想主义的"道"与政治现实主义的"术"，力图在"内圣"与"外王"之间寻求平衡。然而在春秋战国时代，儒家因其过于高远的求"道"理想、从道不从君的独立人格，在那个"角力"的年代，其学术思想与政治理念往往被视为"迂远而阔于事情"，不为诸侯国所用。因而这时的四书学的原始形态只是诸子之学。

汉代儒学之所以定于一尊，成为官学，则是儒家士大夫与帝王合作的结果。儒

〔1〕 葛兆光《拆了门槛便无内无外：在政治、思想与社会史之间——读余英时先生〈朱熹的历史世界〉及相关评论》，《书城》2004 年第 1 期。
〔2〕《史记》卷 130《太史公自序》，中华书局 2011 年版，第 2848 页。

学的兴起依赖于帝王主宰的庙堂推行"罢黜百家，表章六经"[1]，通过自上而下的国家学术制度，才建立起以"五经"为核心的思想共识与政治制度。从西周贵族政治的解体到秦汉帝国政治的建立，经历了漫长的艰难探索与痛苦历程。而拥有文化权力的儒家士人与拥有至高无上政治权力的帝王也经历了一个相互认识、相互利用、相互磨合的过程。[2] 那些有机会接近君主的儒家学者，为寻求与君主的合作，不得不淡化先秦儒家子学求"道"的理想追求，在依然保留儒家的基本政治理念的同时，由高调理想主义的"道"转变为现实功利主义的"治"，形成了儒法互补的君主政治和治理结构，这是儒家士大夫寻求与君王合作的重要调整和实际代价，[3] 因而"五经"体系的确立、汉代经学的成型可以说是儒家文化权力与朝廷政治权力相互磨合的结果，而以"求道"为目标，蕴含着个人价值理想的《论语》《孟子》《大学》《中庸》则只能成为附属于"五经"的传记之学。

汉帝国为何会接受与儒家士大夫的政治合作？儒家士大夫如何通过经学形态来建立与汉代帝王的思想共识？为回应这些问题，朱汉民教授在"儒家经学与两汉政治"一章中，以董仲舒的天人三策、《春秋》公羊学与《白虎通义》为例，通过细致的文献研读、严密的逻辑分析，指出董仲舒给汉武帝的"天人三策"，既不是君臣之间的庙堂对弈，也不是师生之间的传道解惑，而是可以解读为西汉时期士大夫与君王之间为开启政治合作的一场对话。[4] 董仲舒的《春秋繁露》是汉代士大夫为了与君主建立合作关系而提出的文化思考与政治建议；《白虎通义》则是士大夫与君主在合作过程中形成的文化共识与政治盟约，也是汉代儒家经典与帝国政典结合的政治成果和学术成果。[5] 由于儒家经典与帝国政治的结合，既强化了儒家文化的政治功能，又增加了帝国政治的文明元素，为中华儒家文明的成型奠定了基础。[6] 这些令人耳目一新的观点，论证有力，言之有理，令人信服。

至宋代，又为什么会发生"汉学"向"宋学"的转型，儒家核心经典体系由

---

[1] 《汉书》卷 6《武帝纪》，中华书局 2012 年版，第 182 页。
[2] 朱汉民《四书学的思想世界——宋学的经典转型与思想重建》，第 106 页。
[3] 朱汉民《四书学的思想世界——宋学的经典转型与思想重建》，第 107-108 页。
[4] 朱汉民《四书学的思想世界——宋学的经典转型与思想重建》，第 107 页。
[5] 朱汉民《四书学的思想世界——宋学的经典转型与思想重建》，第 129 页。
[6] 朱汉民《四书学的思想世界——宋学的经典转型与思想重建》，第 129 页。

"五经"向"四书"的转换？朱汉民教授立足于唐宋之际的变革与宋代士大夫身份转换，指出宋代文治政策与科举制度，打破了汉唐以来的门阀士族制度，促使"白衣秀才平地拔起",[1] 激发了他们的政治主体意识与文化主体意识，从而造就了"革新政令"与"创通经义"的宋学精神以及对"四书"资源的重新挖掘，推动了唐宋变革与宋代学术转型。一方面，他们以高度的文化自觉通过创办书院、民间讲学等方式，自下而上地推动儒学重建运动，促进了"有体有用""内圣外王""义理之学"的宋学建构;[2] 另一方面，高扬政治主体意识，积极参与国家政治与社会治理，取得帝王支持，进行政令革新，推动了庆历新政与熙宁变法，或以"帝师"的身份，通过经筵讲学，引君于道，以道统规范治统。[3] 程颐提出的"天下治乱系宰相，君德成就责经筵"[4]，体现了士大夫对政治生活的全面介入，及其与帝王"共治天下"主体意识的形成。

宋学是因现实政治问题而起，他们从儒家经典中阐发义理，一开始就是包含着创通经义与革新政令、世道人心与经邦济世的双重目标。[5] 然而庆历新政与熙宁变法的失败，给宋代学术发展带来了巨大的影响。正是在对王安石新学与新政的反思与批判中，宋代士大夫逐渐认识到"内圣"才是更为根本的"体"，而"外王"则是"用"。通过"正学"以"正君心"才是实现"治道"的根本，于是倡导"建立一个具有自我道德完善能力"的理学成为时代主流思潮。[6] 从北宋后期到整个南宋时期，宋学逐渐由内圣外王并重而转向以内圣为重心，因之以内圣为根本的理学日益繁荣发达。思想的变化必然导致经典选择与诠释方法的变化。"四书"中所蕴含的身心之学、内圣之道不仅为尧舜其君、尧舜其民提供了为学工夫、修己治人的经典依据与思想资源，而且也契合了士大夫既关怀社会现实、具有经邦济民的忧患意识，又向往圣贤气象与身心安乐的精神气质。

----

〔1〕 钱穆《理学与艺术》,《宋史研究集》第 7 辑, 台湾书局 1974 年版, 第 2 页。
〔2〕 朱汉民《四书学的思想世界——宋学的经典转型与思想重建》, 第 177 页。
〔3〕 王琦《宋代"四书"经筵讲义研究》, 新星出版社 2023 年版, 第 138 页。
〔4〕 程颢、程颐著, 王孝鱼点校《河南程氏文集》卷 6《论经筵第三札子》,《二程集》, 中华书局 2004 年版, 第 540 页。
〔5〕 朱汉民《四书学的思想世界——宋学的经典转型与思想重建》, 第 208 页。
〔6〕 刘子健《中国转向内在: 两宋之际的文化转向》, 赵冬梅译, 江苏人民出版社 2012 年版, 第 46 页。

　　宋儒对"内圣之道"的重视，提升了四书学的地位，推动了四书学的发展。尤其是朱熹对四书中原本就有的"仁义""中庸""修身"作出了系统的理学化诠释，不仅建构出一种天人合一、体用圆融的新仁学，还以"理"释"礼"和"中"，推动了儒家中庸之道的思想创新和哲学建构，为儒家"内圣之道"的重建提供了一个终极的依据，进而建构了一个从孔孟到程朱授受的道统谱系，解答了当世的时代之问：在儒、佛、道三教并盛之时，只有儒学才是中国文化的正统；在儒学学统四起之际，对四书的正确诠释才是儒家正统；在道统与政统的关系中，应由道统主导政治秩序。[1] 从中可见，宋儒理学化的四书诠释虽重视内圣之学，但其最终指向还是"外王"的经邦济世。经过宋学学者的经典建构，中国传统经典体系就不仅有"五经"体系，还有一个与之并列甚至地位更高的"四书"体系。

　　在新著中，朱汉民教授紧扣学术与政治的互动，从士大夫身份地位的转换及宋学精神审视四书学的建构与成型，不仅还原了四书学发生、演变的宏阔、深厚的历史社会文化背景，而且突破了以往哲学史、理学史论述中"心、性、理、气等等观念的分析与解说"[2]，做到了经典诠释与义理建构，思想史与哲学史、政治史等多种方法、多种学科的融合，使得其新著既具有思想厚度，又有理论深度，为四书学研究提供了新向度。

三、从帝王、士大夫到民众："四书"思想整合的多维视域

　　为实现治道重构、回应佛老冲击，宋儒回到先秦儒学，不断通过对四书的经典诠释，促使理学逐渐演化发展为宋学的学术主流。尤其是朱熹注释的《四书章句集注》，建构了一个极高明而道中庸、致广大而尽精微的思想体系，成为两宋后期士人普遍信奉的核心经典。为什么会发生这种现象？朱汉民教授独具慧眼，他发现，这一现象与理学家不仅通过建构四书学精深的思想体系，为儒家伦理道德

---

〔1〕　朱汉民《四书学的思想世界——宋学的经典转型与思想重建》，第366-379页。
〔2〕　余英时《自序二》，《朱熹的历史世界——宋代士大夫政治文化研究》，生活·读书·新知三联书店2011年版，第11页。

（内圣）与政治治理（外王）奠定了坚实的思想文化根基，[1] 满足了唐宋变革对思想文化与秩序重构的新需求，而且还以四书为中心开展教育，通过经筵讲学与帝王教育、书院与官学的士人教育、蒙学与家训家范的民间教育等不同形式，完成了四书思想的社会整合。

在中国传统社会，"治天下的权源仍握在皇帝的手上"[2]，其一言一动直接关系到天下之安危与学术之风向。而宋代经筵制度的成型，则为士大夫借助"帝师"的身份，以学术切入政治，以道统规范治统，得君行道提供了有效平台。[3] 宋代士大夫不仅以"大夫"的政治主体意识"革新政令"，推动社会、政治、文化变革，而且以"士"的文化主体意识通过"创通经义"，在经筵讲《论语》《孟子》《大学》《中庸》之道，以儒家的价值理念与王道理想致君尧舜，建构帝王之学，促进了帝王对"四书"思想的认可与理学官学化，从而为君臣共治天下理念的形成奠定了思想基础。[4] 朱汉民教授对士大夫通过经筵讲学平台，将四书学提升为帝王学习的经典，以道学建构新的"帝王之学"的研究，[5] 无疑是将帝王学重新拉回到思想史研究的脉络里面，凸显了四书学思想整合的一个新的理论维度。

同时，为了推动四书学思想的普及，儒家士大夫除了借助经筵与皇权自上而下地推动其传播与研究外，理学派还通过书院与官学推动了四书学教育，使理学化的四书学成为士人普遍接受的价值观念与文化共识，并一直延续到元明清各朝。此外，他们还将四书学的思想通过蒙学教育、喻俗文、乡规民约、家谱家训等形式，在社会基层和下层民众中推进儒家礼仪的制度建设和经典普及教育。这样，朱汉民教授通过对从帝王到士人、大众等不同阶层、不同群体的探讨，全面展现了四书学如何通过思想体系的改造，逐渐向社会各阶层传播与渗透，成为国家共同体、社会共同体的思想传统、共同意识的动态发展过程，揭示了四书学思想整合在推进中华文化演化中的重要价值与意义。

〔1〕 朱汉民《从学统四起到理学独尊》，《社会科学战线》2020 年第 2 期。
〔2〕 余英时《自序二》，《朱熹的历史世界——宋代士大夫政治文化研究》，第 8 页。
〔3〕 王琦《宋代"四书"经筵讲义研究》，第 53 页。
〔4〕 王琦、朱汉民《论宋代儒家新帝学的兴起》，《鹅湖月刊》2019 年第 45 卷第 6 期。
〔5〕 朱汉民《四书学的思想世界——宋学的经典转型与思想重建》，第 459 页。

此外，在帝王、士人与大众之间，朱汉民教授又没有过分夸大帝王在思想建构中的作用。与美国汉学家刘子健提出的理学之所以能够"向国家正统的抬升不是取决于学术考量，而是取决于政治上的利害权衡"[1] 的观点不同，朱汉民教授认为"理学之所以能够被提升为国家哲学，进而使宋以后的中华文明演变为一种以理学为中心的形态，应该与理学的学术深度、思想内涵、文化功能有着密不可分的关系。而且，后代朝廷之所以因为'政治上的利害权衡'而肯定理学，与理学学术所取得的巨大成功是密不可分的"[2]。以至于"最后，掌握最高政治权力的帝王，往往是只能够设法顺应这一新儒家的思想，而不能够对抗这一种巨大的精神权威和文化力量"[3]。至于理学为什么能够形成这样一种特别的精神权威和文化力量？朱汉民教授在"四书学与宋代士人思想的整合"一章中以有力的证据与严密的推理予以了论证，其言之有理，持之有故。在此，朱教授还特别指出，在对理学地位提升最为用力的元朝、清朝，帝国的统治者一方面借助理学及其四书学的声誉和地位提升自己权力的合法性，另一方面又对理学思想与帝国政治存在的矛盾不断地进行修正、篡改。如对于四书学中的士大夫道统论与帝国皇权的政统谁为主导的问题，明清帝王却很轻易地将自己说成是道统的代表，[4] 从而使理学及四书学思想产生"异化"，沦为为君主专制集权帝国政治服务的工具，使得其立论显得更为辩证与客观。

四、与时偕行：对中华文明发展的思考与现代回应

朱汉民教授作为一名当代儒家学者，其做学问并不是为了一种纯粹的"书斋式"的研究，而是始终像中国传统知识分子一样，有着传承斯文、学术创新、回应时代需求等历史意识与责任担当。其回溯历史，探讨学术转型与思想创新的内在规律与发展线索，目的还是探寻其中所蕴含的中华文明传承与创新，中华传统文化

----

〔1〕 刘子健《中国转向内在：两宋之际的文化转向》，第144页。
〔2〕 朱汉民《四书学的思想世界——宋学的经典转型与思想重建》，第405页。
〔3〕 朱汉民《四书学的思想世界——宋学的经典转型与思想重建》，第405-406页。
〔4〕 朱汉民《四书学的思想世界——宋学的经典转型与思想重建》，第426-427页。

的创造性转换、创新性发展的启示与智慧，从而为当代文化复兴与中国式现代化建设服务，这也是贯穿于其新著中的一条重要脉络与问题意识。因而在研究任何问题的时候，朱教授总要做一番寻踪探源、承前启后的历史探索与现实追问。

如在探寻四书源流与演变时，朱教授之所以关注儒家经学体系"经""传""子"三种学术形态的内在关系与互动，其目的在于回答儒学为什么既能保留深厚的文化传统意识，又具有思想创新精神等问题，[1] 解答儒家经学如何能使以儒教为核心的中华文明绵延不绝，体现出"与时偕行"的蓬勃生命力。其实，正是由于儒家"经""传""子"各自的特点和内在联系，使得儒学学者在不同时代可以通过不同学术形态的转换，阐释与建构相应的学术思想体系，以解决文明继承和现实关怀问题，进而形成了中国历史上源远流长的经典诠释传统。中华文明的每一次演变与建构，都离不开士大夫们回归经典，重建经学，根据时代发展与时偕行地进行文化传承与思想创新。从先秦诸子、两汉经学到宋明理学等儒学发展演变是如此，从诸子形态的四书学，到作为五经体系的传记之学再到宋学形态的四书学也是如此，其背后折射的无不是中国历史、学术、思想、政治等巨大变迁。

即使在研究"宋儒四书学的道统论"这样一个具体问题的时候，朱汉民教授也是首先对儒家道统的思想进行了探源，通过孔子"游文于六经之中，留意于仁义之际，祖述尧舜，宪章文武"[2] 的思想宗旨分析，指出了儒家道统论的三个基本元素：确立道统的核心思想（仁义）、追溯道统的人物谱系（尧舜文武）、整理道统的文献典籍（六经），认为儒家学派就是通过建构上述道统而形成起来的。[3] 而其他诸子"并没有一个记载他们核心思想和授受谱系的历史文献，故而无法像儒家那样将自己的思想体系建立在中华经典体系的基础之上"[4]。宋代四书学之所以影响了宋元明清等各个朝代，也得益于朱熹通过确立四书新经典体系，将孔子、曾子、子思、孟子纳入数千年圣圣相传的儒家文明传道的脉络之中，确立了仁义、中庸、教育为儒家之道的核心思想，从经典文本、人物谱系、思想内涵等方面

---

〔1〕 朱汉民《儒学的六经、诸子与传记》，《北京大学学报（哲学社会科学版）》2016 年第 5 期。
〔2〕 《汉书》卷 30《艺文志》，第 1534 页。
〔3〕 朱汉民《四书学的思想世界——宋学的经典转型与思想重建》，第 354-355 页。
〔4〕 朱汉民《四书学的思想世界——宋学的经典转型与思想重建》，第 363 页。

实现对儒家道统论的重建。[1] 朱教授进而指出："考察儒学历史，道统思想总是与载道的经典体系紧密联系在一起的。如果要真正实现道统论的重建，就必须把新的道统论与经典体系的诠释与建构结合起来。"[2] 在其著作中，诸如此类的具体案例以及对中华文明的思考比比皆是，难以一一表述。在中华文化复兴、民族振兴的今天，面对着全球化及西方文明的冲击，相信朱汉民教授对中华文明发展与学术思想转型等问题的思考，将给我们带来有益的启迪。

如果说《宋代〈四书〉学与理学》（中华书局 2009 年出版）是朱汉民教授早期对四书学与理学关系的探讨，那么，其新著《四书学的思想世界——宋学的经典转型与思想重建》，则是其多年来对四书学研究的一个新拓展。这部新著不仅将宋代四书学的演变放入到中国儒学发展、中华文明建构的历史大脉络之中，上溯至早期儒学，下延至元、明、清，甚至当代，而且其研究内容包含了早期儒学的学术形态、士人政治态度与四书的政治思想、儒家经学与两汉政治、宋儒的主体意识与宋学的内圣外王之道、理学的内圣之道与四书学、宋儒四书学对仁学的重建、宋儒四书学对中道的重建、宋儒四书学的道统论、四书学与宋代士人思想的整合、四书学与帝王学的整合、四书学与民间思想的整合等诸多问题，并综合运用多种方法，从不同的视域与维度，全面展现了四书学的源流、成型、整合及中华传统思想的重建，开拓了四书学研究的新境界，是一部优秀的四书学研究力作。

---

〔1〕 朱汉民《四书学的思想世界——宋学的经典转型与思想重建》，第 380-391 页。
〔2〕 朱汉民《四书学的思想世界——宋学的经典转型与思想重建》，第 380 页。

钩沉索隐　博古通今

——评"中国书院通史"丛书

王桂贞[*]

2023 年 12 月，被列入国家出版基金项目的"中国书院通史"丛书（全 4 卷）由湖南大学出版社出版。该书由书院史研究专家朱汉民、邓洪波教授担任主编，集合了国内多所高校的 20 余位学者如肖永明、洪银香、赵路卫、肖啸、张劲松、赵伟、王胜军等组成写作团队，共同完成编写工作。该书以历史断代为序，分为唐宋卷、元代卷、明代卷、清代卷 4 卷，力图全方位呈现中国书院的历史脉络与发展特征，是学界目前最新、最全面的书院通史著作。

该书的写作，结合了学界经典、前沿的研究成果，期望能够继往开来、推陈出新。自民国以来，书院就得到海内外学界的高度关注，胡适、陈东原、曹松叶、李国钧、王炳照、李才栋、朱汉民、邓洪波等学者相继完成一系列通论或专题性论著，对中国书院历史进行总结，成为学术史上的经典。其后，多学科背景的学者加入研究队伍，新的方法和理论相继引入，使书院研究成为学界长盛不衰的热点话题。该书即是朱汉民、邓洪波教授在总结学界经典研究范式的基础上，吸纳多学科、多视角研究方法下诞生的前沿成果而形成的新的经典之作。因此，该书并非仅是历史学单一学科的成果，教育学、哲学、文学、法学、社会学、管理学、经济学等领域学者亦能从中得到新的启发。

　＊　王桂贞，副编审，湖南大学出版社编辑。

　　该书体例的编排，以尽可能全面展示书院的历史轨迹、制度化建设，以及与思想、学术、政治、制度、社会的互动为目标。该书在每一分卷，首先介绍书院在当时的发展概况，以翔实的史料、统计数据以及图表等形式呈现书院的发展脉络与特征，使读者先有直观性、总体性的把握。其后，围绕书院的思想理念、制度设计展开专题性论述。传统研究认为书院有"讲学、藏书、祭祀"三大事业，该书对此进行了补充、完善，将书院的活动拓展为教育、学术、管理、经费的筹措、祭祀、藏书、刻书、社会教化、地方活动、民族融合、大一统建设、社会转型等方面，围绕这些专题进行了详细探讨。这种研究范式不再将书院单纯视为一种教育机构，而是尽可能使书院在历史上发挥的功能、扮演的角色得到全面展现，使学界充分认识到书院多元而复杂的存在特征。

　　史料是历史研究的生命线，是决定成果的创新性和可靠程度的标尺。该丛书的写作，就是建立在文献扎实的基础上的。书院在千余年来，形成了有关教育、学术、思想、文化、民俗、经济等各方面数量巨大、种类繁多的书院文献，有书院志、学规、章程、课艺、讲义、讲录、会规、会约、会录、会纪、同门谱、藏书目录、刻书目录、山长志、学田志、日记、札记、自课文等不同类型。除此以外，还有大量文献散见于方志、文集、政书、碑刻、档案、笔记、家谱之中。长期以来，学界即十分重视书院文献的收集与整理工作，目前已相继出版《中国历代书院志》《中国书院志》《中国书院史资料》《中国书院学规集成》等大型资料集。2015 年以来，邓洪波教授借助国家社科基金重大项目"中国书院文献整理与研究"的开展之机，从海内外各大公私馆藏机构收集了大量文献，以影印的形式连续出版三辑《中国书院文献丛刊》。2023 年，又成功申请"东亚国家书院文献整理与研究"重大项目。这些课题的筹备、推进为《中国书院通史》的写作提供了大量可资参考的史料，并且还发掘了不少新见、稀见文献，使该书不仅拥有深厚的文献基础，还多有创见，发前人所未发，成为书院研究领域的创新之作。

　　翔实的史料保证了该书的学术性，却也给编辑工作提出了新的挑战。除作者外，编辑工作者的付出是使研究论著具备充分可靠性和可读性的有力保障。该书从发凡起例，到资料收集、实际写作，再到编辑校对、出版发行，湖南大学出版社给予了高度重视，组成了经验丰富的编辑团队，付出了大量工作，啃下了不少"硬骨头"。例如该书引用了从唐代到近代横跨千余年、难以计数的参考文献，编辑团队与作者紧密配合，通过实地调研和线上检索等多种渠道，一一核对引文原文，尽力避免出现脱、讹、衍、倒等问题，努力打造学术精品之作。

　　该书的出版，不仅顺应了当前书院研究要进行阶段性学术总结的客观需要，还呼应了当代书院复兴运动的社会需求。从清末书院改制开始，就不断有学者呼吁要重新思考书院的历史价值。改革开放以后，书院重新成为社会的热点议题。传统书院相继修复，新型书院的创建也不时见诸媒体。进入 21 世纪，"大学书院制"更是成为高等教育改革的一大趋向。2017 年，中共中央办公厅、国务院办公厅发布《关于深化教育体制机制改革的意见》，提出"要探索建立书院制、住宿学院制等有利于师生开展交流研讨的学习生活平台"。截至当年 3 月，内地有 37 家大学建立了 114 所书院。2019 年，教育部印发《关于深化本科教育教学改革全面提高人才培养质量的意见》，指出将积极推动高校建立"书院制"学生管理模式，书院制的普及和推广更加势不可当。

　　在书院已走向全面复兴的新形势下，如何从千余年的书院历史发展中汲取历史经验，为当代的书院建设和社会发展提供智慧和力量，就成为书院研究界、出版界的使命和责任。《中国书院通史》的出版，可谓正当其时。

《原道》稿约

　　《原道》于1994年创刊，入选南京大学中文社会科学引文索引（CSSCI）收录集刊，由湖南大学岳麓书院主办。本刊自创刊以来，即以"士尚志，志于道"为宗旨，秉持儒家立场情怀，兼收社会科学新知，关切公共领域议题，参赞治理秩序生发，以深入研讨儒家思想与制度为核心旨趣，以促进儒家与其他思想的深度对话和理性探讨为学术取向，从思想与现实、理论与实践的互动关系中阐释和建构儒学新形态。

　　本刊发文涉及的学科方向主要有中国哲学、中国宗教学以及思想史等。竭诚欢迎海内外学者惠赐大作。凡欲赐稿者，务请遵循本刊撰稿格式，并在文后写明所在单位、职称、学历、研究方向、手机号码、电子邮箱和通信地址。

　　本刊投稿邮箱为：yuandao1994@163.com。邮件主题栏请按"投稿：论文题目"的形式书写。论文文档题目应与论文题目保持一致。

　　敬祈留意！

　　感谢海内外各界的关心与支持！

《原道》稿件格式要求

来稿须为定稿，符合本刊格式要求，标题、作者姓名、内容提要、关键词、作者简介、正文等基本项完整无缺。不符合本刊格式要求的稿件，恕不受理。

一、注释格式

注释统一使用脚注，每页重新编号。正文中的注释序号，统一置于标点符号（如逗号、句号、引号）之后。具体要求如下：

（一）常用典籍

二十四史、《资治通鉴》、十三经注疏、大型官修类书、大型诗文总集，可省略编撰注疏者信息。

①《史记》卷 81《廉颇蔺相如列传》，中华书局 1959 年版，第 2349、2451 页。

②《周礼注疏》卷 17，《十三经注疏》阮元校刻本，艺文印书馆 2001 年版，第 259 页。

③《册府元龟》卷 482，中华书局 1960 年版，第 5761 页。

④常衮《授杨绾太常卿制》，《全唐文》卷 412，中华书局 1983 年版，第 4220 页。

（二）普通古籍

应标明撰者、书名、卷次、篇名（不宜标者可省）、版本、页码。

①黎靖德编《朱子语类》卷 13，中华书局 1986 年版，第 240 页。

②朱熹《晦庵先生朱文公文集》卷 54《答诸葛诚之》，朱杰人等主编《朱子全书》第 23 册，上海古籍出版社、安徽教育出版社 2002 年版，第 2539 页。

③韩愈《昌黎先生集》卷 11《原道》，《中华再造善本》影印国家图书馆藏宋刻本，北京图书馆出版社 2005 年版，第 2B 页。

④韩愈著，马其昶校注《韩昌黎文集校注》卷 1《原道》，上海古籍出版社 2014 年版，第 14 页。

⑤卫湜《礼记集说》卷 32 引方悫说，《通志堂经解》清康熙刻本，第 4A 页。

⑥元稹《元氏长庆集》卷 33《论西戎表》，明万历松江马元调刻本，第 5B 页。

⑦元稹《元氏长庆集》卷 33《论西戎表》，《景印文渊阁四库全书》第 1079 册，台湾商务印书馆 1986 年版，第 519 页。

（三）专著、编著、译著

应标明作者、书名、译者（只适用于译著）、版本、页码。译著无须交代作者国籍。作者、编者、译者有三人以上，仅列第一人，并加"等"字。

①徐复观《两汉思想史》，华东师范大学出版社 2001 年版，第 50 页。

②张岂之主编《中国思想史》，西北大学出版社 1993 年版，第 25 页。

③列文森《儒教中国及其现代命运》，郑大华、任普译，中国社会科学出版社 2000 年版，第 374 页。

④白鲁恂《儒学与民主》，陈引驰译，哈佛燕京学社、三联书店主编《儒家与自由主义》，读书·生活·新知三联书店 2001 年版，第 172 页。

⑤劳祖德整理《郑孝胥日记》，中华书局 1993 年版，第 822 页。

（四）刊物论文及学位论文

期刊、报纸论文应标明作者、论文题目、刊物期次/报纸日期；辑刊论文应标明作者、论文题目、辑刊编者、刊名、辑次、版本、页码；学位论文应标明作者、论文题目、学位授予单位、授予年度、授予层级、页码。

①张岂之《试论思想史与哲学史的相互关系》，《哲学研究》1983 年第 10 期。

②邓小南《司马光〈奏弹王安石表〉辨伪》，《北京大学学报（哲学社会科学

版）》1980 年第 4 期。

③李学勤《孔子是易学的真正开创者》，《北京日报》2019 年 2 月 11 日。

④陈明《天人之学与心性之学的紧张与分疏——文明论范式中湖湘学与理学关系之厘定》，陈明、朱汉民主编《原道》第 44 辑，湖南大学出版社 2022 年版，第 7 页。

⑤张华勇《港台现代新儒家的庄子哲学研究》，武汉大学 2016 年博士学位论文，第 98 页。

（五）再次征引时的省略处理

再次征引时，可酌情省略版本、译者、丛书辑刊编者、学位授予单位年度层级等信息。

①韩愈《昌黎先生集》卷 13《子产不毁乡校颂》，第 2A 页。

②朱熹《晦庵先生朱文公文集》卷 54《答项平父》，《朱子全书》第 23 册，第 2540 页。

③白鲁恂《儒学与民主》，《儒家与自由主义》，第 172 页。

④陈明《天人之学与心性之学的紧张与分疏——文明论范式中湖湘学与理学关系之厘定》，《原道》第 44 辑，第 6 页。

⑤张华勇《港台现代新儒家的庄子哲学研究》，第 94 页。

未尽之处，可参据专业惯例和以上示例递推。

二、文档格式

（一）页面设置

A4 页面，默认页边距，行距用"固定值"，设为"20 磅"。

（二）论文标题与层级标题

1. 论文标题。三号宋体，加粗，居中，原则上不超过 20 字。

2. 层级标题。正文如设层级标题，一级标题用四号宋体，居中，段前段后 1 行；二级标题用小四号黑体，靠左缩进 2 字符，段前段后 0.5 行；三级标题按正文内容排版，仅加粗，不单独成行。层级标题编号，一级标题用"一、""二、"

"三、"……标识，二级标题用"（一）""（二）""（三）"……标识，三级标题用"1.""2.""3."……标识。层级一般控制在三级以内。

（三）作者信息与项目信息

作者姓名列于标题之下，用小四号楷体，居中。多位作者空两格隔开。作者信息以题注说明。题注符号用"＊"标识，置于作者（最后一位作者）姓名之后。

作者信息一般按"姓名，学校/二级单位/职称，学科学位"依次著录，其中在读研究生按"姓名，学校/二级单位/博（硕）士研究生"依次著录。若有多位作者，作者信息请用分号隔开。所在单位用标准全称。

项目资助信息列于作者信息之后，按"本文系某某项目'课题名称'（课题编号）阶段性成果"依次著录。项目基金用标准全称，如国家社会科学基金、湖南省社会科学基金。

（四）内容提要与关键词

"内容提要""关键词"两词用小四号黑体，外加方括号，单独成行。提要与关键词内容用小四号仿宋。提要内容首行空两格。关键词内容顶格，用分号隔开，末尾不加标点。

摘要字数一般控制在 350 字左右，关键词数量以 3~5 个为宜。

（五）正文

正文用小四号宋体，西文用 Time New Roman 字体，独立引文用楷体。

（六）脚注

脚注用默认行距，小五号楷体。